复杂艰险山区
铁路天空地井综合勘察技术及应用

谢 毅 张广泽 王 栋 徐正宣 ◎ 著

西南交通大学出版社
·成 都·

图书在版编目（CIP）数据

复杂艰险山区铁路天空地井综合勘察技术及应用 / 谢毅等著. -- 成都：西南交通大学出版社，2023.12
ISBN 978-7-5643-9746-3

Ⅰ. ①复… Ⅱ. ①谢… Ⅲ. ①山区铁路 – 铁路工程 – 工程地质勘察 Ⅳ. ①U239.9②U212

中国国家版本馆 CIP 数据核字（2023）第 256930 号

Fuza Jianxian Shanqu Tielu Tian-kong-di-jing Zonghe Kancha Jishu ji Yingyong
复杂艰险山区铁路天空地井综合勘察技术及应用

谢　毅　张广泽　王　栋　徐正宣　著

策划编辑／黄庆斌　李芳芳
责任编辑／姜锡伟
封面设计／曹天擎

西南交通大学出版社出版发行
（四川省成都市金牛区二环路北一段 111 号西南交通大学创新大厦 21 楼　610031）
发行部电话：028-87600564　028-87600533
网址：http://www.xnjdcbs.com
印刷：成都市新都华兴印务有限公司

成品尺寸　185 mm × 260 mm
印张　18　　字数　401 千
版次　2023 年 12 月第 1 版　　印次　2023 年 12 月第 1 次

书号　ISBN 978-7-5643-9746-3
定价　88.00 元

图书如有印装质量问题　本社负责退换
版权所有　盗版必究　举报电话：028-87600562

本书编委会

主　　任：谢　毅

副 主 任：邓军桥　蒋良文　王　科
　　　　　　邹远华　李　东　王茂靖

主　　编：谢　毅　张广泽　王　栋　徐正宣

副 主 编：冯　涛　李为乐　张　瑞　赵思为

委　　员：陈明浩　李嘉雨　吴金生　王哲威
　　　　　　贾哲强　林之恒　尹小康　伊小娟
　　　　　　董秀军　毛邦燕　张雨露　常兴旺
　　　　　　王　朋　刘建国　刘　毅　宋　章
　　　　　　邓　睿　张　敏　孟少伟　张营旭
　　　　　　袁　东　张羽军　丁浩江　强兴刚
　　　　　　吴俊猛　李建强　付开隆　王彦东
　　　　　　任金龙　杨　科　邹　杨　张小林
　　　　　　贺建军　肖红玉　周学军　欧阳吉
　　　　　　王志军　毕晓佳　刘美琳　刘小莎
　　　　　　李天雨　柴春阳　谢荣强　陈　宇
　　　　　　刘　康　于振江　程武洲　杨红兵
　　　　　　郑长东　贾　杰　赵景锋　崔建宏
　　　　　　王　波　刘　强　张立新　侯　锦
　　　　　　彭　文　朱泳标　郭周富　索　朗
　　　　　　李　伟　李　峰　王　勇　许　维
　　　　　　文志鉴

致 序

在这个科技日新月异的时代，我们见证着科技如何重塑我们的生活方式，并深刻地推动着各行各业的技术革新与实践应用。作为支撑区域发展与连接世界各地的关键基础设施，铁路建设不仅促进了社会经济的进步，还彰显了科技的力量。从最初的蒸汽机车到如今的高速列车，每一次的技术迭代都对我们的生活产生了深远的影响。然而，在中国西部的山区，铁路建设面临着更为复杂的自然环境和技术挑战。这里显著的地形高差、多变的地质结构以及复杂的气候条件，给铁路勘察工作带来了前所未有的考验。

面对这些挑战，由中铁二院工程集团有限责任公司领导的项目团队，历经多年不懈努力，成功构建了一套集天基、空基、地基、深部钻探及时序动态观测为一体的"天空地井"四维综合勘察体系。这一创新性的技术方案不仅提高了复杂地质条件下问题识别的精度与效率，还在川藏铁路、西渝高铁等多个重大工程项目中取得了显著成效。

《复杂艰险山区铁路天空地井综合勘察技术及应用》一书，不仅记录了中国铁路勘察技术的发展历程，更是对技术创新与实践智慧的一次高度赞扬。它既是一本宝贵的实践手册，也是一部引领行业的工程技术指南。本书系统地介绍了"天空地井"综合勘察技术的整体框架与具体应用场景，并详尽地阐释了从遥感影像处理到地质数据分析等各个环节的关键技术点。

我们希望读者通过阅读此书，能够深入了解并掌握这些先进的技术，并将其应用于实际工作中，以提高铁路勘察工作的效率与准确性。本书不仅是铁路勘察技术领域的一项重要成果，也是技术创新与实践智慧的结晶。我们期待本书能助力读者深刻理解并熟练运用"天空地井"技术，为中国铁路事业的发展增添新的活力。

在此，我们衷心感谢所有为本书编写付出辛勤努力的专家与同行们。让我们携手努力，为中国铁路的未来开辟更多的可能性。

中 国 工 程 院 院 士
西南交通大学首席教授
2023 年 12 月

前言

中国西部山区，是新构造运动最强烈的殿堂，其显著的地形高差、多变的地质条件、活跃的新构造运动、复杂的气候条件等特征，为铁路建设带来了极大的考验。这片地域孕育着高陡危岩体、巨型滑坡、泥石流等典型表生地质灾害，以及活动断裂、高压富水带、高应力、高地温、岩溶等深部地质问题。

在高差大、气候多变的山区铁路勘察中，传统工程地质勘察手段面临着前所未有的挑战，特别是在表生地质灾害特征信息的精准识别和深部工程地质问题的精细勘察方面，技术面临着严峻的考验。

近年来，在以高原铁路、西渝高铁、渝昆高铁、成兰铁路为代表的艰险山区铁路勘察中，中铁二院牵头项目团队通过多方面攻关，创新了复杂艰险山区铁路勘察方法，突破了技术的局限。十余年的不懈努力构建了复杂艰险山区铁路工程的天空地井综合勘察技术体系。

这套创新技术的应用，不仅大幅度提高了对西部山区特殊地质的勘察精度和效率，而且在多项国家重大工程中取得了显著成果，确保了西部复杂山区铁路的运营安全。这不仅对我国铁路建设产生了深远影响，也为"一带一路"倡议提供了技术支撑。

编写这本书的目的在于分享这些年天空地井技术成果，探索如何在艰险山区铁路勘察中创新理论、方法和技术，指导一线勘察设计人员更好地使用新技术、新方法，为铁路建设赋予更大的活力，为铁路事业的未来描绘更为辉煌的篇章。

作　者

2023 年 9 月

目 录

第 1 章 绪 论 ··· 001
1.1 概 况 ··· 001
1.2 铁路天空地井综合勘察技术发展历程 ··· 001
1.3 铁路综合勘察体系发展 ··· 003
1.4 铁路综合勘察关键技术发展 ··· 003
1.5 本章小结 ··· 015
本章参考文献 ··· 015

第 2 章 天空地井综合勘察技术体系 ··· 021
2.1 铁路工程地质航天平台勘察技术 ··· 021
2.2 铁路工程地质航空平台勘察技术 ··· 026
2.3 铁路工程地质地基平台勘察技术 ··· 032
2.4 铁路工程地质深部钻井勘察技术 ··· 051
2.5 铁路工程地质天空地井四维勘察体系 ··· 059
2.6 本章小结 ··· 063
本章参考文献 ··· 063

第 3 章 基础地质天空地井综合勘察技术及其应用 ··· 066
3.1 地形地貌勘察技术及其应用 ··· 066
3.2 地层岩性勘察技术及其应用 ··· 073
3.3 地质构造勘察技术及其应用 ··· 092
3.4 水文地质勘察技术及其应用 ··· 122
3.5 高地应力勘察技术及其应用 ··· 128
3.6 本章小结 ··· 141
本章参考文献 ··· 141

第 4 章 表生不良地质天空地井综合勘察技术及其应用 ………………144

- 4.1 滑坡勘察技术及其应用 ……………………………………………144
- 4.2 危岩、落石和崩塌勘察技术及其应用 ……………………………172
- 4.3 泥石流勘察技术及其应用 …………………………………………177
- 4.4 岩屑坡勘察技术及其应用 …………………………………………187
- 4.5 岩溶塌陷综合勘察 …………………………………………………189
- 4.6 冰崩雪崩勘察技术及其应用 ………………………………………223
- 4.7 冰碛物勘察技术及其应用 …………………………………………227
- 4.8 本章小结 ……………………………………………………………231
- 本章参考文献 ……………………………………………………………231

第 5 章 深部地质体天空地井综合勘察技术及其应用 ………………233

- 5.1 大变形勘察技术及其应用 …………………………………………233
- 5.2 岩爆勘察技术及其应用 ……………………………………………239
- 5.3 隧道涌突水灾害综合勘察 …………………………………………242
- 5.4 有害气体勘察技术及其应用 ………………………………………249
- 5.5 高地温勘察技术及其应用 …………………………………………255
- 5.6 本章小结 ……………………………………………………………259
- 本章参考文献 ……………………………………………………………259

第 6 章 天空地井综合勘察信息平台 ……………………………………261

- 6.1 综合勘察信息平台架构 ……………………………………………261
- 6.2 综合勘察信息平台功能 ……………………………………………262
- 6.3 综合勘察信息平台应用 ……………………………………………268
- 6.4 本章小结 ……………………………………………………………274

第 7 章 结 语 ……………………………………………………………275

第 1 章 绪 论

1.1 概 况

  我国西部山区是全球新构造运动最强烈的地区之一。这个地区具有许多典型特征，包括突出的地形高差、多变的地质条件、活跃的新构造运动和复杂的气候条件等。由于这些特征，该地区不仅孕育了高陡危岩体、巨型滑坡、泥石流、岩屑坡等典型的表生地质灾害，还存在活动断裂、高压富水带、高应力、高地温、岩溶等典型的深部地质问题。这给铁路工程的建设带来了极大的考验。

  在高差大、气候多变的山区铁路勘察中，传统的工程地质勘察方法存在一些难题，比如难以进入高处和深处、难以准确识别地质灾害特征信息和变化趋势等。尤其是对于深部工程地质问题的精细勘察，需要创新的方法。因此，我们需要研究先进的艰险山区铁路勘察理论方法、技术和装备，以实现勘察-施工-建设运营期的精细识别、高效勘察和准确评价。随着西部高速铁路的建设，艰险山区铁路勘察设计变得更加复杂。在川藏铁路、西渝高铁、渝昆高铁和成兰铁路等项目中，我们面临着复杂的地形地质条件和广泛分布的工程地质问题，如崩塌、滑坡、危岩落石、岩溶、泥石流和高地温等。同时，这些地区交通不便，人迹罕至，使得勘察工作更加困难。一些常规勘察技术和方法在部分地段或区域难以实施。而高速铁路具有线形直、半径大、速度快的特点，对安全性、稳定性和平顺性要求较高，沉降控制严格，传统的勘察技术难以满足高精度的勘察设计要求。

  为了解决这些问题，由中铁二院工程集团有限责任公司牵头的项目团队利用了北斗卫星定位系统、高分遥感、无人机、合成孔径雷达干涉测量（InSAR）地面形变监测、三维激光扫描、千米级水平绳索取芯履带钻机等先进技术，构建了天空地井综合勘察技术体系。通过 10 余年的联合攻关，项目团队成功突破了表生地质灾害特征信息和灾变趋势识别、深部工程地质问题精细勘察等技术瓶颈。这些创新技术的应用大大提高了对西部山区特殊地质的勘察精度和效率。

1.2 铁路天空地井综合勘察技术发展历程

  铁路天空地井综合勘察技术是一种高效的勘察手段，它将航空、卫星遥感、地基勘察、钻探及综合测井技术相结合。具体而言，该技术综合利用了来自太空的各类遥感卫星、空中飞机和无人机搭载的遥感传感器、地面上的全站仪、地面穿透雷达、激光扫描等设备，以及钻探技术（包括竖向和定向钻探），并通过井中的综合原位测试获取大量的地质信息。这些数据最终用于进行工程地质的综合分析，为铁路工程提供准确的地质参考。以下是铁路勘察在不同历史时期，采用空天地井综合勘察技术的发展历程：

1.2.1 1950—1970 年

该阶段航空摄影在铁路勘察中开始得到应用。飞机搭载摄影设备进行大范围地面拍摄，为铁路线的选择和设计提供初步资料。不过这个阶段的技术精度限制较大，且数据处理主要依赖于人工解析。在这个阶段，勘察人员不得不面对重重困难，如地理环境的复杂性、数据采集效率限制等。这些困难导致铁路勘察精度有限，勘察周期长。尽管面临苛刻条件，中国铁路勘察工作依然取得了不小的成就，为铁路基础设施的发展和完善奠定了基础。

1.2.2 1970—1990 年

随着卫星遥感技术的发展，铁路勘察开始尝试利用卫星图像。这个时期的勘察工作同时还借助了较为基础的地面测量工具和方法，接触并学习国外的先进勘察技术和设备，如地形测绘的摄影测量、地质探测的地球物理测量等，为勘察工作的科学化奠定了重要基础。全站仪、卫星测量系统（包括早期的 GPS 系统）等的引进，使得测量精度大幅提升，工作效率显著提高。这段时期是中国铁路勘察技术的现代化元年，规范化的作业流程和科学的数据处理方法成为新的标准。

1.2.3 1990—2010 年

随着 GPS 技术的普及和高分辨率卫星图像的可获取性增加，铁路勘察作业更为精确和高效。卫星遥感与地面测量的结合更加紧密，数据处理及分析方法也在向数字化和自动化发展。空天地信息技术在铁路勘察中的应用达到了一个新的高度。使用更高精度的卫星图像和来自各种传感器的数据，包括合成孔径雷达（SAR）和激光雷达（LiDAR），可以实现对地形的三维建模和地表变化的动态监测。无人机（UAV）技术的发展也为勘察提供了全新视角和方法，特别是在难以接近或危险的地形中。

1.2.4 2010 年至今

天空地井综合勘察技术正越来越多地融入大数据、云计算和机器学习中，勘察成果以更快的速度、更高的精确性被处理和分析。通过集成各种来源的数据，如空间信息、GIS 数据、地质信息和历史构造数据等，进行更高级的解译和模拟，为铁路的规划、建设和运维提供深入的决策支持。

天空地井综合勘察技术的持续创新与发展，不仅显著提高了铁路勘察的效率和准确性，而且极大地降低了人力物力成本，并为应对复杂地理环境和地质条件提供了强大的技术保障。随着技术的进步，将来的铁路勘察技术将更加自动化、智能化，能够更为精确地解析地表和地下信息，提供充分的信息支持铁路建设和运营的每一个环节。

1.3 铁路综合勘察体系发展

铁路工程地质勘察经历了单一勘察手段、多手段配合、综合手段应用的发展过程，这个过程实际就是不断采用新技术、新方法的过程，采用新技术、新方法是促进勘察技术发展、提高地质勘察精度的主要手段。铁路工程常规勘察技术主要包括卫片、航片遥感图像地质解译、地质调绘、物探、钻探与测试、观测与评价。各常规勘察技术优缺点见表1-1。

表1-1 艰险山区高速铁路常规勘察技术优缺点对比

类别	特点	优势	不足
卫片、航片遥感图像地质解译（低分辨率）	按"建立解译标志，分析解译成果，确定调查重点，实地核对与修正，补充解译、复判"的程序开展工作	视野广阔，不受交通、气候条件限制，可以解译测区宏观构造和岩性界线	比例尺小，无法解译细部地貌形态，成果具有多解性
地质调绘	紧密结合工程设置，采用远观近察、由面到点、点面结合的工作方法	直观认识地层、岩性、构造、不良地质、特殊岩土等地质特征	受地形、气候、交通等自然条件影响大；难以查明隐伏地质情况
物探	物探是一种利用地质体的物性差异，间接地探测地质体结构的勘察手段，具有方法多，勘探深度范围大，易大面积施测，可进行点、线、面相结合的特点	通过物探成果解译，对探测对象的地表及地下工程地质特征能获得一定深度范围内的宏观立体认识	物探成果具有多解性，易受外界干扰
钻探与测试	钻探是地质勘探中最常用的基本技术手段，可取得工程地质、水文地质参数，为设计施工提供依据，是相对可靠的勘探手段	直观探查钻孔范围内岩土体的垂向地质特征	只能反映钻孔内的地质特征，不能反映区域地质特征
观测与评价	对随时间变化较为明显的地质条件进行观测，如不稳定滑坡的蠕滑、地下水位随季节的升降、大规模地表沉降与岩溶地面塌陷严重地段的地面变形和塌陷监测	通过观测，可以比较准确地了解地质条件的发展变化情况，找出主控因素	需结合区域地质资料、地表调绘、物探、钻探成果进行综合分析

1.4 铁路综合勘察关键技术发展

1.4.1 光学遥感的勘察技术

卫星光学遥感技术因其具有时效性好、宏观性强、信息丰富等特点，已成为重大自然灾害调查分析和灾情评估的一种重要技术手段[2]。早在20世纪70年代，Landsat（分辨率为 30~80 m)、SPOT（分辨率为 10~20 m）等中等分辨率光学卫星影像便被用于地质灾害探测分析[3-6]，但由于其影像分辨率不高，主要是进行地层岩性、植被差异、土壤湿度等地质灾害成灾背景信息的提取，而很少用于单体地质灾害的识别。20 世纪 80 年代，黑白航空影像被用于单体地质灾害的探测。得益于影像分辨率的提高和立体像对观测技术的应用，单体地质灾害的运动类型、活动性、滑动厚度等信息可以利用光学遥感影像进行提取。20 世纪 90 年代以后，IKONOS（分辨率为 1.0 m）、Quick Bird（分辨率为 0.60 m）等高分辨率卫星影像便被广泛用于地质灾害的探测与监测[7]。Hyperion 在世界范围内是最先成功发射的非军事化用途星载成像高光谱仪，并且是为数不多的依旧在轨正常工作的星载成像高光谱仪之一[8]。Hyperion 高光谱成像仪由美国国家航空航天局（NASA）研制，由为接替 Landsat-7 而诞生的新型对地观测卫星 EO-1（Earth Observing-1）搭载。EO-1 卫星拥有与 Landsat-7 卫星大致相等的轨道数据，其轨道高度为 705 km，轨道倾角为 98.7°，Hyperion 高光谱成像仪成像波段范围是 365~2 577 nm，成像方式为推扫式。其获得的波段主要包括可见光、近红外（VNIR）以及短波红外（SWIR），总计波段数目为 242 个，以及纳米级的波谱分辨率，传感器空间分辨率为 30 m，每景可覆盖 7.5 km×180 km[9]。

  人工目视解译（包括立体像对观测）仍然是目前最主要的遥感地质灾害探测方法，它主要基于地质灾害地表形变产生的直接标志（圈椅状影像特征、后缘裂缝、前缘崩滑等）或间接标志（河流改道、植被差异等信息）进行解译[10]。但人工目视解译主要依赖于解译人员的个人经验，导致其解译结果和解译精度不确定性较大[11]。近年来，基于像元信息（pixel-based）和面向对象（object-oriented）的遥感影像地质灾害自动识别技术逐渐发展起来。基于像元信息的地质灾害自动识别主要考虑单个像素光谱信息，而不考虑相邻像元之间的信息关联，往往解译误差较大；面向对象的地质灾害自动识别技术将滑坡体看待成相互之间有联系的像元集进行分类，使得解译结果更准确合理。Moine 等利用 SPOT-5 卫星全色影像，基于面向对象技术实现了对平推式、旋转式和岩崩三类地质灾害的自动提取。Stumpf 等基于区域主动学习算法，利用多时相高精度光学影像实现了大型浅层滑坡的自动探测[12]。Behling 等将基于像元信息和基于面向对象技术结合进行地质灾害探测[13]。此外，光学影像和其他数据的综合也逐渐用于地质灾害自动探测。Mondini 等利用归一化植被系数（NDVI）和高精度卫星影像等数据实现了降雨滑坡的半自动化探测[14]。数字高程模型（DEM）、数字地面模型（DTM）等地形数据和 Google Earth 等网络平台正广泛用于地质灾害解译与分析。

  目前，遥感技术正朝着高分辨率（商业卫星分辨率最高为 World View-3/4 的 0.3 m）、高光谱分辨率（波段数可达数百个）、高时间分辨率（Planet 高分辨率小卫星影像的重返周期可以小于 1 d）方向发展。光学遥感技术在地质灾害研究中的应用逐渐从单一的遥感资料向多时相、多数据源的复合分析发展，从静态地质灾害识别、形态分析向地质灾害变形动态监测过渡，从对地质灾害的定性调查向计算机辅助的定量分析过渡。光学遥感技术在地质灾害研究中具有广泛的应用前景。但目前阶段，国内在地质灾害遥感的理论和实践中，由于受学科交叉、新技术方法的快速发展、地质灾害遥感从业人员专业背景差异等因素影响,存在一些问题和不足,如:遥感在地质灾害调查中的作用在被过度夸大的同时,其应用潜力和功能没有得到充分发挥;在实际遥感目视解译中过度依赖影像的色彩、纹理、阴影、位置等解译要素,而对地质灾害遥感解译的关键要素或问题认识不清;地质灾害遥感解译片面追求影像的解译标志,DEM、DTM数据的利用程度低,对DEM、地理信息系统(GIS)空间分析与影像的复合分析、三维(3D)可视化等新的技术方法应用较少;缺少对遥感解译地质灾害精度客观的评价方法等[15]。

遥感技术作为一种空间数据快速获取手段,近年来被广泛应用于滑坡编录、滑坡危险性评价和区划、滑坡敏感性评价、地震次生灾害调查。特别是近年来,在2008年汶川地震、2010年玉树地震、2013年芦山地震、2013年甘肃岷县-漳县6.6级地震、2010年甘肃舟曲特大泥石流以及2017年发生的九寨沟7.0级地震等地震诱发崩滑流次生重大地质灾害的快速解译、灾情评估和灾害发育特征、分布规律等研究方面,遥感技术都发挥了前所未有的重要作用。

地表变形会导致光谱特性的变化,由此可利用光学遥感的颜色变化来有效识别地表变形,从而圈定潜在滑坡隐患[2]。例如,利用光学遥感影像分析研究2016年浙江丽水苏村滑坡,滑坡源区地处高位且植被茂盛,但滑前因其变形明显而在遥感影像上有清楚的显示,尤其是滑坡前边界裂缝清晰可见,据此甚至可估算出滑坡的大概方量,如图1-1所示。与此类似,图1-2所示为通过多期次遥感影像观测到的2017年四川省理县通化乡西山村滑坡的动态演变过程。

(a)2016年9月28日浙江丽水苏村滑坡(26人死亡)

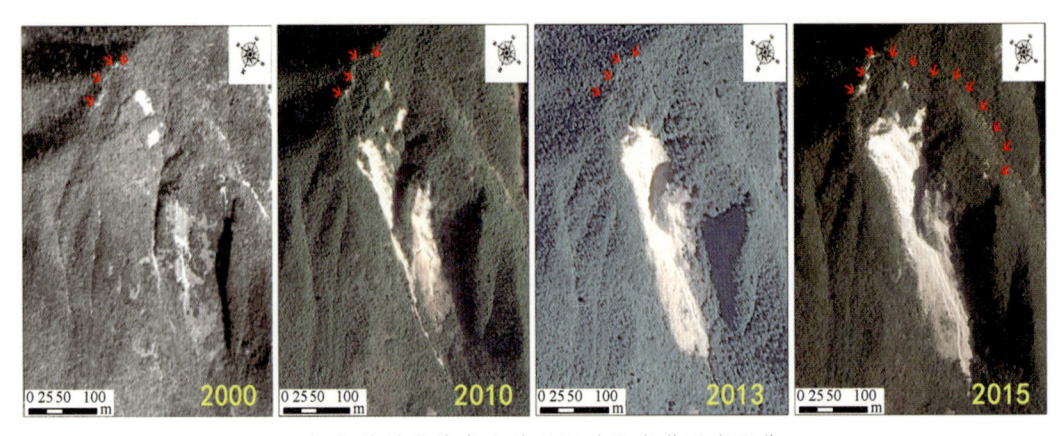

（b）苏村滑坡发生前不同时段光学遥感影像

图 1-1 浙江丽水苏村滑坡及其滑前遥感影像

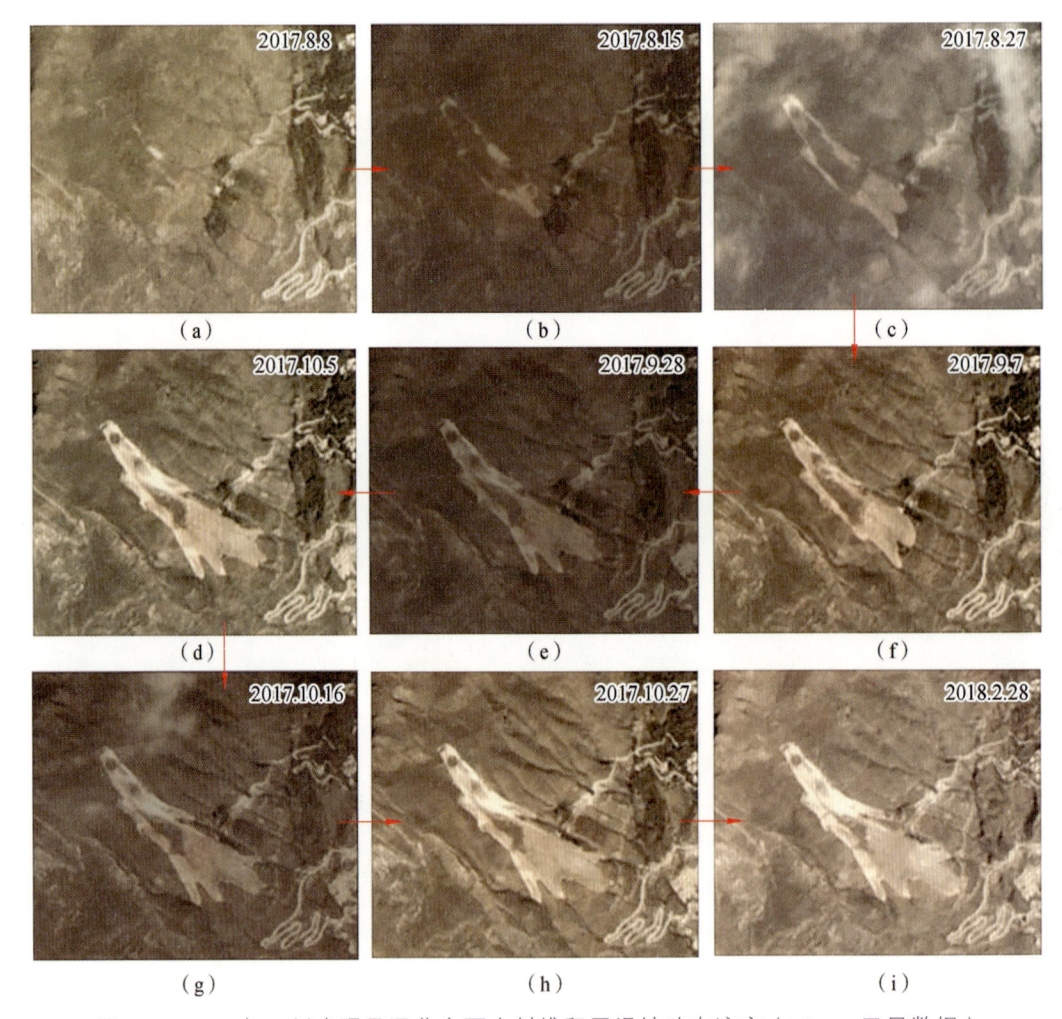

图 1-2 2017 年四川省理县通化乡西山村堆积层滑坡动态演变（Planet 卫星数据）

随着光学遥感影像分辨率的不断提高（最高到 0.3 m），以及卫星数目的不断增多，观测的精度将不断提高，获取影像的时间间隔也将大幅缩短，2022 年已实现同一地点每 1~2 d 便覆盖一次。

在达孜区，通过高光谱光谱角填图，整体上能够对各类岩性进行识别分类，能够有效地从空间位置上对不同岩性进行区分，通过对各类岩性不同匹配阈值的选取，最终得到匹配图像，如图 1-3 所示。Hyperion 高光谱图像分辨率为 30 m × 30 m，影像大部分像元为混合像元，同时受波谱匹配阈值范围制约，导致最终识别结果为在同一地层中，岩性仅能部分识别出。后期可结合地质图、影像图，人工对像元分布范围进行圈定，得到边界。

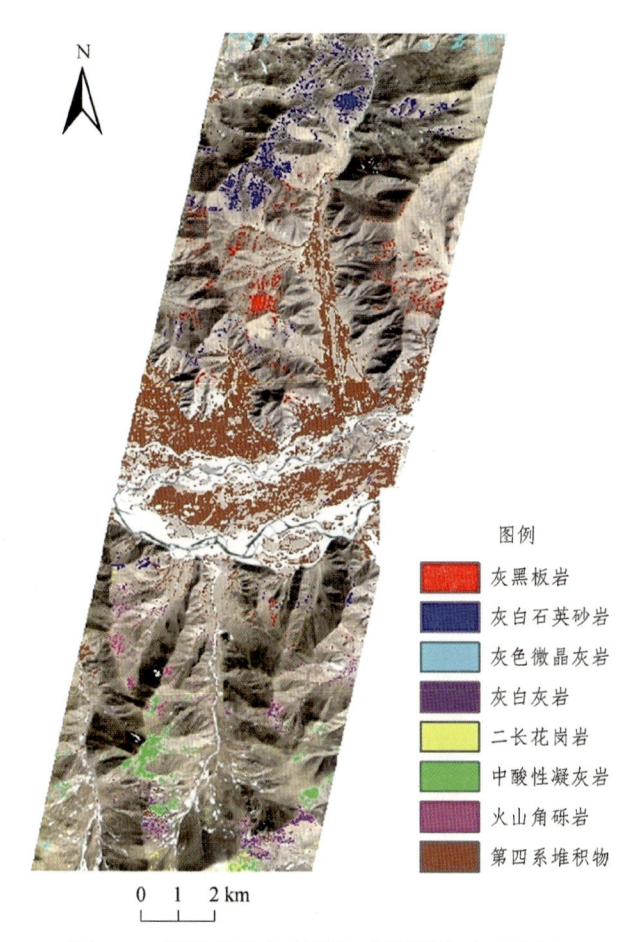

图 1-3　基于卫星高光谱技术识别达孜区岩性

1.4.2　无人机摄影测量勘察技术

无人机数字摄影测量技术（UAV photography）是以无人机为平台，采用数字摄影测量为手段的测绘技术，是航空摄影测量的一个重要分支。无人机数字摄影测量随技术演化发展又分为两个分支，即传统垂直航空摄影测量和倾斜摄影测量。传统的航空摄影测量主要用于地形图测绘工作，它利用航拍设备垂直对地拍摄获取数字影像，经空三解算利用立体像对三维成像绘制测区数字线划图（DLG），并可得到测区正射影像图（DOM）；倾斜摄影测量技术是测绘遥感领域近年发展起来的一项高新技术，它通过垂直、倾斜等不同角度采集影像，获取物体更为完整准确的信息。数字摄影测量技术以大范围、高精度、高清晰的方式全面感知复杂场景，通过高效的数据采集设备及专业的数据处理流程生成的数据成果直观地反映地物的外观、位置、高度等属性，为真实效果和测绘级精度提供保证。倾斜摄影测量技术不仅能真实地反映地物情况，而且可通过先进的定位技术，嵌入精确的地理信息、更丰富的影像信息。这种以"全要素、全纹理"的方式来表达空间物体的方法，提供了不需要解析的语义，一张图胜过千言万语，直观立体的三维模型使得地质灾害全息再现。倾斜摄影技术是当今地质灾害三维建模的一个重要发展方向[16]。

无人机数字摄影测量技术在地质勘察领域的应用日益广泛。在一些自然灾害等突发事件处置中，由于危险性、时间性等因素影响，无人机摄影测量更有着独特的优势。"5·12"四川省汶川地震、"8·3"云南省鲁甸地震时，无人机在抢险救灾工作中都发挥了重要作用，为收集地震灾害数据、财产损失评估、灾后重建和生产自救提供了宝贵的参考资料[5]。无人机航拍具有精度高、灵活性强、可按需飞行、三维测量等优点，逐渐被用于地表形变监测与地质灾害隐患早期识别中。一方面，利用由无人机航拍生成的多期厘米级分辨率的正射影像图，可以直接对地表形变产生的裂缝进行解译，并定量分析其水平变化量；另一方面，可利用无人机航拍生成的数字表面模型（DSM）或数字地面模型（DTM）进行地表垂直位移、体积变化、变化前后剖面的计算，以及进行灾变拉裂缝的探测与提取。陈正超等使用卫星遥感和无人机航拍数字高程模型数据进行滑坡体积计算，并提出了改进方法以优化精度[17]。Turner等通过多期无人机航拍数据对滑坡动态变化过程进行了时序分析，其平面精度和垂直精度分别达到 0.05 m 和 0.04 m[18]。Fernández 等以橄榄树庄园滑坡为例，使用无人机摄影测量技术获取多期地形数据（平面精度为 0.1 m，高程精度为 0.15 m），利用其分析滑坡演化过程，并根据滑坡特点提出了一种计算滑坡平面位移的半自动方法[19]。此外，无人机摄影测量技术还可以与其他三维测量技术融合，各取所长，弥补了单种技术在时间和空间上获取数据的不足。Dewitte 等将无人机摄影测量技术与激光雷达（LiDAR）技术融合追踪滑坡变形[20]。Stöcker 等利用无人机摄影测量和近景摄影测量融合技术对沟谷进行测量，获得了 0.5 cm 分辨率和 1 cm 精度的沟谷数字模型[21]。Yu-Chung Hsieh 等将无人机摄影测量技术与机载 LiDAR 技术结合获得了台湾梅园山滑坡前后的多期数据，通过 DEM 差分分析了滑坡变形演化过程[22]。Mateos 等结合永久散射体合成孔径雷达干涉测量（PS-InSAR）与无人机摄影测量，计算出该区域建筑物的位移量，分析了影响城市的海岸滑坡的运动形态[23]。Al-Rawabdeh 等使用低成本的大疆无人机对蠕变型滑坡进行航拍，获得点云数据，并使用半全局匹配算法方法对滑坡陡壁进行自动识别和数据提取[24]。

无人机摄影测量技术已较为普遍地应用于地质灾害正射影像获取、大比例尺地形图测制、三维实景建模、展示等方面，然而地质灾害信息提取、分析、变形监测等方面的关键技术尚需做大量研究工作。

1.4.3 机载 LiDAR 地质灾害识别技术

激光雷达（LiDAR），是激光探测与测量系统（Light Detection And Ranging）的简称。机载激光雷达（LiDAR）是一种新型主动式航空传感器，通过集成定位测姿系统（POS）和激光测距仪，能够直接获取观测区域的三维表面坐标。其按功能分主要有两大类：一类是测深机载 LiDAR（或称海测型 LiDAR），主要用于海底地形测量[25]；另一类是地形测量机载 LiDAR（或称陆测型 LiDAR），正广泛应用于各个领域，在高精度三维地形数据（数字高程模型 DEM）的快速、准确提取方面，具有传统手段不可替代的独特优势。尤其对于一些测图困难区的高精度 DEM 数据的获取，如植被覆盖区、海岸带、岛礁、沙漠地区等，LiDAR 的技术优势更为明显。

激光雷达技术的使用可追溯至 20 世纪 70 年代，美国航天局在阿波罗登月计划中就利用激光技术测量月球表面地形，随着全球定位系统（GPS）和惯性导航系统（INS）的日趋成熟，精密即时定位及姿态测定成为可能。1988 年，德国斯图加特大学将 GPS 接收机、INS 以及激光扫描仪集成，利用 GPS 得到扫描中心的空间三维位置坐标，同时从 INS 获取发射激光时的姿态和角度，完成了机载激光扫描地形断面测量，被视为现代机载雷达系统的原型。随着电子技术的飞速发展，机载雷达系统的发展日新月异，商用的机载雷达系统层出不穷，其测量距离、采样速率、测量精度等参数不断优化提高，其体积、质量不断减小，近年来出现了以小型无人机为载体的激光雷达系统，其系统质量仅为几千克。高度集成的激光雷达系统可搭载在民用的小型无人机平台之上，实现快速灵活的数据采集。无人机载激光雷达技术具有作业周期短、数据精度高且不受天气因素影响等优点，是一种方便高效的主动遥感测量技术。机载 LiDAR 集成了位置测量系统、姿态测量系统、三维激光扫描仪（点云获取）、数码相机（影像获取）等设备，三维激光扫描仪主动发射激光光束，通过返回的激光脉冲可获取探测目标高精度的距离、坡度、粗糙度和反射率等信息，数码相机则可获取地面探测目标的数字影像信息[26]。机载雷达技术在后续处理时可生成具有真彩色（或地面反射强度）的三维激光点云。相对于传统的摄影测量技术，机载激光雷达技术不仅能够提供高分辨率、高精度的地形地貌二维影像，同时机载雷达还具有多次回波技术，可"穿透"地面植被，通过滤波算法有效去除地表植被的影响，获取真地面高程数据信息。

1.4.4 航空物探地质勘察技术

1. 航空电磁法（AEM）

航空电磁法（Airborne Electromagnetic Method，AEM），是航空物探中常用的测量方法之一。AEM 具有速度快、成本低、通行性好、可大面积覆盖等优势，可以在人们难以进入的山区、沙漠、沼泽、森林、海域等区域进行有效的勘测。该方法已广泛用于矿产资源勘察、地质填图、水资源勘察和环境监测等领域。1948 年夏季，Stanmac 和 McPhar 公司在加拿大进行了固定翼飞机 AEM 系统的首次成功试验飞行，标志着勘探地球物理的新分支——AEM 的诞生[27]。1959 年，第一套时间域航空电磁系统 INPUT 推出，之后航空电磁法得到了快速的发展。经过近 70 年的发展，航空电磁法在测量系统、数据处理和数据解释技术等方面都取得了较大的进步。目前，航空电磁系统主要有频率域和时间域两类系统。虽然时间域航空电磁法相对于频率域航空电磁法起步稍晚一些，但其发展迅速，在 20 世纪 90 年代开始超越频率域航空电磁法，目前，国际上比较先进的几种航空电磁测量系统都是时间域航空电磁测量系统。另外，从承载装置上分，航空电磁系统主要有固定翼和直升机两类，由于直升机的灵活性强，适用于地形崎岖的地区，因此直升机时间域航空电磁系统是目前使用非常广泛的一种航空电磁系统。

我国航空电磁法的研究起始于 20 世纪 50 年代末，但起步初期发展并不顺利，直到 70 年代末我国才开始引进国外先进的仪器设备[27]。20 世纪七八十年代，在引进国外先进仪器设备的基础上，我国研制出了固定翼频率域和时间域航空电磁系统，并开始采用航空电磁和磁测系统进行地质填图、找矿、水文和农业生态地质调查、环境评估等。90 年代后由于种种原因，航空电磁系统研究处于停滞状态，没能得到快速的发展。近年来，随着国家经济高速发展，对矿产资源的需求急剧增加，国家加强了对航空电磁勘察的投入，以开发具有自主知识产权的航空电磁勘察系统。"十一五"和"十二五"期间，国家高技术研究发展计划（"863"计划）项目持续立项，资助固定翼和吊舱式航空瞬变电磁仪的研发，分别由国土资源部航空遥感中心（吊舱式航空电磁）和廊坊物化探研究所（固定翼航空电磁）牵头，顺利完成了观测系统和软件系统的研发，并且在新疆和内蒙古等地的矿山中开展了实用化测量试验，取得了良好的试验效果。"十三五"期间，国家重点研发计划再次立项，并继续资助上述两个单位及其联合体分别开展吊舱式瞬变电磁和固定翼瞬变电磁勘探系统的实用化研究。相信在不久的将来，我国的航空电磁勘探将迎来一个实用化快速发展的时期。

2. 半航空瞬变电磁法（SATEM）

半航空瞬变电磁法（Semi Air Transient Electromagnetic Methods，SATEM），由于其方法包含地面观测系统，因而后来也称之为地空瞬变电磁法（Ground Air Transient Electromagnetic Methods，GATEM）。半航空电磁法最早起源于俄罗斯和西欧地区，随后在加拿大得到发展和应用。国际上可以查到的最早的地空系统为 Turair 系统，该套系统是早期地面 Turam 电磁系统的航空版本[28]。Turair 系统和 Turam 采用相同的地面发射系统和测线布置方式。为获得比航空频域电磁法更大的探测深度，Turair 系统在地面布设发射源，以直升机为载体，在附近空域测量两个水平线圈或正交线圈的磁场比值和相位差进行电磁勘察。该系统采用单频发射（根据地质环境的不同可任意设定频率），发射电流为 4~10 A，发射功率可达 15 kW。由于采用地面大功率发射线圈，该系统可以获得比当时传统航空电磁法更大的探测深度，可达到 200 m。同时，由于测量期间发射系统一直工作，该系统具有较大的探测范围：对于一个 3 km×5 km 的线圈，在测线间隔为 200 m 的情况下，平均可以实现 400~500 km 的测线长度。20 世纪 70 年代，Seigel Associates 有限公司采用地空 Turair 系统对安大略湖北部的金属硫化物矿体进行了成功探测[29]。

进入20世纪90年代,澳大利亚的FLAIRTEM系统、加拿大的TerraAir系统和日本的GREATEM系统先后问世,这些系统均采用直升机测量。FLAIRTEM系统工作时要在地面布设大回线,回线的面积一般为2 km×5 km~6 km×12 km,采用10~25 kW的发射机,脉冲频率为1~32 Hz。接收线圈的有效面积为10 000 m²。回线布设往往借助直升机(在山区)、飞机或汽车(在平原)来实现。FLAIRTEM系统和TerraAir系统的发射部分与Turair系统相同,采用地面大回线作为发射源;但是,FLAIRTEM系统与TerraAir系统在采集方法上与Turair不同。前两种方法不再采集频率域信号,而是采集地面发射系统关断后的时间域波形,通过发射更低的频率获得更深的探测深度,这种发射方式理论上其探测深度可达到千米级别。FLAIRTEM数据的解释方法与地面固定线圈TEM数据的解释方法相同。FLAIRTEM系统克服了传统AEM法探测深度过浅的局限性,其场源信号的穿透深度可达上千米,此外,其场源能在较大范围内保持相对均匀,这样就能够在距测线数千米内进行测量[30]。

1997年,Fugro公司用TerraAir系统进行试验,将其与航空TEM系统(GEOTEM)和地面TEM系统(PROTEM)进行实测对比。结果表明,对于地下浅部导体,地面TEM系统的信噪比最好(50 000∶1),半航空TEM系统次之(500∶1),航空TEM系统最低(仅为25∶1)。数值模拟结果显示,随着导体埋藏加深,地面TEM系统的晚期信噪比优势将减弱,而且半航空TEM系统始终强于航空TEM系统。因此,从测量成本上说,半航空TEM系统成本低于航空电磁系统且远低于地面TEM系统;从数据的信噪比方面看,半航空TEM系统低于地面TEM系统,但是高于航空TEM系统[31]。

近年来,日本Moji研发团队开发的GREATEM系统在实用化方面进展较好。该系统采用接地导线发射(电性源)作为发射系统,理论探测深度可达几千米,是地面LOTEM的航空版本。该系统在2010年前后先后用于火山区和海岸带地电结构探测[32-34]。在日本东北部Bandai火山区地电结构调查中,最大探测深度达到800 m,远大于常规的航空电磁探测方法。在随后的海陆交互应用时,该系统又实现了300 m左右的探测深度。在国外已有的半航空电磁探测系统中,GREATEM系统具有最大的实际探测深度,并且在2010年以后得到推广应用和持续发展。目前,该套系统已经实现了三维模拟与解释。

我国半航空瞬变电磁系统发展起步较晚。2009—2016年,成都理工大学王绪本教授团队研究了时间域半航空瞬变电磁探测方法,即地空瞬变电磁系统[35-37],开发了基于长接地导线、无人机半航空瞬变电磁观测系统[38],同时配套开发了一套集数据处理、一维和拟二维反演解释成像为一体的软件系统[39],并在山地矿区、海陆交互带等复杂地形区域获得了成功应用。2014年,吉林大学林君教授科研团队开展了时间域地空电磁法的一维正反演计算和仪器系统中的发射系统以及测量同步技术实用化研究[40-41]。2015年,长安大学李貅教授团队提出了针对电性源时间域地空电磁法的逆合成孔径成像方法[42-44]。地空电磁法或半航空电磁法正在成为国内电磁勘探领域又一个研究热点。

总体上看,地空TEM兼有航空TEM系统和地面TEM系统的优点,具有较大的灵活性,能完成局部复杂区域的三维快速勘探,比较容易发现局部观测区域的异常点,因此被认为是一种值得研制和推广应用的勘察系统。我国是地理和资源大国，但西部山区较多、海拔高、高差大、地形复杂，航空 TEM 容易受到飞行条件限制，所以地空 TEM 探测在我国工程地质勘察和山区资源勘探中有着广泛的应用前景。

3. 航空瞬变电磁法（ATEM）技术现状

航空和半航空瞬变电磁测量的基本原理与物理学中的电磁感应原理相同，工作过程分为发射、电磁感应和接收三部分。航空电磁理论研究是与系统的研制工作相互推动的。20 世纪 60 年代，Nelson 等开始了航空电磁法的理论研究，同时，Becker 对时间域航空电磁系统的响应进行了模拟研究；1973 年，Shah 对比分析了 4 种航空电磁线圈系统的性能，结果显示，在层状大地模型下，水平共面系统优于垂直共面系统；同年，Nelson 计算了时间域系统的模型响应；1976 年，Lodha 模拟了球体模型的航空电磁响应，给出了自由空间中球体正上方测线的偶极场响应；1977 年，Shah 研究了位移电流和高度对平面波电磁场的影响；1977 年，Best 等给出了磁偶极场中球体的一般解。20 世纪 90 年代中期，航空电磁正反演理论研究逐渐深入，并与其他地球物理方法结合进行了综合解释的研究，如 Kwarteng 等用航空电磁、航磁和航空甚低频电磁资料联合反演成像，Buselli 等研究了含盐介质的宽频航空电磁效应。21 世纪以来，对航空电磁正反演方面的理论研究、探测深度分析、响应曲线特征解释等多基于层状介质模型；也开始重视复杂模型的响应计算，如 Yoonho Song 研究了自由空间或导电围岩中 45°倾角薄板响应的计算；对复杂地表环境的影响研究也逐步展开，如 Beaminsh 研究了遮棚效应的影响情况，鞠艳鞠从理论上分析了姿态影响情况；对多分量时间域航空电磁反演与测高不准时的航空瞬变电磁反演的理论研究也取得重要成果[45-46]。

4. 航空大地电磁（AirMT 或 ZTEM）技术现状

人工源频率域航空电磁法由于其发射频率为 200～195 000 Hz，只能有效地识别地表以下几米至几百米以内的地质体[47]。而天然源电磁法与人工源频率域航空电磁法相比具有更大的勘探深度。有效结合天然场勘探深度大和航空测量工作效率高的特点，从而形成了天然源电磁场的频率域航空电磁法，该方法采用倾子数据来表征三维电性结构特征信息。早期 Ward 提出了音频磁场法（AFMAG）[48]，该方法具有圈定和识别地下良导体的能力，并建立了表征 AFMAG 响应的标量倾子关系，但由于水平磁场的极化方向是随时间随机变化的，并且该变化将同时导致垂向磁场强度的变化，因此得到的标量倾子也是不断变化的。这使得随后的一段时间内 AFMAG 方法并未得到进一步发展，直至 Labson 等使用地面水平与垂直线圈同时测量磁场各个分量，由测量的磁场整理得到张量倾子数据，才解决了 AFMAG 的观测数据随时间改变的问题[49]。之后加拿大 Geotech 公司改进了 AFMAG 法数据采集仪器，在 Labson 的数据处理方式基础上，开发了 Z 轴倾子电磁法（ZTEM），并投入商业应用。由于 ZTEM 的工作效率高、探测深度大，其应用逐渐增多，理论研究也得到了广泛的关注。Holtham 等采用高斯-牛顿算法实现了 ZTEM 数据的三维反演[50]；Holtham 等还实现了 ZTEM 和 MT 数据的三维高斯-牛顿联合反演算法[51]。另外，Sattel 等基于 OCCAM 反演算法，对 ZTEM 二维正反演问题进行了研究[52]，并分析了倾子响应特征的相关影响因素。Sasaki 等采用模型数据实现了航空 ZTEM 和地面 AMT 的联合反演，结合 AMT 数据的反演能有效地为 ZTEM 反演提供良好的初始模型，解决了 ZTEM 数据单独反演时目标体分辨率随初始模型的不同而大大降低的问题；另外，作者提供的模拟结果表明，ZTEM 数据的反演可以很好地检测出相隔 1 km 的多个导电目标体[53]。

早在 1956 年，四川地球物理勘探公司就在四川盆地蓬莱镇开展地震勘探工作，得到了全国第一张地震反射标准层构造图，这标志着地震勘探区域开始逐步由丘陵地带向盆周山区、渝东地区以及川鄂湘转移[54]。1965 年，石油部组织多个地震队在四川多处地方开展油气勘探作业，进一步推动了山地地震勘探的发展[55]。在随后的几十年里，崎岖山区的地震勘探研究工作主要放在了地震采集及地震处理方面。

在地震采集方面，唐东磊[56]等针对多维复杂山地地震采集技术进行了深入研究，在实践经验的基础上总结出了一套野外测量、激发、接收、静校正及仪器改进的技术流程，对提高地震资料信噪比起到了重要作用。进一步地，邓志文[57]针对地表及地下条件复杂、激发及接收条件差、原始资料信噪比低、静校正困难以及资料成像差等难题，利用多种震源设备联合激发，并引入山地三维静校正模型高速参考面等一些新的观点，摸索总结出了一套适应山地地震勘探的采集和处理方法，但在观测系统优化方面还有待深入研究。为此，尹成[58]等首次提出观测系统优化思路，针对三维地震采集所采用的线束状观测系统，论证地球物理目标参数，提出了一套观测系统优化设计的方法，并指出观测系统优化设计是解决复杂山地地震勘探难题最有效的技术手段之一。为了在地震采集过程中提高勘探精度，陈祖庆[59]等在我国南方海相沉积区实施面向岩性勘探的三维高精度地震勘探，准确描述页岩气"甜点"的分布情况，指出针对四川盆地东南部涪陵焦石坝地区复杂的地震及地质条件，三维高精度地震采集观测系统的设计应该具备宽方位、小道距、高覆盖、纵横向覆盖均匀、适中排列的特点，以满足对构造解释、岩性解释以及裂缝预测的需要。

在数据处理方面，李录明[60]等提出了相移加校正变范围三维叠前深度偏移方法，该方法在发展完善相移加校正算法的基础上，可以根据三维速度模型的空间变化，自动确定偏移后的叠加成像范围变化，在一定程度上提高了地震成像的精度。为了进一步提高成像效率及精度，陈生昌[61]等基于博恩（Born）和雷托夫（Rytov）近似，提出了一系列用于提高计算效率和成像精度的偏移算法。随后，张云海[62]等以大湾构造为例提出了复杂山地三维地震资料目标处理的关键技术，他们采用初至波层析成像静校正技术、三维 F-X 相干噪声压制、三维叠后一步法偏移等技术与方法，使飞仙关组储层得到了较为清晰的成像效果。为了更系统地研究复杂地质情况下的油气勘探问题，王延光[63]等以胜利油田的复杂地质为出发点，研究了低信噪比资料地震处理技术、高分辨率地震资料处理技术、深层地震成像技术、特殊岩性体地震成像技术、高密度地震成像技术、典型储层的岩石地球物理分析技术、高精度构造解释技术、高精度储层识别与预测技术、高精度圈闭描述技术、流体预测技术以及针对特定复杂地质目标的高精度地震勘探配套技术等系列技术，在油田隐蔽油气藏勘探开发应用中发挥了重要作用，很大程度上克服了在复杂地质背景下深部找油气的困难。

综上所述，复杂山地地震勘探在采集、处理技术上取得了阶段性的进展，但目前大多数的山地地震勘探侧重点放在了深部地层找油气上。对于浅层地震勘探（如 500 m 以上）而言，在高陡边坡、高海拔、地表地下介质剪切极为复杂的艰险复杂山区的铁路规划区域，尤其是在类似于我国高原铁路覆盖的区域进行地震勘探工作，一直面临着施工难度大、激发和接收条件苛刻、野外静校正难以发挥作用以及浅层构造成像困难等障碍[64-65]，从而导致很难得到地下不良地质体形态的高精度刻画以及关键的地震物理参数（如纵波速度、横波速度和密度），给后续的隧道开挖及围岩分级带来了极大的影响。因此，亟待进一步深入开展适用于艰险复杂山区的高精度多维地震勘探技术应用研究。

1.4.5 定向取芯钻探技术

1. 定向取芯钻机国内外现状

自从瑞典的一家工程机械公司设计并推出了第一款动力头式液压钻机，国外的液压钻机已经走过了 160 余年的发展历程。目前，国外生产岩芯钻机的主要厂家有瑞典阿特拉斯·科普柯（Atlas Copco）公司、瑞典山特维克（Sandvik）公司、美国宝长年（Boart Longyear）公司。这三家公司在市场上的占有率一直处于稳定变化范围内，其开发的系列钻机有着液压动力头式回转机构、长行程的给进系统、由液压绞车组成的提升系统、配备无级调速的动力输出机构、自由升降配套器具齐全能作大范围钻孔角度调整的桅杆机构等显著特点。

阿特拉斯·科普柯公司的液压岩芯钻机包括 3 个独立的品牌，Boyles、Christensen 和 Mustang。其中：Boyles 品牌是阿特拉斯与加拿大钻机生产商 JKS Boyles 公司联合设计生产并投放市场的品牌；Mustang 品牌的研发重心在于大功率超深钻机；Christensen 品牌注重于中等深度钻机的开发。Christensen 品牌的钻机设计钻深覆盖了 1 000 ~ 1 800 m 的钻深范围。其中，Christensen CS14 型号的液压钻机钻深为 1 600 m，钻孔倾角为 45° ~ 90°。

2. 地质矿产定向勘探技术国内外现状

在煤矿井下地质勘探的过程中应用定向钻进技术不仅能够有效提升煤矿开采的作业效率，还能够切实保障煤矿生产人员的安全。定向钻进技术在实际应用的过程当中通过定向钻机以及相关随钻系统实现对岩层和煤层的构造探测、探排水、瓦斯抽放等钻孔施工，实现对当前煤矿开采地区地质条件、水文条件、瓦斯、工程地质条件的探测、监控，获取精准度较高的地质数据，从而保障煤矿生产的有序进行。

相比于其他井下地质勘探技术，定向钻进技术最大的特点就是能够通过人工操作实现对钻头钻进的轨迹以及空间位置的转变。在实际地质探测的过程当中，首先需要将探头放置在区域较深的井下开采空间内，从而对钻头的参数以及孔深进行设定，根据钻孔轨迹能够科学准确地计算出孔身的左右位移情况，之后对定向钻进探头数据进行分析，从而得出钻孔前方煤层的赋存情况以及周边开采地质条件。通过分析定向钻进技术钻孔的运行轨迹，能够有效查明勘测点和周边地层变化等信息。

中国煤科西安研究院应用自主研发的定向钻进技术及装备在神东煤炭集团保德煤矿进行定向钻孔工程示范，完成了沿煤层超千米贯通定向钻孔，创造了我国井下定向钻进孔深新的纪录。但中煤科工集团开展的超深定向钻进采用钻杆代替电缆将孔底信号传输到地表，钻杆价格高，钻杆之间连接稳定性差（触点接触，易生锈），不能进行取芯钻进，取芯钻进时需要重新更换钻杆。

中国地质科学院探矿工艺研究所采用有缆随钻/螺杆马达小直径地质受控定向钻进技术，在若尔盖铀矿田极端复杂地层中取得突破，成功进行了定向钻进/纠斜施工/分支孔/侧钻绕障等，获得高质量定向效果，成功实现"一基多孔、一孔多支"的绿色钻探目标，减少搬迁、保护生态、提高效率，在西部高原地区起到了示范与推广作用。

四川省煤田地质局研发了固体矿产大倾角深孔有缆随钻定向钻进技术，采用绳索取芯钻杆、有缆随钻测斜仪、螺杆钻具定向钻进使钻孔轨迹按设计轨迹达到地质目的层及控制标高，在四川省珙县筠连矿区大雪山矿段普查中得到了很好的应用。

1.5 本章小结

本章首先阐明了研究概况，然后阐述了铁路天空地井综合勘察技术发展历程及现状，最后从高精度光学遥感、无人机数字摄影测量、机载 LiDAR、航空物探技术、定向取芯钻探技术五个方面介绍了铁路天空地井综合勘察关键技术研究现状。

本章参考文献

[1] 谢毅，王栋，张广泽，等. 艰险山区铁路"天空地井"综合勘察技术[J]. 铁道工程学报，2022，39（12）：1-5，48.

[2] 许强，董秀军，李为乐. 基于天-空-地一体化的重大地质灾害隐患早期识别与监测预警[J]. 武汉大学学报（信息科学版），2019，44（7）：957-966.

[3] GAGON H. Remote Sensing of Landslides Hazards on Quick Clays of Eastern Canada[C]//The 10th International Symposium of Remote Sensing of Enviroment, Environmental Research Institute of Michigan, Ann Arbor, USA, 1975.

[4] MCDONALD H C, GRUBBS R S. Landsat Imagery Analysis: An Aid for Predicting Landslide Prone Areas for Highway Construction[C]//NASA Earth Resource Symposium, Houston, Texas, USA, 1975.

[5] SAUCHYN D J, TRENCH N R. Landsat Applied to Land‐slide Mapping[J]. Photogrammetric Engineering and Remote Sensing, 1978, 44（6）：735-741.

[6] STEPHENS P R. Use of Satellite Data to Map Land‐slide[C]//The 9th Asian Conference on Remote Sensing, Bangkok, Thailand, 1988.

[7] NICHOL J E, SHAKER A, WONG M S. Application of High Resolution Stereo Satellite Images to Detailed Landslide Hazard Assessment[J]. Geomorphology, 2006, 76（1-2）：68-75.

[8] 张倩倩. 基于 Hyperion 高光谱影像土地利用分类[D]. 杭州：浙江农林大学，2013.

[9] 谭炳香，李增元，陈尔学，等. EO-1 Hyperion 高光谱数据的预处理[J]. 遥感信息，2005，27（6）：36-41.

[10] FIORUCCI F，张晓娟，王宇. 基于航空和卫星图像的季节性滑坡填图与滑坡活动性评估[J]. 水文地质工程地质技术方法动态，2011，（5）：72-84.

[11] SCAIONI, MARCO Longoni, Laura Melillo, et al. Remote Sensing for Landslide Investigations：An Overview of Recent Achievements and Perspectives[J]. Remote Sensing, 2014, 6（10）：9600-9652.

[12] STUMPF A, MALET J P, ALLEMAND P, et al. Surface reconstruction and landslide displacement measurements with Pleiades satellite images[J]. ISPRS Journal of Photogrammetry and Remote Sensing, 2014, 95（9）：1-12.

[13] BEHLING Robert, ROESSNER Sigrid, KAUFMANN, et al. Automated Spatiotemporal Landslide Mapping over Large Areas Using RapidEye Time Series Data[J]. Remote Sensing, 2014, 6（9）：8026-8055.

[14] MONDINI A C, GUZZETTI F, REICHENBACH P, et al. Semi-automatic recognition and mapping of rainfall induced shallow landslides using optical satellite images[J]. Remote Sensing Of Environment, 2011, 115（7）：1743-1757.

[15] 石菊松，吴树仁，石玲. 遥感在滑坡灾害研究中的应用进展[J]. 地质论评，2008，54（4）：505-514，I0003.

[16] 董秀军，王栋，冯涛. 无人机数字摄影测量技术在滑坡灾害调查中的应用研究[J]. 地质灾害与环境保护，2019，30（3）：77-84.

[17] CHEN Z，ZHANG B，HAN Y，et al. Mdeling accumulated volume of landslides using remote sensing and DTM data[J]. Remote Sens，2014，6：1514-1537.

[18] TURNER D，LUCIEER A，de JONG S M. Time series analysis of landslide dynamics using an Unmanned Aerial Vehicle（UAV）[J]. Remote Sens，2015，7：1736-1757.

[19] FERNÁNDEZ T，PÉREZ J，CARDENAL J，et al. Analysis of Landslide Evolution Affecting Olive Groves Using UAV and Photogrammetric Techniques[J]. Remote Sens，2016，8：837.

[20] DEWITTE O，JASSELETTE J C，CORNET Y，et al. Tracking landslide displacements by multi-temporal DTMs：A combined aerial stereophotogrammetric and LIDAR approach in Belgium[J]. Eng Geol，2008，99：11-22.

[21] STÖCKER C，ELTNER A，Karrasch P. Measuring gullies by synergetic application of UAV and close range photogrammetry：A case study from Andalusia，Spain[J]. Catena，2015，132：1-11.

[22] HSIEH Y C，CHAN Y C，HU J C. Digital elevation model differencing and error estimation from multiple sources：A case study from the Meiyuan Shan landslide in Taiwan[J]. Remote Sens，2015，8.

[23] MATEOS R M，AZAÑÓN J M，ROLDÁN F J，et al. The combined use of PSInSAR and UAV photogrammetry techniques for the analysis of the kinematics of a coastal landslide affecting an urban area（SE Spain）[J]. Landslides，2015：1-12.

[24] AL-RAWABDEH A，HE F，MOUSSA A，et al. Using an unmanned aerial vehicle-based digital imaging system to derive a 3D point cloud for landslide scarp recognition[J]. Remote Sens，2015：8.

[25] 杨程烨，周谦益，李保生，等. 露天矿智能测绘与精准算量技术在芒来露天矿的应用[J]. 露天采矿技术，2021，36（4）：22-25.

[26] 陈涛. 机载激光雷达技术在构造地貌定量化研究中的应用[D]. 北京：中国地震局地质研究所，2014.

[27] 雷栋，胡祥云，张素芳. 航空电磁法的发展现状[J]. 地质找矿论丛，2006，21（1）：40-44；53.

[28] 王玉和. 航空土拉姆法（TURAIR）"半一航空电磁法"[J]. 国外地质勘探技术，1982（9）：50.

[29] 高丽辉. 基于选择性谐波消除技术的电磁测深激励方法研究[D]. 长春：吉林大学，2019.

[30] 吴其斌，崔霖沛. 国外勘查地球物理的若干进展：1995年[J]. 物探与化探，1996，20（6）：419-428.

[31] 周平，施俊法. 瞬变电磁法（TEM）新进展及其在寻找深部隐伏矿中的应用[J]. 地质与勘探，2007，43（6）：63-69.

[32] TORU Mogi，KENICHIROU Kusunoki，HIDESHI Kaieda，et al. Grounded electrical-source airborne transient electromagnetic（GREATEM）survey of Mount Bandai，north-eastern Japan[J]. Exploration Geophysics，2009，40：1-7.

[33] ITO H，MOGI T，JOMORI A，et al. Further investigations of underground resistivity structures in coastal areas using grounded-source airborne electromagnetics[J]Earth Planets and Space，2011，63（8）：E9-E12.

[34] ABD ALLAH S，MOGI T，ITO H，et al. Three-dimensional resistivity characterizationof a coastal area：Application of Grounded Electrical-Source Airborne Transient Electromagnetic（GREATEM）survey data from Kujukuri Beach，Japan[J]. Journal of Applied Geophysics，2013，99：1-11.

[35] ITO H，KAIEDA H，MOGI T，et al. Grounded electrical-source airborne transient electromagnetics（GREATEM）survey of Aso Volcano，Japan[J]. Exploration Geophysics，2014，45（1）：43-48.

[36] ABD ALLAH S，MOGI T，ITO H，et al. Three-dimensional resistivity modelling of grounded electrical-source airborne transient electromagnetic（GREATEM）survey data from the Nojima Fault，Awaji Island，south-east Japan[J]. Exploration Geophysics，2014，45（1）：49-61.

[37] 毛立峰，王绪本. 基于组合磁性源技术的地空瞬变电磁勘查方法：CN103576205A[P]. 2014-02-12.

[38] 侯国利. 半航空电磁发射机系统研究[D]. 成都：成都理工大学，2014.

[39] 吴寿勇. 半航空电磁勘查系统数据采集关键技术研究[D]. 成都：成都理工大学，2014.

[40] 嵇艳鞠，林君，王远，等. 时间域地空电磁探测系统及标定方法：CN102096113A[P/]. 2011-06-15.

[41] 苏发. 半航空时间域瞬变电磁接收系统设计[D]. 长春：吉林大学，2016.

[42] 李貅，张莹莹，卢绪山，等. 电性源瞬变电磁地空逆合成孔径成像[J]. 地球物理学报，2015，58（1）：277-288.

[43] 张莹莹，李貅，姚伟华，等. 多辐射场源地空瞬变电磁法多分量全域视电阻率定义[J]. 地球物理学报，2015（8）：2745-2758.

[44] 张莹莹，李貅，李佳，等. 多辐射场源地空瞬变电磁法快速成像方法研究[J]. 地球物理学进展，2016（2）：869-876.

[45] 刘桂芬. 回线源层状大地航空瞬变电磁场的理论计算[D]. 长春：吉林大学，2008.

[46] 赵越. 瞬变电磁地空系统多分量响应特征研究[D]. 西安：长安大学，2013.

[47] 王卫平，王守坦，等. 频率域航空电磁法及应用[M]. 北京：地质出版社，2011.

[48] WARD S H. AFMAG-airborne and ground[J]. Geophysics，1959，24（4）：761-789.

[49] LABSON V F，BECKER A，MORRISON H F，et al. Geophysical exploration with audiofrequency natural magnetic fields[J]. Geophysics，1985，50（4）：656-664.

[50] HOLTHAM E，OLDENBURG D W. Three-dimensional inversion of ZTEM data[J]. Geophys J Int，2010，182：168-182.

[51] HOLTHAM E，OLDENBURG D W. Three-dimensional inversion of MT and ZTEM data[C]//80th Ann Internat Mtg，SEG，Expanded Abstracts，2010：655-659.

[52] SATTEL D，WITHERLY K. The modeling of ZTEM data with 2D and 3D algorithms[C]//82th Ann Internat Mtg，SEG，Expanded Abstracts，2012：1-5.

[53] SASAKI，YUTAKA YI，MYEONG-JONG Choi. 2D and 3D separate and joint inversion of airborne ZTEM and ground AMT data：Synthetic model studies[J]. Journal of Applied Geophysics，2014，104：149-155.

[54] 杨贵祥. 复杂山地地震采集理论与实践[D]. 成都：成都理工大学，2006.

[55] 潘利军. 山地复杂地表地区三维叠前地震资料处理技术研究及应用[D]. 西安石油大学，2008.

[56] 唐东磊，李振山，杨海申. 复杂山地地震采集技术[J]. 勘探家：石油与天然气，2000，5（2）：25-30.

[57] 邓志文. 高陡逆掩推覆构造地区地震观测系统研究[J]. 石油物探，2002，41（2）：127-131.

[58] 尹成，吕公河，田继东，等. 基于地球物理目标参数的三维观测系统优化设计[J]. 石油物探，2006，45（1）：74-78.

[59] 陈祖庆，杨鸿飞，王静波，等. 页岩气高精度三维地震勘探技术的应用与探讨：以四川盆地焦石坝大型页岩气田勘探实践为例[J]. 天然气工业，2016，36（2）：9-20.

[60] 李录明,罗省贤. 多波多分量地震勘探原理及数据处理方法[M]. 成都科技大学出版社,1997.

[61] 陈生昌,曹景忠,马在田. 基于拟线性 Born 近似的叠前深度偏移方法[J]. 地球物理学报,2001,44(5):704-710.

[62] 张云海,蒋福友,李晓英. 复杂山地三维地震资料目标处理的关键技术:以大湾构造为例[J]. 天然气技术,2009,3(5):14-17.

[63] 王延光,郭树祥,韩宏伟,等. 高精度地震处理解释技术与油气勘探:纪念《油气地球物理》创刊 10 周年[J]. 油气地球物理,2013,11(1):3-8.

[64] 孟尔盛. 复杂构造山区地震勘探问题[J]. 石油学报,1999,20(3):1-7.

[65] 唐汉平,张广忠,朱书阶,等. 复杂山区三维地震勘探方法的研究和应用[J]. 煤田地质与勘探,2004,32(3):55-57.

第 2 章 天空地井综合勘察技术体系

2.1 铁路工程地质航天平台勘察技术

2.1.1 多光谱遥感勘察技术

多光谱遥感是指多光谱分辨率遥感,是将地物辐射电磁波分割成若干个较窄的光谱段,以摄影或扫描的方式,在同一时间获得同一目标不同波段信息的遥感技术。由于不同地物有不同的光谱特性,同一地物具有相同的光谱特性,而同一地物在不同波段的辐射能量有差别,因此取得的不同波段图像也有差别。

随着卫星传感器技术的发展,遥感数据的分辨率不断提高,空间分辨率由最初的 60 m 发展到现在的亚米级。1972 年,美国发射了世界上第一颗陆地观测卫星 Landsat-1,开创了中等分辨率多光谱遥感先河。1986 年,法国成功发射了 SPOT-1 卫星,提供了更高分辨率的遥感影像。进入 21 世纪,随着计算机、成像技术和航天技术的进步,卫星遥感技术取得了突飞猛进的发展,特别是高分辨率的商业卫星。1999 年,美国 Digital Globe 公司发射了世界上第一颗高分辨率的商业遥感卫星 IKONOS,开创了商业高分辨率遥感卫星的新时代。IKONOS 可采集 1 m 分辨率全色和 4 m 分辨率多光谱影像。世界各国以及一些商业公司纷纷研制并发射了空间分辨率优于 1 m 的高分辨率卫星,当前世界上主要的 1 m 以下高分辨率卫星见表 2-1。

表 2-1 当前世界上主要的 1 m 以下高分辨率卫星

国家	卫星	年份	波段范围	空间分辨率	重访周期
美国	IKONOS	1999	全色、 4 个多光谱	全色:1 m; 多光谱:4 m	3 d
	Quick Bird	2001	全色:0.61~0.72 m; 多光谱:2.44~2.88 m	全色:0.61 m 多光谱:2.44 m	4~7 d
	World View-1	2007	全色:400~900 nm	0.5 m	1.7 d
	GeoEye-1	2008	全色:450~800 nm; 4 个多光谱:450~920 nm	全色:0.50 m; 多光谱:1.84 m	3 d
	World View-2	2009	全色:450~800 nm; 8 个多光谱:400~1 041 nm	全色:0.46 m; 多光谱:1.85 m	1.1 d
	World View-3	2014	全色波段:450~800 nm; 8 个多光谱:400~1 040 nm; 8 个 SWIR:1 195~2 365 nm; 12 个 CAVIS:405~2 245 nm	全色:0.31 m; 多光谱:1.24 m	1 d
	World View-4	2016	全色波段:450~800 nm; 4 个多光谱:450~920 nm	全色:0.31 m; 多光谱:1.24 m	1 d

续表

国家	卫星	年份	波段范围	空间分辨率	重访周期
法国	Helios2	2004	—	全色：0.5 m	
	Pléiades 高分辨率卫星星座	2011、2012	全色：480～830 nm； 4个多光谱：430～950 nm	全色：0.5 m； 多光谱：2 m	1 d
中国	高分2号	2014	全色：450～900 nm； 4个多光谱：450～890 nm	全色：1 m； 多光谱：4 m	5 d
	高景一号（Super View1）系列01～04星	2016—2018	全色：450～890 nm； 多光谱波段：450～890 nm	全色：0.5 m； 多光谱：2 m	1 d
	"吉林一号"遥感卫星星座（41颗星）	2015—2022	—	全色：0.5 m； 多光谱：2 m	每天13～15次重访

2.1.2　高光谱遥感勘察技术

遥感成像技术的发展一直伴随着两方面的进步：一是通过减小遥感器的瞬时视场（Instantaneous Field Of View，IFOV）来提高遥感图像的空间分辨率（spatial resolution）；二是通过增加波段数量和减小每个波段的带宽，来提高遥感图像的光谱分辨率（spectral resolution）。

高光谱遥感正是实现了遥感图像光谱分辨率的突破性提高。高光谱成像技术具有光谱分辨率高、图谱合一的独特优势，是遥感技术发展以来最重大的科技突破之一[1]。与传统的遥感相比，高光谱分辨率的成像光谱仪为每一个成像像元提供很窄的（一般小于10 nm）成像波段，并且在某个光谱区间是连续分布的。因此，高分辨率传感器所获得的地物的光谱曲线是连续的光谱信号。这不只是简单的数据量的增加，而是有关地物光谱空间信息量的增加，为利用遥感技术手段进行对地观测、监测地表的环境变化提供了更充分的信息，从而也使得传统的遥感监测目标发生了本质的变化[2]。

1. Hyperion 星载成像光谱仪

Hyperion 是世界上第一个成功发射的星载民用成像光谱仪，也是目前少数几个仍在轨运行的星载高光谱成像仪。其搭载卫星 EO-1（Earth Observing-1）是美国 NASA 为接替 Landsat-7 而研制的新型地球观测卫星，于 2000 年 11 月 21 日发射升空。EO-1 被称为 NASA 新千年计划（New Millennium Program）的第一星，其任务主要是通过空间飞行和在轨运行来验证与下一代对地卫星成像相关的高级技术。EO-1 的设计寿命为 12～18 个月，原计划运行 1 年，但目前卫星仍运行正常。

EO-1 上的 Hyperion 成像光谱仪是全球第一个星载民用成像光谱仪，既可以用于测量目标的波谱特性，又可对目标成像（图 2-1）。Hyperion 以推扫方式获取可见光、近红外（VNIR，400～1 000 nm）和短波红外（SWIR，900～2 500 nm）的光谱数据，共计 242

个波段(其中可见光 35 个波段,近红外 35 个波段,短波红外 172 个波段)。Hyperion 的性能比 EOS Terra 卫星上的 MODIS(36 个波段)有较大改进,可用于地物波谱测量和成像、地物精确识别、植被检测、地质找矿、海洋水色要素测量以及大气水汽、气溶胶、云参数测量等。

图 2-1　EO-1 卫星及 Hyperion 成像光谱仪

2. 高分五号卫星

高分五号(GF-5)卫星是世界首颗实现对大气和陆地综合观测的全谱段高光谱卫星,也是我国高分专项中一颗重要的科研卫星。高分五号卫星填补了国产卫星无法有效探测区域大气污染气体的空白,可满足环境综合监测等方面的迫切需求,是我国实现高光谱分辨率对地观测能力的重要标志。

高分五号卫星所搭载的可见短波红外高光谱相机是国际上首台同时兼顾宽覆盖和宽谱段的高光谱相机,在 60 km 幅宽和 30 m 空间分辨率下,可以获取从可见光至短波红外(400~2 500 nm)共 330 个光谱通道,其可见光谱段光谱分辨率为 5 nm(图 2-2)[3]。

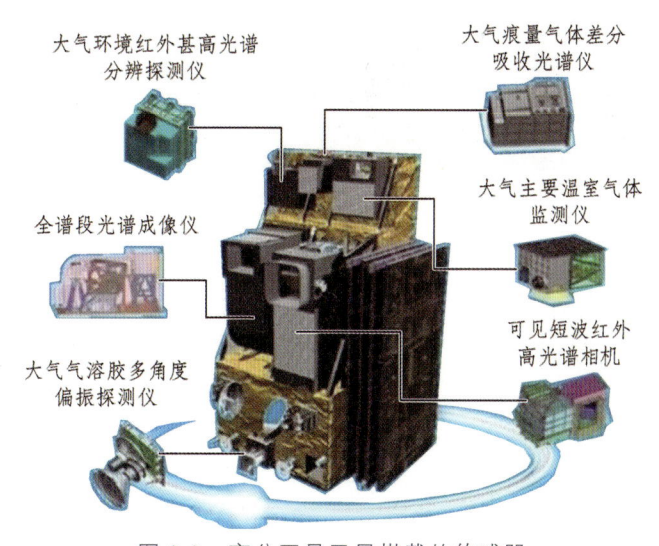

图 2-2　高分五号卫星搭载的传感器

GF-5 星首次搭载了大气痕量气体差分吸收光谱仪、大气主要温室气体探测仪、大气多角度偏振探测仪、大气环境红外甚高分辨率探测仪、可见短波红外高光谱相机、全谱段光谱成像仪共 6 台载荷，可对大气气溶胶、二氧化硫、二氧化氮、二氧化碳、甲烷、水华、水质、核电厂温排水、陆地植被、秸秆焚烧、城市热岛等多个环境要素进行监测。[4]

2021 年 9 月 7 日，高分五号 02 星发射成功。该星将全面提升我国大气、水体、陆地的高光谱观测能力，满足我国在环境综合监测等方面的迫切需求，为大气环境监测、水环境监测、生态环境监测以及环境监管等环境保护主体业务提供国产高光谱数据保障。[5]

3. 资源一号 02D 卫星

资源一号 02D 卫星是我国空间基础设施规划中的重要型号，由自然资源部牵头负责项目建设。该卫星设计寿命为 5 年，配置 9 谱段可见近红外相机和 166 谱段高光谱相机，实现了我国首次 8 个多光谱同时对地观测（图 2-3）。

资源一号 02D 卫星的成功发射，标志着我国中分辨率光学遥感卫星正式进入业务化运行阶段。卫星入轨后，可有效获取大幅宽多光谱及高光谱数据，并与后续系列卫星组网，将为我国自然资源资产管理和生态监理工作提供稳定的数据保障，同时兼顾防灾减灾、环境保护、城乡建设、交通运输、应急管理等相关领域应用需求。

图 2-3 资源一号 02D 卫星成像光谱仪

2.1.3 热红外遥感勘察技术

热红外遥感（infrared remote sensing）是指传感器工作波段限于红外波段范围之内的遥感。这是一个狭义的定义，只是说明了数据的获取范围。另外一个广义的定义是：利用星载或机载传感器收集、记录地物的热红外信息，并利用这种热红外信息来识别地物和反演地表参数如温度、湿度和热惯量等的技术。

热红外遥感的信息源来自物体本身，其基础是：所有的物质，只要其温度超过绝对零度，就会不断发射红外能量。常温的地表物体发射的红外能量主要在大于 3 μm 的中远红外区，是热辐射。它不仅与物质的表面状态有关，而且是物质内部组成和温度的函数。在大气传输过程中，它能通过 3～5 μm 和 8～14 μm 两个窗口。[6]

红外谱段指的是频率低于（或波长高于）可见光红谱段以外，波长在 0.76~1 000 μm 范围内，位于可见光和微波之间的区域。在这一范围内，辐射性质有很大差异，既有反射红外波段（波长为 0.76~6.0 μm），又有发射红外波段（波长为 3~15 μm），后者又称"热红外"。但严格地说，在"热红外"谱段内，物体也有少量的能量反射，只不过物体的热辐射能量大于太阳的反射能量而已。其中：在波长为 6~15 μm 的"热红外"谱段内，以热辐射为主，反射部分往往可以忽略不计；而在波长为 3~6 μm 的中红外谱段内，热辐射与太阳辐射的反射部分须同时考虑（处于同一数量级）。通常将 3~15 μm 范围内的称为热红外（图 2-4）。另外，"热红外"谱段外的许多其他谱段也可以有少量的热能反射，所以有人更愿意把"热红外"用"远红外"来表达。

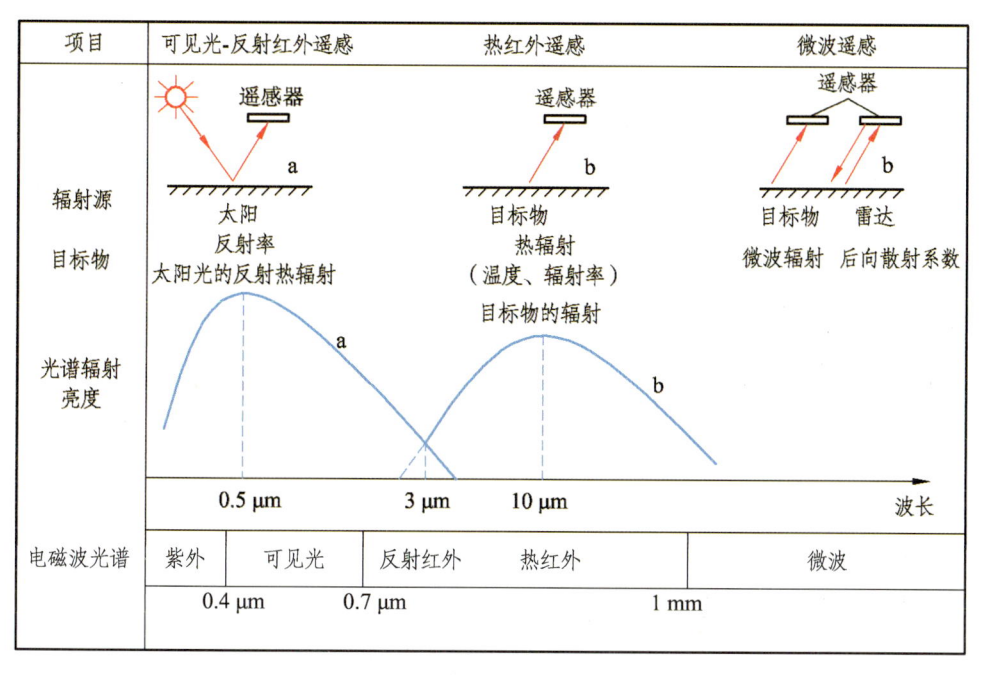

图 2-4 热红外遥感波段范围

2.1.4 合成孔径雷达干涉测量勘察技术

合成孔径雷达干涉测量（Interferometric Synthetic Aperture Radar，InSAR）是一种可以识别地球表面运动的大地测量技术，起源于 1801 年 Thomas Young 的杨氏双缝干涉实验，其工作原理见图 2-5。就 InSAR 技术发展史而言，最早出现的差分合成孔径雷达干涉测量（Differential Interferometric Synthetic Aperture Radar，D-InSAR）是利用两幅重复观测的 SAR 影像，通过引入外部 DEM 或三轨/四轨差分实现地表变形监测。随后针对长时间跨度的高精度形变监测，众多学者又陆续提出了时间序列 InSAR 技术（Multi-Temporal InSAR，MT-InSAR），例如：通过对多时相的差分干涉相位进行累加求平均来减弱干涉相位中大气效应的影响，从而获取形变信息的干涉图堆叠（Stacking-InSAR）技术；通过识别散射性稳定的地面硬目标（PS 点），对其进行构网、建模以及相位滤波等处理，得到可靠的地表形变信息的永久散射体技术（Persistent Scatterer InSAR, PS-InSAR）；通过设置时空基线的阈值来使影像对尽可能多地自由组合，从而削弱空间失相干的影响，得到可靠的时序形变信息的小基线集 InSAR 技术（Small BAseline Subsets InSAR, SBAS-InSAR）；针对雷达分辨率单元内没有任何散射体的后向散射占据统治地位的点目标即分布式目标的 SqueeSAR 技术。

InSAR 技术因其具有时效性强、精度高、覆盖范围广的获取地表高程与地表形变的能力，目前已经成功应用于滑坡、崩塌、地面沉降、地裂缝等地质灾害的识别与监测工作之中。但是该技术在实际应用过程中仍然受到干涉去相干、大气干扰、斜视成像几何畸变、地形效应等因素的制约。

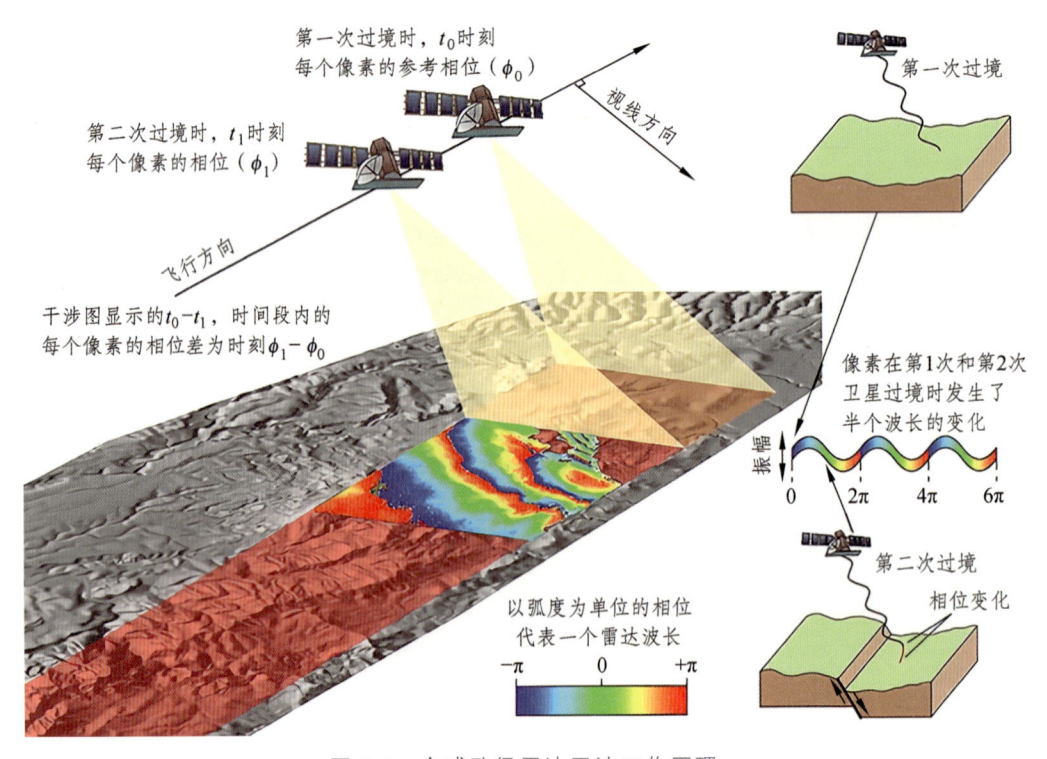

图 2-5　合成孔径雷达干涉工作原理

2.2　铁路工程地质航空平台勘察技术

铁路工程地质航空平台勘察技术经过了从大型航测飞机到轻量化无人机的发展历程，搭载的传感器载荷也从最初的胶片式立体量测相机发展到多镜头航摄仪及激光雷达测图系统。目前，航空平台勘察已经向着多平台/多技术集成化信息采集与综合解译的方向发展。下面主要针对现有航空平台勘察相关技术和方法进行评述。

2.2.1 无人机摄影勘察技术

摄影测量是20世纪发展起来的一项技术。经过长期发展，伴随着科技的进步和地质勘察事业发展的需要，摄影勘察的操作方式也从初期的人工计算测量发展到今天的自动化信息采集、全数字化处理。根据技术处理手段的不同和历史发展阶段的不同，摄影勘察可分为模拟摄影、解析摄影和数字摄影3个发展阶段[7]。模拟摄影的勘察结果通过机械或齿轮传动方式直接在绘图桌上绘出各种图件来，如地形图或各种专题图，它们必须经过数字化才能进入计算机；解析和数字摄影的勘察成果是各种形式的数字产品和可视化产品。其中：数字产品包括数字地图、数字高程模型、数字正射影像图、测量数据库、地理信息系统和土地信息系统等；可视化产品包括地形图、专题图、纵横剖面图、透视图、正射影像图、电子地图、动画地图等。

根据搭载平台区分，航空摄影勘察作业模式可分为大型固定翼或旋翼直升机搭载航摄仪实施的大区域摄影勘察，以及无人机平台搭载航测相机开展的倾斜摄影或立体航摄勘察。其基本原理一致，均是利用同一地物目标在不同影像上的成像信息，根据成像几何计算出该点的三维坐标。具体的操作原理如下[7]：

（1）首先通过摄像机等获取摄影对象的信息和包括相机参数、地面控制点在内的相关数据参数等，并将摄影信息转换成需要的文件格式。

（2）对模型进行定向分析，将获得的模型信息初始化，并进行参数设置，然后对模型按先后顺序分别进行内定向、相对定向和绝对定向，以此确定所获得影像的坐标系与扫描坐标系之间的参数、数量关系以及发现可能存在的仿射变形等，并建立测量对象的几何模型和进行地面参考坐标系的转换。

（3）影像的匹配处理，又分为预匹配处理和匹配处理。预匹配处理主要针对影像中一些匹配困难地区，如沟壑、山脊、阴影遮盖区域、大片水域等影像色彩、灰度不一致的地方。将预匹配后的影像信息按核线方向排列成立体影像后进行影像匹配。为保证匹配的精度与正确性，应注意选用合理的匹配方法。

（4）建立三维模型。影像匹配完成后，再进行纹理编辑和细部处理，建立起三维模型后，即可利用航测软件进行计算，以满足各种生产、建设活动对地质勘察信息的需要。根据摄影量测的基本原理可知，影响勘察结果的两大要素问题是物点的几何定位和影像解译。摄影勘察的几何定位是根据两个已知的摄影站点及摄影方向线，以两线交会构成两条摄影线的待确定点的三维坐标，其中包括内方位元素、外方位元素、模型定向、等高线测绘等要素和控制要点；影像解译就是根据影像信息确定影像地面、物点的性质，主要包括正射影像、测图、三维重建。这些要素和控制要点确保了摄影勘察的完成，并与关系到测量的精度、效率等。

无人机摄影勘察技术可以提供多种尺度分辨率、多时态、局部或者大面积范围的4D产品，即数字正射影像图（DOM）、数字高程模型（DEM）、数字线划图（DLG）和数字地形模型（DTM）等。丰富的地理信息资源，以及二维、三维数据表达相结合，不仅能够更加生动地表达测区的现实状况，也方便用户更直观地理解测区的具体情况，甚至可以模拟铁路建设的效果和成果状态,为智能化、科学化的工程决策提供支撑和基础保障。

无人机摄影勘察在铁路建设中的应用主要在两个方面:一是铁路勘察选线,二是铁路沿线地质灾害体与异物入侵风险调查。近 10 年间,该项技术已广泛应用于铁路选线中,如兰新铁路的选线。在缺乏相关地形资料和地质资料的条件下,利用航空像片很容易地勾绘出沙漠、沼泽、盐湖、碱滩等不良地质的分布范围,从而大大加快了兰新铁路的勘测工作。在地质灾害识别和监测方面,摄影勘察可提供高分辨率大比例尺数字地形图,为铁路沿线陡峭边坡识别、大坝蓄水模拟等提供有效的基础数据。此外,无人机相对较低的技术门槛和维护成本也为复杂艰险区段的定期巡检和应急调查提供了便利。

2.2.2 机载激光雷达勘察技术

激光雷达(Light Detection And Ranging,LiDAR),即激光探测与测量系统,一种用于精确获得物体三维位置信息的传感器,能够确定物体的位置、大小、外部形貌甚至材质。LiDAR 所测得的数据为数字表面模型(DSM)的离散点表示,数据中含有空间三维信息和激光强度信息。将原始数字表面模型中建筑物、人造物、覆盖植物等地表覆盖物的高度移除,即可获得数字高程模型(DEM)。激光雷达测距精度可达厘米级,利用 LiDAR 最大的优势就是精准、快速和高效作业。根据传感器搭载平台不同,LiDAR 技术可分为机载激光扫描技术和地面激光扫描技术,前者主要用于快速获取大面积三维地形数据,后者在空间目标三维重建中可发挥重要作用,主要用于城市三维重建和局部区域地理信息获取。这里重点介绍基于机载的激光扫描技术。图 2-6 展示了机载 LiDAR 系统示意图。

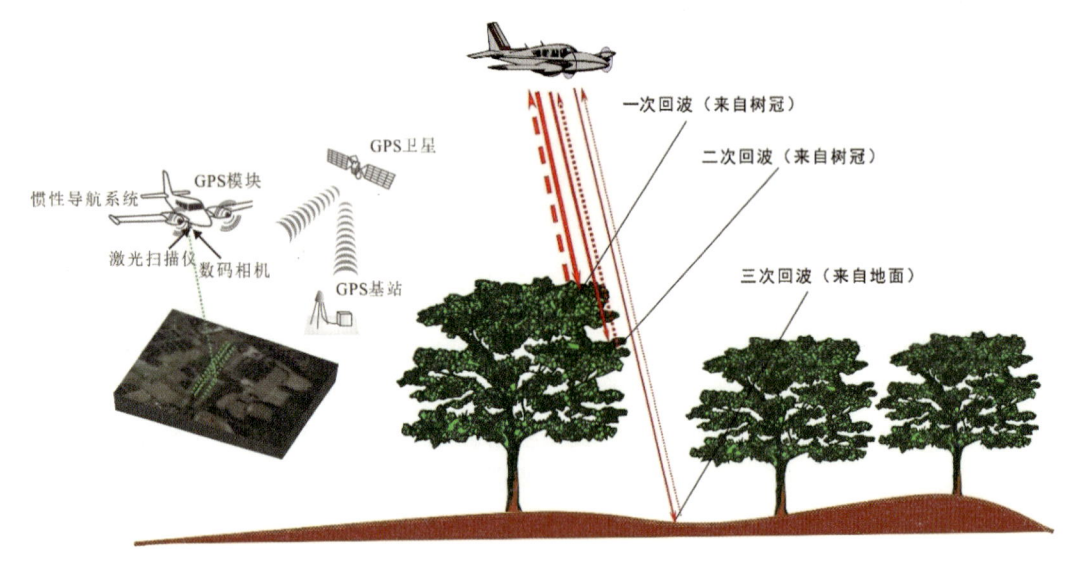

图 2-6 机载 LiDAR 系统示意图

机载 LiDAR 系统以飞机作为测量平台,以激光扫测系统作为传感器,能实时获取地形表面的三维空间信息,还能提供一定的红外光谱信息,是获取地球空间信息的高新技术手段之一。机载 LiDAR 系统严密整合了激光测距仪（Laser）、高精度惯性导航系统（Inertial Navigation System，INS）和全球卫星定位系统（Global Positioning System，GPS）三种高新技术，是激光技术、计算机技术、高动态载体姿态测量技术和高精度动态 GPS 差分定位技术迅速发展的集中体现。机载 LiDAR 系统组件主要包括：[8-9]

（1）动态差分 GPS 接收机，用于确定扫描装置中心投影的空间位置。

（2）姿态测量装置，一般采用惯性测量装置，用于测定扫描装置的主光轴空间姿态参数。

（3）激光测距仪，用于测定激光雷达发射参考点到激光脚点的距离。

（4）成像装置（电荷耦合器件相机，CCD 相机），用于记录对应的地面实况，可用于最终制作正射影像。

利用传统多光谱遥感或者摄影测量手段获取的二维遥感图像通过立体相对测量、影像相关或空间变换，根据地面控制点参数，计算传感器获取该图像时的外方位元素，从而实现对地定位。而机载 LiDAR 的定位原理是通过精确测定遥感器的空中位置、测定遥感器的姿态参数和测定遥感器到地面目标距离的方法实现三维对地观测。与微波雷达原理相似，激光雷达使用由激光器发射的红外线，或可见光，或紫外光进行测距。其基本原理是利用电磁波在空气中的传播速度，测定波在被测距离上往返传播的时间来求得距离值。其具体实现方法有脉冲法、相位法和变频法，常用的是脉冲法和相位法。相位法通过量测连续波信号的相位差间接确定传播时间；脉冲法则是直接量测脉冲信号的传播时间[9]。

LiDAR 获取的数据是离散三维点云数据，不仅包括地面、建筑物、植被等，还包括其他无用信息，如飞鸟、飞机等，因而在应用时需剔除无用信息，在提取有效信息的基础上完成制图、分析等。[8]基于机载 LiDAR 的三维激光扫描获取高于 20 点/m² 的高密度点云，可高效解决高速铁路沿线高精度数字地形构建难题；机载激光多次回波功能，可有效地利用于植被茂密、地形复杂、常规作业难以获取有效数据的地区。在此基础上，进一步去除表面植被覆盖的影响，可快速获取高精度的数字高程模型 DEM。

高精度的三维数字地面模型又是研究与地貌相关的各种地学现象和地学过程的基础数据，因此，激光雷达已在大型工程建设、全球冰川监测、大尺度断裂带提取、滑坡稳定性评价和监测，以及海岸线提取和海岸侵蚀等领域展现出了非常广阔的应用前景。利用 LiDAR 高精度测高数据生成大比例尺地形图，已在铁路勘察设计、路基高程维护和检修方面起到了重要作用。例如，目前高速铁路路线勘测主要采用比例尺为 1∶2 000 以上的地形图，如采用 GPS 技术、全站仪及水准测量方法进行测绘则效率非常低下，并且在艰险的工程环境下可能给人员安全和勘测质量带来较大隐患，而 LiDAR 则有效解决了铁路路线走廊带勘测这一难题。

2.2.3　全航空电磁法勘察技术

航空电磁法（Airborne Electromagnetic Method，AEM）作为航空物探中常用的测量

方法之一，是一种搭载在飞机平台上的基于电磁感应原理的电磁探测方法。航空电磁法根据方法原理不同可以分为时间域的航空瞬变电磁法、频率域的航空大地电磁法。全航空瞬变电磁法是利用机载发射线圈向地下发送瞬变磁场（一次场），激发地下良导体感生涡旋电流（二次感应电流），在电流关断期间，观测按指数规律衰减的二次场（二次感应电压），再通过对电磁数据的反演成像获取地下电性信息。[10]全航空大地电磁法主要是通过观测天然电磁场的磁场分量来进行类似于地面大地电磁的勘探，天然场源是电离层电流和/或自然界产生的雷电信号。

目前，航空电磁系统主要有频率域和时间域两类，虽然时间域航空电磁法相对于频率域航空电磁法起步稍晚一些，但其发展迅速，在20世纪90年代开始超越频率域航空电磁法，目前国际上比较先进的几种航空电磁测量系统都是时间域航空电磁测量系统。另外，从承载装置上分，航空电磁系统主要有固定翼和直升机两类系统。由于直升机的灵活性强，适用于地形崎岖的地区，因此直升机时间域航空电磁系统是目前使用非常广泛的一种航空电磁法。

在高寒艰险山区隧道勘探中，全航空电磁法一般采用直升机作为飞行平台，因此全航空电磁法勘探具有机动性强、覆盖面广、地形适应性强等优点，同时存在飞行安全风险大、勘探成本高等缺点，故全航空电磁法主要适用于高寒缺氧、地形陡峻、交通异常困难的高寒艰险山区隧道勘探（图2-7）。

图2-7 全航空电磁法示意图

2.2.4 地空电磁法勘察技术

由于全航空电磁法发射和接收装置一般都位于空中，往往需要挂载在直升机或固定翼飞机上，虽机动性强、覆盖范围广，但成本相对较高，一般仅适用于大型项目。而地

第 2 章　天空地井综合勘察技术体系

空电磁法勘察技术则是采用地面发射、空中接收的方式，因此一般可采用小型无人机挂载，成本低但机动性不高，一般可用于小范围勘察。与全航空电磁法一样，半航空（地空）电磁法也包含时间域和频率域两种方法。

半航空（地空）电磁法一般采用地面发射、无人机接收的方式，具有安全风险小、成本低、操作性强等优点，同时由于发射源布置需要地形平坦、交通方便等条件，因此具有地形适应性弱和探测深度较小的缺点，故半航空（地空）电磁法主要适用于一般艰险山区隧道勘探。

2021 年，中铁二院基于电磁勘探理论方法与技术，围绕高信噪地空电磁系统发射磁矩、电磁噪声以及电流波形等相关关键性指标参数要求，结合电磁传感器的结构、材料、工艺等特性为航空电磁系统的设计定型，并与国外先进的航空电磁系统相关技术指标进行对比和综合研究，进一步优化系统定型参数。在地空电磁数据处理与解释方面，他们针对航电移动平台的噪声特征，研发了适用于复杂地形情况的地空电磁数据预处理、处理技术；开发了地空电磁数据一维反演、横（纵）向约束反演、基于起伏地形的正反演技术；实现了起伏地形复杂地电建模功能；利用非结构网格部分软件生成地电模型的剖分网格，结合相关成图技术对三维反演结果进行任意模式的成图展示。中铁二院自主知识产权的地空电磁 GAEM 硬件装备（图 2-8、图 2-9）和配套软件，经西渝高铁隧道探测、某高原铁路隧道地空电磁比选、自贡凤鸣机场同精度对比试验、高原铁路某隧道出口段对比试验（图 2-10）等多次试验，结果表明其性能指标已达到国内外主流商业产品指标水平。

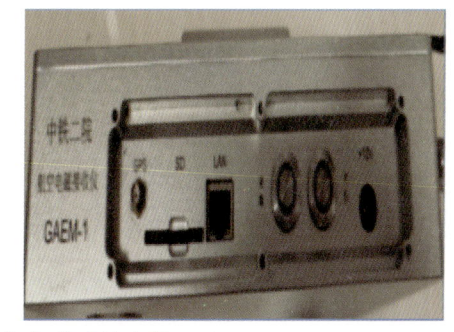

图 2-8　GAEM 地空电磁系统主机

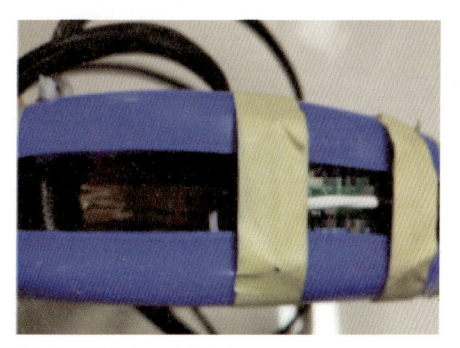

图 2-9　GAEM 地空电磁系统传感器（未封装）

图 2-10 GAEM 地空电磁系统高原铁路某隧道现场测试

2.3 铁路工程地质地基平台勘察技术

地基类勘察技术包括超深水平定向钻探技术等新型勘察技术，以及常规的物探、钻探、测试等勘察手段方法。在"天基""空基"类勘探成果的基础上，采用"地基"勘察手段、方法，可直观揭示各类工程地质条件，并验证"天基""空基"非接触式勘察成果，服务隧道等地下地质问题深度分析和工程设计[11]。

2.3.1 地面物理勘探技术

虽然我国一些地区（如藏东南地区）高寒缺氧、地形变化剧烈，受地形因素的影响，物探人员无法到达线位；但在众多勘探手段中，物探方法以其设备轻便、效率高、测线布置灵活等特点，在铁路勘探工作中得到了广泛的应用。物探的主要目的是查明地下岩性接触带、断层构造（韧性剪切带），查明构造走向、倾向、宽度及富水情况，判明各地层赋水情况，提供各地层电阻率、波速等物性参数，对于物性异常及变化较大区域给予合理解释。地面物理勘探技术主要包括音频大地电磁法（AMT）、高精度瞬变电磁法、高密度电法、地震波勘探法等。

1. 音频大地电磁法（AMT）

针对藏东南地区的特殊地理环境，选择高效率物探方法，可以缩短勘察周期，快速、准确地查明沿线地层、构造，及早为工程设计服务。另外，效率的提高可以减少技术人员野外工作时间，降低健康风险。因此，大地电磁法在外业数据采集效率、内业数据处理方法的改进等方面的研究至关重要。

结合高原铁路隧道工程占比高、埋深大的特点，该区域大地电磁法探测采用了效率较高的天然场音频大地电磁法（AMT），在海拔低于 4 500 m 或人员设备能够到达的深埋隧道段落内进行电磁法勘探。AMT 法仪器使用加拿大凤凰公司 V8 多功能大地电磁仪、美国 EH-4 型电磁仪或德国 ADU 电磁仪。

音频大地电磁法（Audio-frequency Magnetotellurics，AMT），是以卡尼亚大地电磁理论为基础，通过观测天然电磁场的时间序列信号，随后将时间域数据转化为频率域数据，进而编辑视电阻率曲线及相位阻抗曲线，最终反演计算测区的电阻率模型的物探方法。其中，卡尼亚大地电磁理论的基础是：第一，假设场源位于高空，地面电磁场为平面电磁波，地下介质在水平方向是均匀的；第二，电磁波在地下介质中传播时，定义振幅衰减到地面振幅的 1/e 的深度为趋肤深度或穿透深度[12]。根据趋肤深度概念，频率越高，探测深度越小；反之，频率越低，探测深度越大。由于工作频率的范围是 0.1 ~ 10 000 Hz，若单点采集时间大于 40 min，则有效可用频率的范围为 6 ~ 10 000 Hz，且有效勘探深度大于 2 000 m。故该方法是在弱小电磁干扰区域内探查深部地层地质构造的最佳物探方法。音频大地电磁法的基本原理如图 2-11 所示。

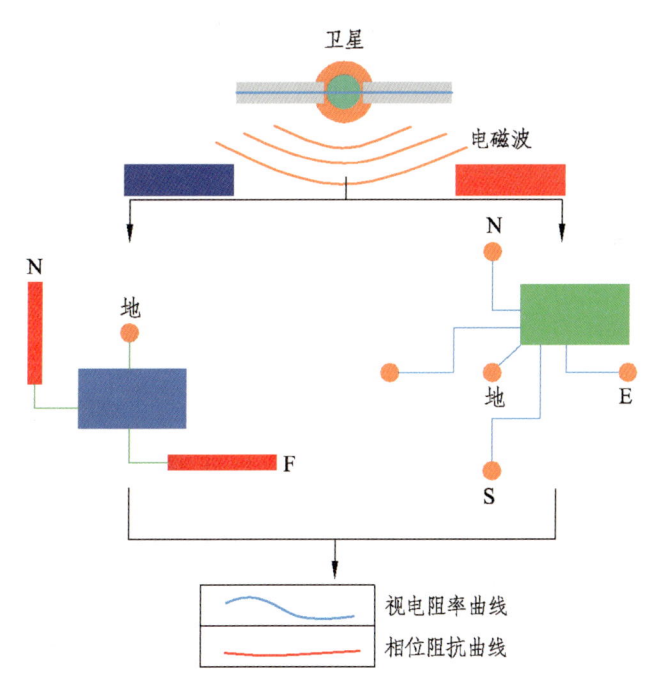

图 2-11 音频大地电磁法的基本原理

音频大地电磁法（AMT）勘探深度为几十米至几千米。依据物探剖面位置布置物探测线，测点间距为 25 ~ 50 m，布设时要确保物探测点位置的准确性。

使用 V8、MTU-5A、EH4 或 ADU 仪器采集数据，应采取张量测量方式观测。电偶极子 MNX（沿南北方向布置）和电偶极子 MNY（沿东西方向布置）长度均为 30 m，受地形限制布置不开时，在班报中要有明确记录；采用不极化电极测量电场信号，浇盐水降低接地电阻，接地电阻要保证低于 2 kΩ；磁偶极子应与相应电道垂直，保持水平埋实；一个测点的观测时间必须在 30 min 以上，EH4 数据叠加次数不少于 8 次，并且保证低频资料能够达到任务书要求的勘探深度，当环境干扰较强时应延长观测时间或增多叠加次数。

2. 高精度瞬变电磁法

高精度瞬变电磁法设备轻便，工作效率提高明显，可在基岩裸露、沙漠、冻土及水面上探测断层、破碎带、地下洞穴及水下第四系厚度等，因而特别适合于高原、地表封冻地区的勘察。针对藏东南地区特殊的自然环境，选择接地条件差或地表封冻、埋深在 100～300 m 范围的隧道或者需查明构造平面位置时进行高精度瞬变地磁法勘探。

等值反磁通瞬变电磁法（OCTEM）是测量等值反磁通瞬态电磁场衰减扩散的一种新的瞬变电磁法，又称高精度瞬变电磁法。其具体的技术思路与方案是：以相同两组线圈通以反向电流时产生等值反向磁通的电磁场时空分布规律，采用上下平行共轴的两组相同线圈为发射源，且在该双线圈源合成的一次场零磁通平面上，测量对地中心耦合的纯二次场。双线圈在地面发射瞬态脉冲电磁场信号，其中一组线圈置于近地表面，在瞬态脉冲断电瞬间，近地表叠加磁场最大，因此，在相同的变化时间下，感应涡流的极大值面集中在近地表，感应涡流产生的磁场最强，随着关断间歇的延时，地表感应涡流逐渐衰减又产生新的涡流极大值面，并逐渐向远离发射线圈的深部、边部方向扩散，即为 M.N.Nabighian 形象描述的瞬变电磁法的"烟圈效应"（图 2-12）。涡流极大值面的扩散速度和感应涡流场值的衰减速度与大地电性参数有关，一般在非磁性大地中，主要与电导率有关：大地电导率越大，扩散速度越小，衰减得越慢。根据地表接收到的涡流场信号随时间的衰减规律即可获得地下电导率信息。这就是等值反磁通瞬变电磁法的物理原理。[13]

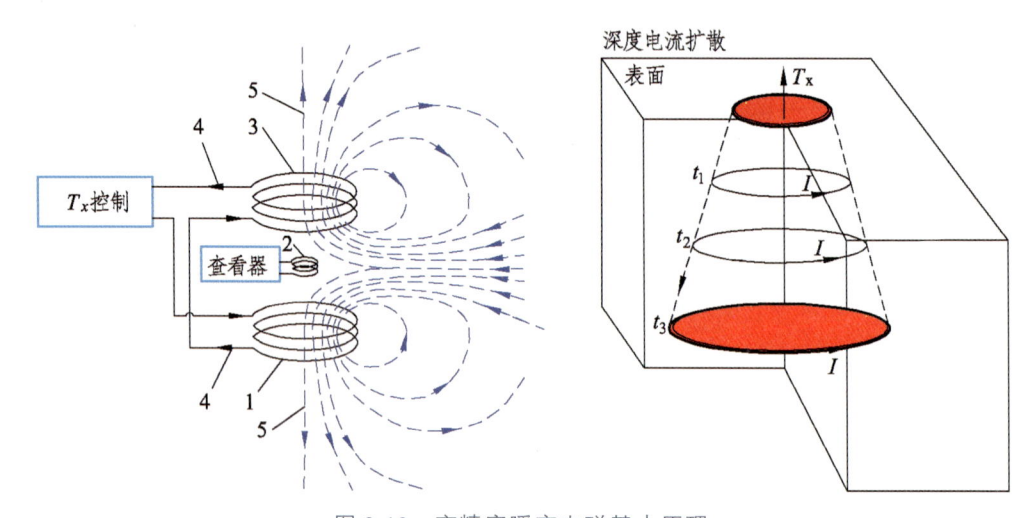

图 2-12 高精度瞬变电磁基本原理

3. 高密度电法

高密度电法与其他探测方法相比较，具有自动化程度高、工作效率高、异常形象直观等优点，主要适用于探测浅部不均匀地质体的空间分布，要求被测地质体与围岩的电性差异显著，其上方没有极高阻或极低阻的屏蔽层。高密度电法在本工区内主要用于查明隧道进出口覆盖层厚度、隐伏构造发育状况、定性判断岩体完整性等，与其他物探方法进行对比分析，形成多种方法的相互验证，确保物探成果研究的可靠性。

高密度电法（Electrical Resistivity Imaging，ERI）是将大量电极以一个固定的间距一次性分列在一条直线上，通过计算机系统对电极自动转换器的控制，实现电阻率法中各种不同装置、不同极距的自动组合，从而可以测量在多种装置、多种极距情况下地层视电阻率的物探方法。[14]该方法的测量结果以等视电阻率断面图的形式显示，能够直观地反映出地下岩土介质的视电阻率差异，进而可直接用于划分地层岩性及其空间分布。高密度电法的基本原理如图 2-13 所示。

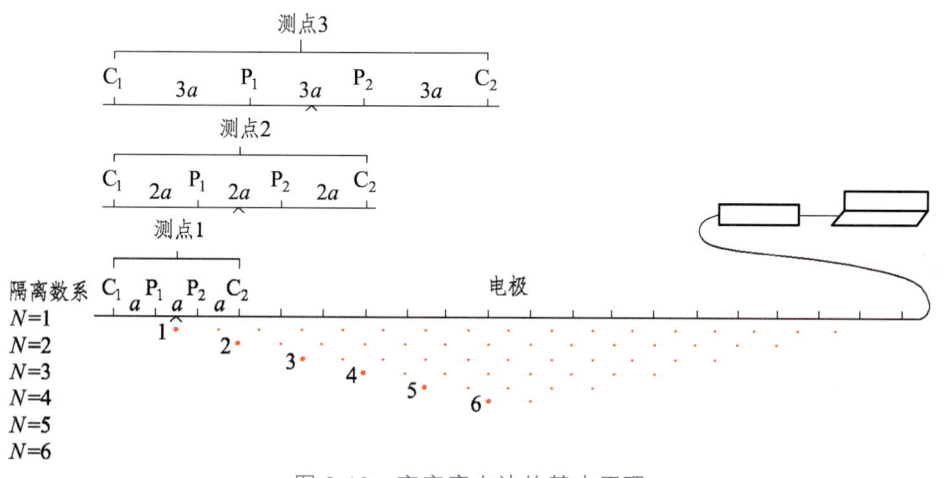

图 2-13 高密度电法的基本原理

高密度电法反演所用的软件一般为瑞典 ABEM 公司的 RES2DINV。RES2DINV 软件是目前国际上较优秀的高密度电阻率数据二维反演软件，它使用快速最小二乘法对电阻率数据进行反演，适用装置有温纳（α、β、γ）、偶极-偶极（AB-MN 滚动）、单极-偶极（A-MN 滚动、MN-B 滚动、A-MN 矩形）、二极（A-M 滚动）、施伦贝格（温施排列、四极测深滚动）等。该软件地质模型多、可控性强、功能强大、反演速度快、反演结果显示直观，可带地形反演进行地形校正，是在工程物探领域比较实用且效果较好的数据处理软件。[15]

4. 地震波勘探法

藏东南地区第四系覆盖层厚度大，工程性质普遍较差，活动断裂分布较多，在该区域进行勘探采用的地震波勘探法主要包括微动勘探以及二维瞬态面波法。其中：微动勘探主要应用于探测覆盖层厚度以及断层破碎带位置，被测地层大地波速应大于上覆地层波速；二维瞬态面波方法在 0～20 m 深度范围内，对薄层分辨、道路塌陷、空洞及岩溶探查、管线调查、活动断裂勘察等可取得良好效果。对藏东南地区主要应用二维瞬态面波查明嘉黎断裂带分布特征，并与其他物探方法进行对比分析。

日本的 Hayashi 和 Suzuk（2004）仿照多次覆盖地震反射数据采集方法，提出了共中心点互相关道集（Common Mid Point Cross Correlation，CMPCC）二维面波方法。通过对单炮记录任意共中心点两边对称道进行互相关计算，以及采用多炮叠加技术，CMPCC 方法可提取出精确的频散曲线，获得横向分辨率较高的二维横波速度断面。[16]

CMPCC 方法仿照多次覆盖地震反射技术，进行连续滚动，如图 2-14。

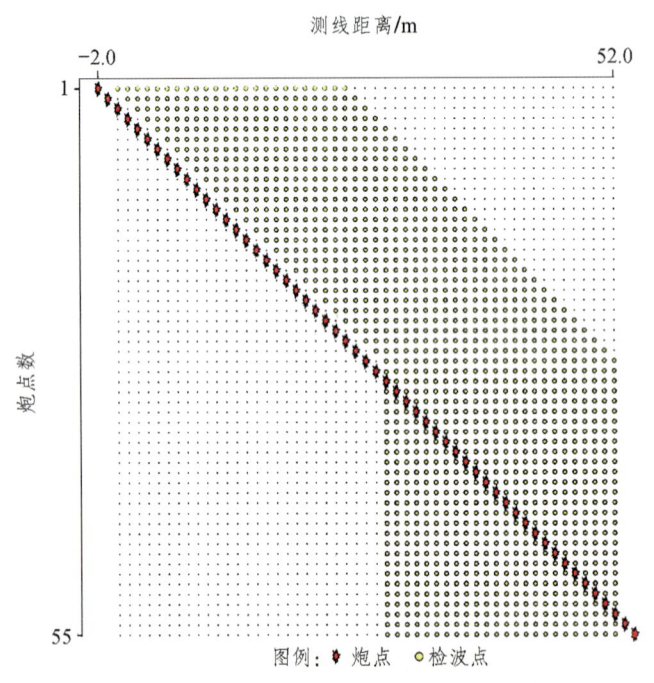

图 2-14 CMPCC 二维面波数据采集示意

基于 CMPCC 二维面波采集及数据处理方法，中铁第一勘察设计院集团有限公司于 2014 年提出了"基于 CMPCC 二维面波的吸收散射综合分析方法"，利用相速度和面波吸收散射系数综合分析，大大提高了二维面波勘探结果的准确性。

2.3.2 孔内地震层析成像

孔内地震层析成像法，是在目标地质体外部产生源波场，接收穿透目标地质体并携带其内部信息的波动信息（地震波旅行时或振幅等），通过求解非线性方程组，反演地层的速度、密度和衰减特性的空间分布图像，从而达到探测异常区目的的物探方法。该方法在确定地层内部的精细结构和局部不均匀性方面具有明显的优势，具有分辨率高、可靠性好、图像直观和信息量大等特点，被广泛应用于地表地质异常区的探测。

第 2 章　天空地井综合勘察技术体系

目前，地震层析成像法物理量包括波速、吸收系数和泊松比等。其中，波速成像对岩石的力学性质敏感，适用于区分不同类型的岩性分布和规模较大的断裂带；结合探测区岩石样品的实验测定数据，还适用于工程岩体类型划分（岩溶勘察）等。进行岩溶勘察实际上正是利用了完整灰岩、岩溶、溶蚀裂隙发育区以及上覆土层之间的地震波纵波波速的差异，来进行波速成像的。[17]孔内地震层析成像将激发和接收装置布置在钻孔中，现场布置如图 2-15。由于其更接近于异常区，同时避免了浅地表低速带对地震波传播过程的影响，可获得更高的信噪比和分辨率。[18]

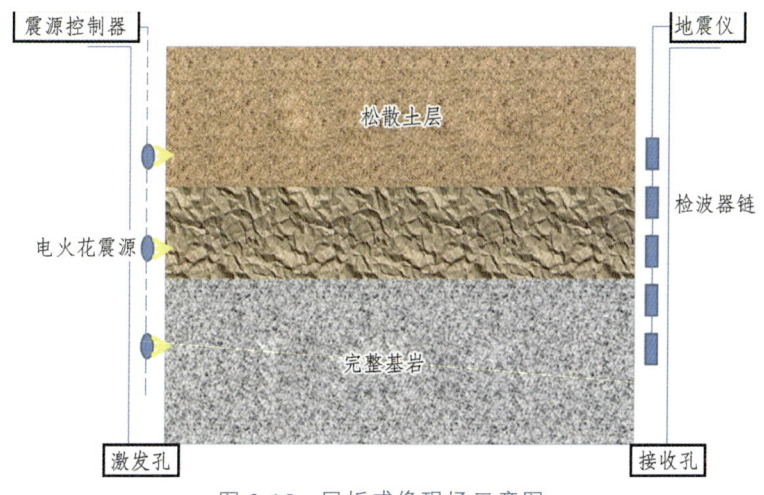

图 2-15　层析成像现场示意图

孔内地震层析技术利用地震射线穿透地层内部，其走时及振幅的观测值与地层内部的某些物理参数（速度、衰减特性）存在线积分关系，地震波射线传播原理如图 2-16 所示。例如，地震波的走时是地震射线沿所经区域慢度 s（速度 v 的倒数）的线积分，而振幅比是地震射线沿所经区域衰减函数的线积分。孔内地震层析成像法通过测定地震波走时或振幅变化反演地层内部三维速度结构或衰减特性，并以图像表示。[19]

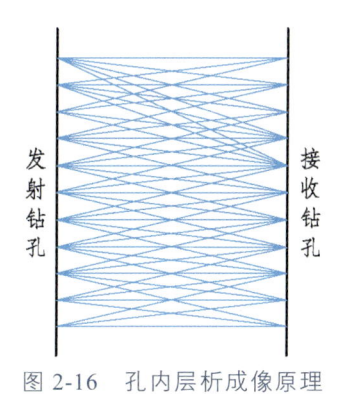

图 2-16　孔内层析成像原理

在实际应用中，地震波初至旅行时信息观测精度较高，通常利用初至波旅行时求取速度。计算介质速度包括初至波旅行时正演计算和速度反演计算两方面。

地震波的传播遵循波场理论，即满足弹性波、声波运动方程。波动方程在高频近似下获得的非线性偏微分方程，即程函方程是地震波走时计算的主要理论。目前，计算初至波走时的方法主要有 4 类：基于高频近似射线的理论的最短路径方法、基于程函方程的数值解法、基于惠更斯原理的波前构建法、基于频率域波动方程法。其中，最短路径法具有计算精度高、数值计算稳健的优势，是一种基于网格的算法，其用走时最短的路径来近似地震射线。最短路径法采用正方形网格剖分，并在各网格线上设置一些按一定规律分布的节点，然后将这些节点用直线连接起来，从而构建成速度模型上的一个网络图。这个网络图中的任意两点之间，均存在很多条可能的路径将它们连接起来，而最短路径方法则是根据费马原理选取接收点到震源点走时最小的路径作为该接收点的真实射线路径[20]，如图 2-17 所示。

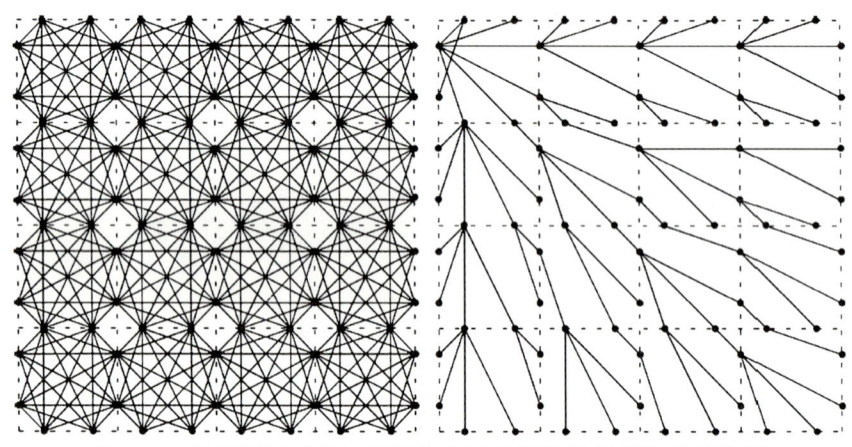

图 2-17 地震层析成像初至波旅行时最短路径射线追踪算法[21]

反演计算利用实际观测到的地震波初至波旅行时构建初始速度模型，基于射线理论和速度模型计算地震波传播路径和理论初至时间，通过迭代算法不断更新射线路径上的速度信息，以满足数学收敛条件时迭代终止，由此便可获得接近实际地质情况的地层速度分布图，如图 2-18 所示。

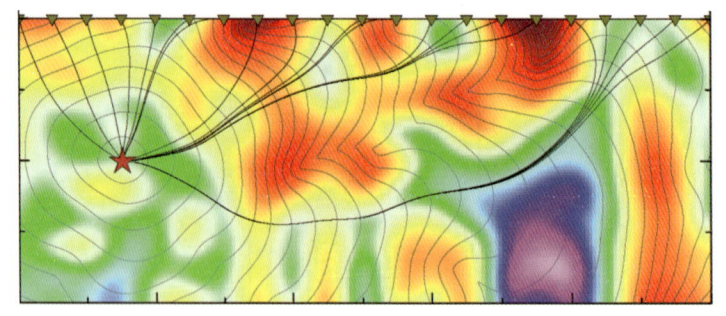

图 2-18 地震层析成像射线追踪与速度反演

孔内地震层析成像是井中地震学的重要组成部分，更是层析成像技术的重要方法。其方法原理越来越完善，已经形成了一整套从设计、施工到处理、解释的完整工作体系，现在已经从简单的二维逐步向三维、四维（时延井间地震）发展，且发明和使用了各种井中震源、多级检波器串，大大降低了野外采集成本，缩短了采集周期，同时提高了原始资料的信噪比[18]。

2.3.3 孔内超声成像测井

孔内超声成像测井是通过在钻孔内使用旋转声波发射器输出一个持续的超声波阵列用于扫描井壁，通过接收超声波的反射波来分析井壁岩性及表面特征，包括裂隙和孔洞等，从而获取反映原位地质特征井壁图像的一种方法，其原理如图 2-19 所示。该方法可有效地识别地层裂缝和破碎带，评价裂缝的类型和产状，辅助分析地层沉积特征和地应力状态等[22-23]。

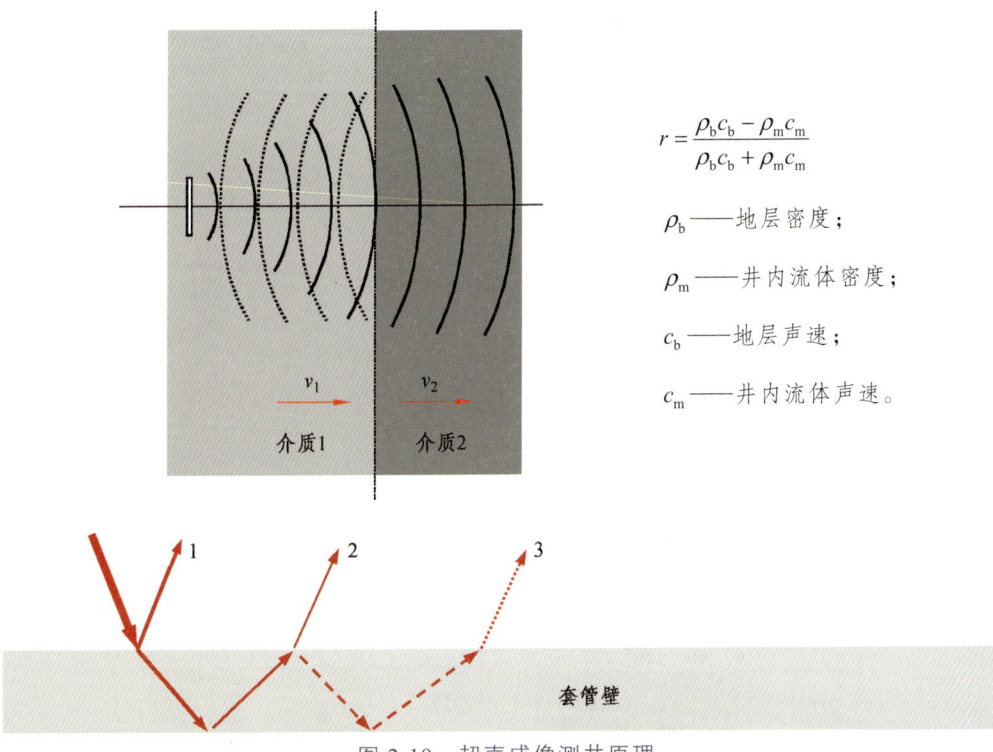

$$r = \frac{\rho_b c_b - \rho_m c_m}{\rho_b c_b + \rho_m c_m}$$

ρ_b——地层密度；

ρ_m——井内流体密度；

c_b——地层声速；

c_m——井内流体声速。

图 2-19 超声成像测井原理

孔内超声成像测井成果图像包括振幅图像和走时图像两种，二者都能反映钻孔壁的细节地质特征。若地层致密或者硬度较大，则钻孔壁与孔内流体界面的声阻抗差也较大，声波反射信号相对较强，测井图像上呈浅色或亮色特征；若钻孔壁存在张开裂缝或破碎岩，容易形成漫反射，也会使回到探头的超声波反射信号相对较弱，则呈黑色或暗色特征。对成像测井数据进行滤波、插值、归一化、统计、定向和镜像等一系列预处理后，拾取面状构造（如层理、面理、层界面和裂缝等）产状，可对产状数据进行分段统计分析[23]。超声成像测井效果如图 2-20 所示。

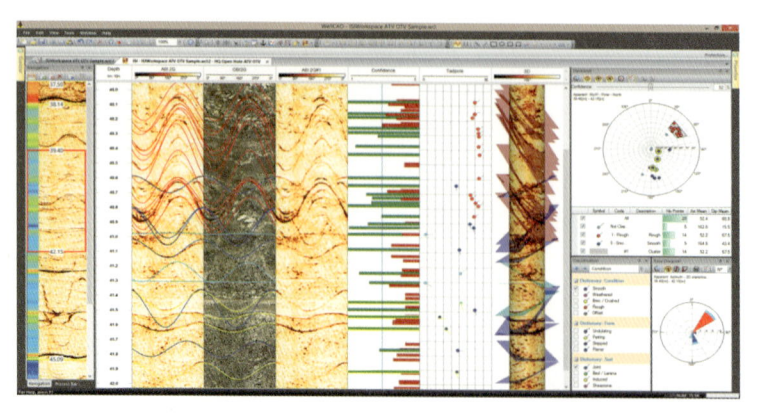

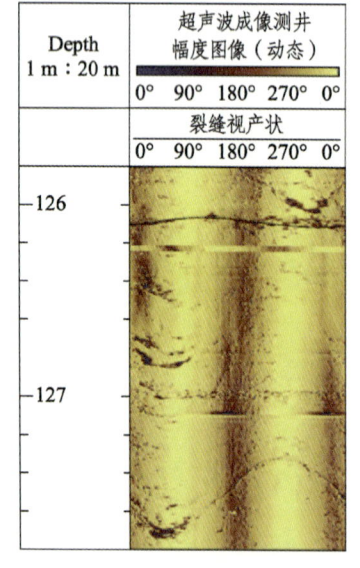

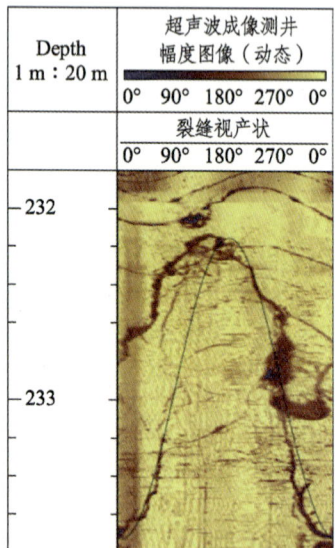

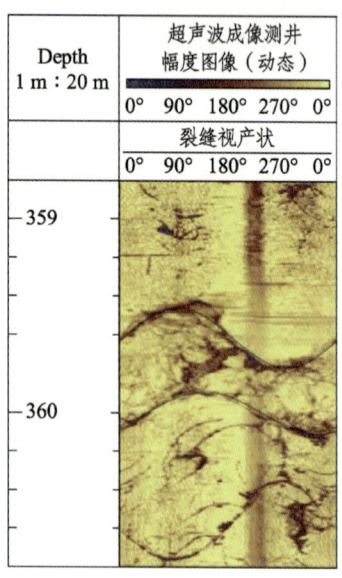

图 2-20 超声成像测井效果

2.3.4 综合测井物探技术

由于很多隧道埋深大，地形变化剧烈，常规地面物探方法不足以了解深部岩体的物性参数，钻孔孔内原位综合测井物探测试方法可最大限度地获取钻孔内岩层的信息。通常综合测井能测试钻孔中岩体及岩块的三侧向电阻率、自然电位、电位电阻率、自然伽马、声速，以及钻孔的井径、井温、井斜等参数。这些参数对地面勘察方法结论能进行全面的补充改正，为钻孔围岩类别划分、含水性分析等提供基础数据和设计依据。所反映岩层的导电特性、声学特性、放射性、电化学特性等地球物理特征，能够较准确地识别地层、岩性、声波速度、裂隙带、地层含泥量和放射性矿物的含量等，还能达到验证补充钻探资料的目的。

在实际地质工程勘察的生产应用中，综合测井主要包含以下物探测试方法：声波测井、视电阻率测井、三侧向电阻率测井、自然电位测井、井径测井、自然伽马测井、井温测井、井斜测井等[24]。

1. 声波测井

声波在地层中的传播速度是岩石密度和弹性的函数。声波测井是基于声波在岩层中传播速度的差异，测量沿钻孔剖面上岩层的声学特性，即声波在岩石中的传播、衰减规律，借此来了解岩层、井壁的性质，判断岩性完整性的一种孔内测试方法。其原理如图 2-21 所示。

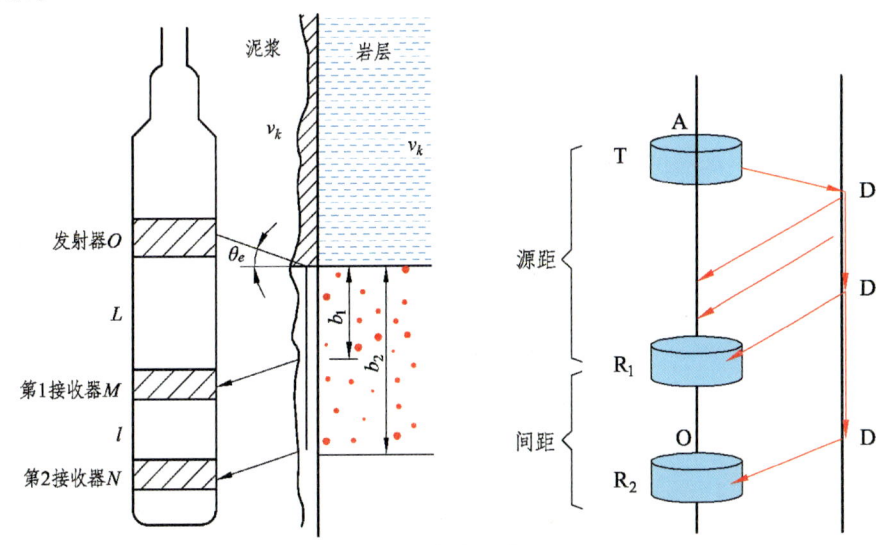

图 2-21 声波测井原理

2. 视电阻率测井和三侧向电阻率测井

视电阻率测井和三侧向电阻率测井是基于不同岩层间的电阻率差异（即矿物和岩石的导电性的物理学基础）区分岩性，配合其他测井曲线划分岩层界面，确定岩层的电阻率，划分咸、淡水界线，确定地下水的矿化度等的一种测试方法。其原理如图 2-22 和图 2-23 所示。

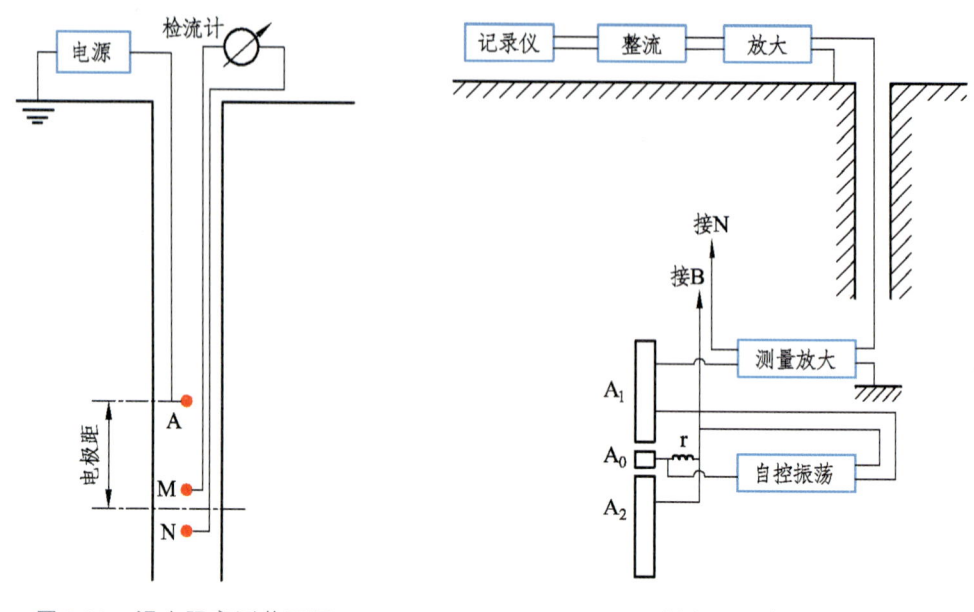

图 2-22　视电阻率测井原理　　　　　图 2-23　三侧向电阻率测井原理

3. 自然电位测井

自然电位测井是基于岩石的电化学活动性质，即测量岩层或矿体在天然条件下产生的电场电位（自然电位）变化的一种测井方法。在离子导电的岩层上可以观测到主要由扩散和吸附作用产生的自然电位，该电位在不同的岩层上有着不同的数值，配合其他测井曲线，可划分含水层与隔水层界面。[24]自然电位测井原理如图 2-24 所示。

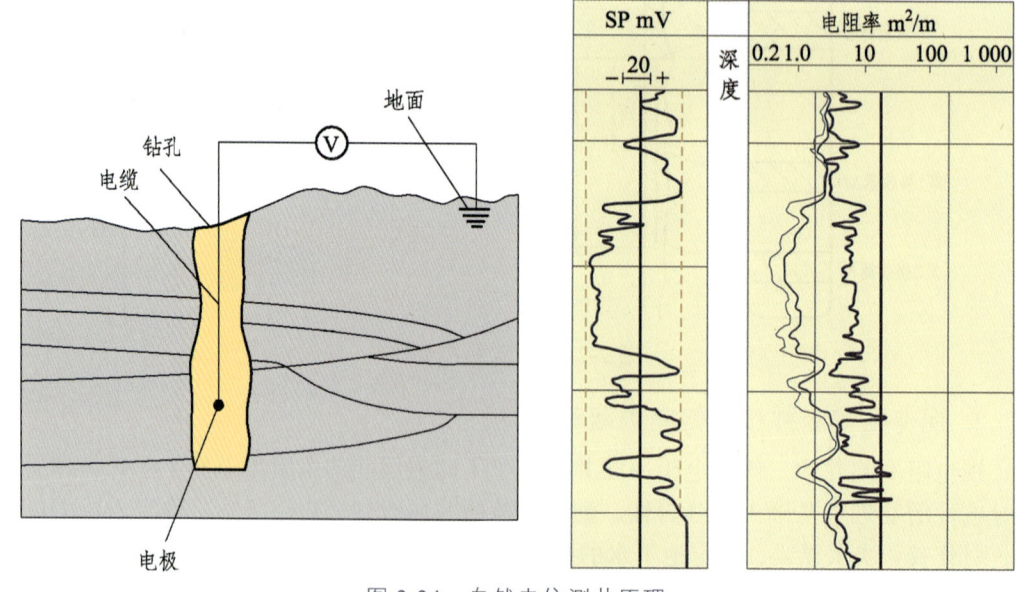

图 2-24　自然电位测井原理

4. 井径测井

井径测井是测量钻孔直径大小的一种测井方法。常用的井径仪采用机械臂接触孔壁的方式测量井径。在裸眼井中，井壁地层受钻井液冲洗、浸泡和钻头的碰撞，使得孔壁直径与钻头直径往往不同；地层岩性、物性、强度和破碎程度的不同，亦会影响孔壁的直径。

5. 自然伽马测井

自然伽马测井是沿井身测量岩层的天然伽马射线强度的方法，能辅助划分钻孔地质剖面、确定砂泥岩剖面中泥质含量和定性地判断岩层的渗透性。其原理如图 2-25 所示。

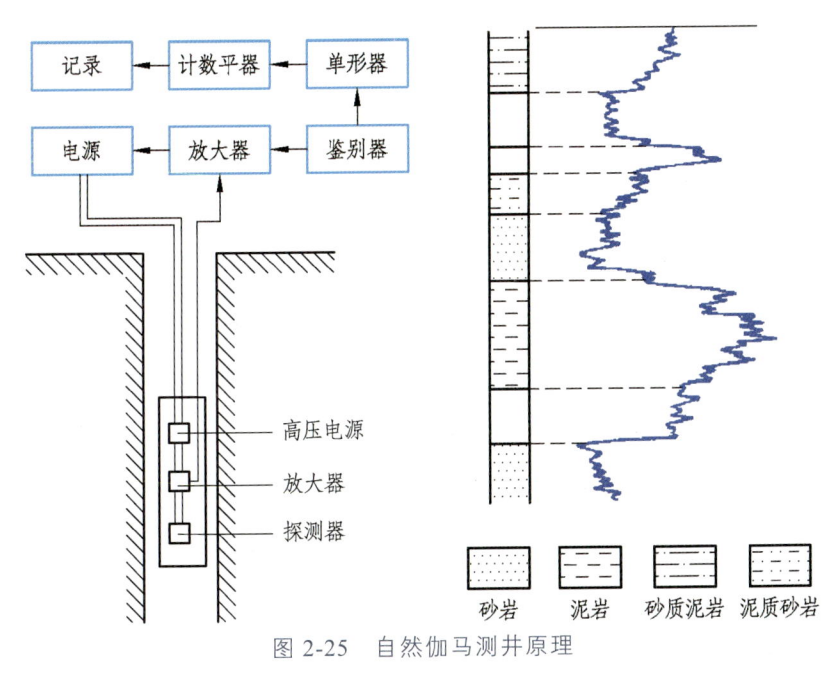

图 2-25 自然伽马测井原理

6. 井温测量

测量钻井内温度（通常是井液温度）及其沿井轴或井周的空间分布，是基础地学研究中获得深部地温梯度并计算地热流值的重要手段，是勘察设计或安全措施所需地下温度资料的重要来源，也被用来划分含水层位和分析补给关系。

7. 井斜测量

井斜测量是指测量井轴偏离垂直方向（铅垂轴）的角度（称为倾角或顶角）及井轴在水平面上的投影与磁北方向之间的夹角（称为方位角）。井斜资料用于了解钻孔孔斜及钻孔空间位置。井斜测井效果如图 2-26 所示。

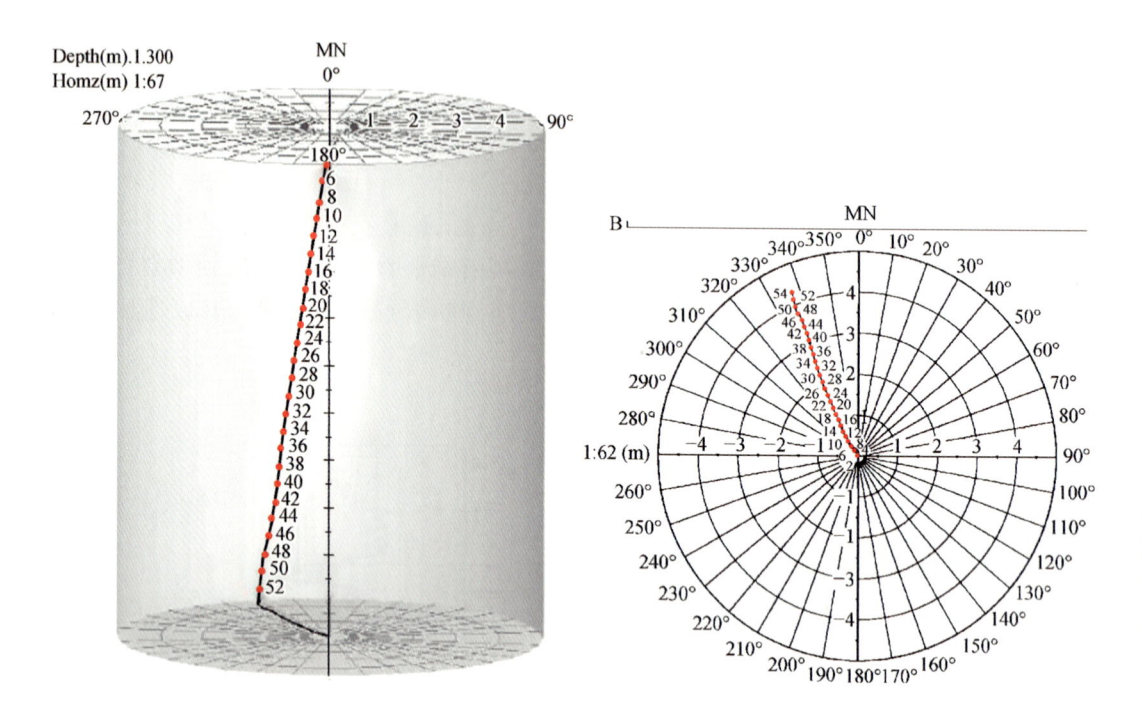

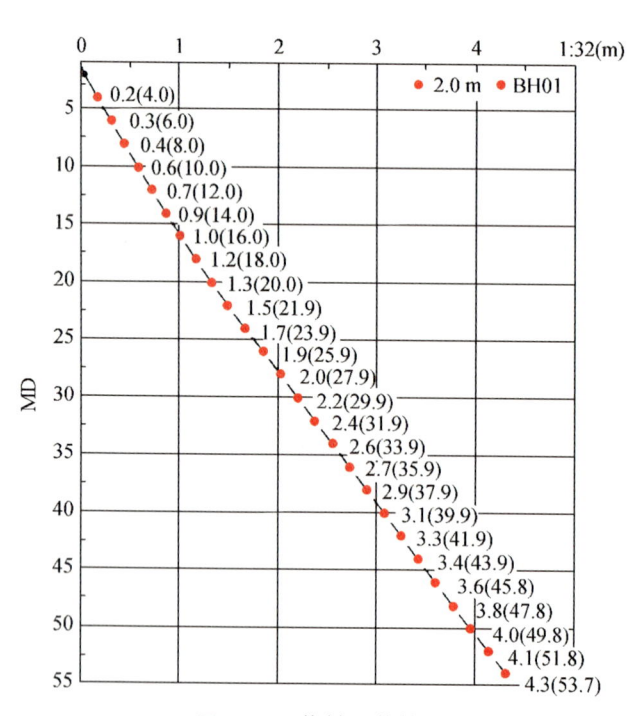

图 2-26 井斜测井效果

2.3.5 原位岩体力学参数孔内勘探技术

1. 背景和基本原理

岩体的抗剪强度参数是进行岩体工程稳定性分析最基本，也是最重要的一项工作。室内试验试样尺寸由于存在局限性而导致其代表性差，所获得的抗剪强度往往是岩块的抗剪强度；而现场大剪试验和三轴试验制作试样难度大、价格昂贵、耗费时间长。现场原位岩体孔内剪切试验是将带有齿状突起的剪切板压入钻孔孔壁内，使剪切板两平行的齿状凸起间形成一薄层岩片，然后通过提拉与剪切板连接的钢杆，实现嵌入齿状凸起的岩片与孔周围岩的直接剪切破坏[25]。岩石钻孔剪切仪结构如图 2-27，岩石钻孔剪切作用机制如图 2-28 所示。

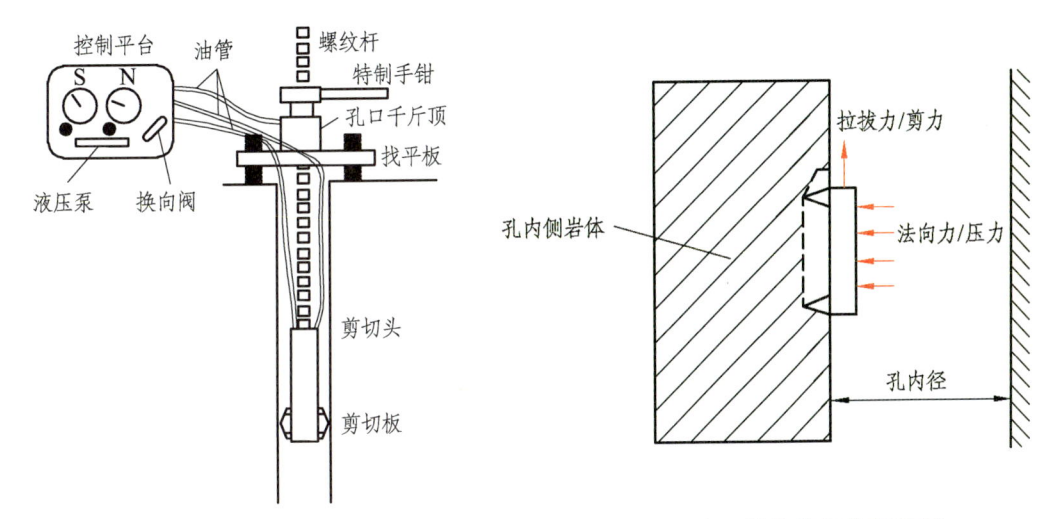

图 2-27 岩石钻孔剪切仪结构示意图

图 2-28 岩石钻孔剪切作用机制

2. 技术装置

该套设备主要由剪切板、剪切头、找平板、孔口千斤顶、拉杆、油管、液压控制平台组成。剪切头是钻孔剪切仪的核心部位，是由 2 块有平行齿状突起的弧形剪切板和可以带动剪切板扩张和收缩的活塞组成的，如图 2-27 所示。剪切板大小为 2.5 cm×2.0 cm，其中沿钻孔轴向长 2.5 cm。剪切板上的齿状凸起呈"∧"形，高 1 mm，角度为 60°。两齿状凸起沿钻孔轴向平行，且相距 2.2 cm。这意味着两齿状凸起间可嵌入的岩片（或单片剪切面积）的尺寸为 2.2 cm×2.0 cm。

液压千斤顶主要用于给连接剪切头的连杆施加拉力，一般放置在孔口处。由于剪切头被封装在带孔的框架内，剪切力是通过孔口提拉与这一框架相连的连杆使框架底部的基座向上推压剪切头施加的。法向应力和剪应力控制装置包括 1 台手动液压泵、2 台分别控制法向应力和剪应力的液压表、法向应力和剪应力施加的转换柄。液压控制平台如图 2-29 所示，液压千斤顶及拉杆如图 2-30 所示。

图 2-29　液压控制平台　　　　　　　图 2-30　液压千斤顶及拉杆

钻孔剪切过程中的入岩法向应力和剪应力可以通过控制台上的液压表分别读取。当施加法向力使剪切板上的齿状凸起嵌入孔周岩体后，保持法向力恒定。通过控制台上转换柄的切换，再施加剪应力（提拉力），从而实现剪切板上嵌入的岩片与孔周岩体的剪切作用。附属装置主要包括连杆、孔口固定装置以及油管等。剪切头在空中不同的深度可通过增减连杆来实现。[25]。

3. 工作步骤

岩石钻孔剪切试验的主要步骤有：

① 仪器检查。检查控制台上的法向力和剪应力测试仪表是否正常；连接杆和油路等连接部位是否满足试验的要求；剪切头上的剪切板的齿状凸起是否有磨损，是否可以自由转动以及其他部件工作是否正常。

② 钻孔准备。目前剪切头的外径为 76 mm，剪切板可伸出 10 mm 左右，用于钻孔剪切试验的钻孔直径应在 78～90 mm，以便使剪切板上的齿状凸起能充分压（刺）入钻孔孔壁形成岩片。钻孔孔壁应光滑完整，整个试验孔段的平直率应小于 2%，对于有塌孔危险的试验孔段应先清洁孔壁浮石，并采取必要的防护措施。

③ 放置剪切头到孔内指定深度。挂好保险绳，通过顺序套杆直接使剪切头到达指定的试验位置。

④ 剪切头和入孔连杆及油管重量的测试。当剪切头到达指定孔深后，记录仅提升剪切头与套杆时的剪应力表读数，作为由于剪切头和入孔套杆油管等引起的剪应力表的初始读数。

⑤ 施加座压。首先将控制台上的手柄转向法向力侧。根据岩体性状，按照经验大致估计岩体的入岩压力 P_0，快速加压至所预计的入岩压力，等正压力表读数降下来后对压力进行调整，直至 5 min 内正应力表读数变化小于 0.5 MPa 时，方可认为剪切头已完全嵌入钻孔岩壁中。

⑥ 施加法向力。对剪切头施加法向力，正应力应该匀速缓慢施加到指定法向应力，5 min 后调整法向应力，至 5 min 内应力值变化小于 0.1 MPa 时认为正应力施加完成，并记录该时的正应力值。

⑦ 施加剪应力。剪应力可按照 5 MPa/min 的速率缓慢施加，直至岩体破坏，终止试验，记录下此过程中的最大剪应力并作为岩体破坏峰值剪应力 τ_p^0 以及最后的残余剪应力读数 τ_r^0。

⑧ 回缩剪切板。完全卸压施加在剪切头上的法向力与剪切力，并缩回剪切头。

⑨ 提升剪切头。逐级卸掉套杆，提升时要保证保险套的正确使用。

⑩ 对剪切头上残留的岩屑进行描述，然后对剪切头进行清理，以备进行下次试验。

⑪ 重复②~⑩，进行同一深度不同位置或下一深度的钻孔剪切试验。

4. 数据处理

同一或相邻钻孔深度应做 4 次不同法向应力的剪切试验，获得同一位置或相邻 4 组 τ 与 σ 数据，并通过最小二乘法或其他数据拟合方法绘制线性莫尔-库仑强度包络线，求得这一深度的岩体 c、φ 值[25]，如图 2-31 和图 2-32 所示。

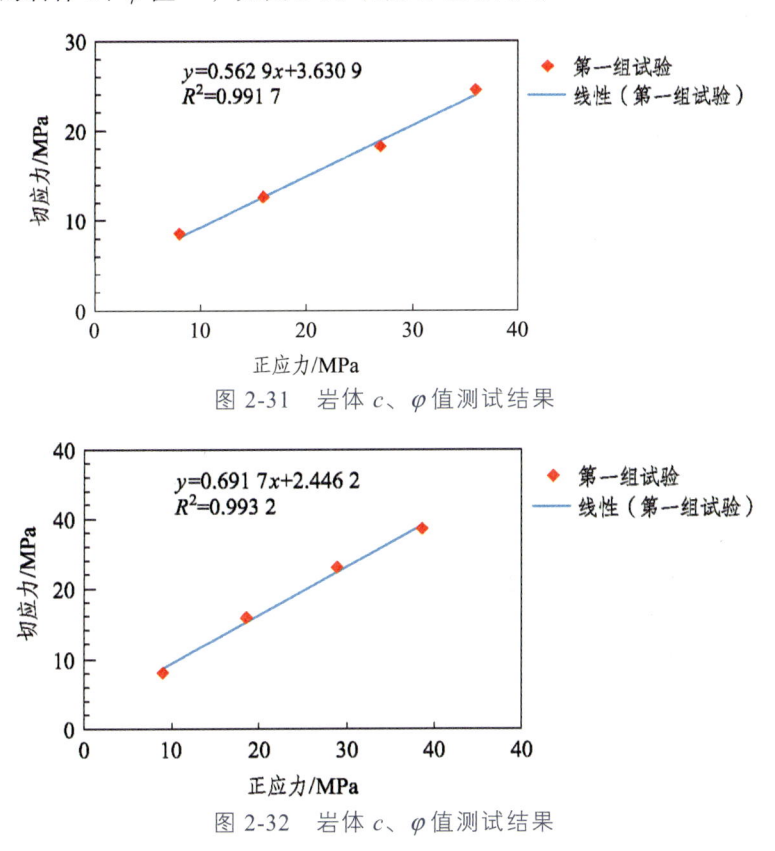

图 2-31 岩体 c、φ 值测试结果

图 2-32 岩体 c、φ 值测试结果

2.3.6 原位土体力学参数孔内勘察技术

1. 背景和基本原理

土体剪切试验得到的抗剪强度和黏聚力在公路、铁路、机场、港口等方面得到了广

泛应用，常用到挡土墙、桩板墙、斜坡稳定性等各种工程设施的设计中，可开展土压力计算、斜坡稳定性评价、滑坡推力计算、铁路和公路软土地基的稳定性与地基承载力计算。室内试验是获取土体抗剪强度参数最常用的测试方法，但在取样、运输、制样和试验过程中，土体结构易受到扰动，影响试验结果的准确性和代表性。原位测试可以在一定程度上保持土体的天然结构、含水率以及应力状态，因而能提高土工参数测试结果的准确性。

钻孔原位剪切试验通过将带有环形齿的剪切板沿径向扩张并压入周围土壁中，对孔壁施加已知的法向压力 σ，使土体固结，通过对剪切板施加垂直向上的提升力 T，来测量土体在不同法向压力下的剪切强度来确定破坏包络线，最终获取土体的内摩擦角和黏聚力。

2. 技术装置

该套设备主要包括：剪切头、连接设备和地表控制设备。剪切头主要由剪切板和活塞组成，连接设备主要由拉杆、连接剪切头的塑料管路组成；地表控制设备主要由承载板、上拔力提供装置、法向压力控制装置、拉杆锁定装置和测力计组成。A104.3 原位土体孔内剪切仪及其构造如图 2-33 和图 2-34 所示。

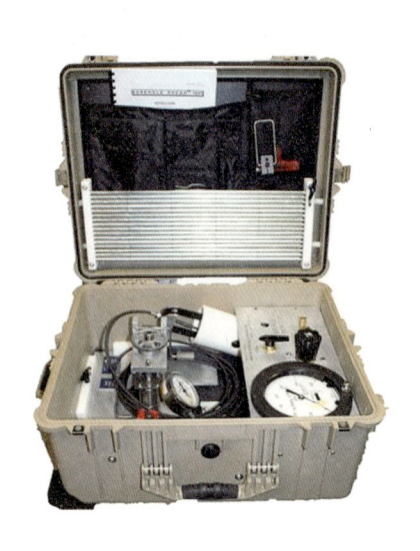

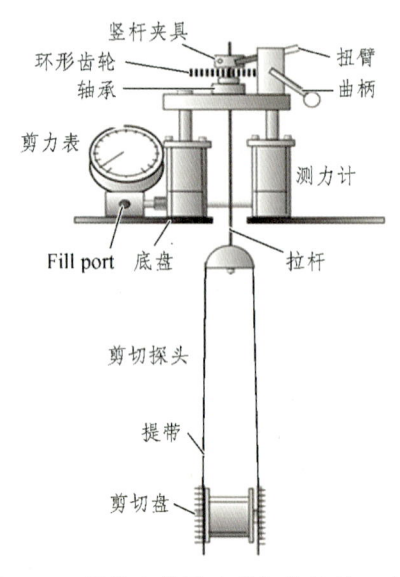

图 2-33　A104.3 原位土体孔内剪切仪　　图 2-34　原位土体孔内剪切仪构造示意图

3. 工作步骤

土体钻孔剪切试验的主要步骤有：

① 仪器检查。检查控制台上的法向力和剪应力测试仪表是否正常；连接杆和气管等连接部位是否满足试验的要求；剪切头上的剪切板的齿状凸起是否有磨损，是否可以自由张开以及其他部件工作是否正常。

② 钻孔准备。目前剪切头的外径为 76 mm，剪切板可伸出 10 mm 左右，用于钻孔剪切试验的钻孔直径应在 78~90 mm，以便使剪切板上的齿状凸起能充分压（刺）入钻孔孔壁。钻孔孔壁应光滑完整，整个试验孔段的平直率应小于 2%，对于有塌孔危险的试验孔段应先清洁孔壁浮石，并采取必要的防护措施。

③ 放置剪切头到孔内指定深度。通过拉杆直接使剪切头到达指定的试验位置。

④ 剪切头和入孔连杆重量的测试。当剪切头到达指定孔深后，记录仅提升剪切头与套杆时的剪应力表读数，作为由于剪切头和入孔套杆油管等引起的剪应力表的初始读数。

⑤ 施加座压。首先将控制台上的手柄转向法向力侧。根据土体大致的力学性质，按照经验大致估计土体的初始压力 P_0，快速加压至所预计的初始压力，等正压力表读数降下来后对压力进行调整，直至 5 min 内正应力表读数变化小于 5 kPa 时，即可认为剪切头已完全嵌入钻孔壁中。

⑥ 施加法向力。对剪切头施加法向力，正应力应该匀速缓慢施加到指定法向应力，5 min 后调整法向应力，至 5 min 内应力值变化小于 5 kPa 时认为正应力施加完成，并记录该时的正应力值。

⑦ 施加剪应力。剪应力可按照 5 kPa/min 的速率缓慢施加，直至土体破坏，终止试验，记录下此过程中的最大剪应力并作为岩体破坏峰值剪应力 τ_p^0 以及最后的残余剪应力读数 τ_r^0。

⑧ 回缩剪切板。完全卸压施加在剪切头上的法向力与剪切力，并缩回剪切头。

⑨ 提升剪切头。逐级卸掉套杆，提升时要保证保险套的正确使用。

⑩ 对剪切头上残留的岩屑进行描述，然后对剪切头进行清理，以备进行下次试验。

⑪ 重复②~⑩，进行同一深度不同位置或下一深度的钻孔剪切试验。

4. 数据处理

同一或相邻钻孔深度应做 4 次不同法向应力的剪切试验，获得同一位置或相邻 4 组 τ 与 σ 数据，并通过最小二乘法或其他数据拟合方法绘制线性莫尔-库仑强度包络线，求得这一深度的岩体 c、φ 值[25]，如图 2-35 和图 2-36 所示。

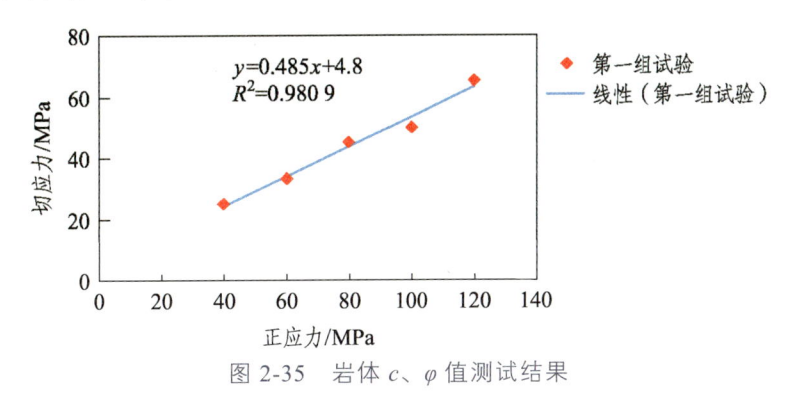

图 2-35　岩体 c、φ 值测试结果

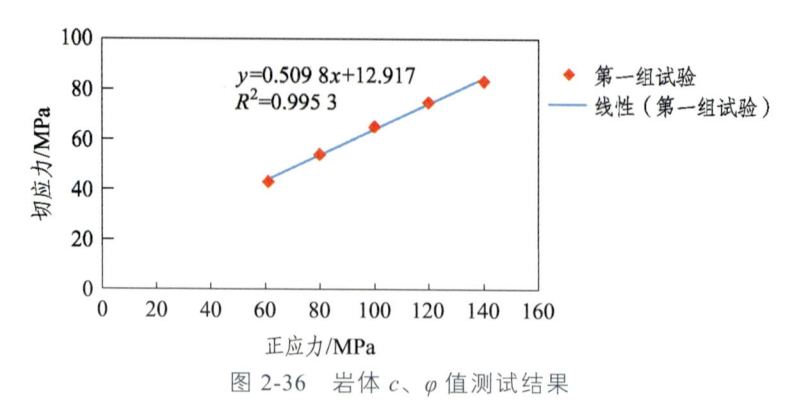

图 2-36 岩体 c、φ 值测试结果

2.3.7　地面三维激光扫描

三维激光扫描是一种激光测距技术,它采用非接触式高速激光扫描方式,获取地形或者复杂物体的几何形态。三维激光扫描的核心是激光发射器、激光反射镜、激光自适应聚焦控制单元、CCD 技术、光机电自动传感装置等。三维激光扫描系统组成部件包括三维激光扫描仪、数码相机、后处理软件、电源以及附属设备等（图 2-37）。按照扫描平台的不同,三维激光扫描可以分为机载（或星载）激光扫描系统、车载激光扫描系统、地面型激光扫描系统和便携式激光扫描系统。[26]三维激光扫描仪是对确定目标的整体或局部进行完整的三维坐标数据测量,即意味着激光测量单元必须进行从左到右、从上到下的全自动高精度步进测量（即扫描测量）,进而得到完整的、全面的、连续的、关联的全景点坐标数据,这些密集而连续的点数据也叫作"点云"[27]。

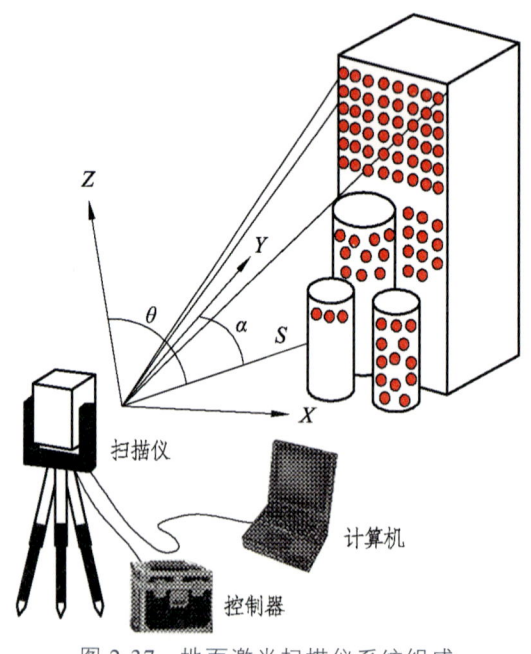

图 2-37　地面激光扫描仪系统组成

三维激光扫描得到的每一个云点测量值都是基于三角测量原理进行的,并且根据激光扫描的传感驱动进行三维方向的自动步进测量(图2-38)。三角测量原理是:通过激光发射器发出的激光束经物体表面漫反射后,沿几乎相同的路径反向传回到接收器,可以计算目标点 P 与扫描仪的距离 S;控制编码器同步测量每个激光脉冲横向扫描角度观测值 α 和纵向扫描角度观测值 β,即可实现对目标表面的扫描测量。[28]三维激光扫描获取的"点云"位置可通过自定义测站坐标进行定义, X 轴在横向扫描面内, Y 轴在横向扫描面内与 X 轴垂直, Z 轴与横向扫描面垂直。在扫描测量过程中,激光扫描系统需要考虑到视场深度、扫描线宽、视场、最佳距离、视角、三角角度和视场角度等影响因素。

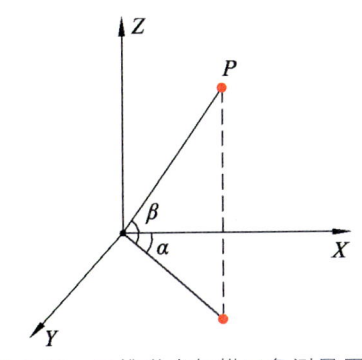

图 2-38 三维激光扫描三角测量原理

点云数据的一大特点就是数据量庞大,得到的三维模型经常包含很多冗余信息,因此一般需要对模型进行简化。一般点云简化方法包括基于曲率和基于空间分割两大类。其中:基于曲率方法有角度偏差法、最小距离法等;基于空间分割方法有均匀网格法、包围盒法和三角网格方法等。两类方法各有局限,基于曲率的简化算法虽能很好地保留几何特征,但是简化效率低;基于空间分割的简化算法则不适用于复杂特征和多曲率的散乱点云数据。[29]

随着三维激光扫描技术的发展,其在铁路沿线空间环境的工程地质勘察和运营监测中得到了广泛应用。激光扫描传感器被广泛地安装到机械手臂或高精密移动平台装置上,并经常与立体视觉技术相结合,以构建简单、快捷、灵活有效的移动勘察系统,在高速铁路施工过程中针对施工沿线危岩或边坡开展详细的勘察解译,保障施工安全。

2.4 铁路工程地质深部钻井勘察技术

2.4.1 小直径绳索轨迹定向控制钻进技术

绳索取芯钻进不提大钻连续取芯,与提钻取芯相比,其台月效率大大提高,提大钻次数少,减少了对孔壁的扰动,降低了工人劳动强度,同时绳索取芯钻进钻杆重量轻,环空间隙小,取芯钻进所需的泵量小,故配套的钻探设备和泥浆泵体积小,重量轻,搬迁方便,占地面积小,适用于高山峡谷、交通不便等地区的勘察。[30]

采用超千米定向勘探绳索取芯钻进时,因地层、钻机固定和开孔、钻进参数及防斜保直工艺等因素影响,钻孔轨迹偏离原设计轨迹,不满足地质设计要求时,需要进行定向纠斜,同时纠斜的狗腿度不能太大,否则后续绳索取芯钻进扭矩大,回转阻力大,易断钻杆钻具。

偏心楔纠斜法，定向困难，不适用于纠斜工作量大的钻孔；连续造斜器法，定向不精确、误差大，定向仪器水平无法投送，且不适宜用于深孔造斜。因此必须采用小直径弯螺杆马达/有线随钻定向钻进，这种方法定向精确、钻孔轨迹可控且可连续造斜，泵量小，仅为 2~3 L/s，能够满足 ϕ96 mm、ϕ76 mm 口径随钻定向钻进需求。[30]螺杆钻是以泥浆为动力介质的一种孔底动力钻具，钻杆采用绳索取芯钻杆，既可用于定向纠斜钻进，也可用于取芯钻进。

垂直孔定向钻进靠重力自由下放定向纠斜仪器。水平孔定向钻进时，相关单位研发了水平定向仪器输送固定打捞机构，在原有钻具总成保持原样不变的情况下，实现有缆随钻定向仪的顺利投放、弹卡定位和打捞回收；并将普通的水龙头改制成为液压发生器，在通缆水龙头后面增加电缆密封油缸，密封电缆不漏水，可建立密闭的压力空间，让内管和输送固定机构在压力的作用下到达孔底位置。涌水量较大时，采用高压泥浆来泵送定向仪器。

2.4.2 超千米长行程、大扭矩全液压动力头式小倾角钻探装备

针对高原铁路勘察孔高效施工要求，钻机必须具备足够的动力，以处理在钻进断层、软弱夹层、破碎带、节理发育层时可能出现的垮孔、卡钻和抱钻等孔内事故。对钻机总体方案进行反复论证，在现有成熟的履带式岩芯钻机的基础上：通过整体式履带底车设计，对钻机各部件进行整体优化布局；采用模块化设计，便于运输及易损件的更换；设计时预留检修孔，便于钻机的日常维护。根据水平定向钻进对钻机功能的要求，确定钻机由 6 大部分组成：动力机、履带行走机构、回转装置、给进机构、钻塔升降平台和液压传动系统[31]。

动力头式水平钻机整体布置如图 2-39 所示。

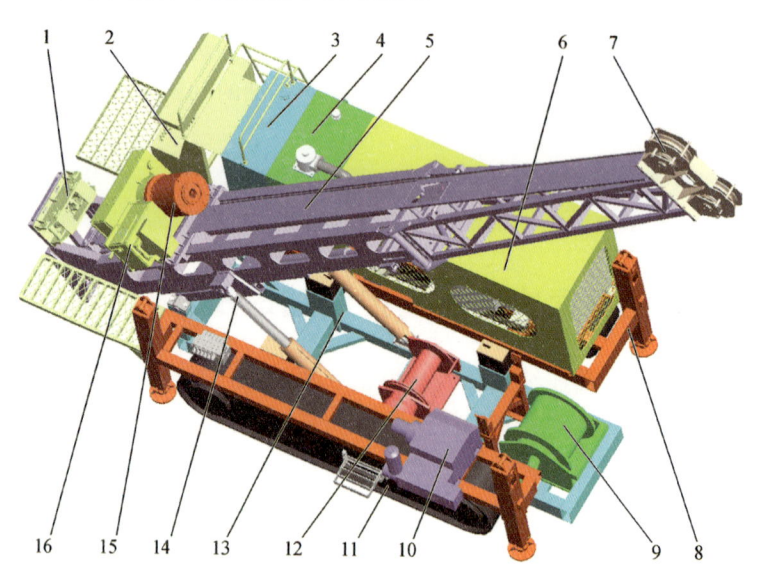

1—孔口夹持器；2—控制操作台；3—柴油箱；4—液压油箱；5—钻塔；6—动力站；7—天车；
8—钻机平台；9—主卷扬；10—泥浆泵；11—履带；12—副卷扬；13—钻塔升降平台；
14—变幅机构；15—液压夹持器平台；16—动力头。

图 2-39 超千米水平钻机总体结构（钻塔 45°倾角状态）

第 2 章 天空地井综合勘察技术体系

GXD-5S 岩芯钻机所有功能均为液压驱动，操作方便，控制精准，取芯作业效率高，其主要技术参数见表 2-2。

表 2-2　GXD-5S 型全液压钻机设计性能参数

项目	主要技术参数	
钻进能力	钻杆直径	BQ（ϕ55.6 mm）、NQ（ϕ70 mm）、HQ（ϕ89 mm）、PQ（ϕ122 mm）
	钻进深度	1 800 m、1 500 m、1 200 m、700 m
液压系统	额定压力	28 MPa
	冷却方式	风冷
动力站	型号	康明斯 6cta8.4-240
	类型	涡轮增压
	额定功率	179 kW
	额定转速	2 200 r/min
主卷扬	提升力	128 kN
	提升速度	34 m/min
	钢丝绳直径	24 mm
	容绳量	45 m
绳索取芯卷扬	提升力	11 kN（空线鼓）
	提升速度	110 m/min（空线鼓）
	钢丝绳直径	6.6 mm
	容绳量	1 500 m
桅杆	全长	10 m
	钻进角度	−5°～90°
	滑移行程	1.1 m
孔口夹持器	适用钻杆	BQ、NQ、HQ、PQ
行驶能力	最大爬坡角度	20°
	最大行驶速度	2 km/h
动力	给进力	102 kN
	提拔力	216 kN
	给进行程	3.3 m
整机总质量	小于 14 t	

在岩芯钻机水平钻进的执行中，功率需求较大的是回转处理孔内事故工况和快速起拔工况。回转处理孔内事故工况要求钻机在最大扭矩下旋转的同时进行给进或后退，而

快速起拔工况则是动力头在最大起拔力的情况下以最大起拔速度进行快速起拔。因此对这两个工况应分别做功率计算，再进行反推，算出柴油机所需功率，从而对柴油机进行选型。根据计算结果结合柴油机选型样本，考虑到处理钻孔事故需要和安全系数，选择大于计算结果的柴油机。

2.4.3 水平绳索随钻定向钻进工艺

水平绳索随钻定向钻进可集成无磁钻杆、绳索钻杆、定向接头、螺杆马达等器具总成，以解决小直径水平孔绳索取芯定向钻进技术难题；同时，可以利用同样的钻杆实现绳索取芯钻进，以满足地质需求[31]。水平绳索随钻定向钻进如图2-40所示。

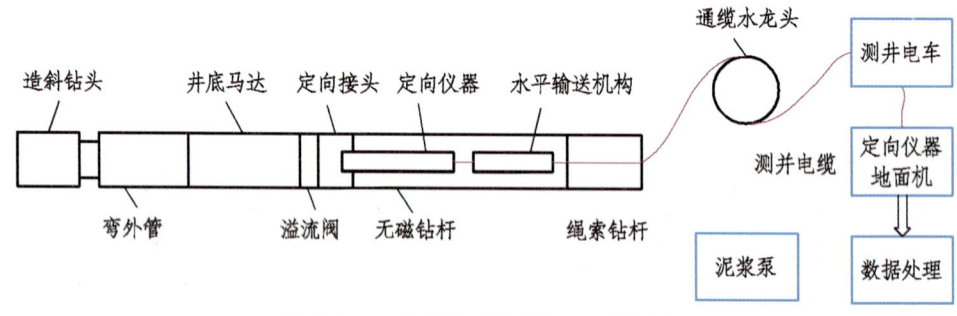

图2-40 水平绳索随钻定向钻进示意

1. 定向钻进钻具组合[32]

（1）ϕ96 mm 孔径定向钻进。

此时，钻具组合为ϕ96 mm PDC（金刚石）全面钻头 + 5LZ73×7.0型弯螺杆 + 变丝接头 + 定向接头 + ϕ73 mm 无磁钻杆（内含MWD）+ 变丝接头 + ϕ71 mm 绳索钻杆 + 89 mm 主动钻杆 + 通缆水龙头（图2-41）。

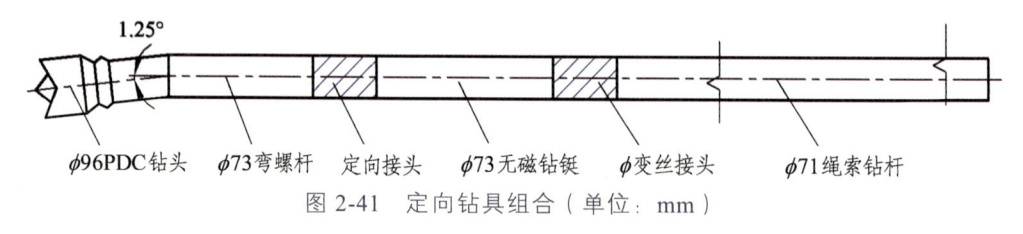

图2-41 定向钻具组合（单位：mm）

（2）ϕ76 mm 孔径定向钻进。

此时，钻具组合为ϕ76 mm PDC（金刚石）钻头 + ϕ60 mm 弯螺杆 + 变丝接头 + 定向接头 + ϕ73 mm 无磁钻杆 + 变丝接头 + ϕ71 mm 绳索钻杆 + 89 mm 主动钻杆 + 通缆水龙头。

2. 钻孔轨迹计算与控制

轨迹设计一般采用平均角法。平均角法又称角平均法，假设测段为一直线，其方向的孔斜角和方位角分别为上、下两测点的平均孔斜角和平均方位角。

为了确定钻孔空间位置，了解实际轨迹与设计轨迹的吻合程度，必须按照一定的间距进行测斜，然后根据测斜的数据采用一定的数学模式，计算出各测点的空间坐标，绘出图形，与设计轨迹进行对比。常用的计算方法包括均角全距法、全角半距法以及最小曲率法。定向钻进轨迹计算如下：

$$x = \Delta L \cdot \sin(\theta_1 + \theta_2 / 2) \cdot \cos(\alpha_1 + \alpha_2 / 2)$$

$$y = \Delta L \cdot \sin(\theta_1 + \theta_2 / 2) \cdot \sin(\alpha_1 + \alpha_2 / 2)$$

$$z = \Delta L \cdot \cos(\theta_1 + \theta_2 / 2)$$

为方便现场计算，便于实时调整钻具高边工具面和钻进参数，以及便于采用定向钻进与复合钻进交替进行，相关单位通过虚拟仪器 LabVIEW 软件编程，研发了一套定向测量软件，便于精确控制钻孔轨迹。在软件中输入井斜角、方位角的增量，即可得到钻孔 x、y、z 的增量和钻井轨迹。定向轨迹计算软件界面如图 2-42 所示。

井深(m)	顶角(°)	方位角(°)	工具面角(°)	造斜率(°/m)	水平长度(m)	X沿线坐标(m)	离线坐标(m)	N坐标(m)	E坐标(m)	X计算值(m)	Y计算值(m)	垂深(m)	垂深2(m)
0.00	0.00	165.35	0.00	0.00	0.00	0.00	0.00	0.00	0.00	0.00	0.00	0.00	9.08
30	0.28	21.11	-51.53	0.02	0.07	0.02	-0.07	0.07	0.03	0.02	-0.07	30.00	39.08
60	0.24	8.74	-54.53	0.00	0.21	-0.10	-0.14	0.20	0.06	-0.10	-0.14	60.00	69.08
90	0.21	15.51	41.55	0.00	0.33	-0.20	-0.19	0.31	0.09	-0.20	-0.19	90.00	99.08
120	0.23	30.79	71.18	0.00	0.44	-0.29	-0.26	0.42	0.13	-0.29	-0.26	120.00	129.08
150	0.21	41.32	63.68	0.00	0.56	-0.37	-0.35	0.51	0.20	-0.36	-0.35	150.00	159.08
180	0.21	52.6	90.00	0.00	0.66	-0.42	-0.44	0.59	0.28	-0.42	-0.44	180.00	189.08
210	0.21	53.62	90.00	0.00	0.77	-0.46	-0.55	0.65	0.37	-0.46	-0.55	210.00	219.08
240	0.21	54.97	90.00	0.00	0.88	-0.50	-0.65	0.72	0.46	-0.50	-0.65	240.00	249.08
270	0.45	50.37	-6.30	0.01	1.06	-0.57	-0.81	0.82	0.59	-0.56	-0.81	270.00	279.07
300	0.7	45.45	-11.17	0.01	1.36	-0.70	-1.08	1.03	0.81	-0.70	-1.08	300.00	309.07
330	0.73	49.38	58.54	0.00	1.73	-0.88	-1.41	1.28	1.09	-0.88	-1.41	329.99	339.07
360	0.78	55.46	58.03	0.00	2.13	-1.03	-1.77	1.52	1.40	-1.03	-1.77	359.99	369.07
390	0.81	56.11	16.73	0.00	2.54	-1.17	-2.16	1.75	1.75	-1.17	-2.16	389.99	399.07
420	0.85	57.41	25.21	0.00	2.98	-1.31	-2.58	1.99	2.11	-1.31	-2.57	419.99	429.06
450	0.83	67	81.90	0.00	3.42	-1.41	-3.00	2.20	2.50	-1.41	-3.00	449.98	459.06
480	0.81	74.68	79.69	0.00	3.84	-1.44	-3.43	2.34	2.90	-1.44	-3.43	479.98	489.06
510	0.75	82.53	60.69	0.00	4.25	-1.42	-3.84	2.42	3.30	-1.42	-3.83	509.98	519.05
540	0.65	94.99	76.70	0.01	4.62	-1.34	-4.20	2.43	3.67	-1.34	-4.19	539.97	549.05
570	0.77	97.52	14.64	0.00	4.99	-1.20	-4.54	2.39	4.03	-1.20	-4.54	569.97	579.05
600	0.83	102.44	48.86	0.00	5.41	-1.03	-4.93	2.32	4.45	-1.03	-4.92	599.97	609.05
630	1.09	107.52	18.31	0.01	5.91	-0.78	-5.36	2.18	4.93	-0.78	-5.35	629.96	639.04

图 2-42 定向轨迹计算软件界面

3. 定向施工流程[33]

（1）现场观察：观察钻塔朝向及孔场物资摆放，确定绞车摆放位置和天、地滑轮的安放位置，以不妨碍钻进中的正常操作和测孔电缆的上下为原则。

（2）现场准备：检查所有钻具丝扣、变径、吊卡及钻具接头；检查整个泥浆循环系统，泥浆泵缸套是否与造斜用的螺杆钻所需的流量相匹配；检查所有钻杆，以直径为 40 mm、长度不小于 500 mm 的圆钢通径，扣与扣之间用麻绳（或生料带）进行密封；检查泥浆池、过滤网及泥浆性能；定向设备的安装，绞车定位，安装天地滑轮，穿电缆等。

（3）确定施工方案：初步选定螺杆钻具，其常规造斜率要略高于设计造斜率 10%~20%。在实际钻进中，若造斜率略高于设计值，可以通过调整方位来抵消造斜力，或者回转钻杆（每打 1 m 将工具面顺时针转 40°）来稳斜。

（4）组装仪器：对准角差，并核对斜口管缺口朝上时重力工具面（GHS）是否在 0°左右，斜口管缺口朝北时磁力工具面（MS）是否在 0°左右；组装完仪器后，通电将仪器拉至远离钻塔和有磁场干扰的地方，测出磁场强度和磁倾角，作为钻进过程中是否有干扰的判断，磁场强度的允许偏差为±0.1 T，磁倾角为±1.5°。

（5）组装钻具、测量装合差：选好所需弯度的螺杆钻，上紧定向接头和钻头；将钻具平放，弯螺杆母线位于最上方，拉线；面朝钻头方向，以螺杆钻弯螺杆弯外管母线的引线至定向接头的交点为起始位置，右边量取正值，左边量取负值，计算角度差。

（6）试转螺杆钻、下钻：开泵，在地表观察螺杆钻旁通阀关闭和打开是否正常，螺杆钻运转是否正常，记录泵压，上紧接头，下钻。

（7）坐键：将定向仪器的引鞋坐入定向接头循环套的键上，下钻之后的第一次定向坐键要求 2~3 次，每次坐键工具面变化范围在 2°~3°之内即认可坐键。在孔斜<65°时利用仪器和电缆重量来坐键；当孔斜>65°时，仪器和电缆的重量不足以使仪器下到定向接头的位置，必须借助水泵用泥浆泵泵送仪器来坐键，坐键是定向的关键。

（8）定向：采用重力工具面（GHS）定向，仪器 GHS 显示值 = 装合差 + 安装角 + 反扭角，实际钻进（MS）显示值允许上下 5°左右的范围摆动。

工具面调整方法：作图法和计算法。

（9）问题及故障分析。

① 断路：面板电压大于 24 V，面板电压指针升至最大值，分析为断路。可能是由于：绳帽内信号线断线，打开绳帽查看即知；探管内电话线断线，若打开绳帽检查没有问题，测量电阻正常，则打开探管检查即可；电缆前 30 m 左右有被挤、压痕、损伤现象；绞车节流环线断线。

② 短路：面板电压明显低于正常值，面板电压小于 15 V，分析为短路。可能是由于：绳帽内信号线进水造成芯线与地线连通；电缆前 30 m 左右有被挤、压痕、损伤现象。通常在泥浆中才产生短路。

③ 钻具故障。

泵压突然升高：故障多发生在螺杆钻部分，上提钻具使钻头离开孔底，若泵压仍然很高，则可以排除钻头制动造成泵压升高的可能性；造成泵压高的原因可能是吸进杂物，造成螺杆马达被堵或钻头水眼被堵，使泵压升高且持续不降。

泵压突然降低：钻杆漏水，如果钻杆丝扣不好，长期高压会使丝扣密封损坏，泥浆在丝扣处严重泄漏；钻杆脱扣；螺杆钻故障，螺杆万向轴或传动轴折断，马达空转；螺杆钻传动轴外管脱扣，这是最严重的一种故障。

注意：泵压突然降低，在未查明原因之前，不能轻易上提钻具。保守做法是：施加 3 000~5 000 N 钻压，顺时针按上扣方向转动钻杆 20 圈左右之后提钻检查，防止螺杆脱扣。

4. 钻进工艺参数[32]

钻压：钻具下到孔底，使用小钻压钻进正常进尺后，逐渐加大钻压，一般钻压为 5~20 kN。泵量：3~5 L/s。

当造斜强度较大或进尺较慢时，采用定向钻进与复合钻进交替进行，以保证定向钻进轨迹光滑。

5. 超千米定向难点与轨迹控制[33]

（1）定向钻进难点。

定向钻进技术是一项成熟先进的技术，但我国西部地区地层异常复杂，定向技术在地质找矿中应用较少，可借鉴的经验不多，特别是高原铁路存在诸多定向技术难题，需要开展针对性的研究。存在的主要问题包括高陡构造、涌水漏失严重、软硬不均等。

① 高陡构造。该矿区岩层倾角为 50°～80°，局部接近垂直，钻孔轴夹角大多为 15°～28°，具有较强的自然造斜能力。

② 该矿区地层为硅灰岩、灰岩、花岗岩、炭质板岩及断层破碎带交互进行，换层频繁，岩层软硬不均，各向异性显著。

③ 涌水、漏失严重。水平（仰斜）钻孔大多位于地下水位以下，涌水量压力高，涌水量为 30～80 m^3；矿层岩性为硅灰岩、灰岩，纵向裂隙发育，呈条带状和网状分布，岩芯表面有溶蚀孔洞，漏失大多为长孔段失返性漏失，泥浆性能难以维持，孔壁容易失稳。

④ 钻孔直径小。地质钻孔受钻机能力、地形地貌及成本限制大多为小直径孔，定向钻孔直径为 ϕ76 mm、ϕ96 mm。

⑤ 受控精度要求高。

（2）定向轨迹控制。

① 仪器工具面角确定。钻孔顶角<5°时，采用磁工具面（MS）定向，仪器 MS 显示值 = 装合差 + 目标方位（F）+ 反扭角；钻孔顶角>5°时，采用重力工具面（GHS）定向，仪器 GHS 显示值 = 装合差 + 安装角 + 反扭角。仪器角差置零。通过作图法和计算法调整工具面。

② 钻孔空间位置计算。钻孔造斜后，应及时测斜，然后根据测斜数据采用一定数学模式，计算出各测点的空间坐标，以便动态掌握钻孔空间位置变化趋势，与设计轨迹进行对比，实时调整高边工具面控制钻孔轨迹。

目前，地质找矿常采用均角全距法和全角半距法，这两种计算方法误差较小，与实际钻孔形态基本吻合。本节钻孔的计算采用均角全距法。

采用 Compass 定向软件进行轨迹计算与预测。

③ 高陡构造控制措施。

与普通地层相比，高陡构造地层定向钻进时顶角上升较快。定向钻进时，通过不断对称变化高边工具面角，降低造斜强度。

根据该地区地层自然造斜规律，一般情况下顶角会上漂，定向轨迹控制时顶角预留 2°左右。这一方面可以减小定向段长度，节约定向钻进成本；另一方面利用地层自然造斜规律增斜，轨迹更加光滑，利于后续取芯钻进。

④ 软硬不均、各向异性显著、裂隙发育地层控制措施。

螺杆马达与定向钻头优选。采用磁工面定向时，选用弯度较大的螺杆马达（1.25°），而 0.75°螺杆在该地层钻进时方位控制上能力有限，主要是因为 0.75°螺杆的支撑区（图 2-43）不能产生足够的支撑力，螺杆钻具难以向需要的方向钻进；钻头选用直角面凹定向钻头，如图 2-44 所示，选用右边直角面凹定向钻头，而不能选用左边带锥度的钻头，以保证定向时钻具的稳定性。

因该地层具有高陡构造、软硬不均等特点，为防止定向高边工具面的摆动，采用磁工面初始定向时，严格控制钻进速度为 0.3 ~ 0.5 m/s。

定向钻进时精准控制高边工具面角，精度控制在 5°以内，以保证工具面的相对稳定，反复调整以获得稳定的造斜率，确保定向方位的精度。

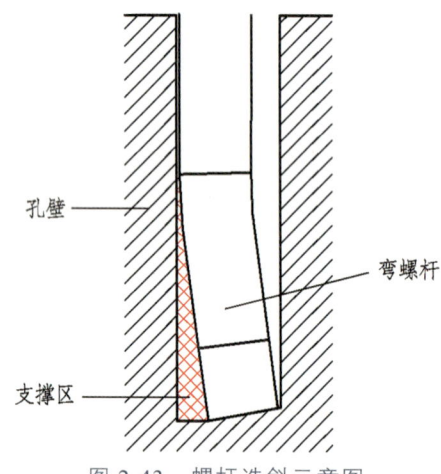

图 2-43 螺杆造斜示意图

图 2-44 4 种定向钻头

⑤ 漏失层定向钻进措施。

地层漏失较小时，泥浆中添加随钻堵漏剂，如 PCC、GDJ-4、锯末及防塌润滑剂等，考虑定向钻进螺杆马达堵塞问题，未加桥接剂 HTK。漏失较大时，孔口不返水，以 FA367 两性离子聚合物为主的无固相泥浆顶漏定向钻进。

2.5 铁路工程地质天空地井四维勘察体系

2.5.1 天空地井四维勘察技术体系

在高差大、气候多变的山区铁路勘察中，传统工程地质勘察手段存在"上不去、下不来、识不准、查不清"的难题，尤其是面临表生地质灾害特征信息及灾变趋势精准识别、深部工程地质问题精细勘察等技术瓶颈。目前，复杂艰险山区铁路勘察难点主要表现在以下方面：

一是勘察手段单一，数据精度差。传统地质勘察手段主要以光学卫星遥感、地面调绘、钻探、地面物探等为主，地面调绘多是人力勘察，主要装备是罗盘、地质锤等传统工程地质勘察工具，当面对地形高差大的西部山区时，多数区域无法直接到达，或者到达极为困难，导致调绘精度不高；传统勘察设备的搬运困难，适应性不强，在地表开展地质工作极为困难，导致许多勘察区域虽然满足规范要求，但遇到地质情况复杂多变情况时会导致大量的变更，勘察精细度不够。

二是勘察维度少，以现状勘察为主。传统铁路地质勘察以带状廊道的地质现状勘察为主，由野外观测点、钻探点组成，用点状勘察数据来识别地质体空间特征，其精度必然有局限性。加之复杂山区构造活动影响，往往山地灾害规模大，隐蔽性强，受地形地貌、植被等外部因素制约，无法全面地了解该区域地貌变化与灾害形变情况的耦合发展趋势，大型地质灾害的勘察有遗漏。

三是数字化程度低，缺乏数据融合。传统地质成果的形式多，且较为零散，有遥感数据、野外观测点数据、钻探资料、试验资料、物探资料。成果资料类型多样，有图纸、物探数据、钻探照片、钻孔柱状图等多源数据，在地质现象分析时数据零散，数据缺乏融合分析的基础条件，导致对复杂地质问题的判识可能存在误差，准确判识难度大。

四是装备适应性差，勘察精度受到限制。近年来遥感技术不断发展，遥感精度有了大幅提高，但钻探等铁路勘察的技术装备还较为落后，大量山区铁路勘察时需要人抬肩扛搬运钻机、钻具，费时费力，勘探的效率不高，且受设备功能影响，在复杂艰险山区获取的点状地质信息很难提供大量精确数据支撑铁路设计工作。

针对复杂艰险山区铁路传统勘察手段单一化、成果平面化、设备适应性差的局限和高山峡谷无人区铁路工程勘察"识不准、查不清"的技术难题，在传统勘察的理论框架下笔者团队提出了融合地质体时空演化过程识别的四维勘察理念（图 2-45）。天基卫星平台实现高空大范围平面勘察，空基平台以传感器实现中低空廊道勘察，地基平台实现地表局部勘察，定向钻井平台实现地下的立体勘察；利用天空地井多期次数据叠加观测，实现基于时间维度的地质勘察。因此，结合实时通信系统与具备多源异构数据融合处理分析的勘察大数据平台，我们构建了基于天基平台、空基平台、地基平台、深部钻井与时序观测数据的天空地井四维综合勘察体系，用以实现铁路工程地质勘察的"立体化、动态化、数字化和信息化"，如图 2-45 所示。

图 2-45　复杂艰险山区天空地井综合勘察关键技术

1. 天基平台勘察技术

天基类平台是以卫星为载体，综合利用光学卫星、雷达卫星、热红外卫星以及北斗卫星等通、导、遥三类卫星形成的新型勘察技术。该技术可实现地质数据的准确定位、传输以及非接触式的地质信息识别，可以实现在复杂地形区地质勘察的信息化和高效化，可充分利用天基平台覆盖面积广、识别效率高的特点。

2. 空基平台勘察技术

空基平台以航空平台为载体，搭载的传感器主要是高清相机、高光谱相机、毫米波 SAR、LiDAR、航空物探等设备。根据载荷与精度要求的不同，空基平台又分为高空通航飞机与低空无人机两类平台，高空通航飞机搭载的平台以广域高效为主要特点，低空无人机平台主要是用于精细化勘察。

3. 地基平台勘察技术

地面勘察装备主要以激光雷达、地基 SAR、地面物探等地面遥感装备为主。地基勘察技术主要是解决大高差地区的地表空间几何特征、形变等，通过地基勘察技术获取精细的地面微形变，判断地质体稳定性，以及进行深部地质结构情况的宏观探测。

4. 钻井平台勘察技术

钻井平台勘察技术主要是利用地面深孔、浅孔钻探和隧道洞内超前地质预报钻探以及峡谷区定向钻探等，并结合钻井内的孔内地震层析成像、超声成像、综合测井、原位岩土体剪切试验以及超深静力触探、自钻式旁压试验等原位测试工作，开展地质勘察获取岩土体结构特征、水文特征和物理力学参数等指标。

2.5.2 不同地质问题天空地井组合体系

天空地井融合勘察技术组合如图 2-46 所示。

1. 浅表基础地质信息

基础地质信息主要指地形地貌、地层界线及地质构造，主要是利用天基（T1、T2）和空基（K1~K3）遥感以及地基（D1、D2）遥感技术对其进行勘察。

2. 表生不良地质信息

表生不良地质信息主要有滑坡、泥石流和危岩落石、岩溶等，主要是利用天基（T1、T3）和空基（K1、K2）遥感以及地基（D2）遥感技术，还要结合原位测试技术（J2）对其进行勘察。

3. 深部地层地质信息

深部地层地质信息主要有深部构造形迹、地应力、地下水、高地温等，主要是利用地基（D1）、钻井平台（J1）和原位测试技术（J2）对其进行勘察。

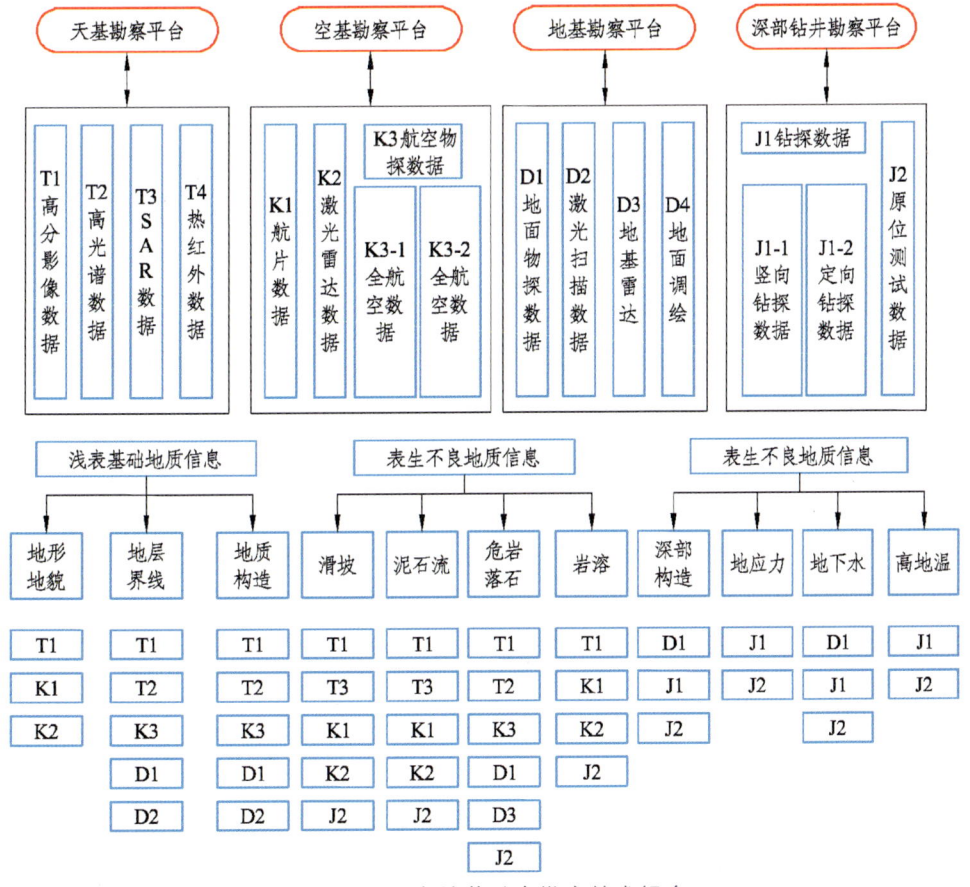

图 2-46 天空地井融合勘察技术组合

2.5.3　不同地质问题天空地井组合原则

1. 岩性及构造地质融合精细勘察技术方法组合

传统地质勘察中的地层岩性、构造均是以区域地质图为主进行展示，结合地面调绘进行核对，但大高差地形区能够现场核对的区域有限，很多区域地质人员无法到达，往往导致地面的地层界线、构造迹线准确率都不高。采用"空天"遥感融合技术，通过天基平台中的高分遥感卫星的高清图像和高光谱数据进行大范围的岩性融合的识别，可提高岩性识别精度。当地表植被茂密、重要岩石结构特征或地层分界线隐蔽在植被下时，可以通过空基平台搭载 LiDAR 和倾斜摄影采集雷达数据和光学影像进行联合计算，剔除表层植被获取地表真实信息和结构特征，通过融合技术（图 2-46），部分区域可以达到毫米级识别精度。天基平台与空基平台搭载的传感器可以显著提高高山峡谷地层岩性、构造的识别与量测精度。

2. 地质灾害时序形变融合勘察技术方法组合

传统灾害勘察主要手段是地形图、地质图，航卫片高清影像图等用于辅助地面调查，获取的都是灾害的既有特征，灾害变化趋势特征勘察少，主要靠地表的典型特征判识。而西南地区灾害频发，受外部因素影响，其灾害的发生和发展趋势要强于一般地区，由于规模大、植被茂盛，所以极具隐蔽性。针对传统勘察手段存在错漏，隐蔽性巨型滑坡、崩塌等地质灾害识别精度低的难题，可以融合天-空-地遥感数据开展山区不稳定地质体勘察工作，从静态的现场勘察发展到长时动态勘察，基于周期性卫星遥感数据对地质体稳定性进行大范围初判（预可、可研阶段），利用多期次航空遥感数据进行区域性详判（定测阶段），重点部位开展地基遥感实时连续观测（施工阶段），融合不同时空尺度、精度的遥感数据进行精细化判别，可大大提高灾害勘察精度，研判灾害发展趋势。

3. 深部地质多维度钻井融合勘察技术

西部山区构造活跃、深部地质问题复杂、地层结构多变、断裂分布广泛，导致岩体结构特征差异大，无法准确判断围岩级别，进而导致西部山区铁路修建过程中的围岩级别变更多。传统勘察以竖向勘探为主，在"点状"勘探的模式下，获取的围岩信息量极为有限、精度低，无法准确判断隧道围岩情况。但水平孔与垂直孔、上仰孔、下斜孔、分支孔等有机结合，可以实现由"点状勘察"向"立体勘察"转变，尤其是沿隧道洞轴线的水平深孔钻探，能够连续获取隧道洞身范围的岩体特征，结合孔内地震层析成像、超声成像、综合测井、原位岩土体剪切试验等测试方法，能极大提高深部地质的勘察效率、精度和质量。

构建天空地井四维综合勘察技术体系，可实现从现状勘察信息到演化特征勘察的转变。

2.6 本章小结

本章主要介绍了天空地井综合勘察技术体系,包括铁路工程地质航天平台勘察技术、铁路工程地质航空平台勘察技术、铁路工程地质地基平台勘察技术、铁路工程地质深部钻井勘察技术、铁路工程地质天空地井四维勘察体系等六个方面,并针对各种技术进行详细介绍,从概念、原理等方面进行阐述。

本章参考文献

[1] 邓承志,张国荣,张绍泉,等. 光谱加权稀疏非负矩阵分解高光谱图像解混[J]. 南昌工程学院学报,2019,38(6):102-109.

[2] 郭仕德,马廷,林旭东. 高光谱遥感及其影像空间结构特征分析[J]. 测绘学,2005,30(3):35-37.

[3] 李娜,甘甫平,董新丰,等. 高分五号卫星高光谱数据岩性-构造解译初步应用评价[J]. 上海航天,2019,36(S2):188-192;199.

[4] 陈媛媛. 高分五号热红外数据地表温度反演算法研究[D]. 北京:中国农业科学院,2017.

[5] 高光谱观测卫星成功发射 可探测各类物质的具体成分[J]. 电子产品可靠性与环境试验,2021,39(5):107-107.

[6] 毕思文. 数字人体信息获取的热红外探测技术研究[J]. 中国医学影像术,2003,19(S01):83-85.

[7] 袁学举. 浅谈摄影测量的发展与应用[J]. 河北企业,2016(3):131-132.

[8] 吕献林. 多源数据辅助机载 LiDAR 数据生成 DEM 方法研究[D]. 北京:中国地质大学,2009.

[9] 陈松尧,程新文. 机载 LIDAR 系统原理及应用综述[J]. 测绘工程,2007,16(1):27-31.

[10] 王琦,林君,于生宝,等. 航空瞬变电磁反演中灵敏度的快速高精度计算[J]. 吉林大学学报(工学版),2015,45(6):2020-2025.

[11] 孟祥连,周福军. 复杂山区铁路"空天地内信"勘察技术研究[J]. 铁道工程学报,2020,37(8):1-5.

[12] 高峰,唐卫军,胡鹏飞. 音频大地电磁在某隧道断裂探测中的应用[J]. 陕西地质,2011,29(2):56-59.

[13] 赖刘保, 贾辉, 高宏伟, 等. 浅层瞬变电磁法在泥石流地质调查中的应用研究[J]. 勘察科学技术, 2017（4）: 59-61.

[14] 孙宪荣, 张松, 李华. 城市存量生活垃圾的危害及综合解决方法分析[J]. 能源与环境, 2016（1）: 73-74.

[15] 何开录. 基于Arcgis三维可视化的铁路地下水资源特性研究[J]. 环境科学与管理, 2020, 45（7）: 88-92.

[16] 杨耀, 朱德兵. 基于CMPCC处理技术的多道面波法在岩溶探测上的应用[J]. 工程地球物理学报, 2020, 17（5）: 559-566.

[17] 孙跃军, 俞国柱, 石桂, 等. 井间地震层析成像技术及其在岩溶勘察中的应用[J]. CT理论与应用研究, 2001, 10（4）: 10-13.

[18] 黄鑫磊. 井间井地联合CT成像技术研究[D]. 北京：中国矿业大学, 2020.

[19] 孔得天, 李高, 郑旭辉, 等. 弹性波CT技术在大足石刻岩体破碎带探测中的应用[J]. CT理论与应用研究, 2018, 27（1）: 35-44.

[20] 赵烽帆, 马婷, 徐涛. 地震波初至走时的计算方法综述[J]. 地球物理学进展, 2014, 29（3）: 1102-1113.

[21] MOSER T J. Shortest path calculation of seismic rays [J]. Geophysics, 1991, 56（1）: 59-67.

[22] 肖昆, 邹长春, 尚景涛, 等. 南岭多金属矿集区科学钻探孔成像测井技术应用[J]. 科学技术与工程, 2018, 18（2）: 72-78.

[23] 邹长春, 肖昆, 周新鹏, 等. 于都—赣县矿集区科学钻探NLSD-1孔超声波成像测井响应特征及其深部找矿意义[J]. 地质学报, 2014, 88（4）: 676-685.

[24] 孟宪波, 冯彦谦. 地球物理测井技术在铁路隧道勘察中的应用探讨[J]. 铁道勘察, 2010, 36（1）: 62-65.

[25] 王玉杰, 赵宇飞, 曾祥喜, 等. 岩体抗剪强度参数现场测试新方法及工程应用[J]. 岩土力学, 2011, 32（S1）: 779-786.

[26] 刘文龙, 赵小平. 基于三维激光扫描技术在滑坡监测中的应用研究[J]. 金属矿山, 2009, 38（2）: 131-133.

[27] 梁爽. 三维激光扫描技术在煤矸石山难及区域测绘中的应用[J]. 勘察科学技术, 2011（3）: 44-47, 55.

[28] 赵娟芳. 三维激光扫描技术的隧道检测技术分析[J]. 黑龙江交通科技, 2015, 38（7）: 160-160.

[29] 付玮，吴禄慎，陈华伟. 基于局部和全局采样点云数据简化算法研究[J]. 激光与红外，2015，45（8）：1004-1008.

[30] 吴金生，黄晓林，蒋炳，等. 水平绳索随钻定向钻进技术研究与应用[J]. 煤田地质与勘探，2021，49（5）：260-264，271.

[31] 徐正宣，刘建国，吴金生，等. 超深定向钻探技术在川藏铁路隧道勘察中的应用[J]. 工程科学与技术，2022，54（2）：21-29.

[32] 吴金生，罗显梁，张统得，等. 小直径随钻定向纠斜技术在地质勘探中的应用[J]. 四川地质学报，2022，42（S1）：56-61.

[33] 吴金生，张伟，刘卫东，等. 若尔盖铀矿田定向钻进技术研究及应用[C]//中国地质学会探矿工程专业委员会. 第十八届全国探矿工程（岩土钻掘工程）技术学术交流年会论文集. 中国地质科学院探矿工艺研究所，中国地质调查局，四川省核工业地质局，2015：5.

第 3 章　基础地质天空地井综合勘察技术及其应用

3.1　地形地貌勘察技术及其应用

数字高程模型（Digital Elevation Model，DEM），是通过有限的地形高程数据实现对地面地形的数字化模拟（即地形表面形态的数字化表达）。[1]它是用一组有序数值阵列形式表示地面高程的一种实体地面模型，是数字地形模型（Digital Terrain Model，DTM）的一个分支，其他各种地形特征值均可由此派生。DEM 除包括地面高程信息外，还可以派生地貌特性，包括坡度、坡向等，同时还可以计算地形特征参数，包括山峰、山脊、平原、位面、河道和沟谷等。[2]

建立 DEM 的方法有多种，从数据采集方式可分为：航空摄影测量、高程点或等高线插值、光学卫星立体像对、雷达卫星差分干涉、三维激光扫描等。其主要方法见表 3-1。

表 3-1　建立 DEM 的几种方法

方法	优点	缺点
航空摄影测量	方法成熟，精度高，可获取大比例尺 DEM	成本高，周期长，且受航空管制
高程点或等高线插值	成本低，操作简单	受数据源限制大，很多地区无高程点或等高线数据
光学卫星立体像对	可以大范围提取 DEM	受天气影响较大
雷达卫星差分干涉	可以大范围提取 DEM，不受天气影响	目前获取大比例尺 DEM 较困难
三维激光扫描	精度高，可获取大比例尺 DEM	起步阶段，技术门槛高

3.1.1　基于卫星平台的地形地貌提取

1. 光学卫星立体像对地形地貌提取（技术流程＋案例）

近年来，随着立体卫星的发展，通过卫星影像立体像对可以快速地获取大范围的 DEM 数据。[3]测绘卫星立体像对提取 DEM 效率高、提取速度快，在无控制点的情况下，利用立体像对提取 DEM 的方法提取 DEM 成本低、精度高。高分 7 号（GF-7）卫星是我国首颗民用亚米级高分辨率立体测绘卫星，能够实现我国民用 1∶10 000 比例尺高精度卫星立体测图。

（1）立体像对提取的原理。

利用遥感卫星立体像对获取 DEM 就是根据重叠影像匹配特征点并推导出该点的三维坐标，从而构建空间立体模型，获取地面三维信息。卫星传感器在天空中的不同位置

S_1、S_2 处对同一地点进行拍摄（图 3-1），类似于人的双眼构造立体视觉，应保证两张像片具有 60%以上的重叠度。地面上的 A、B、C、D 4 点分别对应于左像 A_1、B_1、C_1、D_1 和右像 A_2、B_2、C_2、D_2，S_1 与 S_2 的连线称为摄影基线，地面点与基线构成的平面与像点所在平面的交线称为核线。重叠影像的同名像点必定位于同名核线上，基于共面条件可以解得同名核线上两个像点的坐标，再根据内、外方位元素和求得的像点坐标进行空间前方交会，得到该点的物方坐标。影像文件中提供了包含表示物方坐标和像方坐标关系的有理函数模型的 RPC（Rational Polynomial Coefficient）文件，其实质是将地面点坐标与所对应的像点坐标用比值多项式关联起来，定义如下[4]：

$$L = L_s \times \frac{Nun_l(U,V,W)}{Den_l(U,V,W)} + L_0, S = S_s \times \frac{Nun_s(U,V,W)}{Den_s(U,V,W)} + S_0 \qquad (3\text{-}1)$$

式中：$\left(\dfrac{Nun_l(U,V,W)}{Den_l(U,V,W)}, S = S_s \times \dfrac{Nun_s(U,V,W)}{Den_s(U,V,W)} \right)$ 是标准化的像点坐标；(U,V,W) 为标准化后的地面坐标；(L_s,S_s) 为标准化比例参数；(L_0,S_0) 为标准化平移参数。$Nun_l(U,V,W)$、$Den_l(U,V,W)$、$Nun_s(U,V,W)$、$Den_s(U,V,W)$ 是以如下多项式表述的：

$$\begin{aligned} m = &\, a_1 + a_2 U + a_3 U + a_4 + W + a_5 VW + a_6 VW + a_7 UW + a_8 V^2 + \\ &\, a_9 U^2 + a_{10} W^2 + a_{11} UVW + a_{12} V^3 + a_{13} VU^2 + a_{14} VU^2 + a_{14} VW^2 + \\ &\, a_{15} V^2 U + a_{16} U^3 + a_{17} UW^2 + a_{18} V^2 W + a_{19} U^2 W + a_{20} W^2 \end{aligned} \qquad (3\text{-}2)$$

同理，上述 4 个多项式各包含 20 个参数，这些参数存储在有理函数的 RPC 文件中，通过其可以解算出地面坐标。

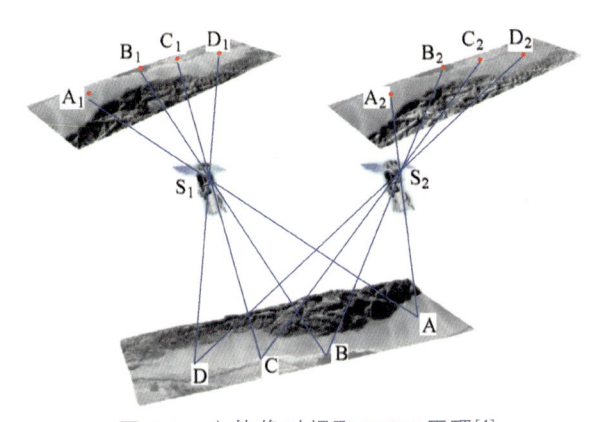

图 3-1 立体像对提取 DEM 原理[4]

（2）光学卫星立体像对提取 DEM 的流程。

① 在无控制点情况下：相对定向有理函数模型 RPC→核线影像（自动匹配连接点）→空中三角测量（计算误差、调整连接点位置）→生成 DEM（las 点云插值生成 DEM）。

② 在有控制点的情况下：相对定向有理函数模型 RPC→绝对定向（添加控制点）→核线影像（自动匹配连接点）→空中三角测量（计算误差，调整连接点位置）→生成 DEM（las 点云插值生成 DEM），如图 3-2 所示。

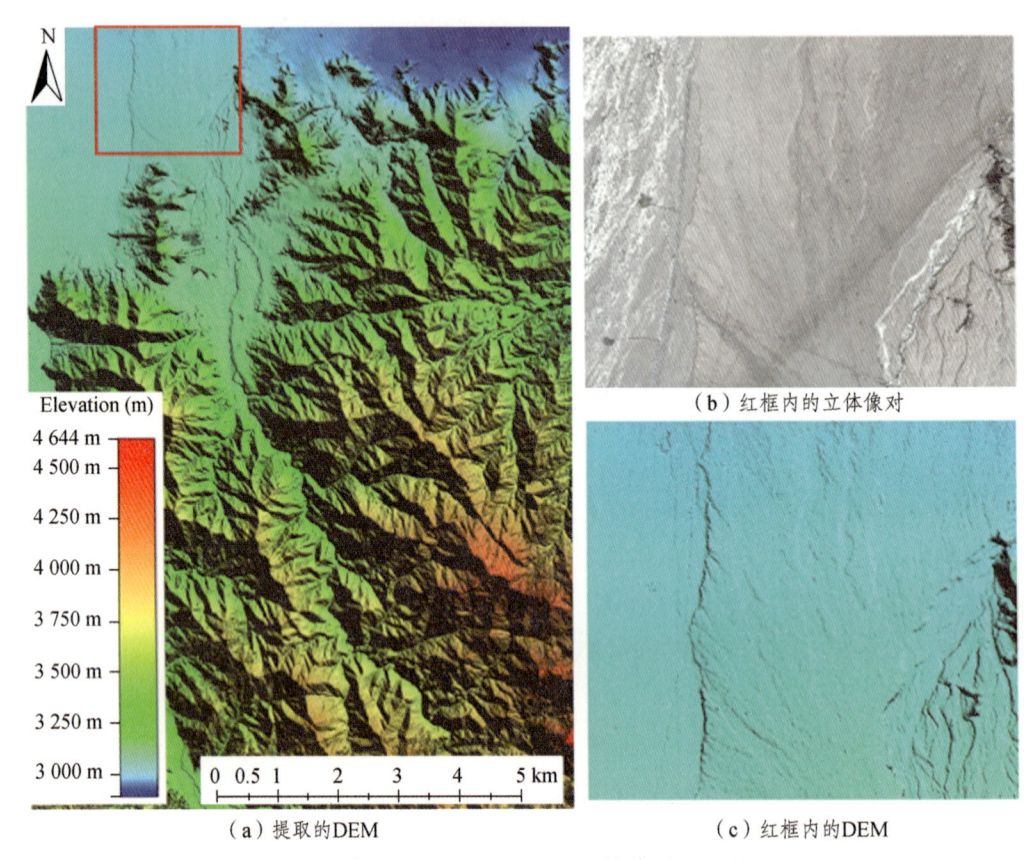

(a)提取的DEM　　　　　　　　　　(c)红框内的DEM

图 3-2　由超高分（VHR）卫星立体像对提取的 DEM

2. 雷达卫星差分干涉地形地貌提取

合成孔径雷达（Synthetic Aperture Radar，SAR）由于可以穿透云雾，具有全天候、全天时工作能力，已成为地球空间信息获取的一种先进技术手段，在测绘、地质、水文、海洋、生态环境监测、冰川制图、军事等领域显示出越来越大的应用潜力。特别是合成孔径雷达干涉测量（Interferometric Synthetic Aperture Radar，InSAR）技术为获取地球表面的数字高程模型提供了一种全新的高精度测量方法。[5]

干涉测量的基本原理：如图 3-3 所示，S_1 和 S_2 分别表示两幅天线的位置，它们之间的距离用基线距 B 表示，基线与水平方向的夹角为 α，基线可分解为沿斜距方向的分量 $B_{//}$ 和垂直于斜距方向的分量 $B_\perp$，H_i 表示卫星 S_i 的高度，θ_i 表示卫星 S_i 的入射角，R_i 表示卫星到地面上一点的斜距，其中 $i=1, 2$，分别对应于卫星 S_1 和卫星 S_2，地面上点的高程用 Z 表示。另外假设 $R_2 = R_1 + \Delta R$。

在不考虑散射特性引起的随机相位时，接收信号的相位只与传播路径有关，可表示为：

$$\varphi_1 = -\frac{4\pi}{\lambda}R_1, \varphi_2 = -\frac{4\pi}{\lambda}(R_1 + \Delta R) \tag{3-3}$$

则干涉图的相位就只与信号的路径差有关：

$$\varphi = \varphi_1 - \varphi_2 = \frac{4\pi}{\lambda}\Delta R \tag{3-4}$$

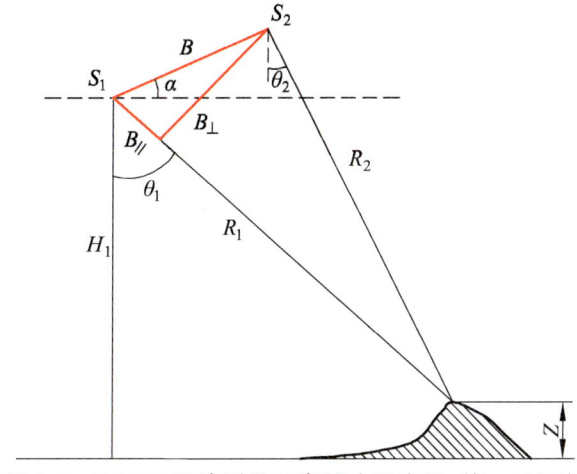

图 3-3　InSAR 干涉测量示意图（王志勇 等，2007）

在图 3-3 中，由余弦定理可得：

$$\sin(\theta_1 - \alpha) = \frac{R_1^2 + B^2 - R_2^2}{2R_1 B} = \frac{(R_1 + R_2)(R_1 - R_2)}{2R_1 B} + \frac{B}{2R_1} \approx -\frac{\Delta R}{B} + \frac{B}{2R_1} \tag{3-5}$$

对于星载雷达系统，通常 $B \ll R_1$，再由式（3-4）可得：

$$\theta_1 = \alpha - \arcsin\frac{\lambda\varphi}{4\pi B} \tag{3-6}$$

$$Z = H_1 - R_1\cos\theta_1 \tag{3-7}$$

式（3-6）和式（3-7）揭示了干涉相位差 φ 与高程 Z 之间的数学关系。若已知天线的位置参数和雷达成像的系统参数等，就可以根据 φ 计算出地面的高程值 Z。

干涉雷达提取 DEM 一般可分为高精确配准、干涉条纹图生成、去平地效应、相位噪声的滤除、相位解缠、像高转换、地理编码等几个步骤。

雷达干涉测量采用单视复数（SLC）影像数据（图 3-4），它的最大特点是应用雷达相位信息来精确地提取 DEM 或者进行地表微小形变的测量，而应用雷达强度信息进行配准。

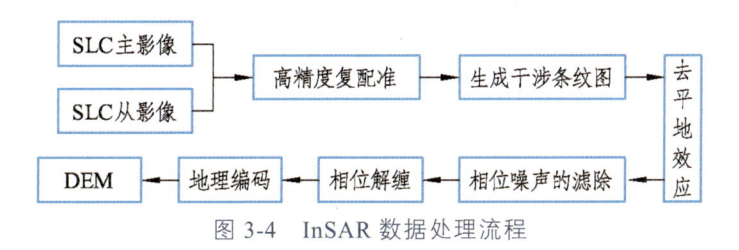

图 3-4　InSAR 数据处理流程

3.1.2 基于航空平台的地形地貌提取

1. 无人机摄影的地形地貌提取

近些年，无人机遥感技术发展迅速，已经成为传统航空摄影测量的有力补充。它具有拍摄角度灵活、起降不受地形地势影响、悬停时间长、分辨率高等优势，已被广泛应用在地质环境与灾害调查、国土资源管理、基础地理信息更新等领域。[6]

空中三角测量是无人机影像处理的核心内容，其结果的质量直接影响后期 DEM 的精度，主要包括以下 3 个方面：

（1）特征点的提取与匹配：通过加速稳健特征（SURF）算法提取每张照片的特征点进行匹配。

（2）相对定向与绝对定向：通过像片的焦距信息以及匹配的特征点进行相对定向，从而恢复每张照片拍摄时的空间姿态。接着通过野外测量的控制点进行绝对定向，从而使每张照片具有绝对的空间坐标。

（3）光束法平差：根据提取的特征点以及匹配点来恢复投影光束，并按照光束法平差模型对研究区进行整体解算，求取像点坐标与相片的内外方位元素。

利用空中三角测量加密后的结果进行密集匹配，生成高精度的三维点云数据，根据该点云数据可以生成 DEM。

2. 无人机 LiDAR 的地形地貌提取

激光雷达（LiDAR）是从 20 世纪中后期逐步发展起来的新型全自动高精度立体扫描遥感数据采集技术，是一种主动式的现代对地观测技术，分为机载和地面两大类。该技术通过高速激光扫描测量的方法，大面积、高分辨率地获取被测对象表面的三维坐标数据，能够快速地建立物体的三维信息（图 3-5），因而被广泛应用于快速获取大面积三维地形数据以及快速生成 DEM 等数字产品，特别是用于测绘森林覆盖区域和山区的真实地形图。

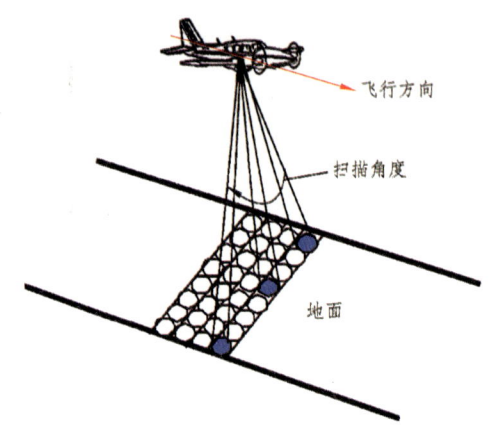

图 3-5 机载激光雷达数据获取示意图（马洪超，2011）

LiDAR 技术能够实现地形细小差异的高精度描述和真三维成像，具有常规测量方法和摄影测量技术无法取代的优势，可以快速获取高精度的真实地表信息。相对地，LiDAR

数据获取成本较为高昂，数据处理过程也较为烦琐。但是在茂密植被覆盖下的滑坡等地质灾害的调查识别中，LiDAR 技术有着传统调查方法和光学遥感技术不可比拟的优势。[7] 早在 20 世纪初期，利用机载 LiDAR 技术调查 1998 年日本福岛核灾难前后某地区的浅层滑坡就已经实现；并且从 2000 年开始，LiDAR 技术即逐渐被意大利、奥地利、日本、新西兰等国家广泛应用于滑坡识别及编目、应急调查及风险评估。[8]

机载激光系统主要包括以下 4 个部分[9]：① 激光扫描测距仪，激光束发射、记录、处理装置，用于测量传感器到地面点的距离；② 高精度惯性测量系统（IMU），用于测量扫描装置主光轴的空间姿态参数，记录飞机姿态数据；③ 动态载波相位差分 GPS 系统（DGPS），用于确定扫描投影中心的空间位置；④ 高分辨率数码相机，用于获取对应地面的彩色数码影像，制作正射影像。其主要特点包括：

（1）采样率高。激光雷达可以快速完成大区域的地表三维坐标信息采集，可生成 1 m 或更小网格间隔的数字高程模型（DEM）。

（2）精度高。目前，机载激光雷达数据的高程绝对精度通常可达到 15 cm，平面绝对精度随航高不同可达到 10 cm 到 1 m。

（3）穿透率高。激光雷达能部分穿透植被和云层，可对林区、山区或阴云覆盖地区开展调查。

机载激光雷达技术的上述特点也使其能够更加快速地获取复杂艰险山区的地形地貌等信息以及更精细化的地表粗糙度、坡度、坡向等相应参数，使其广泛应用在地质灾害监测如滑坡识别、断裂研究、泥石流判别等领域。特别是西部高山峡谷区，受地形高差大、构造活动强烈及气候高寒等因素的影响，植被覆盖率相对较低，深切河谷区斜坡发育，结合光学遥感、InSAR 及 LiDAR 技术，以其技术优势在地质勘察中可以发挥重要作用，取得较好的效果。

激光雷达最终获取的数据是激光脚点的三维地理坐标。由于机载激光雷达到达地面后会形成一定大小的光斑，该光斑会通过植被缝隙透射到地面，因此除植被冠层处有回波数据以外，地面处也可产生回波数据，形成所谓的多次回波。当代机载激光雷达系统还提供了全波形数字化技术。借助该技术，激光雷达的回波可以以非常小的时间间隔被采样，这样近似记录了完整的回波波形。利用多次回波记录的数据或全波形数据，通过一定的数据后处理算法，可有效地剔除植被高度的影响，获得真实地面的 DEM。[10]

3. 机载 SAR 的地形地貌提取

机载 SAR 干涉测量的原理与星载干涉测量的原理相同，故不再赘述。与星载 SAR 相比，机载 SAR 的成像时间更加灵活，成像速度更快，受极端天气的影响较小，获取的数据精度更高，更适用于大比例尺的地质勘察。

3.1.3 基于地基平台的地形地貌提取

地基激光雷达分为固定式激光雷达和移动式激光雷达。固定式激光雷达采用地面三维激光扫描仪,类似于全站仪架站式采集点云数据。如图 3-6 所示,地面三维激光扫描仪由激光扫描仪、内置或外置的数码相机、软件控制系统等组成。三维激光扫描仪主要由激光测距仪、垂直角与水平角测量单元、倾斜补偿器以及数据存储器等组成,通过激光测距仪发射激光至被测物体,经过反射后获得激光脚点的距离 ρ。在记录距离值的同时,系统也记录时间同步控制下由角度编码器获得的水平角度 θ 和垂直角度 α。激光脚点在扫描仪坐标系下的坐标计算公式为:

$$\begin{bmatrix} x \\ y \\ z \end{bmatrix} = \begin{bmatrix} \rho\cos\alpha\cos\theta \\ \rho\cos\alpha\sin\theta \\ \rho\sin\alpha \end{bmatrix} \tag{3-8}$$

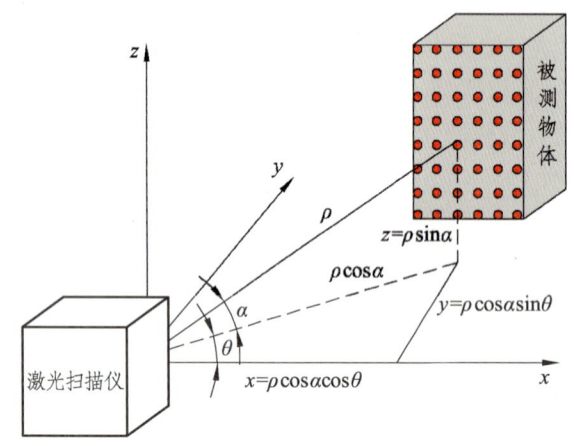

图 3-6 三维激光扫描仪测量原理

地面三维激光扫描仪的研制经历了近 30 年。目前,扫描仪的激光发射频率能达到几十至几百千赫兹,测距精度在 100 m 内达 5~8 mm,测角精度达 0.001°~0.005°。测角单元采用摆动的或旋转的反射镜投射激光束。按测角方式不同,如图 3-7 所示,三维激光扫描仪分为相机式、混合式和全景式。相机式扫描仪通过摆动水平和竖直两个镜面测量水平和竖直角,视场角有限。混合式扫描仪使用摆动棱镜测量竖直角,通过伺服电机让仪器绕竖直轴旋转测量水平角,其竖直视场有限,水平视场为 0°至 360°。全景式扫描仪通过单面镜绕水平轴旋转测量竖直角,水平角测量与混合式扫描仪同理,但仪器只需水平旋转 180°即可测量整个场景[11]。

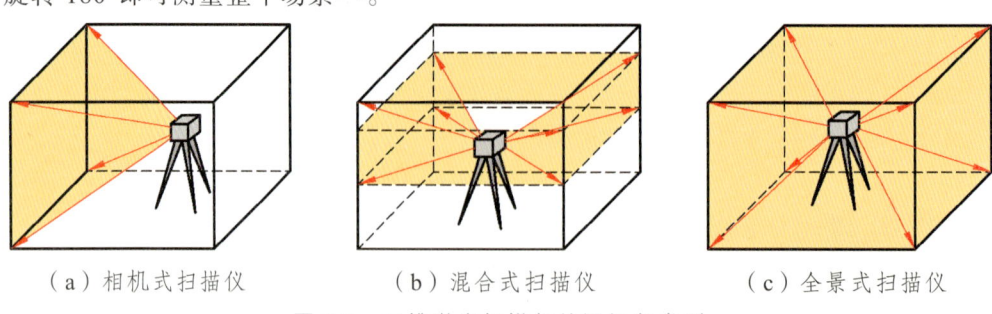

(a)相机式扫描仪　　(b)混合式扫描仪　　(c)全景式扫描仪

图 3-7 三维激光扫描仪的视场角类型

地基激光雷达从地面对场景进行扫描，因测距较近，点云的点密度高，可精细测量地物立面信息，采集的点云与机载激光雷达数据形成视角互补。随着激光扫描技术、导航定位技术的快速发展，地基激光雷达系统装备发展迅速，硬件装备性能不断提高，软件配套逐步完善，行业应用已涉及地形测量、矿山测量、变形监测、文物保护、建筑结构测量与三维建模、安全监测、林业表型测绘、地质灾害监测、智能驾驶等诸多领域。

3.2 地层岩性勘察技术及其应用

岩性是指岩石颜色、成分、结构、构造等特征的总和，岩性识别是指通过一些特定的方法来认识和区别岩性的过程，如何刻画、认识地下岩性分布历来对于铁路工程勘察而言是最重要且基础的工作之一。铁路工程往往处在复杂艰险的山区，一般人迹罕至，无人区跨度较大，由于环境恶劣、气候极端，传统常规的勘察手段难以满足山区地质勘察需求。遥感技术具有广域性、多源性、动态性的特征，可以宏观高效地对地物进行探测、识别、分类与分析，为复杂山区的地层岩性识别提供技术支撑。结合复杂艰险山区铁路工程地质勘察的实际需求，通过多源遥感数据开展高寒高海拔山区"天空地"一体化遥感地层岩性勘察技术应用研究，可为类似地区地层岩性识别研究提供参考。

卫星、航空等遥感影像真实记录了岩石光谱辐射特征及形态特征。不同岩石由于区域地质背景条件、岩石风化程度及覆盖程度的差异，岩石的光谱特征和形态特征有较大的变化，根据该特征现象来识别岩石（地层）岩性，确定其形态和分布范围，是遥感地质勘察工作中的重点与难点。[12]遥感岩性填图就是在对地层单元岩性组合的遥感信息进行测试、分析的基础上，进行地层判读，通过具有某些固定判读标志的岩性界线来圈定岩石地层界线的工作。[13]

3.2.1 基于多光谱的地层岩性识别

对地层岩性的遥感识别研究，一直是遥感地质学研究的难点。早期主要采用航片和卫片目视解译的方式，依据岩性花纹、色调等特征影像块，结合河流地貌等间接标志进行，解译出的通常为岩类，其解译难度远大于地貌和构造解译，对解译者的经验要求很高。后来随着多光谱遥感卫星的出现，特别是包含多个短波红外波段的多光谱遥感数据的出现，依据矿物的特征光谱，蚀变岩矿信息的提取识别获得了较大进展，在遥感找矿中获得了较广泛的应用。近年来，随着高分辨率遥感卫星技术的进展，国外的Quick Bird、World View系列等高分辨卫星，国内的GF-2号卫星等，在依据形貌等进行地层岩性识别研究中取得了较大进展。多光谱遥感数据方面，当前应用较多的为美国的陆地卫星系列（Landsat-4、5、7、8），法国的SPOT卫星系列（SPOT 1～6），日本和美国合作发射的ASTER，欧空局的Sentinel-2A卫星，美国的World View（World View-1、2、3、4）系列卫星等。国内多光谱遥感卫星起步则较晚，目前应用较多的主要包括高分系列（GF-1、GF-2）、资源系列（ZY-1、ZY-3）等（表3-2）。

表 3-2　常见遥感数据岩性解译优缺点对比

遥感数据类型	优点	不足	常用数据
高分辨率遥感数据	空间分辨率高、图像清晰、岩性花纹等边界清晰	波段信息少	Quick Bird、World View、GF-2 等
多光谱遥感数据	数据来源多、覆盖范围广、多年累加数据多	光谱分辨率不高	Landsat 系列、SPOT 系列、Aster、Sentinel1-2A、GF-1、资源系列卫星等
高光谱遥感数据	波段多、数据量大、波段信息丰富、谱相合一	数据易冗余	Hyperion、珠海一号、GF-5 等

1. 数据及预处理

本次研究区主要选用的多光谱数据为 Landsat-8。考虑到传感器在收集信息时会受到具体空间分辨率、时间维度、气象影响、大气气溶胶、辐射分辨率等系列因素的干扰，很难完全精确地实现对复杂地物信息和波谱信息的记录，因此传感器记录的遥感图像难免会存在误差。为了去除这些误差，对选用的多光谱数据应先进行辐射定标、大气校正、几何校正、影像镶嵌融合、影像裁剪的预处理等。[14]

2. 遥感岩性信息提取方法

以研究区的多光谱数据为基础，结合收集的地质基础资料及现场踏勘资料对沉积岩、岩浆岩、变质岩、沉积物进行岩性解译，对地层单元进行划分，完成区域的基础遥感岩性解译[14]，其技术流程如图 3-8 所示。

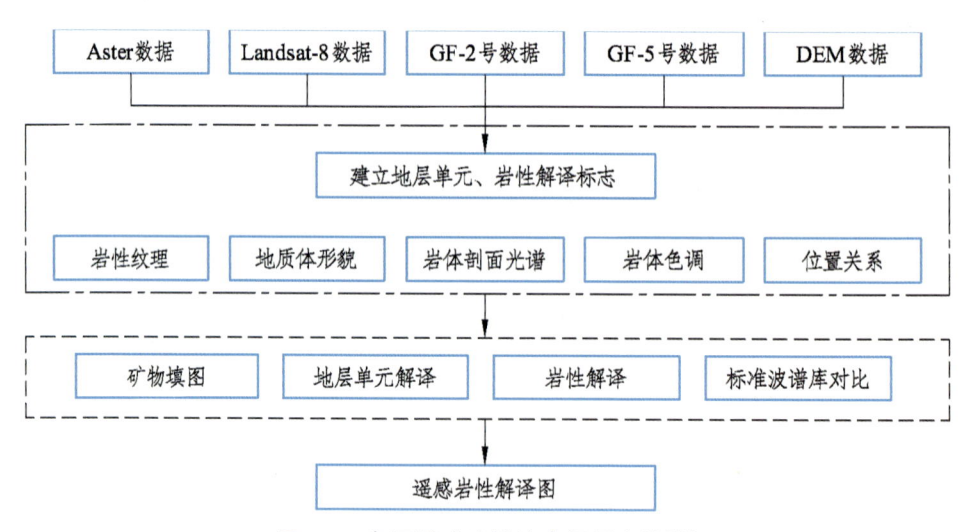

图 3-8　多源遥感岩性综合解译方法[14]

本次研究区主要选用的多光谱数据为 Landsat-8 和 Aster 数据，在数据预处理后，通过 PCA（主成分分析）、ICA（独立主成分分析）、MNF（最小噪声分离变换）进行数据降维变换，运用 OIF（最优波段组合）及波段计算等方法针对研究区的岩性信息进行解译。[14]

3. 基于 Landsat-8 数据的岩性识别

Landsat-8 数据经过预处理需要解译数据信息的相关性，尽量使原始的地物及光谱信息保留。通过 OIF（最优波段组合）方法，先计算影像数据各波段之间的标准差及相关性，再通过 OIF 的组合方式合成保留最多原始地物与光谱信息。通过对研究区的影像信息的统计，研究区影像各波段的信息见表 3-3、表 3-4。[14]

表 3-3　Landsat-8 研究区数据各波段标准差排序[14]

基本统计	标准差	排序
波段 1	7 667.848	6
波段 2	7 298.315	7
波段 3	7 900.281	5
波段 4	8 859.861	4
波段 5	11 508.5	3
波段 6	16 003.05	1
波段 7	12 026.92	2

表 3-4　Landsat-8 研究区数据各波段相关性统计[14]

相关性	波段 1	波段 2	波段 3	波段 4	波段 5	波段 6	波段 7
波段 1	1.00	0.93	0.82	0.74	0.62	0.12	0.39
波段 2	0.93	1.00	0.86	0.77	0.63	0.10	0.39
波段 3	0.82	0.86	1.00	0.88	0.70	0.06	0.42
波段 4	0.74	0.77	0.88	1.00	0.78	0.04	0.47
波段 5	0.62	0.63	0.00	0.78	1.00	0.09	0.60
波段 6	0.12	0.10	0.06	0.04	0.09	1.00	0.24
波段 7	0.39	0.39	0.42	0.47	0.60	0.24	1.00

通过对研究区各波段标准差的统计排序可知，第 6 波段所含信息量最大，第 2 波段所含信息量最小。为满足最优波段组合的原则，优先选择第 6 波段。OIF 的计算公式为

$$(\sigma_x + \sigma_y + \sigma_z)/(|\gamma_{xy}| + |\gamma_{xz}| + |\gamma_{yz}|)$$

式中：σ_x、σ_y 和 σ_z 分别为单波段 x、y 和 z 的标准差；γ_{xy}、γ_{xz}、γ_{yz} 分别为波段 x、y、z 两两之间的相关系数（余建 等，2017）。OIF 值越大，表明波段组合后的信息量越大。计算得出 B763>B764>B762>B761>B765>B652>B651>B653>B654>B641。通过对比，波段组合 763 的 OIF 指数最大，能够保留更多的地物信息，对大气校正后的 Landsat-8 影像进行 R：7、G：6、B：3 的假彩色合成，合成后的图像如图 3-9 所示。

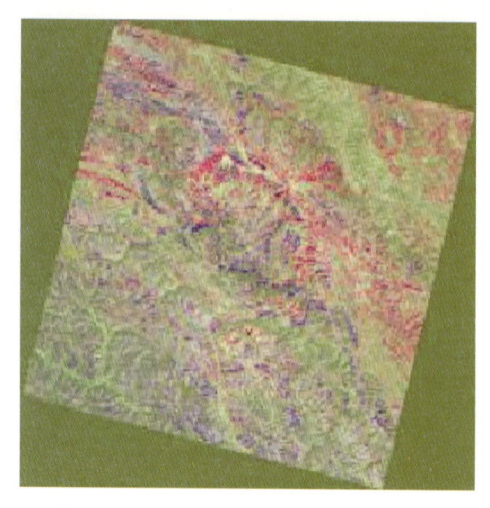

图 3-9　Landsat-8 763 假彩色合成图

　　Landsat-8 763 假彩色合成图，反映了丰富的地貌和纹理信息，研究区主要由浅绿色、暗粉色、浅黄色、淡蓝色、墨绿色、浅绿色夹紫色、浅黄色夹暗粉色等色调构成。对比已有地质资料，浅绿色夹紫色宽条带与地质图中晚侏罗世上统拉贡塘组 J_3l 地层单元基本一致，浅黄色夹暗粉色的区段与实地探勘的 J_2s 中侏罗世桑卡拉拥组砾屑灰岩、薄层泥灰岩夹生物碎屑灰岩区域匹配，灰绿色区段与实地探勘中的 E_2z 宗白群紫红色砾岩、含砾砂岩、砂岩及泥岩区段基本重合，墨绿色夹紫色条带与 J_3l 拉贡塘组灰色变质砂岩、粉砂岩、黑色板岩、含砾板岩、局部夹中基性火山岩区段基本一致，紫色夹墨淡绿色区段为 Pz_2n、Pz_2xj 二叠系中统嘉玉桥群怒江岩组和二叠系中统嘉玉桥群惜机卡组片岩和石英岩，墨绿色夹暗红色的区块主要为 $J\eta\gamma$ 早侏罗世二长花岗岩，墨绿色区段主要为 $K\gamma\delta$ 白垩纪花岗闪长岩。其余区段在 Landsat-8 OIF 指数假彩色合成图上，由于积雪、信息重叠等无法进行精细分界，需要通过 MNF 变换，PCA、ICA 等数据降维方法进行进一步分析。Landsat-8（OIF）岩性解译如图 3-10 所示。

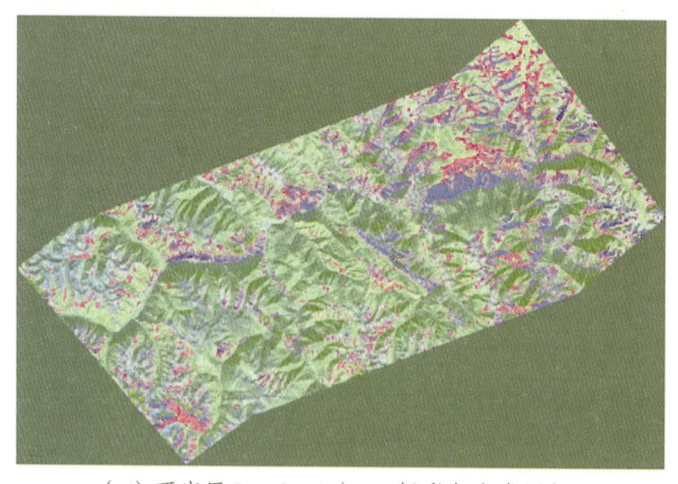

（a）研究区 Landsat8（763 假彩色合成图）

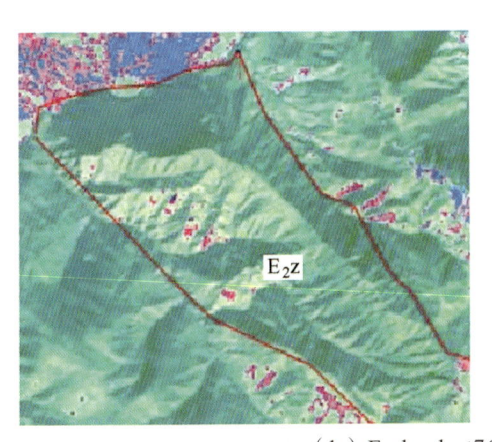

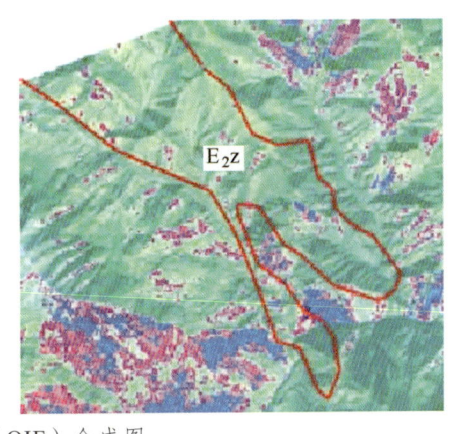

（b）E$_2$zlandsat763（OIF）合成图

图 3-10　Landsat-8（OIF）岩性解译图

以 Landsat-8 大气校正后的数据为基础，对裁剪的工作区影像进行降维变换，PCA、ICA、MNF 单色影像如图 3-11 所示，降维处理较好地保留了原始影像的真实纹理特征。

（a）Landsat-8 ICA 灰度图 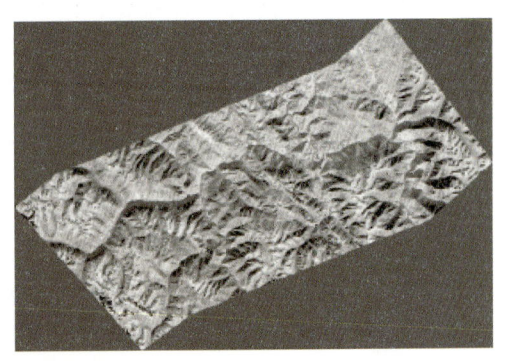　　（b）Landsat-8 PCA 灰度图

图 3-11　Landsat-8 降维变换灰度图

通过波段组合对比分析，Landsat-8 影像经过 ICA 独立主成分分析处理后 RGB 赋值 432 的组合方式能较好地保留影像纹理信息，且色调丰富，分区较为明显，对岩性解译具有一定的辅助作用。如图 3-12 所示，Landsat-8_ICA 432 假彩色合成影像主要由深蓝、浅绿、深红、暗黄、墨绿、粉红等多种色调构成。3 段深蓝夹暗红区段与 E_2z 宗白群解译区段基本一致，靓蓝色为主色调的区段与 J_3l 拉贡塘组解译区段基本一致，与 Landsat-8 763 假彩色合成图的解译成果相同，Landsat-8 ICA 432 假彩色合成影像中灰黑色的像元主要是多年积雪导致的，但由于独立主成分分析法集中保留了影像的光谱信息，因此在积雪区段也具有较好的解译效果。图中积雪区段主要为以暗红夹鲜红和灰黑积雪像元为主色调的区段，与地质图中上二叠统来姑组 C_2P_1l 地层单元的区域基本一致；暗红色区段与 K_1d 多尼组板岩、变质砂岩含煤层区段基本一致；以靓蓝色为主色调的区段与 P_3x 二叠系上统西马组区域基本一致。Landsat-8 ICA（独立主成分分析）岩性解译标志如图 3-12 所示。

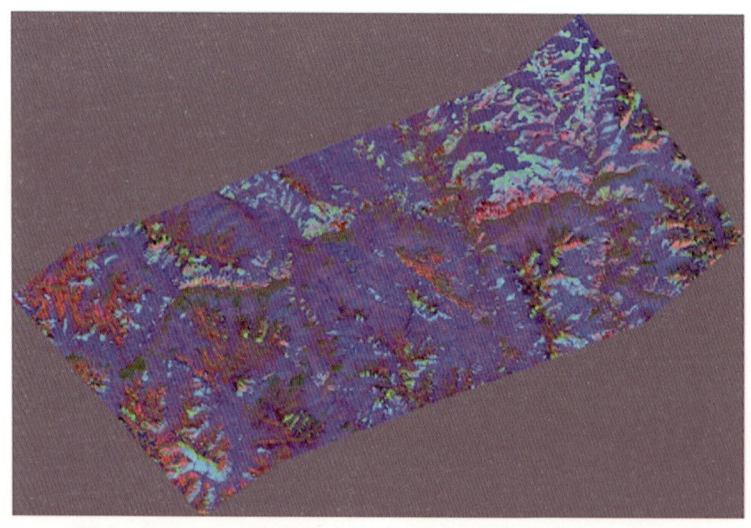

（a）Landsat-8 ICA（独立主成分分析）432 假彩色合成图

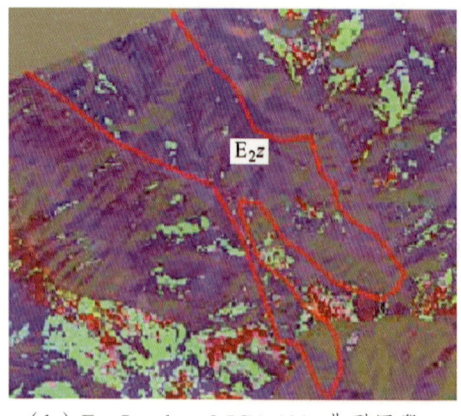

（b）E_2z Landsat-8 ICA 432 典型区段

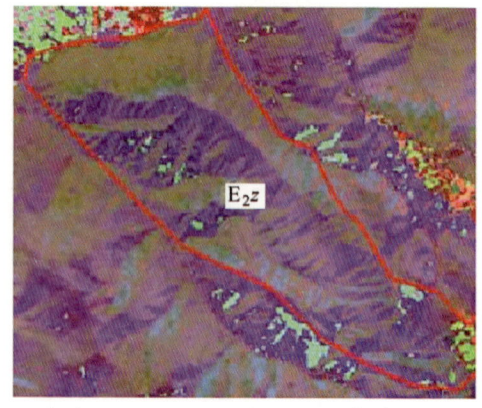

（c）E_2z Landsat-8 ICA 432 典型区段

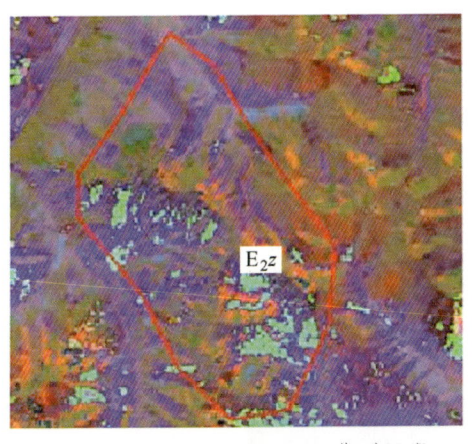

（d）E$_2$z Landsat-8 ICA 432 典型区段 　　　　　（e）C$_2$P$_1$l Landsat-8 ICA 432 典型区段

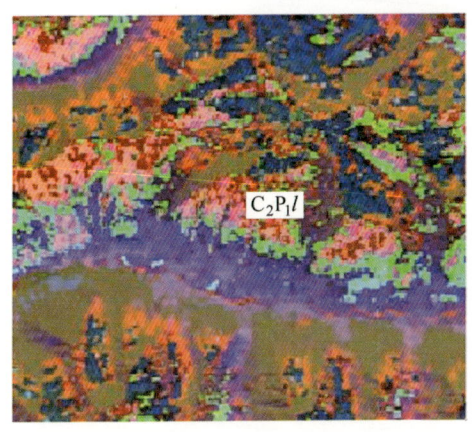

（f）C$_2$P$_1$l Landsat-8 ICA 432 典型区段 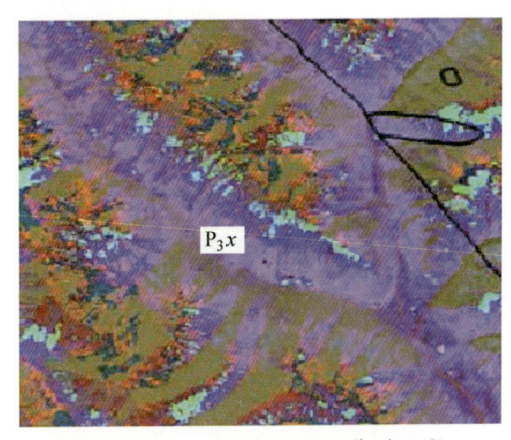　　　　　（g）P$_3$x Landsat-8 ICA 432 典型区段

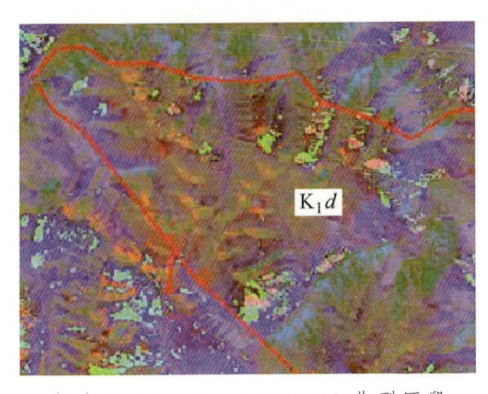

（h）K$_1$d Landsat-8 ICA 432 典型区段 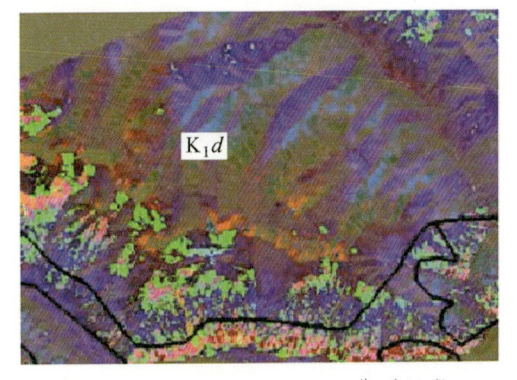　　　　　（i）K$_1$d Landsat-8 ICA 432 典型区段

图 3-12　Landsat-8 ICA 岩性解译标志

Landsat-8 数据经过 MNF 变换（最小噪声分离变换）即是在去除噪声信息的基础上的主成分分析方法，不仅可以去除噪声的影响，也达到了光谱信息集中的目的，对岩性解译起到了良好的辅助作用。通过波段合成对比，经过 MNF 变换后 RGB 赋值 432 的假彩色合成影像，其中 E$_2$z 地层单元以墨绿色调为主，夹有少量暗红色调，基本可以清晰

地圈定出区域中 E$_2$z 地层的边界，将部分用 Landsat-8 OIF（最优波段组合）、Landsat-8 ICA 合成图的 E$_2$z 解译边界进行了修正。Landsat-8_MNF 763 假彩色合成影像在区分 K$_1$d 多尼组地层单元上也有良好的表现，主要以暗绿和暗红色调为主，夹少量黄色色调，有较清晰的边界。Landsat-8 MNF 763 假彩色合成影像对 P$_3$x 二叠系上统西马组地层单元也有较好的解译效果，P$_3$x 地层单元在假彩色合成影像中主要为暗红色调夹杂一点深蓝色调，有较清晰的边界。Landsat-8 MNF 岩性解译标志如图 3-13 所示。

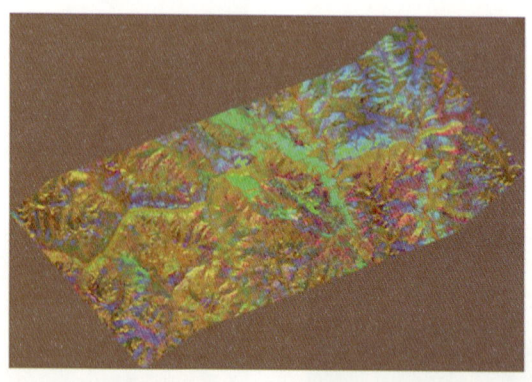

（a）Landsat-8 MNF 763 假彩色合成图

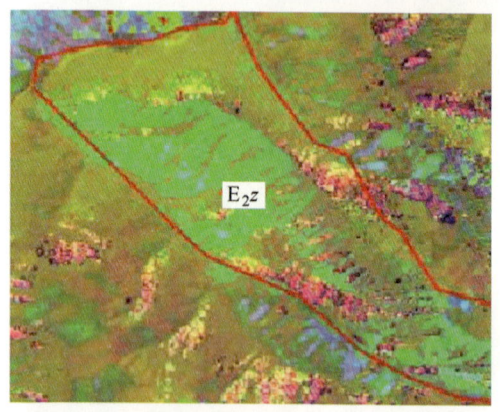

（b）E$_2$z Landsat-8 MNF 763 典型区段

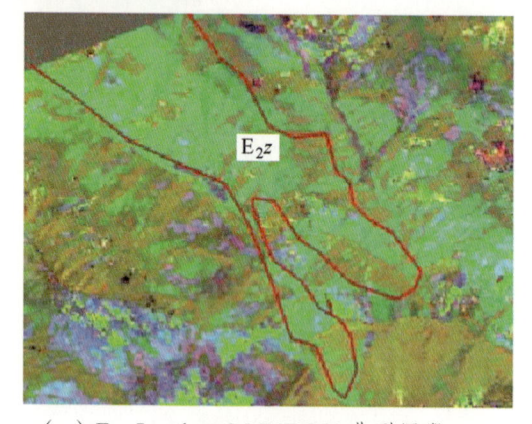

（c）E$_2$z Landsat-8 MNF 763 典型区段

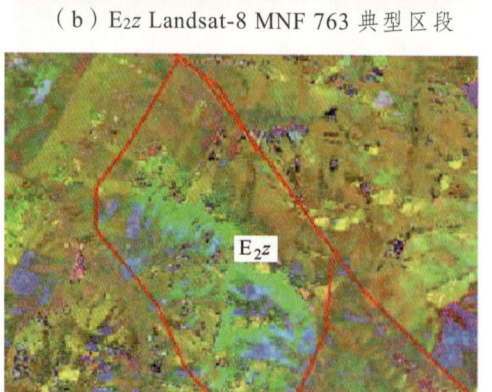

（d）E$_2$z Landsat-8 MNF 763 典型区段

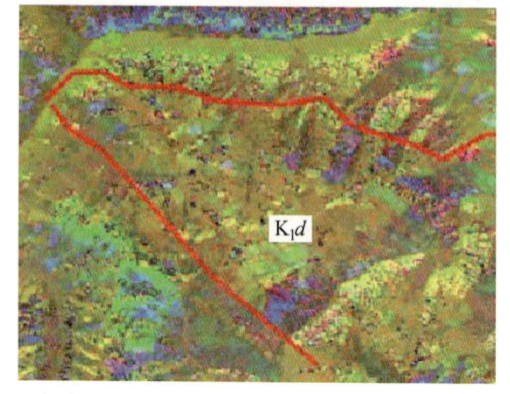

（e）K$_1$d Landsat-8 MNF 763 典型区段

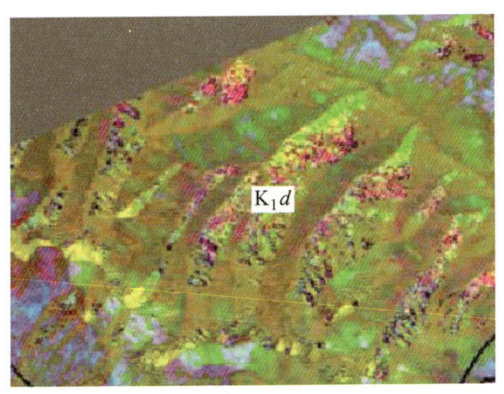

（f）K₁d Landsat-8 MNF 763 典型区段　　　（g）K₁d Landsat-8 MNF 763 典型区段

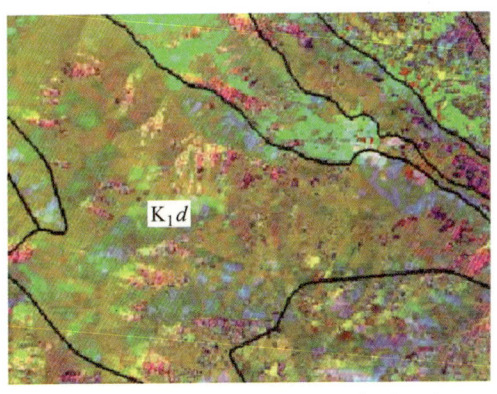

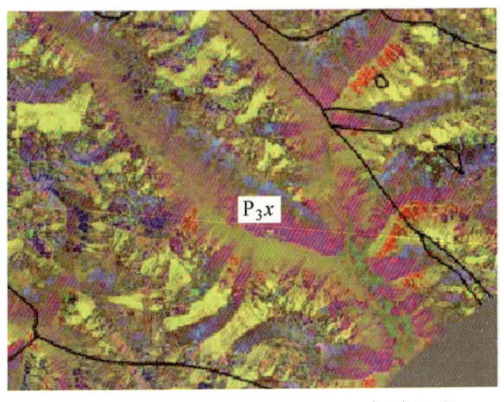

（h）P₃x Landsat-8 MNF 763 典型区段　　　（i）P₃x Landsat-8 MNF 763 典型区段

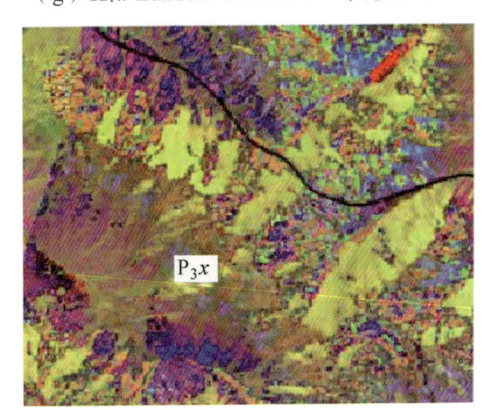

图 3-13　Landsat-8 ICA 岩性解译标志

3.2.2　基于高光谱的地层岩性识别

高光谱成像光谱仪在对目标地物空间特征成像的同时，对每个空间像元形成几十至几百个连续光谱覆盖的窄波段，具有很高的光谱分辨率，并包含丰富的纹理信息。高光谱相较于多光谱遥感数据具有三点优势[14]：

（1）具有极高的光谱分辨率，且覆盖较广的图谱范围（在可见光到近红外范围精度可达 10 nm 以内）。

（2）高光谱影像实现了图谱合一，任意单一像元都具有完整且连续的光谱曲线，并依靠空间和光谱维度构筑了独立的光谱立方体。

（3）光谱信息丰富，能较好地保留原始地物的数据信息。高光谱影像通常具有超过数百个波段，且具有一定的相关性。因此，高光谱图像在地层岩性识别中有其独到的优势。

当前星载高光谱影像主要为美国的 EO-1 Hyperion 数据，该数据已广泛应用于遥感地质信息提取研究中。Hyperion 影像在可见近红外到短波红外（VNIR-SWIR）范围内共包含 242 个波段，其光谱分辨率达 9.6 nm，能够实现对地表矿物的定量-半定量识别分类。国内目前属于高光谱遥感影像的数据有天宫一号、珠海一号和 GF-5 号数据等，但由于覆盖范围有限，目前技术方法还多属于探索阶段。GF-5 卫星于 2018 年成功发射，是我国目前唯一一颗具备全球高光谱观测能力的卫星，在 60 km 幅宽和 30 m 空间分辨率下，可以获取从可见光至短波红外光谱范围内的 330 个光谱通道，在地层岩性解译上有重大潜力。

高光谱遥感岩性识别最明确的思路是通过对高光谱图像进行处理，利用处理后光谱数据与国际标准光谱库、野外或者实验室测试波谱进行基于统计数据的对比分析。在现阶段工作中，国内外运用的光谱匹配模型主要聚焦于混合像元分解与单特征识别；同时，也有学者基于岩矿特性与波谱基础知识，将单特征识别与混合像元分解结合起来对地物进行识别。

1. 数据及预处理

本研究采用 GF-5 号数据进行高光谱数据的地层岩性识别研究，GF-5 号数据为 2019 年启用的卫星数据，具有 330 个波段，在辐射定标之前需要通过国产卫星插件读取 GF-5 号数据的头文件。由于目前该数据覆盖范围有限，研究区所获取的 GF-5 号数据部分地区有云层覆盖，需要通过数据掩膜消除云层的影响。其预处理步骤如下：辐射定标、大气校正、云层掩膜、影像裁剪。

GF-5 具有 330 个波段，为了增强数据信息，达到数据降维的效果，本次研究对 GF-5 号数据使用了 MNF（最小噪声分离）、PCA（主成分分析）、ICA（独立主成分分析）的方法。

（1）PCA 是遥感影像处理过程中常运用到的一种数据增强算法，是在波段统计值的特征基础上进行的多维（多相关波段）正交线性变换。PCA 变换处理，可以集中影像的波谱信息，使这些主成分影像之间具有一定的独立性，在有效保留影像光谱信息的基础上，降低数据的冗余性。但 PCA 的变换过程对噪声相对敏感，所以信息量大的主成分分量，与信噪比不一定正相关，且在信息量大的主成分分量中噪声和信号的方差大小影响着影像的质量。PCA 变换不是为了单纯减少噪声，而是借用主成分变换，使得 GF-5 号影像的光谱信息之间具有独立性，便于实现最优波段组合。

（2）针对 PCA 变换对噪声敏感的特征，研究中还对影像使用了 MNF 变换。MNF 变换相对于 PCA 变换，实质上是二次层叠的主成分变换，基于主成分变换的成果，重新调节并分离影像中存在的噪声，保证变换后的影像噪声数据只有最小的方差且与光谱信息之间没有相关性，再对噪声白化数据进行标准的主成分变换。

（3）ICA 是基于 PCA 变换改善的遥感处理算法，进一步消除了遥感影像数据间的高阶相关性。ICA 变换能进一步压缩数据，结合 MNF 高度降噪的特点能较好地分离高度混合的岩性样本和小区域岩性分界线。

GF-5 号数据是刚刚进入使用的高光谱卫星数据，具有高光谱分辨率的特点，但数据源获取较为困难，本次研究获取的 GF-5 号数据，云量覆盖较大，需要经过预处理并经过数据掩膜及多次裁剪合成才能满足数据使用的要求。大气校正影像中显示墨绿色调的无效异常像元均为高卷积云层，通过逐次最大角凸锥分析（SMACC）端元提取方法共提取出 30 个独立端元光谱。GF-5 号数据处理如图 3-14 所示。

（a）GF-5 原始影像

（b）GF-5 大气校正影像

（c）校正前光谱曲线

（d）校正后光谱曲线

（e）研究区 GF-5 号影像

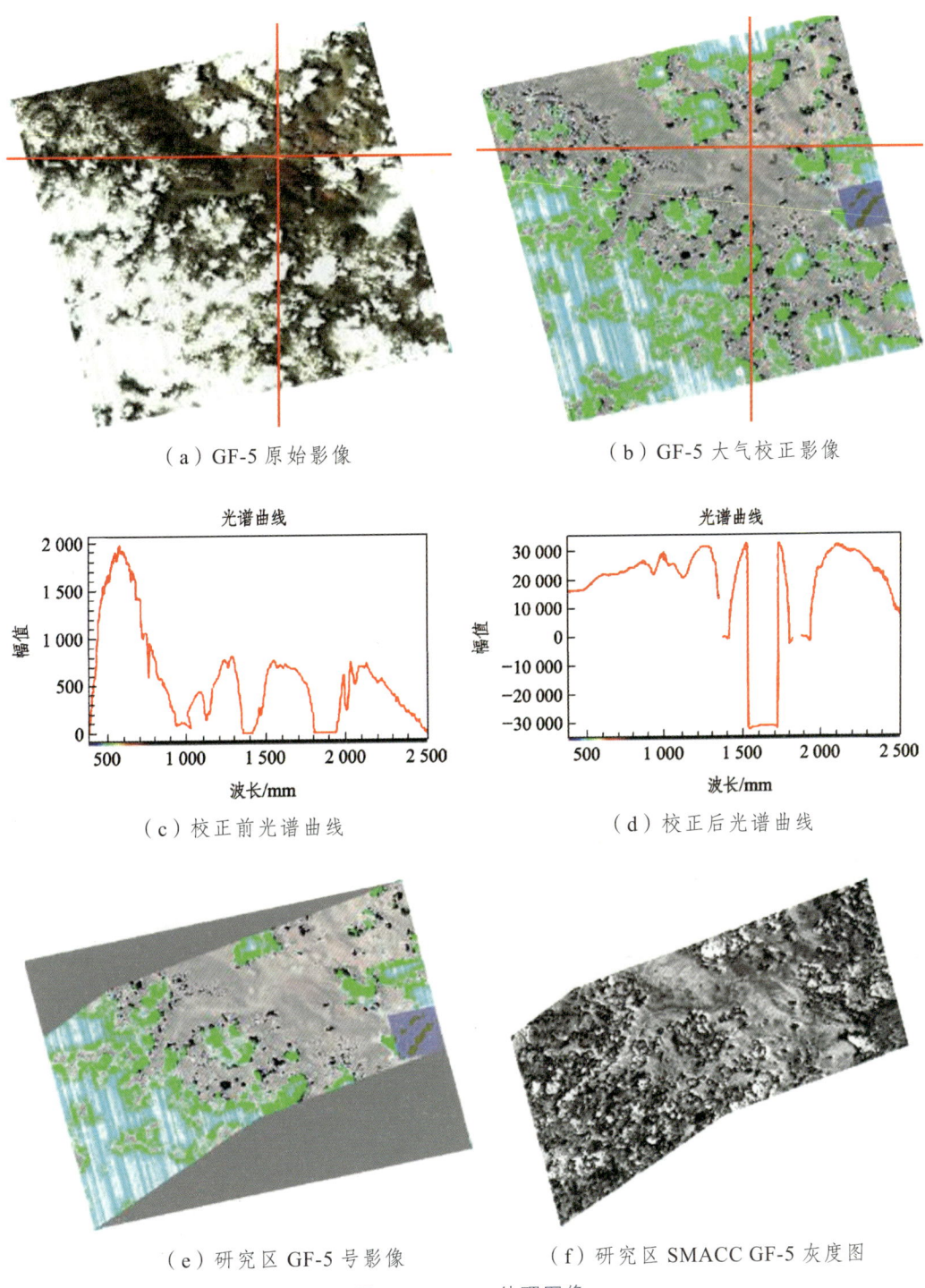

（f）研究区 SMACC GF-5 灰度图

图 3-14　GF-5 处理图像

2. 基于 GF-5 影像的地层岩性识别

经过影像预处理之后，通过波段参数类比对高分五号的多个波段进行了组合，组合方式类比多光谱数据。主要组合方式有 R（295）、G（100）、B（20）（突出地质体构造特征、岩层分界），R（295）、G（100）、B（38）（突出地质体构造特征、岩层分界、蚀变），R（100）、G（59）、B（38）（标准假彩色），R（59）、G（38）、B（20）（标准真彩色），如图 3-15 所示。

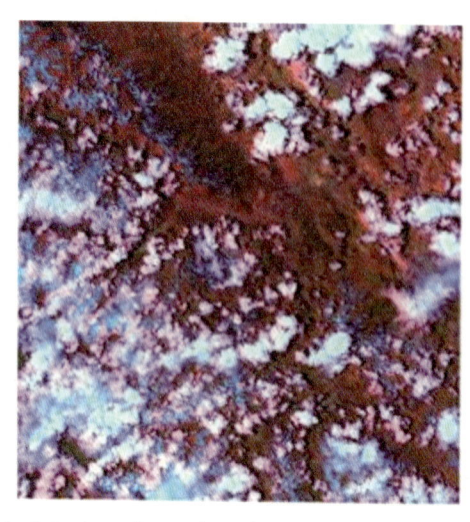

（a）R（295）、G（100）、B（20）波段组合

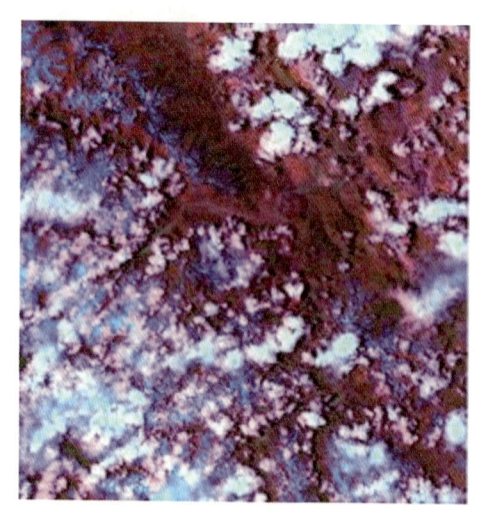

（b）R（295）、G（100）、B（38）波段组合

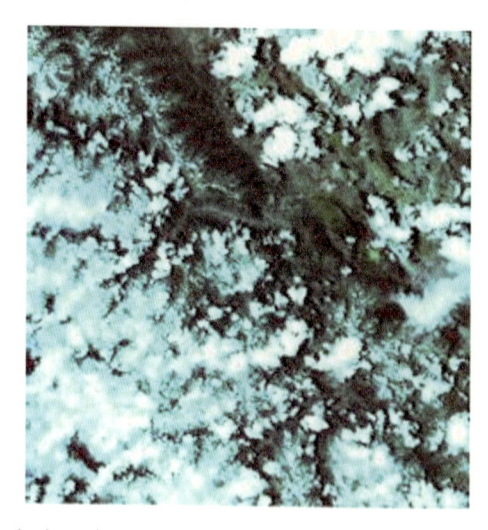

（c）R（100）、G（59）、B（38）波段组合

（d）R（59）、G（38）、B（20）波段组合

第 3 章 基础地质天空地井综合勘察技术及其应用

（e）R（59）、G（38）、B（20）典型区块 　　（f）R（100）、G（59）、B（38）典型区块

（g）R（295）、G（100）、B（20）典型区块 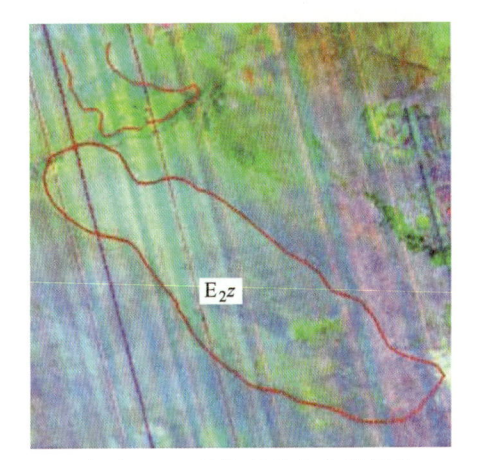　　（h）PCA 变换真彩色典型区块

图 3-15　GF-5 波段组合和信息增强图像

典型区块高分五号数据解译成果与多光谱解译成果对比，通过高分五号数据对典型区块进行综合解译（图 3-16）。经过 MNF 变换后的高分五号数据岩性界限较为明显，以 J_2s 典型岩性区域为例，在高分五号数据中呈现深红色（深红色主要代表碳酸岩含量较高）；E_2z 典型岩性区域，在高分五号影像中呈现紫红色（紫红色主要代表砂岩、泥岩、砾岩等）。

（a）GF-5 解译底层边界 　　（b）GF-5 解译底层边界

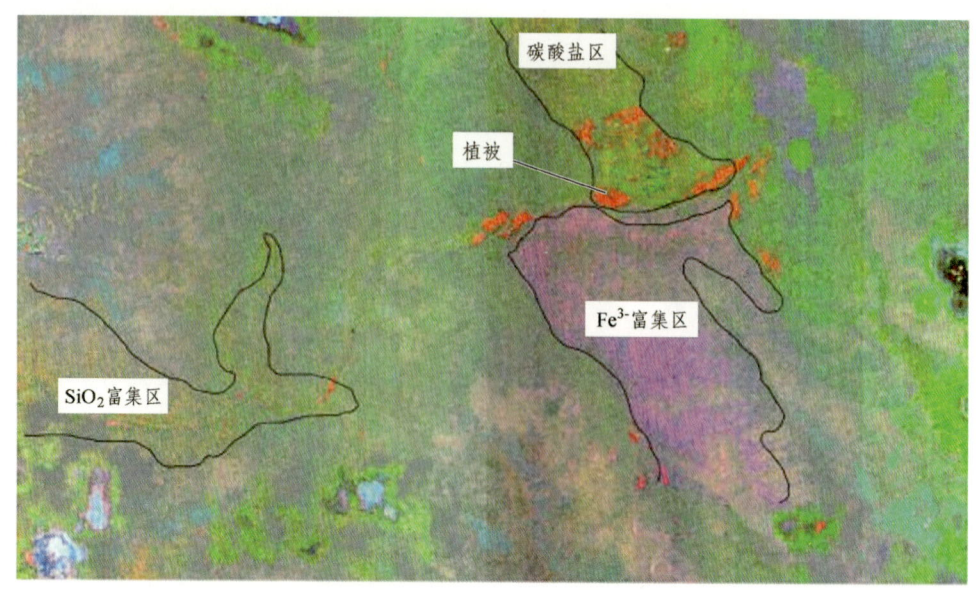

（c）GF-5 号 MNF 变换真彩色典型地物

图 3-16　GF-5 典型解译区域

吸收光谱在 2.31~2.35 μm 的波段主要包含碳酸盐信息；2.15~2.31 μm 的波段主要是识别黏土矿物；1.7 μm 的波段（对应高分五号影像中的 234 号波段）熵值高，信息量高，无吸收峰。可以利用前两种波段比值进行碳酸岩及 Fe 离子等的识别。沉积岩以 Fe 离子的变化作为判别依据，Fe^{3+} 离子 0.5 μm 和 0.9 μm，与 Fe^{2+} 离子 1.0 μm（对应高分五号影像中的 144 号波段）的光谱特性并不一样。

3.2.3　基于多光谱与高光谱融合的识别

随着卫星传感器技术的发展，遥感数据的分辨率不断提高，空间分辨率达到亚米级，光谱分辨率达到纳米级。目前，可供选择的星载高光谱 EO-1 Hyperion（NASA）、PROBA 上的 CHRIS（欧空局）和 NEMO 上的 COIS（美国海军）等遥感数据光谱分辨率均已达到数十纳米，Quick Bird、World View-2 等卫星数据空间分辨率已达到亚米级。然而，高的光谱分辨率往往是以牺牲空间分辨率为代价的，反之亦然，因此光谱分辨率与空间分辨率之间的矛盾始终存在。如何综合利用多源遥感图像的优势提高分类精度，一直是广大遥感应用研究者关注的问题。

岩石矿物不仅具有特殊的波谱吸收带，还具有较为稳定的空间结构特征（纹理特征），不同遥感数据在光谱分辨率及空间分辨率上的优势使得协同利用其进行岩石矿物的识别成为可能。World View-2 数据在空间分辨率上具有较大优势，能够充分揭示岩石地层的空间结构信息，有利于岩石地层纹理信息的提取。Hyperion 数据的光谱分辨率达到 10 nm，能够表达不同地物光谱的吸收和反射特征，尤其是其在短波红外区间对含铁氧化物、黏土矿物、碳酸盐矿物等具有独特的吸收和反射特征。因此，协同利用上述两种典型数据源优势进行岩石地层识别的研究对遥感地质学的发展具有重要意义。[15]

针对西南山区高陡危岩、高速远程滑坡、冰川泥石流、斜坡季节性冻土等特殊地质体，基于 ASTER 卫星多光谱多波段数据和 Hyperion 卫星高光谱类似性测度与诊断吸收特征参数，采用混合像元分解方法，笔者团队构建了多光谱、高光谱岩性融合识别模型，实现了特殊地质母岩的智能识别，创新了岩性识别的理论与方法（图 3-17）。

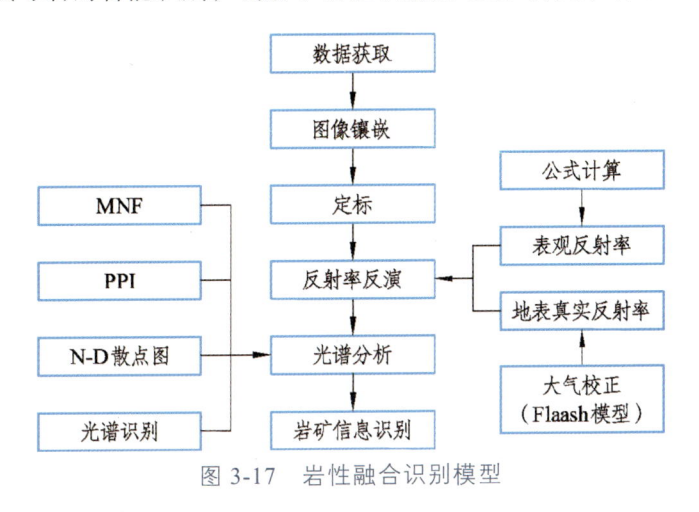

图 3-17　岩性融合识别模型

1. 数据源及预处理

（1）World View-2 数据预处理。

World View-2 数据成像时间为 2011 年 8 月 21 日，数据产品为 LV2A 级，经过系统辐射纠正和粗几何校正。本次研究所用的 World View-2 多光谱数据共有 8 个波段，第 1 到第 8 波段依次为海岸波段、蓝波段、绿波段、黄波段、红波段、红边波段、近红外 1 波段和近红外 2 波段，光谱覆盖可见光~近红外区间。数据预处理采用 ENVI 4.8 中的 Flaash 模型对多光谱产品进行大气纠正，使用 Erdas 9.1 进行几何精校正。

（2）Hyperion 数据预处理。

Hyperion 数据所在轨道行列号为 150/32，成像日期为 2003 年 9 月 27 日，数据产品为 1 Gst 级，经过系统辐射纠正和粗几何校正。本次研究采用 ENVI 4.8 中的 Flaash 模型对其进行大气纠正，几何精校正采用 Erdas 9.1 完成。经过预处理后的 Hyperion 图像有效波段共 155 个，波谱覆盖可见光~近红外~短波红外区间。

2. 不同数据源反射率相对校正

（1）两类数据反射率对比。

研究区穿越条件较差，地表无植被覆盖，World View-2 和 Hyperion 数据在时相上相差约 8 年，季相相差约 1 个月。鉴于上述特征，不考虑由于地表覆盖变化引起的反射率变化，仅考虑由于太阳高度角、方位角和传感器等因素造成的反射率变化。针对研究区和数据源实际情况，首先分析主要岩石单元在两类数据上的反射率特征。

具体方法：随机选取反射率最高的 E_1a 组石膏岩、反射率次高的 J_3k 组棕红色砾岩夹砂岩、反射率居中的 $E_{1-2}q$ 组浅红色膏泥岩、反射率较低的 N_1p 组浅棕灰色砂岩和含砾砂岩，分岩石地层单元统计其在 World View-2 和 Hyperion 上的均值反射率（图 3-18）。

由于 Hyperion 高光谱数据光谱范围覆盖可见光～近红外～短波红外，World View-2 数据光谱范围仅覆盖可见光～近红外，二者不具有可比性，因此对 Hyperion 数据按照 World View-2 数据的光谱范围进行重采样。

图 3-18 显示出以下两个特征：

① E_1a 组岩石反射率曲线在 World View-2 和 Hyperion 图像上接近，反射率较高，蓝绿谱段的差异源于样本的选择和像元混合。E_1a 组岩石在两种传感器中反射率均达到各自传感器光电转换率的上限，因此图像呈现过饱和高亮白色调，这对于消除因传感器、时相差异带来的辐射差异没有帮助。

② $E_{1-2}q$ 组、J_3k 组、N_1p 组 3 类岩石单元在 Hyperion 图像上的均值反射率均小于 World View-2 图像反射率，且 3 类岩石单元反射率曲线在两个图像上呈平行状，曲线波形相似，表现出线性相关。因此可采用两种图像样本均值之比作为转换因子 C 来消除因传感器、时相等不同造成的辐射差异。

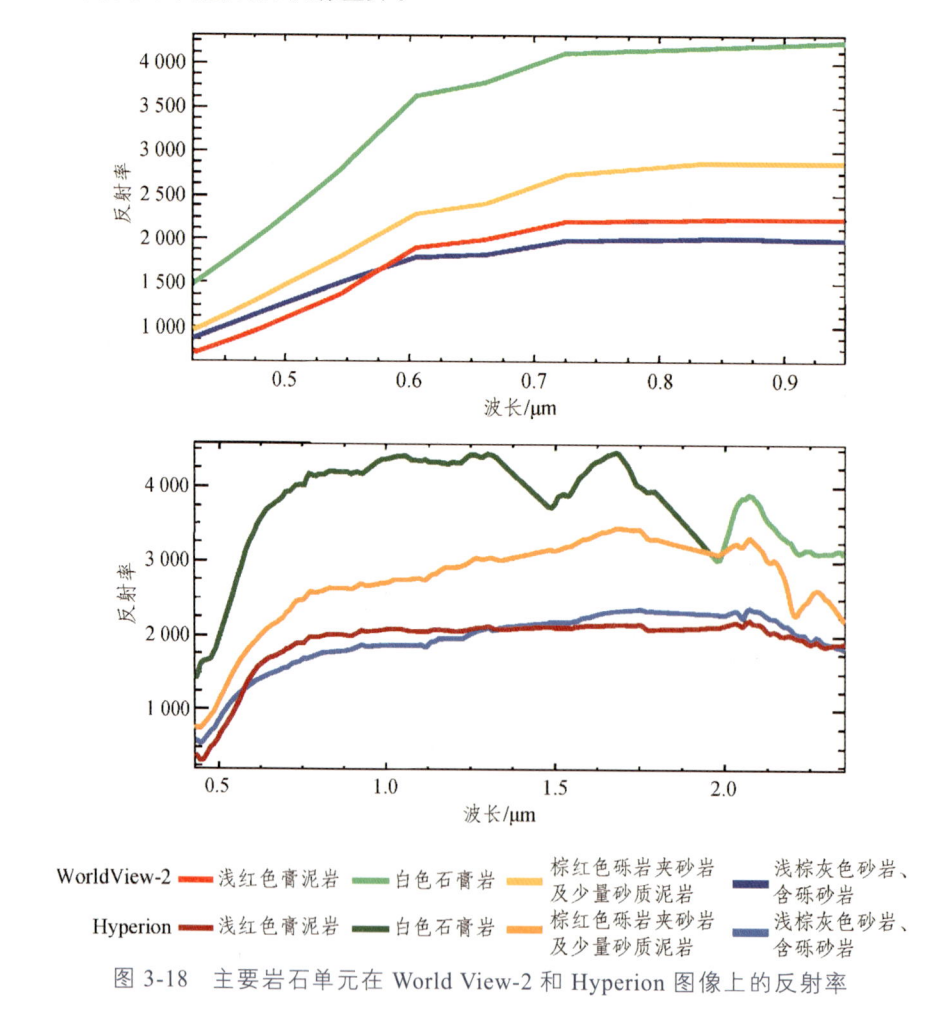

图 3-18 主要岩石单元在 World View-2 和 Hyperion 图像上的反射率

（2）反射率相对校正。

基于 Hyperion 中心波长与 World View-2 中心波长位置一致的波段图像上随机选取 $E_{1-2}q$ 组、J_3k 组和 N_1p 组岩石若干样本，统计两类图像均值反射率，利用样本均值反射率的比值获得反射率匹配因子 C。两种传感器中心波长近于一致的波段见表 3-5。

表 3-5 显示 World View-2 图像的第 1、第 2、第 5、第 7 波段与 Hyperion 图像的第 8、第 13、第 31、第 48 波段中心波长接近。鉴于蓝紫光波段受水汽影响，图像信噪比低，因此剔除 World View-2 图像第 1 波段和 Hyperion 图像第 8 波段，选取 World View-2 图像的第 2、第 5、第 7 波段和 Hyperion 图像的第 13、第 31、第 48 波段计算两类数据源的辐射转换因子 C：

$$C = \frac{(M_{b13} + M_{b31} + M_{b48})_{\text{Hyperion}}}{(M_{b2} + M_{b5} + M_{b7})_{\text{WorldView-2}}} \tag{3-9}$$

式中：M 表示反射率均值；下角 b 表示波段。两类数据相应波段的 $E_{1-2}q$、J_3k、N_1p 组岩石样本平均反射率见表 3-5。根据式（3-9）和表 3-5 计算出 World View-2 数据 b2、b5、b7 的样本均值约为 1 895.35，Hyperion 数据 b13、b31、b48 的样本均值约为 1 764.28，得到匹配因子 C 为 0.93。

表 3-5 Hyperion 与 World View-2 中心波长位置近于一致的波段

Hyperion 波段号	中心波长/μm	WorldView-2 波段号	中心波长/μm	中心波长差/μm
8	426.815 8	1	425	1.815 8
13	477.692 3	2	480	−2.307 7
20	548.919 3	3	545	3.919 3
26	609.971 3	4	605	4.971 3
31	660.847 7	5	660	0.847 7
37	721.899 5	6	725	−3.100 5
48	833.827 8	7	832.5	1.327 8
59	954.755 5	8	950	4.755 5

短波红外区间波段是遥感岩石识别的有利光谱区间，因此反射率相对校正时应该最大限度地保留原始短波红外区间光谱信息。本节最终采用对 World View-2 图像乘以匹配因子 C 来消除其与 Hyperion 图像的辐射差。

3. 多源遥感数据协同

早期遥感图像融合的实质是同一传感器全色图像和多光谱图像的有效协同，传统的融合算法是有效提高同源遥感图像光谱分辨率和空间分辨率的典范。本次研究为了有效协同不同数据源优势，主要借鉴传统遥感图像融合的思想和算法，使协同数据在最大限度提高空间分辨率的同时，光谱失真最小，抑或损失的光谱信息对图像分类结果无明显影响。

传统融合算法中有两个因素影响融合图像质量：一是不同数据源的空间分辨率，二是不同数据源的光谱范围。为了最大限度地保持融合后图像的光谱信息与原光谱信息一致或接近一致，在不同数据融合过程中，当提高多光谱图像的空间信息时，一般只考虑注入地物的强度信息，而不带入光谱信息。如经典的 HIS 融合算法通过彩色空间变换，将 R（红）G（绿）B（蓝）空间变换到 H（色调）、I（亮度）、S（饱和度）空间。在转换后的新空间中，色调分量表示色彩的颜色属性，亮度分量表示色彩的明亮属性，饱和度分量表示色彩的纯洁属性，故此，亮度分量与色彩属性无关，仅与色彩的强度或明亮度有关，因此可用高空间分辨率的图像替换亮度分量，再进行从 HIS 到 RGB 的逆变换完成图像融合。融合后的图像既借助没有变化的色调分量和饱和度分量保留了原多光谱图像的光谱特征，又借助新亮度分量带入了高分辨率空间信息，提高了空间分辨率，从而实现了光谱和空间的协同。在随后发展起来的主成分变换（PC）融合法、GS（Gram-Schmidt，格拉姆-施密特）光谱锐化融合法、小波变换融合法等融合算法中，均承袭并发展了这一思想，实现了空间和光谱的有效利用。

本次研究最终将 World View-2 多光谱数据依次降采样到不同的空间分辨率（2 m、5 m、7.5 m、10 m 和 15 m），通过 PCA 变换后选取第一主分量构建一个光谱覆盖范围相对较宽的模拟全色波段与 Hyperion 图像基于 GS 光谱锐化法融合协同，协同数据分别称为协同 2、协同 5、协同 7、协同 10、协同 15，协同效果以岩石自动分类精度为标准评价，如图 3-19 所示。

（a）World View-2 多光谱图像　　（b）Hyperion 图像　　（c）协同图像

图 3-19　相同空间范围内 World View-2 多光谱图像、Hyperion 图像和协同图像

4. 岩性分类及评价

岩性分类分别基于 Hyperion 原始数据、World View-2 原始多光谱数据和各协同数据，分类方法采用光谱角（SAM）法，训练样本采用人机交互的方式基于 World View-2 数据和已有地质图选取不同岩石单元的若干样本，不同遥感数据源的分类结果如图 3-20 所示。

第3章 基础地质天空地井综合勘察技术及其应用

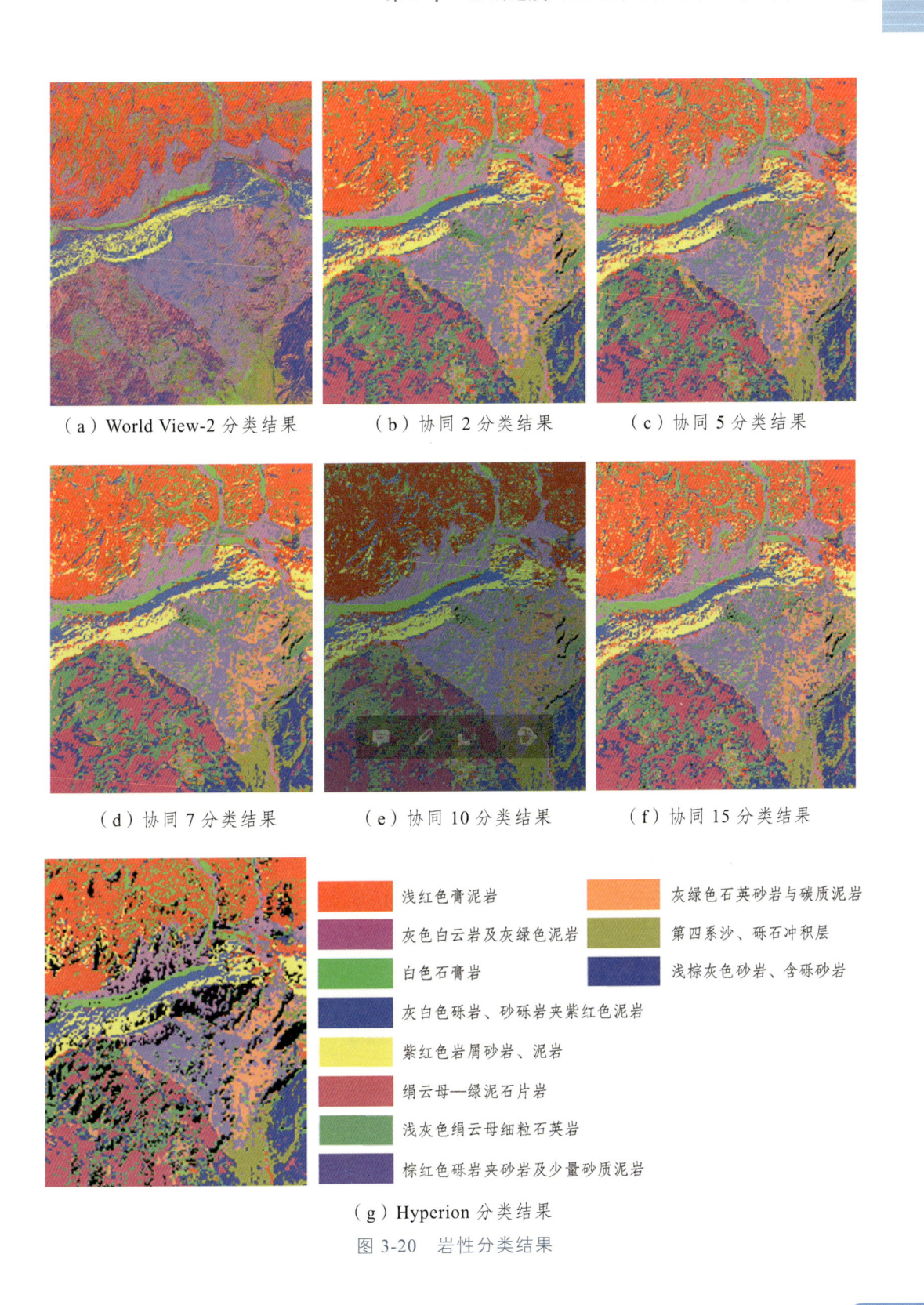

（a）World View-2 分类结果　　（b）协同 2 分类结果　　（c）协同 5 分类结果

（d）协同 7 分类结果　　（e）协同 10 分类结果　　（f）协同 15 分类结果

颜色	岩性	颜色	岩性
	浅红色膏泥岩		灰绿色石英砂岩与碳质泥岩
	灰色白云岩及灰绿色泥岩		第四系沙、砾石冲积层
	白色石膏岩		浅棕灰色砂岩、含砾砂岩
	灰白色砾岩、砂砾岩夹紫红色泥岩		
	紫红色岩屑砂岩、泥岩		
	绢云母—绿泥石片岩		
	浅灰色绢云母细粒石英岩		
	棕红色砾岩夹砂岩及少量砂质泥岩		

（g）Hyperion 分类结果

图 3-20　岩性分类结果

091

（1）原始数据分类结果。

World View-2 多光谱数据岩石分类精度最低，因为其波段较宽，且缺失短波红外区间光谱，光谱分辨率最低。Hyperion 数据由于成像角度和太阳高度角的问题，导致阴影严重，无效像元较多，但其岩石分类精度仍然优于 World View-2，因为其光谱分辨率在 7 类数据中最高。可见，对于岩石单元分类而言，光谱分辨率的影响占主导因素。

（2）协同数据分类结果。

5 类协同数据空间分辨率优于 Hyperion，光谱分辨率优于 World View-2，多源数据协同过程中，在注入空间信息的同时去除了 Hyperion 原始数据的部分阴影，因此其岩石分类精度均较高。

协同数据岩石分类结果中，乌拉根向斜南翼沉积地层韵律层理清晰，未分像元减少。

（3）分类精度评价。

利用研究区已有地质图随机采样、专业人员高分辨率遥感图像目视解译结果和野外实际路线调查结果，基于混淆矩阵对上述 7 种分类结果进行精度评价。各协同数据分类精度均较高，其中：协同 2 的空间分辨率最高，岩石分类精度最低，约为 83%。协同 10 的空间分辨率为 10 m，岩石分类精度最高，约为 88%。协同 5、协同 7、协同 15 的空间分辨率分别为 5 m、7.5 m、15 m，岩石分类精度分别为 84%、85%、84%；Hyperion 的分类精度次之，为 78%；World View-2 的分类精度最低，为 47%。

3.3 地质构造勘察技术及其应用

地质构造是指岩层和岩体在地壳运动所引起的构造作用力的作用下，所发生的各种永久性的变形和变位，通常包括区域范围内断裂构造、褶皱、小型节理、劈理等。铁路工程往往经过地质环境复杂的艰险山区，其内区域地质构造复杂，活动构造发育，严重影响铁路工程基础的稳定性，如活动断裂带沿线常常就伴随着堰塞湖、岩堆、冲积堆、滑坡、泥石流等不良地质现象。因而，对工程建设区的地质构造现象进行精准识别是保证铁路工程安全的重要一步。本节构建了复杂山区的地质构造综合勘察体系，囊括了卫星平台的区域性断裂及褶皱构造识别、航空平台的重点区域结构面识别及重点岩体的地基平台精细化结构面识别等三大板块，可为高陡山区的地质构造识别提供参考。

3.3.1 基于卫星平台的地质构造识别

遥感图像由于具有概括性好、宏观性强、视域广阔、信息量大、包含丰富的"透视"信息、受地面条件限制少等特点，利用遥感卫星图像的光谱特征和结构特征，能够发现和判别地球表层的各类断裂、褶皱等地质构造，分析其分布规律及构造属性特征[16]，比常规的野外地质调查工作效率更高。本研究以在光学卫星影像及雷达卫星影像上建立断裂及褶皱构造的解译标志为基础，通过遥感图像处理突出构造信息，再进行目视解译，从而识别地质构造。

1. 光学卫星地质构造识别[17]

（1）断裂构造及新构造运动解译。

断裂构造的遥感解译主要是通过线形影像特征来实现的，但线形影像特征并不都与地质构造有关系，也就是说线形影像特征并不都是线形构造的；同样，线形构造也并非都与构造断裂有关。应用遥感图像进行断裂构造解译主要是要寻找识别由断裂构造形成的线形构造。

① 断裂构造的判译标志。

任何地表和埋藏一定深度的断裂，由于它们的力学性质、活动特征和伸展状态及相关两侧自然景观的不同，它们反射电磁波谱的能量也有差异，从而构成遥感图像上的不同色调和几何形状。尽管各种断裂在遥感影像图上影像千变万化、差异也较大，但是它们都必然通过色调和形状这两个基本的影像信息表现出来。所以，断裂的判译标志，主要借助于色调和图形形态两类标志，但也不能忽视大小、阴影、位置、相关关系等标志。

断裂构造的形态判译标志，主要是通过线形影像显示出来。一般来说，呈条带状展布、延伸较长的线形形迹，说明断裂规模较大；而呈细线状展布、延伸较短的线形形迹说明断裂规模较小。虽然都是根据线形影像特征来判译，但有些线形构造的形态能作为断裂存在的绝对可靠的直接解译标志，有的线形形态则只能作为间接判译标志。

断裂构造的形态直接判译标志：破碎带的直接出露；地质体被切断或错开；沉积岩地区，岩层的重复和缺失。

断裂形态的间接判译标志：线形负地形，包括断层崖、断层三角面、断层垭口、断层沟谷、串珠状盆地等负地形（图3-21）；沿着某方向，岩层产状突然发生变化；沉积岩相在一侧上突然发生变化；侵入体、矿体、松散沉积物呈线状分布；两种不同地貌单元截然相接（图3-22），新老地貌形态的交接线等，往往是区域性大断裂造成的；山脊线以及阶地、夷平面、洪积扇等地貌要素的错动或呈直线切割等；水系的变化，水系变异通常与断裂，尤其是活动断裂有关；温泉、泉水、湖泊等成串分布；不良地质灾害（如滑坡、崩塌等）呈线状分布。

图3-21 SPOT5遥感卫星影像图中的断裂构造形迹（红色箭头指向断裂）

图 3-22 断层在影像上显示出的两种不同地貌

② 活动断裂判译。

活动断裂对各种工程影响较稳定断裂更为复杂。因此，在工程地质调查中，断裂是否具有活动性、活动量的大小，不同段落的活动程度及其对工程的影响程度以及活动断裂和地震的关系等等，均应逐一查明。活动断裂的判译方法仍然是先用卫星图像进行大面积判译，初步确定其为活动断裂后，再进行航空遥感图像的细部判译。近期活动断裂构造必然对地貌、水系、土壤、植被等地表自然要素产生影响，而这些受到断裂构造影响的地表因素在遥感图像上均有反映。根据对这些自然现象影像特征分析，可以确定断裂的存在，而根据地表因素受影响的程度可判断其是否为活动断裂。总结起来，这些影像特征包括以下几个方面：

- 断层崖、断层三角面保留得很明显，且见有断层裂缝等。
- 沿断裂线形成的断裂裂口，往往是年轻断裂所形成的，多被视为仍在活动的断裂。
- 相邻的河谷出现跌水现象或形成瀑布等，往往与活动断裂有关。
- 沿断裂线分布有一系列地震震中、泉水及温泉等，往往是活动断裂的表现。
- 沿断裂分布的水系往往呈直线状，水系与断裂相交处常发生同步弯曲。
- 平坦的第四纪沉积层地区沿断层线出现垄岗状地貌，有时还见有泉水出露。
- 洪积扇（冲积扇）前缘成串被切割。
- 在第四纪地层分布的平坦地区，线形形迹反映明显，亮度较大或两侧色调反差较大，表现出异常的色线、色条和色带，则可能是目前仍在活动的断裂。一般而言，色调较浅一侧说明该区地下水位较低，地表干燥，可视为上升区；反之，色调较深为相对下降区。

（2）褶皱构造解译标志。

① 褶皱构造遥感特征。

褶皱构造是指岩层受构造力的强烈作用，形成一系列弯曲且未丧失连续性的构造。在地质领域，研究褶皱是通过分析褶皱要素的特征及测量产状来确定褶皱的形态和类型；在遥感领域，利用遥感方法确定褶皱类型不同于常规的构造研究方法，凭借的是褶皱俯视图在遥感图上的形态与分布特征。

褶皱构造在遥感影像上一般呈现为弯曲带状分布的马蹄状、半环状及透镜状等图形，内具平行对称展布的色调线（为不同地层、岩性的反映），褶皱转折端在遥感图像上表现为岩层层理条带沿走向发生封闭转弯，形成马蹄形、弧形或尖锐的拐折弯曲图形。在转折端，常发育有弧形山脊以及收敛状或撒开状的水系。常见的褶皱构造解译标志有[18]：

- 图形标志。在遥感影像上，褶皱构造会表现为明显的图形信息，比如马蹄形、之字形等。
- 地形地貌标志。地形、地貌特征构成的纹形图案对称重复出现。
- 色调标志。褶皱构造在遥感影像上往往表现出和周围不同的色调，而且呈现一定的形状或平行线，比较容易分辨。
- 水系标志。褶皱构造周围的水系流向通常都是沿着褶皱构造的走向发展的，也有沿着岩层夹层的最低处发展的，放射状水系在褶皱构造发育区较常见。
- 纹理相近或相同的岩层图案对称出现。这种纹理相近或相同的原因是同种岩性的地层重复出现和相同或相近的土壤、水系重复出现。

② 褶皱构造类型解译。[18]

褶皱构造属于背斜还是向斜，是根据地层的新老关系判断的，核部老、翼部新为背斜，核部新、翼部老为向斜。在构造变动强烈或经历多次构造变动而使地层层序倒置的地区，背斜可以呈向下凹曲形态，称为向形背斜；向斜可以呈向上凸的形态，称为背形向斜。通过遥感影像的判读，不能直接解译出地层的新老关系，但结合研究区域的地质图，可以大致解译出地层关系，大型的褶皱可以就此判断出褶皱构造的类型，而小型的褶皱构造还需要根据岩层产状来确定其类型。一般情况下，背斜两翼岩层倾向外侧，单面山缓坡朝外倾，具有外倾转折端；向斜则完全相反，两翼岩层倾向内侧，单面山缓坡朝里倾，具有内倾转折端。在难以确定地层新老顺序时，可依据背斜和向斜的转折端形态进行判断。根据转折端的地形及水系特征判断岩层是内倾还是外倾，内倾为向斜，外倾为背斜。

2. 雷达卫星差分干涉地质构造识别

常规光学遥感方法是一种获取地表物质光谱特征从而推测地表物质分布的方法。利用光学遥感的方法对断裂构造进行解译，实际上是利用遥感影像上反映的线形构造。采用人工解译和计算机自动提取光学遥感可以有效识别山区断层等控矿构造的信息。光学遥感的信息提取方法对具有线形特征的构造活动有显著效果，然而对于一些隐伏的断裂构造，很难通过光学影像进行识别。雷达遥感具有一定的穿透性，在一定覆盖下的古河道、古遗迹和构造解译中发挥着重要作用，特别是干涉雷达在地震构造研究中应用广泛。[19]因此，为了更全面地解译复杂山区的地质构造分布情况，采用雷达差分干涉技术辅以光学遥感数据对区域的地质构造进行进一步识别很有必要。

（1）雷达数据选择及处理。

本次研究主要使用相控阵型 L 波段合成孔径雷达（PALSAR，Phased Array Type L-band Synthetic Aperture Radar）遥感数据为 XL 波段主动雷达影像系统，可全天候获取影像，不受天气、云层、昼夜影响，能应用在土地覆盖分类、环境监测等领域。PALSAR 提供 3 种拍摄方式：Fine 拍摄、ScanSAR 拍摄、Polarimetric 拍摄。Fine 拍摄方式又可分为高解析单极化（HH 或 VV）与双极化（HH + HV 或 VV + VH）方式，其空间分辨率分别为 7 ~ 44 cm 与 14 ~ 88 cm，幅宽均为 40 ~ 70 km；ScanSAR 拍摄方式可提供大广域观测需求，极化方式为 HH 或 VV，其空间分辨率为 100 cm，幅宽为 250 ~ 350 km；Polarimetric 拍摄方式属于试验性质，可提供全极化资料、5 种观测角度方式，其空间分辨率为 24 ~ 89 cm，幅宽为 20 ~ 65 km。[20]本次工作选用 Fine 模式获取的二期双极化（HH + HV 或 VV + VH）PALSAR 数据中的 1.0 级原始数据。

对于 PALSAR 数据的前期处理主要是 SAR 强度图像处理。本研究的数据为 1.0 级原始数据，需要经过聚焦、多视、配准、滤波、辐射定标、几何校正和增强处理等一系列处理生产雷达强度图（图 3-23）。马海盐湖雷达强度图如图 3-24 所示。

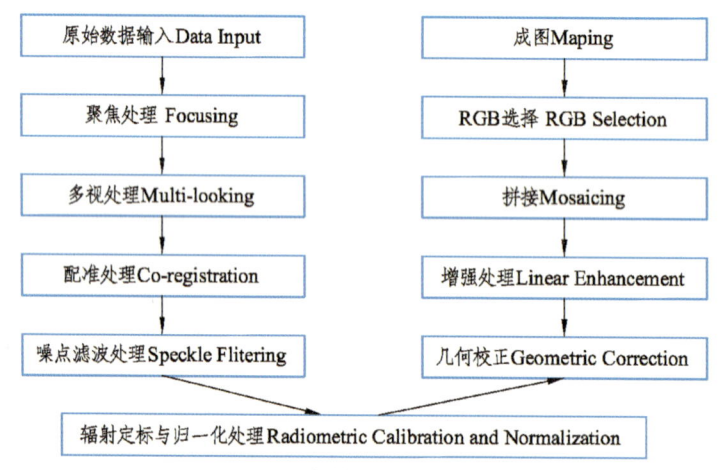

图 3-23　雷达数据生产强度图流程

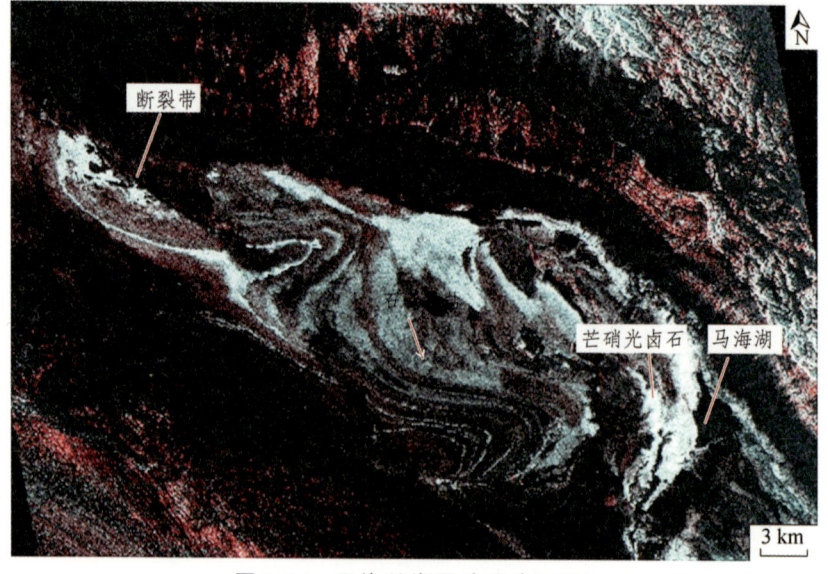

图 3-24　马海盐湖雷达强度图[19]

（2）雷达差分干涉及构造识别。

在对 PALSAR 数据进行预处理得到强度图之后，对 SAR 影像的线性单视复数图像（SLC）进行估计，进而进行干涉的生成，也即雷达干涉（InSAR）过程，最后将生成的干涉图像经过比例因子的放大，显示干涉条纹的特征，用来解译地质构造（图 3-25）。

干涉雷达在活动断裂解译中，一方面考虑地质解译，另一方面也可以进行断层的初步定性。由于常规的雷达影像在厚覆盖区不能够很好地反映出断裂，或者说普通雷达影像不能在厚覆盖区进行构造解译，而干涉雷达从地表形变特征入手进行遥感地质构造的解译，可以通过形变异常区揭示地质构造。本次研究利用 PALSAR 数据结合光学遥感和干涉雷达结果综合解译，最终识别的地质构造如图 3-26 所示。从结果看，主断裂为东西向的断裂，而南北向的次断裂较少，为主要的地下卤水导水构造，整体的特征比较明显。[20]

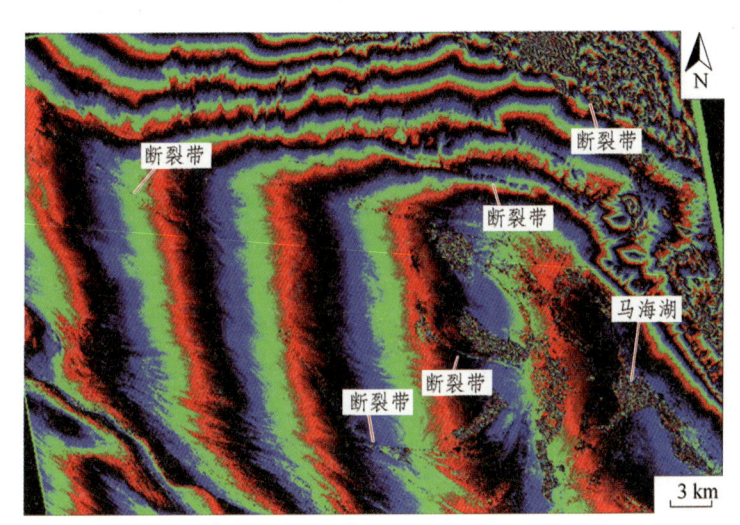

图 3-25　马海盐湖干涉雷达条纹图

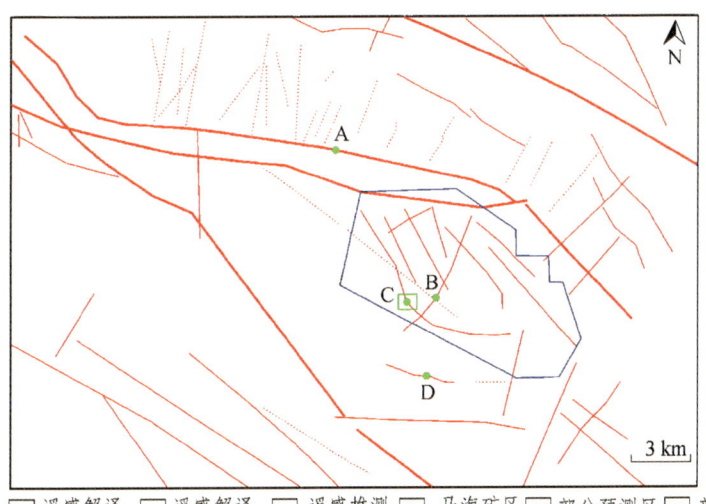

图 3-26　马海盐湖构造解译结果

3.3.2　基于航空平台的地质构造识别

在区域地质构造调查中，通过卫星遥感影像能对区域性较大的构造现象进行识别，然而对于局部的岩体结构，空间分辨率较低的遥感影像很难精细化地描述，因而需要运用其他手段。在工程地质领域中，岩体指的是由岩块和分割它们的不连续面或结构面组成的地质体。而岩体的结构是结构面在空间的分布与产出状态的组合。岩体结构表征了边坡的地质性质和力学性状，是岩质高边坡工程地质问题的重要控制因素。全面掌握和正确认识岩体结构特征是岩质高边坡稳定性评价的重要基础。但在复杂高陡边坡环境条件下，天然露头或者人工开挖面的岩体结构的调查却十分困难。[21]

对岩体结构面的研究历来受到地质工作者的关注，关注的热点和主要的研究成果大致可以分为三类：岩体结构面的空间分布几何特性研究；结构面（软弱夹层）工程地质力学特性及参数研究；结构面分布的计算机网络模拟研究。其中的岩体结构面空间分布的几何特性研究，就是地质工程中传统的岩体结构调查，利用结构面编录图件、结构面特征几何信息来刻画表达。传统的调查方法便是人工测量法，地质人员现场对处理的岩体结构面采用皮尺、罗盘等工具逐一测量、绘制结构面出露的展布图件，标注产状信息、力学性质描述，对岩体结构面进行分组，判断、计算分析结构面连通率、产出间距等特征。此方法是目前最为真实可信的调查方法手段，但在实际工作中受到地形环境条件、施工程序等外界因素的影响；另外，此种方法现场工作量巨大。这些都限制了其广泛的开展应用，所以由此又衍生出了简化的随机测量和统计窗的调查方法。快速、准确的调查可获取岩体结构面的几何特征信息，为定量分析边坡稳定性提供基础数据，而且也是数理统计珍贵的研究样本。

对于复杂施工场地、高陡边坡等条件下结构面的调查往往易出现测量精度低、工作效率差、调查人员安全难以保障等难题。[22]有学者采用全站仪来测量岩体结构的几何信息，特别是具有免棱镜测量功能全站仪的出现为非接触测量岩体的结构特征提供了可能，但该方法获取现场数据速度较慢。相比之下，利用三维空间影像技术来研究岩体结构具有独特的优势，Ross-Brown、Moore 等人率先将摄影测量技术应用于节理的走向和迹线长度解译，为重点岩体的岩体结构精细化编录提供了思路。本研究基于无人机摄影测量、无人机 LiDAR 及机载 SAR 测量构建了复杂山区重点岩体的岩体航空遥感结构精细化识别技术体系。

1. 无人机摄影的地质构造识别

三维点云数据"刻画"客观世界物体空间特征，是带有灰度信息（或彩色信息）的海量点坐标。在点云数据中，岩体结构面被抽象为数以百万计的三维坐标点，其空间几何特征信息赋存其中。这些点云信息包含岩体结构几乎所有的外部几何特征，但又有别于原型，需要对点云数据所重建的虚拟岩体结构面进行识别与提取[21]。众所周知，岩体结构本身就是复杂的空间物体，比如地质体中的软弱夹层，其本身并不是一个面，准确地讲应该是一个具有一定厚度的"带"，而且这个带也并不是一个规整的平面，是具有一定起伏和变化的。对于地质而言，软弱夹层的工程意义重大，特别是缓倾角的软弱夹层的空间展布问题，对研究斜坡或工程边坡意义重大，其层面的倾向、倾角的微小变化，都有可能对其稳定性的判定产生巨大的影响,其工程加固的治理费用也有惊人的改变。那么如何准确地在复杂地质体中识别这个"面",并准确获取这个面的宏观产状就成为一个重要而且基础的问题。在地质工程中这类问题并不少见,除软弱夹层问题外,断层、岩体结构面、特定地质边界等都涉及以上的问题。由此,不难看出基于三维点云数据如何准确识别和提取这些地质体的空间几何特征具有重要的意义。

近年来,无人机测绘技术异军突起,发展十分迅速。无人机测绘方便、快捷、精度高、覆盖广、成本低廉,从而成为摄影测量的重要研究内容,也为复杂岩体的结构识别研究开阔了新思路。贾曙光等分析了无人机摄影测量技术在高陡边坡地质调查中的应用,提出了一套使用无人机测量岩体结构面的工作流程。刘水清等利用无人机摄影测量半自动统计了岩体结构面的产状信息,并与人工实测值进行了比较分析,验证了方法的可行。Menegoni 等利用无人机开展倾斜摄影测量调查高陡边坡,提取了岩体结构面信息并研究了几种拟合结构面算法的精度。鉴于此,在对复杂山区重点边坡及危岩体稳定性进行评估时,我们利用无人机低空倾斜摄影测量技术开展了岩体结构面识别研究。

数据获取及处理通过使用无人机搭载倾斜相机在低空领域对地物进行拍摄实现。在获取影像的过程中,镜头拍摄始终与地面成一定倾斜角度,从而更好地获取地物表面信息。[23]倾斜摄影技术不同于传统的垂直摄影测量技术,倾斜摄影测量的出现使地物立面信息的获取在一定程度上得到了改善,可较好地用于地质灾害隐患点的监测与调查。因此针对诸如凯里地区这类高陡边坡展开调查,使用传统的摄影测量技术获取到的坡体表面信息十分有限,所采集到的数据不满足建模要求并无法进行岩体结构面信息的分析和研究;而使用倾斜摄影测量技术则可较好地获取到边坡岩体结构面的信息。

考虑到山区高程差较大,因此选用国产的 DJI Phantom4 Pro 无人机开展小范围的倾斜摄影测量调查。Phantom 具有摄影性能强、飞行灵活度高和续航时间长等优势,且该无人机配备惯性导航系统、GLONASS 与 GPS 组合定位系统,所拍摄的每一张影像均具有相应的经度、纬度和高程信息,以便于后期构建模型。DJI Phantom4 Pro 的相关参数见表 3-6。

表 3-6　DJI Phantom4 Pro 关键技术参数

无人机	质量/g	1 388
	尺寸/mm	285 × 285 × 18
	飞行时间/min	30
	工作环境温度/℃	0 ~ 40
	卫星定位模块	GPS/GLONASS
相机	传感器类型	CMOS(FC6310)
	影像分辨率/pixels	5 472 × 648
	水平/垂直分辨率/dpi	72
	焦距/mm	9
	感光度	100 ~ 3 200

使用无人机开展倾斜摄影测量，进行数据获取及处理的工作流程主要为现场踏勘、航线规划、影像获取、数据检查、模型生成。

（1）现场踏勘：勘察岩体岩性及岩体边坡的高度、坡体表面风化程度。

（2）航线规划：为保证所获取影像数据的规范化，使用专业版 UVA Manager 对本次飞行航线进行规划设计，全程采用交叉等高飞行。传感器在交叉飞行过程中始终倾斜 45°。为了后期获得高质量及高密度的三维模型，航线所设置的旁向重叠率和航向重叠率均为 80%，重叠率需满足三维重建要求，结果精度满足岩体结构面调查要求。

（3）影像获取：安装好 DJI Phantom4 Pro 无人机后，进入已规划好的航线任务中开展倾斜摄影测量调查，航测可获得带有 GPS 坐标信息和相机姿态的影像。

（4）数据检查：航线任务飞行完成后，对影像数据进行检查，由于拍摄角度受限等，为得到边坡坡面的岩体结构面信息更为均匀全面，还可采用手动飞行进行补充拍摄。

（5）模型生成：如图 3-27 所示，通过使用 Bently 公司的 Context Capture 软件对所采集的影像进行三维模型重建。首先创建工程，导入带有空间位置信息的影像，并完成空中三角测量的解算；之后调整需要建模的范围，并定义模型生成的坐标系；最后分别重建出三维实景模型（图 3-27）和三维点云模型（图 3-28）。

图 3-27 三维实景模型

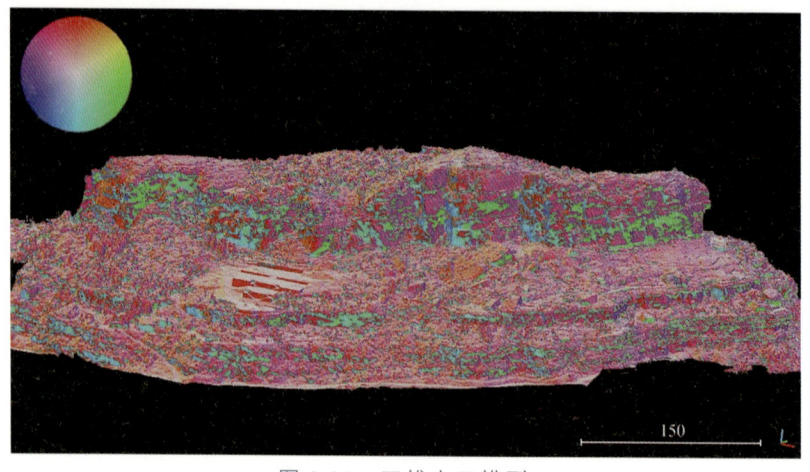

图 3-28 三维点云模型

2. 无人机 LiDAR 的地质构造识别

LiDAR，即激光探测与测量系统（Light Detection And Ranging），是利用 GPS 和惯性测量装置（Inertial Measurement Unit，IMU）机载激光扫描的雷达系统，如图 3-29 所示。其所测得的点云数据带有空间三维信息和激光强度信息，应用分类技术后可剔除原点云数据中的非地面信息，进而获得地表的数字高程模型（DEM）数据。机载 LiDAR 技术应用于活动构造研究始于 1999 年的美国加州 Hector Mine 地震。与野外测量方法相比，机载 LiDAR 技术可在短时间内获取大范围的高精度地形地貌，发现之前由于植被覆盖或者地形限制而未曾被发现的地表破裂带，并得到精细的地表微地貌结构。目前，LiDAR 在活动构造研究中已得到广泛应用。[24]

图 3-29 无人机 LiDAR

西南山区地处青藏高原及其东南缘特殊地球动力学环境，现代板块运动强烈与活动构造发育，采用机载 LiDAR 技术构建基于三维点云数据的构造自动识别模型（图 3-30），实现了断裂、活动构造及构造面的自动识别，解决了西南山区构造识别难题，丰富了构造识别理论与方法。

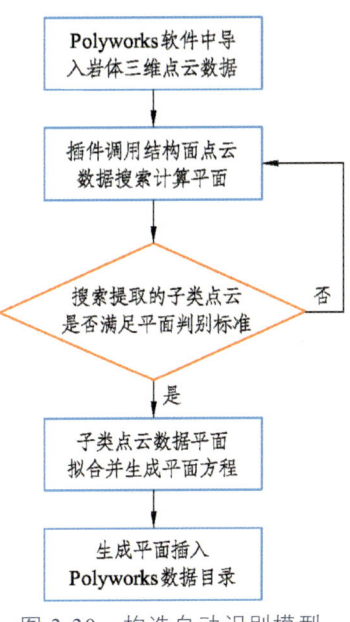

图 3-30 构造自动识别模型

3.3.3 危岩落石结构特征

1. 岩体结构面的识别方法

笔者团队提出了无人机三维空间影像数据的岩体结构面识别原则，根据结构面发育特征将其点云数据识别方法分为 4 类，包括直接判识、类比判识、推理判识和现场验证等；论述了平面方程拟合岩体结构面的原理，提出了三维点云数据中结构面拟合平面的提取方法，包括人工提取（"三点"拟合法、多点拟合法）、人工干预的半自动搜索以及程序全自动搜索识别结构面的方法。其中，对于全自动搜索识别结构面的方法，笔者研究并利用 K 近邻算法（KNN 算法）采用 C++开发编程，基于 Polyworks 软件 IMInspect 模块为载体编制插件程序，实现了三维点云数据中自动搜索结构面，经测试能完成较为复杂条件下的岩体结构面拟合提取。

2. 研究结构面产状计算方法

根据点云数据中识别、提取的岩体结构面的平面方程，我们对结构面产状计算原理与方法进行了阐述，推导了相应的计算公式，根据研究成果编制了相应的插件程序（图 3-31），可以自动提取平面方程法矢量参数、批量计算结构面产状（图 3-32），方便了后期分析工作。

目前，复杂山区铁路勘测中开展的卫星光学遥感、无人机摄影测量解译工作还不能完全满足工程建设需求，亟须查明拟建铁路沿线地质灾害发育特征和因植被遮挡高隐蔽性的尚未发现的重大灾害，尤其是地质条件复杂、地形陡峻、植被茂密、地质灾害密度发育大的重点区段。采用机载激光雷达技术解决目前的难题，具有较强的针对性和适用性，是卫星光学遥感和无人机低空摄影测量技术的有益补充。[25]机载雷达技术既可以快速高精度获取地面三维空间信息，同时也可以获得高分辨率光学影像，其最大的技术优势是激光雷达主动发射多回波激光束，能一定程度地"穿透"地表植被，获取地面真实地形特征，通过二维影像、三维空间数据综合分析，可以实现隐蔽性灾害的识别与信息提取。机载激光雷达技术不仅能够提供高分辨率、高精度的地形地貌二维影像，同时机载 LiDAR 还具有多次回波技术可"穿透"地面植被，通过滤波算法有效去除地表植被的影响，获取真地面高程数据信息。[26]尤其是在发现历史上的古老滑坡，或曾经活动过但又没有整体滑动，以及因地震等强烈作用形成的震裂山体方面效果显著。

（1）POS 后差分处理。

无人机机载 LiDAR 作业时，需要布设地面 GNSS 基站，基站坐标可采用已知 GNSS 坐标点联测方式得到，或收集基准站周围全球导航卫星系统连续运行基准站（如 IGS 站）观测数据、IGS 站精密星历和精密钟差等相关数据，解算获取。

第 3 章 基础地质天空地井综合勘察技术及其应用

图 3-31 自主开发的程序插件自动进行结构面搜索和提取

103

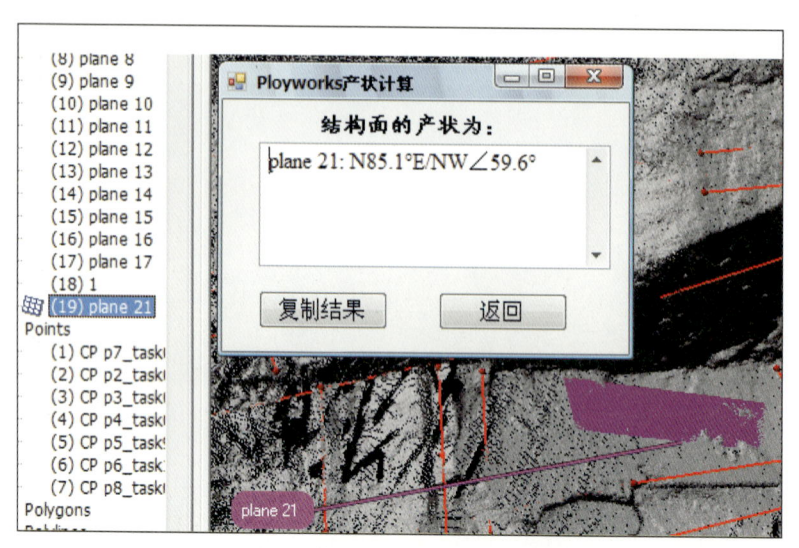

图 3-32　自主开发的产状计算程序

基站数据获取之后，联合无人机载 GNSS 数据、IMU 数据，按照后处理精密动态测量模式进行姿态解算，可获取飞行过程中各时刻 GNSS 天线的基准坐标。[27]POS 解算时选择该架次距离测区最近的基站数据进行解算或采用多基站数据联合解算[28]，并且剔除姿态不佳的编号卫星数据，确保最终差分数据质量（图 3-33）。

POS 解算完成后，通过数据质量因子、精度衰减因子、卫星周跳情况、正反算结合分离指数、浮动/固定模糊度及 GNSS 定位精度（差分 GNSS 解算结果）等指标进行综合评定，满足精度要求方可使用。最后导出轨迹文件成果，必要时进行格式转换。

（2）点云数据解算。

点云解算之前应获取无人机机载 LiDAR 系统各部件的检校场或室内检校数据，主要用于改正飞行过程中的系统误差、航带偏移等。根据系统部件之间的偏心角、偏心分量数据，通过整体平差的方法解算出定向定位参数，以改正航带平面和高程漂移系统误差。

联合无人机 POS 航迹线数据、原始激光测距数据以及系统检校参数，进行点云数据解算融合，可得到任意点的三维坐标。通常解算完成后的点云坐标系为 WGS-84 坐标系，需要将原始点云转换至工程坐标系统下，可利用已有的转换参数或实测的控制点计算得出转换参数。坐标转换的中误差应不大于图上 0.1 mm（以成图比例尺计算）。最后将点云数据输出为所要求的格式存储（图 3-34）。

（3）点云去噪滤波。

由于无人机飞行受振动、空气悬浮颗粒物、载荷减震系统等影响，获取的点云中包括大量的噪声点；此外，点云数据密度不规则，因遮挡等问题会产生离散点等，需要进行滤波处理，才能更好地进行点云配准。

点云滤波方法常用的有双边滤波、高斯滤波、直通滤波、随机采样一致性滤波等。根据实际数据情况，可采用自动滤波或人机交互方式进行处理，确保最终的点云数据中不含或仅存在较少噪点（图 3-35）。

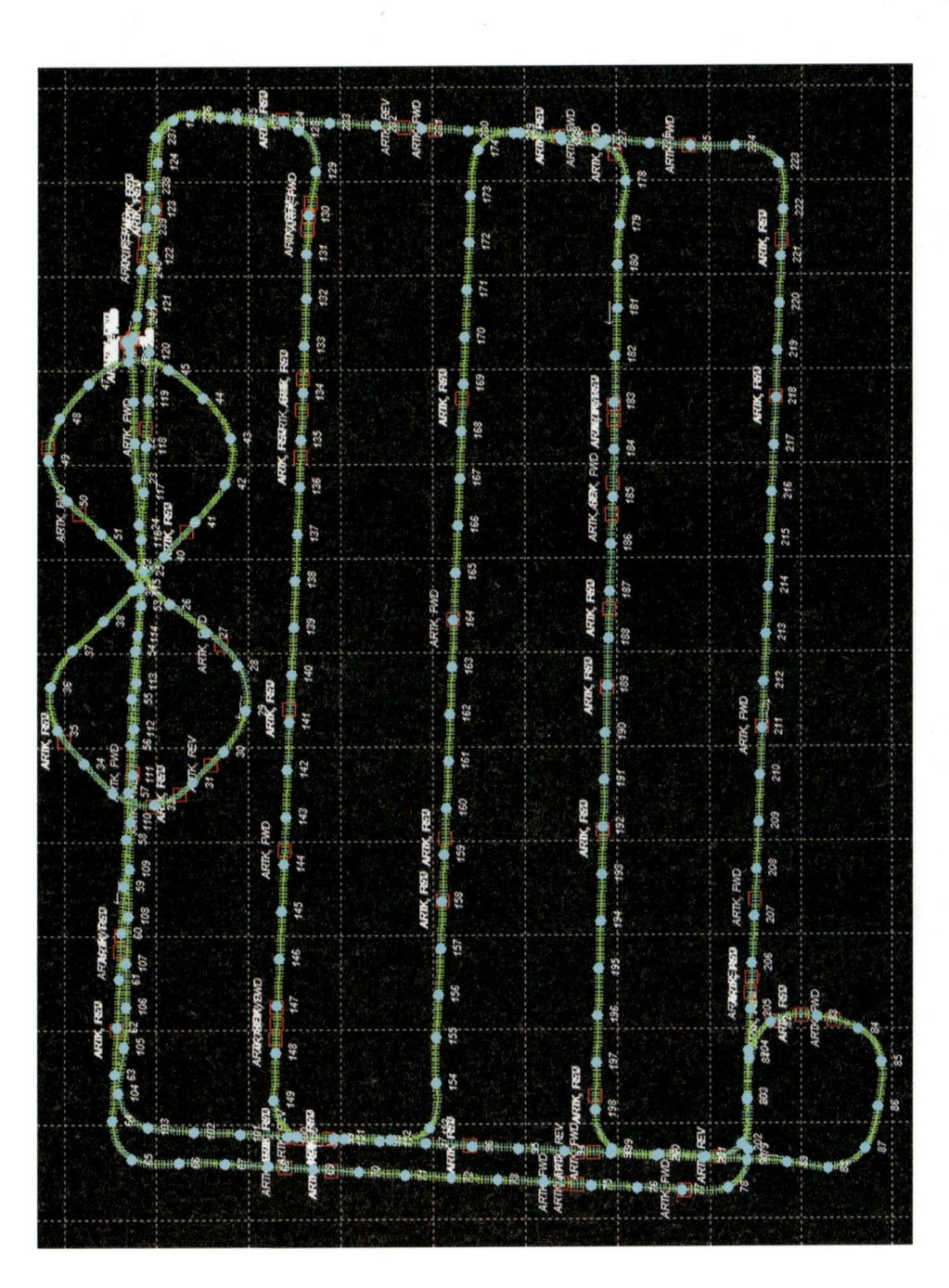

图 3-33 POS 解算结果示意图

图 3-34 解算后的点云数据

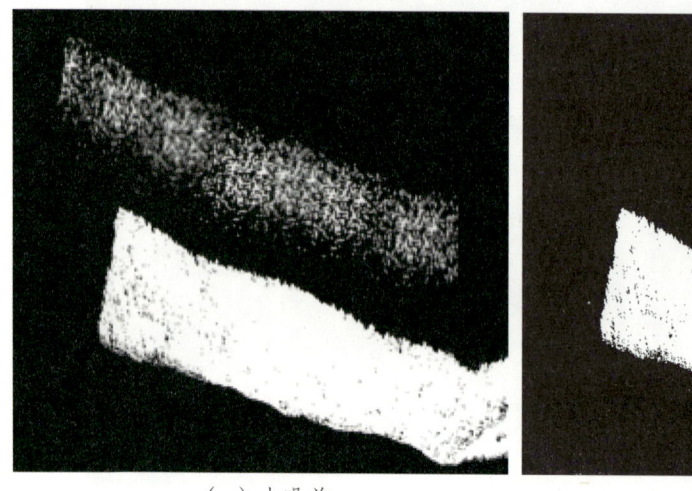

（a）去噪前　　　　　　　　　　　（b）去噪后

图 3-35 点云去噪滤波（消除空中噪点）

（4）点云航带平差。

无人机机载 LiDAR 的扫描幅宽受到扫描角度和飞行高度的限制，不具备大面积测量的能力，只能对作业区域进行多条航带飞行来获取整个测区的点云数据，相邻航带之间一般保持 10%~20% 的重叠度，同一地物目标在不同航带之间存在空间"漂移"的误差，需要对机载 LiDAR 点云数据进行航带平差处理，以消除或者尽可能减小相邻航带同名地物之间的误差，获取作业区域的无缝拼接点云（图 3-36）。

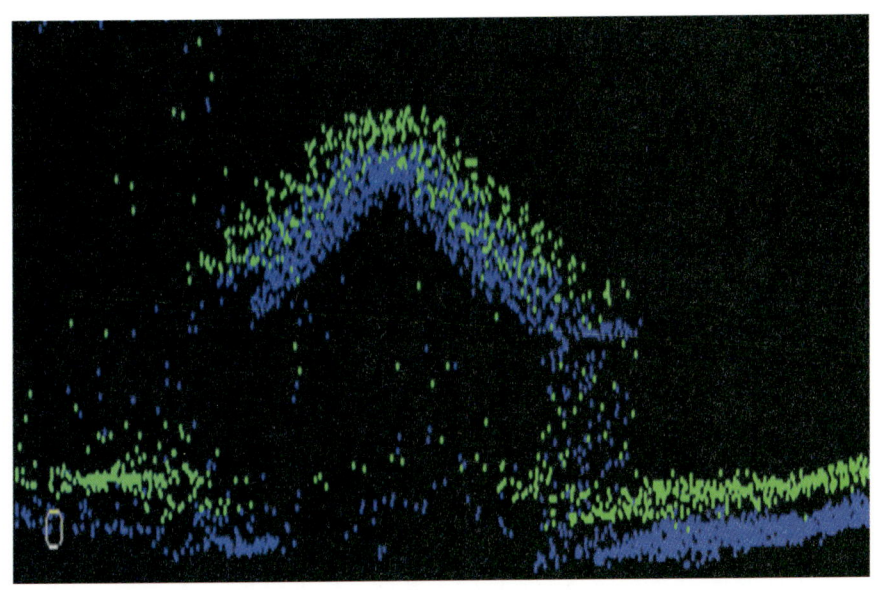

图 3-36 相邻航带间的房屋点云（航带平差前存在明显误差）

航带平差采用无人机配套的点云处理软件来实现（图 3-37），不同航带间（含同架次和不同架次）点云数据同名点的平面位置中误差应小于平均点云间距，高程中误差应小于相关规范要求。如果中误差超限或存在系统误差，应采取布设地面控制点的方式进行系统误差改正；小于限差后，再进行航带平差。[29]

图 3-37 航带平差拼接后的点云

航带平差完成后，采用野外控制点检查的方式检查点云数据的绝对精度，点云精度不满足规范时，需要利用外业控制测量数据对原始点云进行匹配纠正。

航带平差完成后，整个测区会拼接成一块完整的点云，数据量较大，可根据实际需要对点云数据进行分块，每一个数据块作为软件处理的一个单元，一般按矩形切块。数据块的大小根据数据处理的软、硬件性能综合考虑。

（5）点云分类。

预处理后的激光点云数据是包含地面点、植被点、建筑物点等多个目标三维坐标点的集合。为了获取数字表面模型（DSM）以及真实地面的数字高程模型（DEM），就需要从这些点云中分离出植被点、建筑物点、地面点和错误的点，然后利用这些不同类别的点通过不规则三角网或网格来构建 DSM 或 DEM。

点云分类通过自动滤波或人机交互的方式提取地面点。将点云中的地面点与非地面点分离之前，首先将明显低于地面的单点或点群（低点）或明显高于地表的单点或点群（空中点），以及移动地物点，统称为噪点，进行分离；然后利用基于反射强度、回波次数、地物形状等的算法或算法组合，对地面点进行提取。对分类后的地面点检查一般采用建立地面模型的方式进行，对模型上不连续、不光滑处，绘制断面图进行查看及修改。根据点的高度以及点云分布的形状、密度、坡度等特征，对非地面点云进行分类（图 4-40）。对于形状规则、空间特征明显的地物（如建筑物、电力塔等），可通过参数设置，用软件自动提取。若有对应正射影像，可用来辅助检查，以提高分类可靠性。对高程突变的区域，调整参数或算法，重新进行小范围的自动分类。[30]

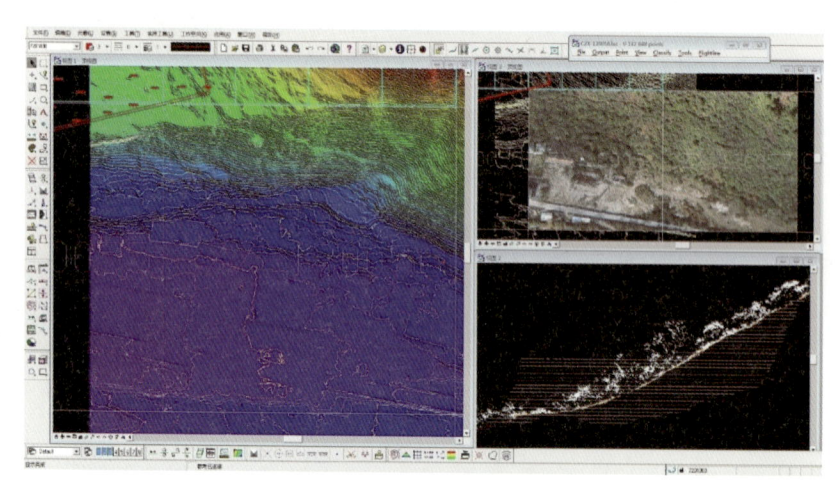

图 3-38　点云分类界面

3.3.4　基于地基平台的地质构造识别

三维激光扫描是继 GPS 技术后的又一项技术新突破，被誉为"测绘领域的又一次革命"。激光扫描设备以高速的编码激光束进行自动测距，利用复杂、精密的棱镜系统计算空间坐标，可远距离、快速获取被测物体的三维空间坐标信息，可以细致地以高密度的"点云"来刻画物体的表面形态。三维激光扫描技术的出现改变了物体三维测量的方式，大大提高了三维数据提取的工作效率，降低了数据采集工作的劳动强度，广泛应用于三维空间数据获取的各个行业，也使得越来越多关于获取结构面产状的方法得以发展。

基于点云提取结构面信息的方法主要可以分为两大类。第一类方法是直接基于原始点云提取岩体结构面信息。这类方法包括通过选取共面点来确定平面，再将检测到的平面法向量投影到极点图中去确定结构面的分组情况。然而这种方法在确定邻点个数时需要做共面测试，这个共面测试受结构面表面的粗糙度影响很大。与此同时，结构面的产状分组情况需要人工确定。第二类方法是先将点云数据三角网格化，再对每个三角形进行法向量的计算，最后通过 k 值聚类法将相邻且相似的三角面片连接在一起。[31]这种方法也有一些弊端：首先，聚类结果受中心点的选取影响；其次，该方法需要提前确定分类个数。本研究基于地面式三维激光扫描仪（图 3-39）进行三维激光扫描得到原始数据，进而开展岩体结构面的调查。

图 3-39　地面式三维激光扫描仪

1. 数据获取及处理

地面三维激光扫描工作主要分为以下环节：扫描准备、现场踏勘、扫描方案设计、扫描站点选取与标靶布设、点云数据采集。[32]其扫描工作流程如图 3-40 所示。

图 3-40　地面式三维激光扫描仪扫描工作流程

在扫描作业前期需对测区的资料进行搜集，包括测区的地形图、航拍或卫星影像等资料，以对测区的面积以及分布形状有初步了解。同时需要了解当地气候和气象信息，以参考确定设备运行的最佳环境、气候条件，并调查测区内的道路分布以及地表地物分布状况。现场踏勘工作包括熟悉现场环境、了解扫描范围、观察扫描区域内的房屋与植被等可能会对扫描工作有所遮挡的物体以确定扫描工作实施的可能性。根据以上工作的结果，制订与设计可实施的扫描方案。

扫描方案的制订具体包含下列内容[31]：

① 了解作业范围、工作量、要求完成时间等。

② 已有资料的可利用价值情况。

③ 成果的种类、格式、精度、坐标系统、高程基准、比例尺等。

④ 地面扫描站点布设位置、反射标靶布设位置。

⑤ 作业所需的扫描仪类型、了解参数及其是否能够达到成果需要的精度，后处理软件的功能是否齐备。

扫描方案设计结束后，需要选择合适的架站位置对欲测物体进行扫描，同时根据扫描站点的位置架设标靶。扫描开始前，需对扫描角度、扫描精度、标靶识别等关键要素进行确定。针对西南山区的复杂地形环境，扫描设备有时会出现垂直视场角不足的情况，这时需要根据现场情况考虑是否架设扫描云台。同时，若工程要求数据最后转换到大地坐标系下，则需使用全站仪或实时动态定位（RTK）对标靶进行三维坐标测量，以方便在数据处理中完成坐标转换工作。此外，若成果需要点云信息中带有真实颜色，还需要开启扫描仪内置相机或架设外置相机获取相应的数码影像。以上是完整一站需要进行的工作，若需要多站点扫描，则每一站都需要重复上述内容。根据前期准备的测量区域资料，初步设计测区的扫描路线。线路设计应遵循的原则包括：测区覆盖完整，测站点分布均匀，测站移站便捷且路径不重复。同时，调查测区内的地物分布状况，根据地物的分布疏密以及重要扫描对象的位置重新规划扫描站点，并以地物重要性程度确定扫描模式。重要性较低的地物可以适当降低扫描密度，以减少冗余数据；针对较重要地物，可适当提高扫描密度以获取更多的细节信息。

按照操作规范连接扫描系统，扫描系统包括激光扫描仪主机、相机（可选）及计算机。扫描仪主机用于激光三维点云数据的采集。相机通过连续拍摄获取全景照片，与三维激光点云进行匹配，为点云提供色彩（RGB）信息。计算机与激光扫描仪主机相连接，用于操作扫描仪以及扫描数据的存储和预处理。数据采集之前，首先试运行整个系统，检查数据获取与存储是否正常、存储空间是否足够、点云数据和二维影像是否能准确匹配。[33]若影像信息和点云数据匹配不佳，需要对相机进行校准。然后，应进行基站架设的规划，确保数据采集区域不存在死角，且站与站之间要存在一定的重叠度，保证整个测区的完整覆盖，以满足后期数据拼接的要求。测站布设如图3-41所示。

图3-41 测站布设示意图

第 3 章　基础地质天空地井综合勘察技术及其应用

无论采用哪种方式进行扫描，都需要对重叠区域、激光入射角等因素进行重点考虑，以保证拼接的可行性与效率。在扫描任务执行前，与所有光学测绘仪器使用一样，需对三维激光扫描仪进行对中整平，并调节扫描参数。以 Riegl VZ-4000 型扫描仪为例，该扫描仪拥有 4 种激光发射功率，分别为 30 kHz、50 kHz、150 kHz 和 300 kHz，分别对应 4 km、3 km、2 km、1 km 的最大测量距离，根据扫描架站位置与欲测物体的距离进行设定。其次是点云的采样间距，一般来说，采样间距越小，点云数据越密集，能够表达的细节也就越多。但随着采样间距的减小，现场扫描工作的时间就会增加，点云数据量就越大。高密度的三维激光点云对数据的存储、计算机与软件的处理能力与效率都提出了更高的要求。所以点云数据并不是越密集越好，而是需要在采样间距与扫描时间中取得平衡，在能保证点云数据拥有足够细节的同时，缩短现场扫描时间，为点云数据的后处理提供便利。[32]

点云数据处理包括以下几步：数据去噪、数据拼接、数据坐标转换、数据分类等等。三维激光扫描仪在采集数据期间，由于设备自身与外界多种因素影响，例如空气中的粉尘、移动的人与车辆等，会产生明显的噪声点，这些噪声点是我们不需要的，而噪声点的存在会对后面的数据处理产生影响，因此数据处理的第一步就是去噪。目前很多扫描仪自带的软件在读取原始数据时就会自动剔除空气中的噪声点，但对于人与车辆的噪点还是需要手动清除。另外，针对本节的高边坡岩体露头的点云，生长于岩石缝隙中的植被同样也属于噪声点，需要结合实际情况进行滤除。其具体技术流程如图 3-42 所示。

图 3-42　点云数据处理流程图

数据拼接一般有两种方式，基于物体几何特征的点云拼接以及基于标靶的点云拼接。基于物体几何特征的点云拼接是一种常用的拼接方式，它通过搜索相邻站点数据重叠部分的几何特征求解拼接参数的空间矩阵。这里以 Riegl VZ4000 扫描仪的扫描数据与其软件 RiscanPro 来介绍这种拼接方式的步骤。[32]

（1）粗拼接。

使用 Riscanpro 软件进行拼接时，首先要确定一个基准站点，然后将所有的测站都向基准站点靠拢。基准站点的选择要求为：与相邻测站有足够的重叠区域、测站点云必须水平（扫描仪对中整平的细小误差使用软件可以进行补偿）。粗拼接的方式有两种：一种是在两测站找到重叠区域的公共同名点，手动将点云进行大致重合，一般需要 4 个或 4 个以上的同名点来控制待拼接数据的位置；另一种是直接通过旋转与平移使两测站数据重合。无论使用哪种粗拼接方法，目的都是将待拼接点云尽可能地与基准站数据重合，为后面的精平差做好准备。

（2）准备数据。

准备好三维激光扫描的点云数据。软件根据相应算法，搜索两测站重叠部分的几何特征，这些特征会以三角网格或特征点的形式储存在相应的测站数据中。一般来说，采样间距越密集的点云数据,可用作拼接的几何特征就越多,平差的精度就越高,质量越好。

(3)精拼接。

准备好拼接需要的几何特征数据后,使用 MSA(多站点平差)功能进行精拼接。首先需要给出一个目前数据相离的距离半径,软件会根据这个半径搜索并完成精平差。逐渐减小这个搜索半径,精平差的结果就会越来越准确,误差也会越来越接近允许参考值,计算结果将会收敛。一般来说,用于地质调查的三维激光点云数据,误差值在 1 cm 左右就能满足拼接的精度要求,部分拼接数据如图 3-43 所示。

图 3-43 点云数据拼接

本节的点云数据均是使用 Riegl VZ-4000 型扫描仪进行扫描测量获得的,其内置的电子罗盘精度为±1°左右,满足使用需求。而对于需要进行坐标转换的数据,根据现场实测的控制点坐标,或是使用标靶的坐标,即可在后处理软件中完成由相对坐标到大地坐标的转换。因为本节主要研究的是结构面的产状信息,不需要特别精准的大地坐标,只需要确定正北方向即可。

2. 基于三维点云数据中的结构面几何形态判识

三维空间点云数据或者模型网格数据,都能够反映结构面的几何形态,但是反映的真实情况与点云数据质量、采样点密度、精度都有很大的关系。它除与三维点云数据本身有关之外,还与结构面出露的形态有很大的关系。笔者总结起来可以根据岩体结构面的出露几何特征[22],在点云数据识别中分为以下几种情况。

(1)结构面的直接判识。

能够进行直接判识的这类结构面,其三维点云数据特征明显、结构面平直、产状稳定,几何特征上常常表现为一个规整的平面,易于在三维空间图像上进行准确识别。如

图 3-44 所示的点云数据所展示的结构面,包含两组陡倾和一组中等倾角的结构面,这类结构面往往成组平行出现,各组产状数值上相差不大,结构面间距也相对稳定。故对于这一类结构面,仅仅依靠三维空间点云影像数据便可作出准确的判断。

图 3-44 三维点云数据中直接判识结构面[22]

(2)结构面的类比判识。

这类结构面点云数据中几何特征不明显、出露迹线规模一般较小、结构面闭合、产状有一定变化,地表出露的"面"较小或没有。这类结构面通过仔细观察,可以根据成组出现的特征进行对比分析,根据特征明显的结构面对其进行类比判识[22]。图 3-45 显示的三维点云数据,给人第一感觉是杂乱无章,无明显的岩体结构面分布,但是根据成组出现的特性可以发现近水平缓倾角发育一组结构面,其连续性差,结构面短小且在坡表无明显的"面"。因此,这类结构面很难一眼就发现,但是经过仔细观察、对比分析还是可以较为容易识别的。

图 3-45 类比判识结构面类型

（3）结构面的推理判识。

这类结构面往往不是很发育，成组出现的特性也不是很明显，同组结构面的产状差异也比较大，规模相对较小，在识别过程中需要运用相关地质分析的方法，通过间接的判识标志来推测、判断结构面。在实际操作中，为提高推理判识的准确性，往往需采用多种证据或标志进行综合分析和相互验证，尽可能避免仅凭一种间接标志来推断。

（4）结构面的现场验证判识。

对于结构面出露条件复杂的情况，应结合现场调查判断建立结构面的判别标志，现场对结构面进行分组，分析归纳结构面的三维出露特征。现场验证是最为可靠的判识方法。

3. 基于三维点云数据中的结构面色彩信息判识

岩体结构面通过点云数据彩色信息、灰度信息识别。三维空间影像的点云数据不仅包含扫描物体表面的点坐标信息，同时包含有灰度或者彩色信息。点云灰度信息是由扫描物体反射激光强度所决定的，而点云彩色信息是由数码相机获取的。这些色彩信息可以帮助我们对岩体结构面进行更为准确的识别。在图 3-46 中，点云数据具有彩色信息，在彩色的三维空间影像中，具有与真实场景相近的色彩，有着较为真实的光线阴影关系，仿佛置身于实物现场，这些色彩信息很大程度上可以帮助我们提高识别的精度与速度[22]。

图 3-46　彩色点云数据中的结构面识别

4. 岩体结构面三维点云数据的提取方法

结构面是不同类型的岩石在地质历史时期受的构造运动、浅表生地质改造综合作用的结果，是在岩体中广泛存在的。岩体结构面是分布、发育规模不等、产状各异的不连续面，这些结构面相互交切组合，形成了岩体空间上分布与力学特征上的复杂性。在岩体结构面调查时，由于天然露头或开挖面的限制，对岩体内结构面进行系统而确定性的测量几乎是不可能完成的。岩体结构面是力学性能的薄弱部位，具有显著的结构特性，是控制边坡稳定性的关键因素之一。国际岩石力学学会对岩体结构调查的指标体系提出了较为全面的建议。

第 3 章　基础地质天空地井综合勘察技术及其应用

岩体结构面是沿空间展布的具有一定起伏度的"面"，在一定空间范围内可以将其看作一个平面。利用平面的几何特征描述表达结构面的空间展布规律，由此在三维点云数据中通过对出露的结构面信息采用平面进行拟合，从而实现结构面的识别与提取，并由平面方程参数计算获得结构面产状信息。

结构面的提取方法总结起来可以包括 3 种[22]：人工手动操作的结构面识别、人工干预的半自动结构面识别、结构面的自动识别。

（1）人工手动操作的结构面识别方法。

① "3 点"拟合结构面。

地质结构面三维点云数据中有着较为明确的影像特征，由此确定该结构面上的 3 个不在同一直线上的坐标点，由 3 点坐标就能建立一个平面方程，通过人工对岩体结构面认知，采用几何平面表征地质结构面的空间形态。岩体结构面是一类地质行迹，在岩质边坡表部呈现为出露的迹线或者是暴露的光面，在点云影像中这些行迹较为容易识别，通过人工利用空间特征选择这些行迹当中"不在一条直线"上的 3 个点便可完成结构面的识别。在复杂的岩体结构中，往往由于结构面的粗糙起伏和地形后期改造影响，3 个点在结构面不同位置的选择会形成有一定参数差异的平面方程。因此，从点云数据中选取 3 个点坐标时，应注意点的位置要具有空间代表性，选择结构面出露明显且产状稳定的位置。另外，利用生成平面的空间影像特征，检验与结构面的拟合程度，观察其是否具有宏观上的空间代表性。图 3-47 展现了一个典型的结构面出露形态，其结构面倾角较小，在坡表仅出露一条迹线，很难找到一个完整的光面。因此，对此类结构面的识别，应抓住其地形特征，尽量利用空间的转折部位，选择明确的迹线边界进行结构面的"三点"识别。

图 3-47　"3 点法"拟合提取岩体结构面[22]

② 多点拟合结构面法

地质结构面往往由于卸荷松弛及地表后期改造等，在坡表处经常有光面出露。在有完整光面出露的情况下，三维点云数据中形态清楚明显，可利用点云数据中结构面出露面上的所有点（或者大部分点）来拟合一平面。多点拟合识别结构面，不仅表达的是宏观上结构面的总体分布趋势，而且克服了地质罗盘单点测产状而存在的误差。这种方法特别适合调查一些控制性的、有一定起伏的结构面，综合给定其空间分布特征。如图 3-48 所示，在三维点云数据中选择特征明显的出露光面，尽可能多地选择点云数据，这些数据具有代表性、起伏度小、分布范围最广，由选取的点云数据生成一拟合平面。多点拟合生成结构面能够得出综合的结构面产状，比单点位置的传统罗盘测量更具有代表性。

图 3-48 "多点法"拟合提取岩体结构面[22]

（2）人工干预的半自动结构面识别方法。

所谓的人工干预半自动结构面识别，指的是在结构面识别过程中人为指定一定的搜索范围和参数，然后由计算机程序进行自动查找，从而生成拟合平面的方法。以徕卡扫描仪为例，其在三维处理软件 Cyclone 中，就提供了平面搜索生成工具。在后处理软件中对结构面出露明显处的点云数据选取一个或多个点，使用 Region Grow/Patch 功能，程序会对所选点的一定范围进行搜索而获取生成平面（图 3-49），搜索过程中根据结果可以不断调整搜索半径等参数，直到获取理想的数据结果。选取点的准确性及代表性将直接影响拟合结构面的准确性。

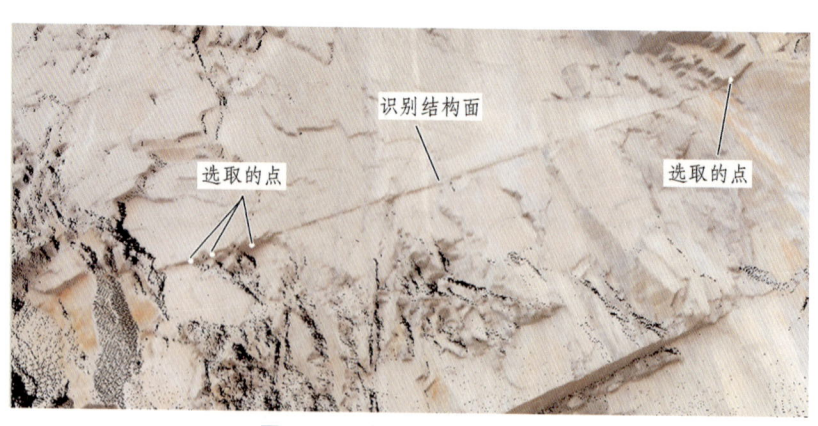

图 3-49 选取结构面上的点

第3章　基础地质天空地井综合勘察技术及其应用

这种方法结构面的提取准确性较高，是在人工识别结构面的前提下，有针对性地选择岩体结构面点云数据中代表性的点，然后人为指定搜索半径（图3-50），计算机自动查找在指定点空间内最优的拟合平面方程，从而确定结构面拟合生成的平面。

图 3-50　搜索结构面

（3）计算机自动搜索识别结构面。

结构面的识别客观地讲具有一定的人为因素，也就是说对于同一个岩体边坡而言，不同的地质调查人员对于岩体结构的认识并不会完全相同，这与专业知识、主观感受等因素有关。但这样的结果并不是科学研究期望看到的。岩体结构可以利用三维空间影像技术对其几何特征进行表达和存储，而且岩体结构面是具有一定几何规律的，通过数学的方法采用计算机自动完成结构面的识别和提取，一直以来都是学者们研究的热点和难点问题。在这方面很多人都做了大量的努力，这些研究当中包括基于摄影测量原理计算岩体结构面产状、三维激光扫描点云数据自动分析求取结构面产状等内容。基于摄影测量技术开展此方面研究的案例颇多，但这种依靠立体像对原理解算结构面产状的方法，虽然可以算出产状，但是无法实现结构面的立体可视化，并不能进行立体的三维展示，仅通过数据的公式计算从而求得产状。另外，这种产状的求得也并不是计算机自主完成的，需要人工干预。而采用三维激光扫描技术开展对岩体结构的研究，也是地质工作者所关注的，这是由于三维激光扫描设备获取的点云数据不需要进行任何其他处理，便可真实反映岩体结构面的空间形态，而且是完全三维数字化的。目前，在这方面的研究中，要么是对点云数据本身进行分析，这种方法不具有可视化的功能，因此也无法检验识别的准确程度；要么就是独立编制三维展示的程序，加载结构面点云数据，对点云进行三角网模型重建，在此基础上搜索结构面进行自动识别。这些研究都有着一定的缺陷，或者后检验功能不强，或者过于烦琐，程序通用性不强。

为此，笔者团队开发了一个软件插件，能在通用的三维点云处理软件中，不需要额外过多的干预处理，而自动搜索并提交岩体结构面，具有良好的后检校功能，人机交互界面友好。插件开发的软件平台选用 InnovMetric 软件公司的通用点云处理软件 Polyworks。

InnovMetric 软件拥有世界上最大的高密度点云软件客户群,目前市场上几乎所有的扫描仪点云数据都可以在这款软件中运行处理。软件提供了开放的插件接口,具有良好的开放性和兼容性。

插件程序采用 C++开发编程,开发平台选用 Microsoft Visual Studio 2010、Polyworks SDK 2014。基于 Polyworks 提供的 COM 接口,在 Microsoft Visual Studio 2010 中建立 ATL 工程,实现与 Polyworks 之间的通信连接。

插件运行点云自动平面识别算法的基本原理为:假设要处理的点云数据是无结构的三维点云数据,也就是点云数据上的点没有相应的法向量信息(大部分的点云数据都是无结构的;即使有,通过拼接处理等过程,法向量也会丢失)。

进行点云法向量估算:其估算的过程是,程序自动选择点云数据中的种子点,通过搜索周围的一定数量的点坐标数据,进行拟合平面处理。搜索周围一定数量的点常用的有两种方法,一种是 KNN(K Nearest Neighbors)算法,另一种是 FDN(Fixed Distance Neighbors)算法。因为 FDN 算法与点云的间距、密度有关,为了避免不同扫描间距的数据需要设定搜索距离问题,所以程序插件中采用的 KNN 算法,就是搜索与选定点距离最短的周围 K 点进行平面拟合。

此外,还可根据平面拟合进行法向量估算,每个点除有个平面外,还有生成这个平面的残差。这个残差值大小可以用来判断点云是否是连续的一个面。残差值大的话可能周围有很多噪声点,可能这个点处于物体边缘,也可能表明这些点云弯曲度大而不能用一个平面表达。

插件的运行过程大致如下:

① 安装插件程序到 Polyworks 软件中,插件安装完成后在菜单栏 Tools/Plug-ins/CompanyName 中可以找到启动程序,调入要查找结构面的点云数据,启动插件程序,如图 3-51 所示。

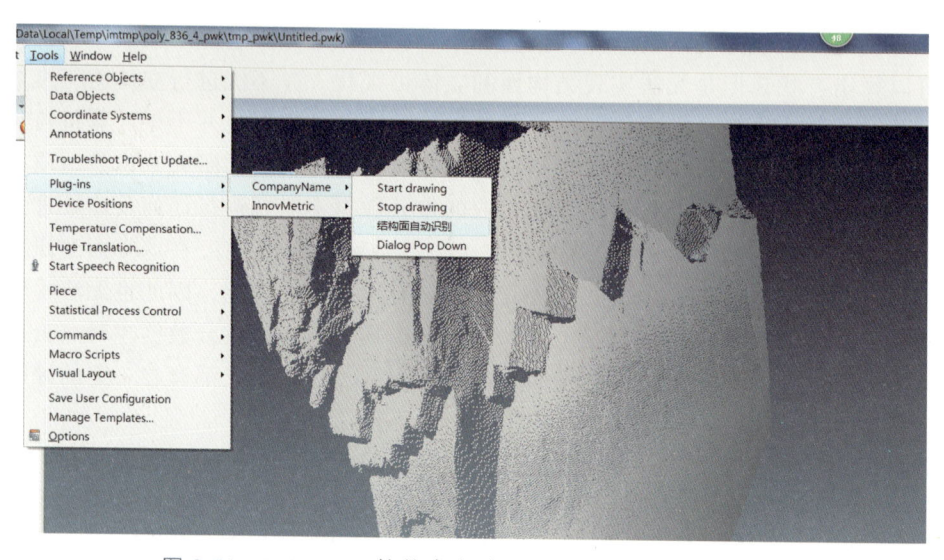

图 3-51　Polyworks 软件中启动"结构面自动识别"插件

第 3 章 基础地质天空地井综合勘察技术及其应用

② 插件启动，弹出参数对话框。参数内容主要包括"最少平面点云数""最大平面点云数""相邻点搜索点数""平滑度阈值""平面残差阈值"等。依据不同的点云质量可改变各参数，参数物理意义明确直接，修改简单。设置好参数后，程序将自动计算提取分离各个结构面点云数据，并对分离出来的点云数据进行结构面拟合，由此在 Polyworks 软件中生成对应的结构面点云数据和平面拟合数据，如图 3-52 所示。

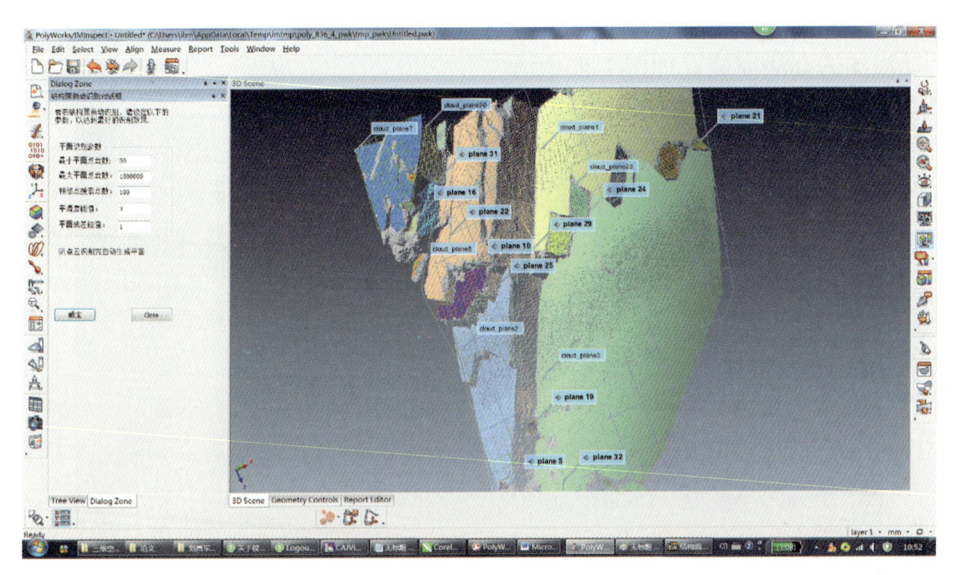

图 3-52 设置搜索参数，插件自动进行结构面搜索和提取

③ 通过插件程序分离的点云数据和拟合生成的平面数据完全三维可视化，可以对这些数据逐一进行检校，如由于噪声点云数据造成误生成，可以检查发现并人工剔除。图 3-53 展示的便是对结构面与分离出来的点云数据进行校核。

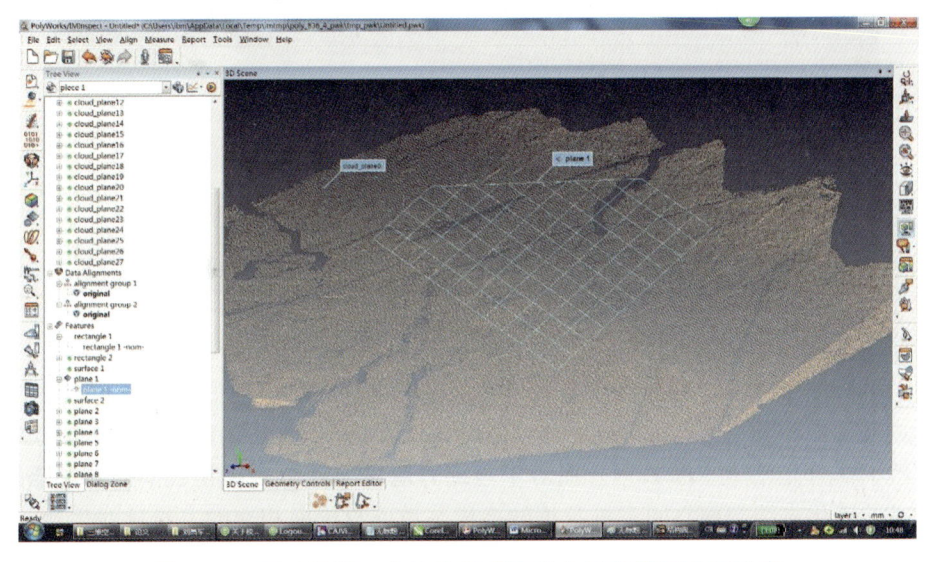

图 3-53 可对任意一个结构面提取的点云和平面进行检查

对于复杂场景条件，尤其是在一些地形条件受限、不可避免的前景遮挡情况发生时，点云数据中的结构面会出现漏洞无数据的情况。在本例中，点云数据的中上部由于视角影响，有一组结构面就没有点云数据，但是通过人为判断可以清晰地发现这组结构面的存在，如图 3-54 所示。对于这种情况，可以采用人工添加结构面拟合平面的办法。由于数据是在 Polyworks 软件中的，前面提出的"3 点法""多点法"等提取结构面的方法都适用，因此对于点云数据缺失或者质量不好而导致的结构面提取缺失的问题，可以采用人工手动添加的办法完成，如图 3-55 所示。

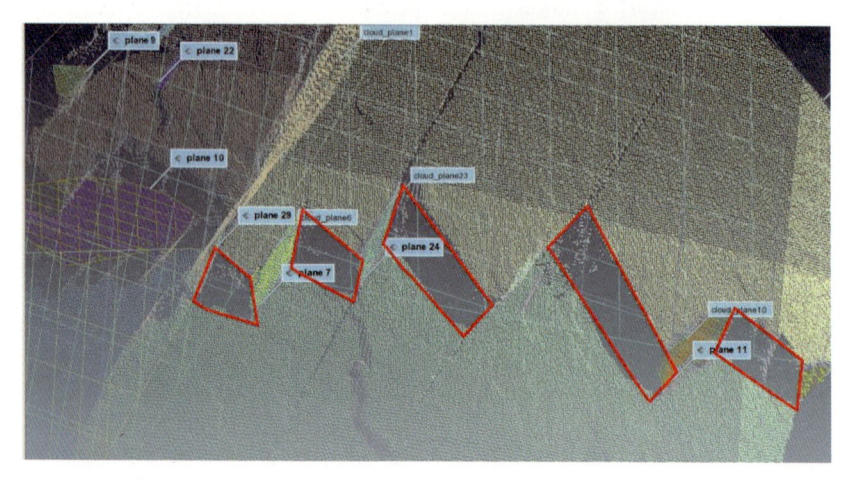

图 3-54　由于遮挡造成点云数据缺失，插件无法计算查找（红色框位置）

图 3-55　手动提取结构面

（4）结构面空间出露迹线提取方法研究。

通过上面内容的论述，采用人工、半自动、自动等方法提取岩体结构面生成拟合平面，这些平面都是三维空间数据。而对于传统的地质图件而言，其数据都是二维的，因此需要通过转化将结构面空间三维数据转换成与坡面投影面相交的二维迹线表达。由此，需要将结构面位置表达为迹线形式。

① 直接提取。

对于结构面与坡面投影平面大角度相交的情况，出露形式是线状的，可以直接利用Polyline（多义线）进行拟合提取；而对于角度相交的结构面，则需要判断投影平面与结构面交线位置确定结构面迹线，图3-56所示即为直接提取结果。

图 3-56　结构面迹线的直接提取结果

② 间接提取。

对于三维激光扫描设备而言，获取的彩色点云数据是利用数码照片的彩色像素点与点坐标信息进行拟合，然后对点云数据中的结构面进行识别。可以换个角度思考问题，即在某些情况下可以改变这个操作顺序。当结构面特征不明显，坡表出露迹线短小时，有时三维点云数据即便使用彩色信息也难以识别，毕竟彩色点云数据的分辨率比不上原始的数码照片。因此，在数码照片上利用不同颜色的线条勾画短小结构面位置（不同颜色的线条代表不同分组的结构面），并将这些线条信息保存到照片中，然后通过这张照片与对应的点云数据的耦合，这样获取的点云数据中彩色信息就显示了我们之前在照片中所做的结构面迹线信息（图3-57）。[22]这样，在点云数据中我们就可以轻松地识别结构面的迹线位置。

图 3-57　点云与带有勾画结构面信息的照片耦合

3.4 水文地质勘察技术及其应用

水文地质勘察是岩土工程勘察的重要组成部分，是利用多种勘察手段查明区域内水文地质条件、开发和利用地下水资源而进行的一种水文地质工作。随着现代化理念和科学技术的快速发展，调查技术手段向多样化转变，且调查内容更加丰富，如技术方面的地球物理技术、遥感技术的广泛应用；调查内容从单一的地下水类型、补径排条件等逐渐向水质污染等领域发展。[34]由于不同地区水文地质条件存在较大差异性，为了尽可能多地掌握水文地质信息，就需要因地制宜地采取勘探技术。

3.4.1 基于卫星航空平台的遥感水文地质勘察技术

遥感技术可以通过对卫星或航空照片的分析，高效率、高精度地反映地面测绘结果，是现阶段水文地质勘察中较为常用的方法，具有获取数据范围大、信息反馈速度快、信息处理效率高等应用优势，在进行复杂水文地质勘察中的应用优势明显[35]。

1. 遥感技术在水文地质勘察中的应用

（1）在水文地质测绘方面[36-37]：① 能够借助遥感技术对相应的地质界线进行有效的确定，且由此能够对地质特征展开全面了解，从而能够得到相对完整的测绘信息，并且对不同的数据信息展开应用，促使精准度能够获得提升。② 借助遥感技术的应用能够对地下水的情况展开全方位的勘察作业，且可以由此得到较为清晰的图像信息，这样能够对测绘人员的工作产生较大的助力作用。③ 借助遥感技术的应用，特别是在电磁波理论以及遥感设备的辅助作用下，可以给整个测绘工作带来较为充沛的资源，这样会使得测绘能力获得较好的强化。

（2）在地下水资源分布方面[37]：① 展开地下水资源分布情况的调查作业时，能够借助遥感技术对遥感图像展开关联分析，这样便可以获知含水层的相关状况。② 借助对现存水文资料的有效分析，能够全方位地掌握地下水资源的具体分布状况，并以此为出发点对地下水资源展开有效的利用。③ 为了使得遥感技术可以在最大限度下获得利用，在技术员方面应该提升关联的认知能力，使其在使用仪器设施时能够呈现得更为科学。还有遥感技术的应用，特别是在红外图像方面的研究能够较好地获取浅埋带的情况，这对于水资源的分布而言能起到较好的调查作用。

（3）在地质灾害调查方面：① 遥感技术的应用能够对区域的水文地质特性、地下水形态以及分布情况等进行全方位的分析。通过应用计算机三维空间模拟分析，并应用遥感影像，可对调查区域中的地质灾害进行有效的预测，为水文地质灾害治理提供必要依据。② 在遥感技术的应用中，可以与历史资料、遥感影像资料等有效结合，展开全方位的分析，进而获得完善的水文地质灾害分析成果，为实际生产活动提供有利条件。

2. 遥感技术在水文地质勘察中的应用流程[37]

（1）数据的获取和选择。

在应用遥感技术获得水文地质图像时，可利用地下事物成像波长不同的特性，对不同图像特征进行解读分析。遥感资料的类型比较多，在信息提取过程中，需提取勘察对象的波长、形状，直接获得合适的波段，以减少勘察工作量。比如，对植物的图像信息，根据其波谱特性，可采用 TM2、MSS7 的方式提取图像；而对水体图像信息，则可采用 TM1 提取。需要注意，不同季节环境因素对遥感技术的应用效果会产生不同影响，对同一事物，在不同季节所获得的遥感影像资料有一定的区别，若季节选择不当，则会影响遥感信息的准确性和可靠性。另外，遥感技术勘察目标具有多样性特征，因此，对不同目标的要求也有所不同，应结合实际情况选择适当的比例尺进行解译。

（2）遥感信息技术的数据处理。

在遥感数据图像的获取方面，信息传递过程可能会受到气象环境、大气环境中各类杂物的干扰影响，有些传输所得的图像信息可能会出现边缘模糊或者畸变的问题，这样就会影响后期光谱解读效果。对此，在遥感图像数据处理过程中，需要对图像进行辐射校正处理或者几何校正处理。其中，在辐射校正处理过程中，需要采用传感器参数，对大气中一些物质对传感器的辐射影响进行参数校正处理，比如，可采用电磁辐射强度反映图像亮度值的对应关系，有些可能会受到辐射的影响而发生变化，对此，可采用辐射校正方式进行处理。几何校正方式与辐射校正方式有一定的区别，在图像位置上会发生一些变化，在几何畸变中，行列分布不均匀、地面大小不对应等均比较常见。对畸变部分的图像，需进行数学模拟分析，在原有遥感图像的基础上构建地面数学坐标进行处理，对畸变位置进行校正处理。

（3）地貌信息的解读。

在对遥感图像进行截取以及波段处理后，即可得到地表处理图像，据此可对地貌信息进行解读。在遥感图像上，地貌信息的直观表现具体为植被、水资源分布在遥感图像上会以不同颜色展现，同时，组合形态也多种多样。在对地貌信息进行解读时，根据山区、平原、山地等不同地形，可分为不同颜色的阶段层，在解读过程中具有较强的客观性。

3.4.2 基于地基平台的地球物理水文地质勘察技术

地球物理勘察是一种间接的勘察方法，通过物理学的相关理论对地球物理场及其变化情况进行监测与分析。地球物理勘测方法可以对地球本体和近地空间的物质组成、介质结构、演化特征等进行系统的分析与探索，广泛应用于环境保护、工程建设、考古、地质灾害、矿产资源勘探中。此外，地球物理勘测方法在岩石结构密度、物理成分、热导性或者磁导性等方面也被应用来了解地球内部相关区域的物质成分、物质结构以及密度组成。在水文地质工程项目中，应用地球物理勘察方法可以对地下岩层含有的丰富矿物质以及含水量进行详细勘测，测试得到地下岩层的电阻率以及电阻值，从而能够确定该位置处是否存在地下水。另外，在水文地质工程项目勘察过程中，若缺水岩层的温度差异在 10℃ 左右，则说明该地区岩层含水量比较丰富，其附近有较为充足的地下水。也有利用地球物理勘测方法对岩层进行磁性分析来勘测当地水文地质数据的，磁性的分析有利于勘测人员确定岩层中的物质分布情况，包括主要含有的金属元素种类以及金属元素含量，即利用磁性强弱探明该地的矿产情况。由此可见，地球物理勘察方法在水文地质工程项目中有十分重要的勘测价值，能够大幅提升勘测的准确度和勘测效率，保证勘测结果[38]。

1. 激发极化法

激发极化法主要是利用勘测现场岩石和矿石激发极化效应的区别进行地质问题的勘测与分析，以得到当地的水文地质工程数据。激发极化法兴起于 20 世纪 50 年代，随着科学技术的不断发展，激发极化法逐渐由早期的直流激发极化法发展为频谱激发极化法。该方法通过研究电阻率随频率变化的情况，能够准确反映出周围的岩层情况和分布状态。频谱激发极化法打破了空间的限制，不会受到岩层电性不均匀以及地势波动的影响，可以同时对多种参数进行测量，勘测速度快、效率高。在实际水文地质工程勘测过程中，一般通过激发极化法与高密度电阻率法联合测试的方法进行，这样能够更好地确定地层的含水性，避免单一方法得出的多个结论对实际结果的干扰和影响，提高找水的效率与成功率。同时，使用激发极化法可以有效区分地层中的泥岩和含水地层，含水砂砾岩孔隙较大，极化率也比较大，纯粹泥岩孔隙率相对较小，则极化率小，这种极化率的差异可以间接反映岩层的孔隙情况，结合其他数据和参数可以有效推断岩层情况和状态，提高检测效率。

2. 自然电场法

利用自然电场对勘测区域的水文分布情况和地质条件进行探测的方法为自然电场法。自然电场法的应用需要对地下的岩石颗粒和水渗透进行吸附，形成一种自然的电场，从而将地下水的渗透作用、自然电场状态以及岩石颗粒吸附情况有效结合起来，并通过专业的设备反映出地下自然电场发生变化的实时情况，以有效推断出地下水的水流动向、分布位置以及深度等。自然电场法不仅用于地下水源的勘测，而且还可以用于研究古河道的考察，在考古工作中也有十分广泛的应用。自然电场法相对于其他方法来说精确度更高，更加灵敏，且不受时间的限制，能够精确推断某地区是否含水以及水资源的分布状态等。

3. 瞬变电磁法

瞬变电磁法在使用过程中利用接地源或者不接地源，向地下发送一次场，并利用一次场的间歇时间测量地质体产生的感应电场随时间的变化情况。根据二次场的衰减特征曲线，勘测人员可以准确判断不同深度地质体的特征状态、地下水分布以及相应的规模和深浅。瞬变电磁法在实际应用过程中探测深度大、体积效应小、受到周围岩体的干扰小，能够保证勘测结果的准确度。瞬变电磁法勘测过程消除了设备耦合噪声的影响，在水文地质工程项目中应用广泛，应用领域多样，包括石油勘测、煤炭勘测、金属矿产以及地热资源勘测等，具有十分重要的经济价值和勘测价值。

4. 地面核磁共振法

核磁共振法是目前世界上唯一用到的直接寻找水源的地球物理方法，是一种新型、发展时间较短的地物勘测方法，有巨大的应用潜力。地面核磁共振法利用不同物质原子核弛豫性质的不同，产生核磁共振效应，利用地面核磁共振的反馈找到水仪器，从而可以对地层中水质子产生的核磁共振具体变化情况和变化规律进行研究和观测，确定地下水是否存在以及存在的区域和位置。地面核磁共振法避免了传统间接测试方法的不足，可以直观地反映出地下水的分布情况和储量，在水文地质工程勘测尤其是淡水勘测过程中具有十分关键的应用价值和应用潜力。只要地下有自由水存在，便可以在勘测范围之内的地面反馈核磁共振信号，实现信号的感应。核磁共振方法勘测几乎不会受到地质条件的影响，能够有效避免异常地质的干扰，大大提高勘测效率和勘测的准确性，在地下水勘察尤其是较浅区域的地下水勘察工作中有重要作用。但地面核磁共振法的一个致命不足是无法探测深度较大区域的地下水，勘测范围只能限制在 150 m 以内，而且还容易受到其他电磁噪声的影响，影响勘测效率。

5. 地球物理测井法

地球物理测井法是油田勘测与开采中常用的技术之一，利用电磁、光热等测量手段对地下流动体和岩层的属性进行勘测，可以准确反映当地的水文地质条件。地球物理测井法首先确定岩层中的水分子情况，然后明确该地区的岩石性质，推测区域的岩溶带和含水层，从而准确反馈当地的地质条件和水文环境。随着科学技术的不断发展，地球物理测井法逐渐丰富起来，在水文地质工程项目中的应用也越来越广泛，是目前水文地质勘测各种方法中最有效的方法之一，得到的数据更加精确；但相应地，该方法对人员和资金的需求较大，成本较高，一般用于需要严格勘测水文地质环境的区域。

地球物理勘察方法在水文地质工程项目勘察中的应用可以准确、完整地反映出勘测地区的水文环境和地质特点，为工程施工和灾害防治提供重要的数据支持。在复杂的地质条件下进行水文地质环境勘察时，需要充分明确勘察的技术要点和指标，有针对性地选取地球物理勘察某种方法或几种方法联用的手段，提高勘察效率和勘察准确性。

3.4.3 基于钻探平台的水文地质勘察技术

水文地质钻探是水文地质调查的基本方法之一，是在航空遥感和地球物理勘探基本了解调查区域的导水构造以及储水构造的基础上，进行钻探工程的验证，深入查明水文地质条件和验证测绘及物探成果的主要手段。水文地质钻探的目的是通过钻探工程，进一步查明工程区域的水文地质条件，为铁路工程选线、工程设置提供可靠的水文地质资料数据支撑，如充水因素、预计涌水量、地下水综合利用设计等。

1. 水文地质钻探钻孔分类

（1）抽水试验孔：为求得含水层抽水流量和水位降深的关系，计算含水层的渗透系数、给水度、储水系数等水文地质参数，确定抽水时水位降落漏斗的影响范围，查明地表水与地下水或不同含水层之间的水力联系，查明含水层水质成分而施工的水文地质试验钻孔。抽水试验孔在施工中要求：① 不改变或尽量少改变钻孔周围含水层的渗透性。② 尽量减小孔壁或过滤器对水流运动的附加阻力。③ 一般采用清水钻进，只有在使用清水钻进确有困难的松散、破碎岩（土）层中，才允许使用泥浆钻进。④ 无论使用何种冲洗液钻进，在正式抽水前都必须采用有效的方法洗井，清除泥皮及孔壁沉淀物。洗井的方法有活塞法、空气压缩机法、液态 CO_2 法等。洗井应进行到泥浆、岩粉全部排出地面，钻孔内水澄清透澈为止，以尽量减小泥浆、岩粉对孔壁岩层渗透性的影响。

（2）抽水试验观测孔：试验层（段）孔径一般不小于 108 mm。当孔深较大时，应选择合理的钻孔结构和开孔孔径，在保证试验层（段）孔径的前提下，尽量简化钻孔结构。在孔壁易坍塌的试验层（段）要下入过滤器。过滤器根据抽水试验段的岩性选择。在松散含水层处，过滤器外侧往往还需填砾。钻孔孔径的选择，还需考虑抽水试验层（段）的封闭止水要求、出水量和抽水设备的安装等因素。抽水试验孔一般都打穿所研究的含水层（段）。钻孔的封闭止水部位，应选择在孔壁比较完整的隔水层（段）内，并根据抽水试验的要求和具体情况，选择合适的止水方法和材料。封闭止水后，应检查止水效果并作记录。过滤器根据含水层的孔隙性质和粒度成分选择，一般有缠丝过滤器、纱网过滤器、筛网过滤器等类型。抽水试验孔试验层（段）和封闭止水层（段）钻进时必须采取岩芯，其采取率要达到规程和设计要求。抽水试验观测孔一般也应采取清水钻进，以有效地洗井。下入观测管时，管径一般不小于 73 mm。

（3）长期水文观测孔：用以定期测定地下水水位、水质和水温，观测地下水动态，以便为地下水资源评价及其他水文地质计算提供基础资料的专门水文地质钻孔。其洗井要求严格，封闭止水应长期有效，并应建立钻孔资料卡片。

（4）采样孔：用来采取岩（土）样，供室内进行水文地质分析和试验的钻孔。其施工关键是提高岩芯采取率和尽量保持岩芯的天然状态及完整性，所采岩（土）样品要不失水、不风化、无污染。

2. 水文地质钻探钻孔结构设计

设计内容包括开孔直径、终孔直径、钻孔深度、换径的层次结构和深度、过滤器类型、止水方法等。

（1）孔径。孔径随钻孔的勘探目的不同而异。勘探孔孔径一般在 200 mm 以下。试验孔和探采孔孔径一般都比较大，通常松散层孔径在 400 mm 以上，基岩层孔径在 200 mm 以上。观测孔孔径比较小，通常松散层孔径在 200 mm 以下，基岩层孔径在 150 mm 以下。

（2）孔深。孔深要求钻穿有供水意义的主要含水层（组）或含水构造带（岩溶发育带、断裂破碎带、裂隙发育带等）。

（3）孔的垂直度。孔的垂直度要求以保证井壁管、过滤器顺利安装和抽水设备正常工作为准。

（4）冲洗液。冲洗液应适于含水层的情况和钻探的要求。基岩中的勘探钻孔，常采用清水作为冲洗液，松散层中的勘探钻孔，根据含水层情况和勘探的要求，一般采用清水水压钻进或用泥浆作冲洗液。采用泥浆钻进时，宜选用利于护孔、不污染含水层、易于洗井的优质泥浆。

（5）止水、封孔。勘探钻孔须分别查明各含水层（带）的水位、水质、水温、透水性，或对某含水层进行隔离时，须进行止水。勘探钻孔获取资料后，如没有其他用途，都要进行封孔。封孔是为了避免含水层中的水互相串通，使地下水受到污染，或使承压水遭到破坏。在主要含水层的顶底板封闭要超过 5 m。一般压力的含水层可采用黏土封闭；若是高压含水层或下部有开采的矿床，则要用水泥封闭。对可能受到地表水污染的钻孔，孔口要用水泥封闭。

3. 水文地质钻探方法

水文地质钻探大多是在第四纪松散的卵石层、砾石层以及砂、黏土、砂土等地层中进行。这类地层的特点是胶结差、易坍塌、漏失、取芯困难。部分钻探是在基岩中进行的，含水岩层多有裂隙、溶洞。不同地层采用不同钻进方法。常用的钻探方法按钻进方式分为冲击钻进法、回转钻进法、冲击回转钻进法。

（1）冲击钻进法：分为钻杆冲击钻进和钢丝绳冲击钻进。常用的钢丝绳冲击钻进是借助一定重量的钻头，在一定的高度内周期性地冲击井底，使地层破碎而得进尺。在每次冲击之后，钻头或抽筒在钢丝绳带动下回转一定的角度，从而使钻孔得到规则的圆形断面。用该法钻进卵石、砾石层、致密的基岩层效果较好。在第四纪地层中钻进时多使用工字形钻头和抽筒式钻头，在基岩层中多使用十字形钻头和圆形钻头。

（2）回转钻进法：分为正循环钻进法和反循环钻进法。正循环钻进法是由转盘或动力头驱动钻杆回转，钻头切削地层而获得进尺。冲洗液由泥浆泵送出，经过提引水龙头和钻杆流至孔底冷却钻头后，再经由钻杆与孔壁之间的环状间隙返出井口，同时将孔底的岩屑带出，用这种方法钻进砂土、黏土、砂等地层时效率较高。在第四纪地层中全面钻进时，多使用鱼尾钻头、三翼刮刀钻头和牙轮钻头。在基岩层取芯钻进，多使用岩芯管取芯合金钻头和钢粒钻头，全面钻进时多使用牙轮钻头。反循环钻进法适于在卵石、砾石、砂、土等地层中钻进大直径钻孔，具有钻进效率高、成本低等优点。反循环钻进法有三种反循环方式：① 泵吸反循环，利用离心泵（砂石泵）的抽吸作用，井孔内的冲洗液自上向下流动，经过井底与被切削扰动的岩屑一起进入钻杆，再经吸水软管进入离心泵而排入沉淀池，沉淀后的冲洗液再流回井孔，形成循环。离心泵的抽吸效率在孔深 50 m 以内较高，随着孔深的增加，其效率逐渐降低。② 喷射反循环，利用水泵或空气压缩机所产生的高压流，经装在喷射腔内的喷嘴将水或空气高速喷射出去，在喷嘴外部形成负压区，其负压可达 0.08～0.09 MPa，此负压区可使钻杆内的冲洗液流动，并排出孔外，以此造成冲洗液不断循环。喷射反循环功率损失较大，利用率低，并随着孔深的加深，效率迅速下降，一般在 50 m 以内孔段使用，在深孔中常和气举反循环钻进法配合使用。③ 气举反循环（压气反循环），利用压缩空气与钻杆内的冲洗液混合后形成低比重的混合物，以高速向上流动，从而将孔底岩屑带出孔外。其效率主要取决于压缩空气的压力和排量，以及输气管沉没在水中的深度和混合室的结构等。此法不能用于 10 m 以内的孔段。在孔深 50 m 以内，其效率低于泵吸反循环和喷射反循环，但随着钻孔的加深，其效率逐渐提高。这种方法常与泵吸反循环或喷射反循环配合使用，以便充分发挥各自的特点，取得更加经济合理的效果。

（3）冲击回转钻进法：分为液动冲击回转钻进法和气动冲击回转钻进法（即潜孔锤钻进法）。常用的潜孔锤钻进法是以转盘或动力头驱动钻杆和潜孔锤回转，并以高压大风量的压缩空气驱动潜孔锤的活塞，以高频率冲击钻头破碎岩石，通过钻头排出的压缩空气将岩屑带出孔外。其效率约为空气冲洗牙轮钻头回转钻进效率的数倍，钻进坚硬岩层时效果更为显著。这种钻进方法是以压缩空气为冲洗介质，因受空气压缩机压力限制，在水位高、富水性强的岩层中使用时，其钻进深度不能很大。

3.5 高地应力勘察技术及其应用

针对复杂艰险山区深部高地应力精细探测与定量评价，我们构建了深部高地应力精细探测与定量评价方法。

首先，研究铁路廊道区域地应力场宏观特征，分析铁路廊道区域现今运动位移场，梳理现今区域构造格架、区域大地构造、新构造运动、区域活动断裂、断层与褶皱等区域地质构造特征，并基于铁路沿线实测地应力数据分析区域地应力场的宏观特征。

其次，针对区域内构造典型区，开展实测地应力分析研究，进行三维地质建模，综合考虑区域内构造和岩性特征，完成三维地应力场反演，与实测值进行综合对比分析，揭示构造典型区内地应力特征。

再次，综合隧道地应力研究方法、影响因素与隧址区复杂地质条件分析，确定隧道地应力数值模拟分析方法，结合现场实测数据、地勘资料、相关规范以及室内岩石物理力学参数分析，得到地应力模拟关键参数取值，综合区域地应力特征、各隧道地应力数值模拟结果与地质条件对地应力分布的影响作用，确定各隧道用于岩爆大变形分级预测的地应力结果。

最后，结合隧址区工程地质环境与岩石力学特性，在区域构造应力环境、实测地应力资料及三维地应力场反演的基础上，重点考虑地层时代、优势结构面产状、岩石强度、岩层厚度、岩体完整性等影响因素，采用地质综合分析等多方法综合评价，确定隧道沿线岩爆、大变形的位置及危险性等级。

深部高地应力精细探测与定量评价方法体系如图 3-58 所示。

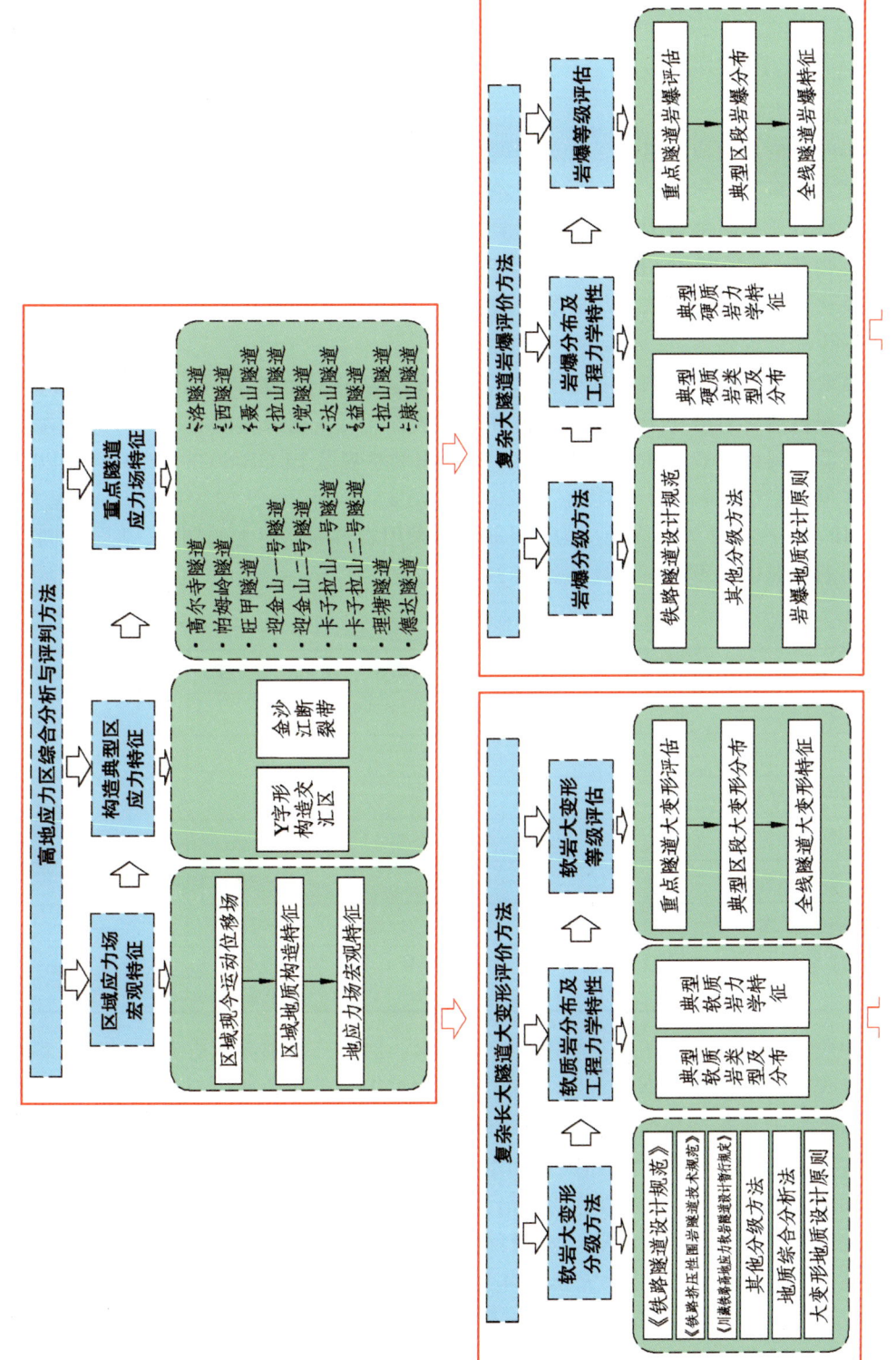

第 3 章 基础地质天空地井综合勘察技术及其应用

图 3-58 深部高地应力精细探测与定量评价方法体系

3.5.1 高地应力与岩爆大变形判识标准

1. 高地应力区确定[39]

（1）高地应力定义。

当岩体内部最大地应力量值，岩体强度与最大地应力的比值达到某一水平时，隧道与地下工程岩体易发生岩爆、大变形等现象，这种现象称为高地应力状态，亦称高地应力环境。铁路隧道在高地应力环境下，围岩为较完整、完整的硬质岩易发生岩爆现象；而在区域断层带、活动断层、褶皱核部、节理密集带、顺层岩层、缓倾岩层等构造部位，若围岩为极软岩、软岩、较软岩、碎裂状硬岩，则易发生大变形。

（2）双指标定量界定。

针对高地应力状态，国内外各行业大多以强度应力比（R_c/σ_{max}，岩石饱和单轴抗压强度与最大初始地应力之比）来划分，也有少数学者和行业把最大地应力绝对值作为地应力环境高低的判据之一，如《水力发电工程地质勘察规范》（GB 50287—2016）（以下简称我国水电勘察国家标准）规定 σ_{max} = 20～40 MPa、R_c/σ_{max} = 2～4 MPa 为高地应力，$\sigma_{max} \geq$ 40 MP、$R_c/\sigma_{max}<$2 为极高地应力。但即使都采用岩石强度应力比划分，各国之间以及行业之间的标准也并不统一，具体见表 3-7。

表 3-7　国内外地应力划分标准统计

划分标准	低地应力/MPa	中地应力/MPa	高地应力/MPa	极高地应力/MPa
法国隧协	>4	2～4	<2	—
日本应用地质协会	>4	2～4	<2	—
乌克兰联顿巴斯矿区	>4	2.2～4	<2.2	—
我国铁路行业标准	—	—	4～7	<4
我国公路行业标准	—	—	4～7	<4
我国岩体分级国家标准	—	—	4～7	<4
我国水电勘察国家标准	<10 MPa >7	10～20 MPa 4～7	20～40 MPa 2～4	≥40 MPa <2

在高地应力环境下，地下水一般不发育或无水。因此，判别高地应力状态时宜采用岩石（体）天然抗压强度。确定高地应力状态，宜采用最大初始地应力（最大主应力）绝对值。高地应力状态是客观存在的，不因洞轴方向而改变其状态。本节通过对我国发生高地应力问题的 78 个铁路、公路隧道和水电站引水隧洞工程案例的统计分析，并参照我国水电勘察国家标准，提出以岩体初始最大地应力 σ_{max} 和岩石强度应力比 R/σ_{max}（R 为岩石单轴抗压强度）双指标进行判定，认为：硬岩 σ_{max} 在 20 MPa 以上、软岩 σ_{max} 在 10 MPa 以上进入高地应力环境，其中 2≤R/σ_{max}<4 为高地应力，R/σ_{max}<2 为极高地应力。

① 硬质岩高应力双指标界定。

统计 36 座铁路、公路和水电站引水隧道共 56 个岩爆案例，初始最大地应力大于

20 MPa 的有 53 个，占 94.6%，岩石强度应力比在 0.8～4.00 之间，岩爆等级为轻微至极强均有分布（图 3-59）。结合我国工程经验，硬质岩地区高地应力以最大地应力 σ_{max} 和岩石强度应力比 R/σ_{max} 双指标进行判定，将高地应力环境分为两级：

$\sigma_{max} \geq 20$ MPa、$2 < R/\sigma_{max} \leq 4$ 为高地应力；

$\sigma_{max} \geq 20$ MPa、$R/\sigma_{max} \leq 2$ 为极高地应力。

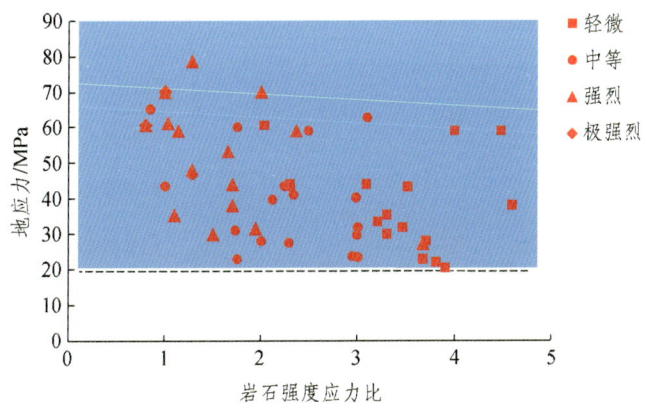

图 3-59　隧洞岩爆实例岩石强度应力比与地应力统计图

本节硬岩初始地应力状态划分基准，高地应力以轻微、中等岩爆为标志，而极高地应力则以强烈、极强岩爆为标志，技术路线与我国水电勘察国家标准高地应力分级方法基本相同，不同点是通过对工程实例的分析取消了高地应力与极高地应力状态的应力分界点（40 MPa），将（极）高地应力状态的应力界定量值统一为 20 MPa 及以上。

② 软质岩高应力双指标界定。

《铁路隧道设计规》（TB 10003—2016，以下简称《隧规》）规定岩石饱和单轴抗压强度 ≤30 MPa 时称之为软质岩，15～30 MPa 时称之为较软岩，5～15 MPa 时称之为软岩，≤5 MPa 时称之为极软岩。但针对高地应力环境而言，软岩除岩石学中的岩石强度概念外，还有岩体和高地应力两个内涵。高地应力环境下的软岩是个工程软弱岩体的概念，只要在地应力作用下，发生持续的大变形，就应判定隧道通过地段的围岩为软岩。如在成兰铁路榴桐寨隧道 3 号横洞工区埋深达 1 300 m，最大水平主应力超过 40 MPa，虽然岩石饱和单轴抗压强度大于 30 MPa，仍发生了极严重的大变形。通过对国内外以往 36 座典型大变形隧道工点的统计分析，发生大变形的段落，隧道围岩主要有薄层（层厚小于 10 cm）的板岩、炭质板岩、千枚岩、炭质千枚岩、绢云母千枚岩、炭质页岩、火成岩蚀变带、区域断层带等，是典型的构造软岩，多受断层、褶皱等地质构造和区域变质作用的影响，岩体节理裂隙发育，部分地段泥化严重。

针对软岩高地应力状态，当最大主应力接近 10 MPa 时，开始出现软岩大变形和隧道工后底鼓现象。参照 36 座隧道大变形和 6 座隧道工后底鼓工程经验，有 38 座隧道的最大地应力大于 10 MPa，占比为 90.48%，岩石强度应力比为 0.13～2。根据上述案例统计分析，软岩高地应力现象多发生在 $\sigma_{max} \geq 10$ MPa、$R/\sigma_{max} \leq 2$ 的地段（图 3-60），这对应

复杂艰险山区铁路天空地井综合勘察技术及应用

了隧道开挖后围岩应力重分布情况,即由于应力集中,洞壁岩体最大地应力增加至 $2\sigma_{max}$,当此值超过岩石单轴抗压强度 R($R \leqslant 2\sigma_{max}$)时,洞壁岩石发生破坏。结合我国工程经验,软质岩地区高地应力环境以最大地应力 σ_{max} 和岩石强度应力比 R/σ_{max} 双指标进行判定,分为两级:

$\sigma_{max} \geqslant 10$ MPa、$2 < R/\sigma_{max} \leqslant 4$ 为高地应力;

$\sigma_{max} \geqslant 10$ MPa、$R/\sigma_{max} \leqslant 2$ 为极高地应力。

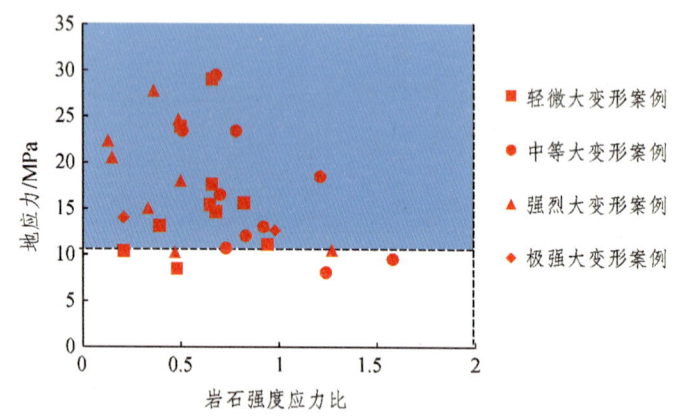

图 3-60　隧道隧洞大变形实例岩石强度应力比与地应力统计图

本节提出的软岩初始地应力状态划分基准,技术路线与我国水电勘察国家标准基本相同,仍采取地应力绝对值和岩体强度双指标确定,不同点是通过工程实例将软岩(极)高地应力状态的应力界定量值统一为 10 MPa 及以上,与硬岩进行区分;同时,明确了隧道大变形和工后底鼓主要出现在极高地应力状态($\sigma_{max} \geqslant 10$ MPa、$R/\sigma_{max} \leqslant 2$)。

③ 双指标高应力状态定量界定。

根据铁路隧道的案例分析,并参照既有规范,笔者认为:铁路隧道围岩初始地应力状态,应根据地应力和岩石强度实测资料,结合隧道工程埋深、地形地貌、地层岩性、地质构造、新构造运动与开挖过程中出现的岩爆、岩芯饼化等特殊地质现象,按表 3-8 进行定量界定。

表 3-8　初始地应力状态划分基准[40]

岩性	初始地应力状态	主要现象	划分基准 σ_{max}/MPa	划分基准 R/σ_{max}
硬质岩	极高地应力	岩芯常有饼化现象,开挖过程中时有岩爆发生,有岩块弹出,洞壁岩体发生剥离,新生裂缝多	$\sigma_{max} \geqslant 20$	$R/\sigma_{max} \leqslant 2$
硬质岩	高地应力	岩芯时有饼化现象,开挖过程中可能出现岩爆,洞壁岩体有剥离和掉块现象,新生裂缝较多		$2 < R/\sigma_{max} \leqslant 4$
硬质岩	中等地应力	开挖过程中洞壁岩体局部有剥离和掉块现象	$\sigma_{max} < 20$	$4 < R/\sigma_{max} \leqslant 7$
硬质岩	低地应力	无上述现象		$R/\sigma_{max} > 7$

续表

岩性	初始地应力状态	主要现象	划分基准 σ_{max}/MPa	R/σ_{max}
软质岩	极高地应力	岩芯时有饼化现象，开挖过程中洞壁岩体有剥离，位移极为显著，甚至发生大变形，持续时间长，不易成洞	$\sigma_{max} \geq 10$	$R/\sigma_{max} \leq 2$
	高地应力	岩芯有饼化现象，开挖过程中洞壁岩体位移显著，持续时间较长，成洞性差		$2 < R/\sigma_{max} \leq 4$
	中等地应力	岩芯无或少有饼化现象，开挖过程中洞壁岩体有一定的位移，成洞性尚好	$\sigma_{max} < 10$	$4 < R/\sigma_{max} \leq 7$
	低地应力	无上述现象		$R/\sigma_{max} > 7$

表中：R 为岩石单轴抗压强度（MPa）；σ_{max} 为岩体最大初始地应力（MPa）。地应力状态划分一般应同时满足两项指标。

2. 大变形机理及判释标准

大变形分级标准是确定隧道设计措施的主要依据，涉及两个核心问题[41]：一个是大变形等级划分，另一个是分级指标。从国内外软岩大变形分级指标的调研情况来看，主要分级指标一般包括强度应力比、初始地应力及隧道初期支护的相对变形量等3项，个别也有利用多项指标进行综合判断分级的。总的来说，为便于现场操作，分级评判指标不宜太多。但由于在大变形地段强度应力较难取得，现场可操作性差，而相对变形值较为直观且极易获取，因此应以强度应力比为主要判据，引入相对变形值作为辅助判定指标。

《铁路隧道设计规范》（TB 10003—2016）、《铁路挤压性围岩隧道技术规范》（Q/CR 9512—2019）（以下简称《挤压性围岩规范》）、成兰铁路软岩大变形科研及工程试验成果等均对大变形进行了分级，技术路线基本一致，但分级标准不尽相同，具体见表3-9。

表3-9 大变形等级各现行规范及相关成果分级对比

	大变形等级	Ⅰ级	Ⅱ级	Ⅲ级	—
《隧规》	强度应力比	0.25～0.5	0.15～0.25	<0.15	—
	相对变形值/%	3～5	5～8	>8	—
《挤压性围岩规范》	大变形等级	一	二	三	
	强度应力比	$0.3 \geq G_n > 0.2$	$0.2 \geq G_n > 0.15$	$G_n \leq 0.15$	—
《CZ铁路暂行规范》	大变形等级	一级	二级	三级	四级
	强度应力比	$0.3 \geq G_n > 0.2$	$0.2 \geq G_n > 0.15$	$0.15 \geq G_n > 0.10$	$G_n \leq 0.10$
成兰铁路科研及工程试验成果	大变形等级	Ⅰ级	Ⅱ级	Ⅲ级	Ⅳ级
	强度应力比	0.25～0.5	0.15～0.25	0.05～0.15	≤0.05
	初始地应力/MPa	<10	10～15	15～25	≥25
	相对变形值/%	1～2.5	2.5～5	5～10	>10

本节基于成兰铁路大变形隧道科研及工程试验取得的成果，结合国内外 36 座典型大变形隧道案例，总结提炼出表 3-10，将软岩大变形按变形程度由弱到强划分为轻微（Ⅰ）、中等（Ⅱ）、强烈（Ⅲ）、极强（Ⅳ）共 4 个等级。勘察期间以围岩最大地应力和岩体强度应力比（R_m/σ_{max}）作为大变形主要分级依据，施工期间结合相对变形量和围岩变形特征综合判定。

表 3-10 高地应力大变形分级标准

大变形等级	σ_{max}/MPa	R_m/σ_{max}	围岩变形特征
轻微（Ⅰ）	$\sigma_{max} \geq 10$	$0.25 < R_m/\sigma_{max} \leq 0.5$	围岩分级Ⅳ~Ⅵ级。开挖后围岩位移较大，持续时间较长；一般支护开裂或破损较严重，喷混开裂，钢拱架局部与喷层脱离，相对变形量为 1%~2.5%，围岩自稳时间短，以塑流型、弯曲型、滑移型变形模式为主，兼有剪切型变形
中等（Ⅱ）		$0.15 < R_m/\sigma_{max} \leq 0.25$	围岩分级Ⅳ~Ⅵ级。开挖后围岩位移大，持续时间长；一般支护开裂或破损严重，喷混严重开裂，钢拱架局部变形，锚杆垫板变形，相对变形量为 2.5%~5%，洞底有隆起现象，围岩自稳时间很短，以塑流型、弯曲型变形模式为主
强烈（Ⅲ）		$0.05 < R_m/\sigma_{max} \leq 0.15$	围岩分级Ⅴ~Ⅵ级。开挖后围岩有剥离现象，围岩位移很大，持续时间很长；一般支护开裂或破损很严重，喷混大面积严重开裂，钢拱架变形扭曲，甚至折断，锚杆拉断，相对变形量为 5%~10%，洞底有明显隆起现象，流变特征很明显，围岩自稳时间很短，以塑流型为主
极强（Ⅳ）		$R_m/\sigma_{max} \leq 0.05$	围岩分级Ⅴ~Ⅵ级。开挖后围岩剥离现象明显，围岩位移很大，持续时间很长；支护开裂或破损极严重，喷混大面积严重开裂，钢拱架变形扭曲严重，甚至折断，锚杆拉断，相对变形量大于 10%，洞底显著隆起，流变特征很明显，围岩自稳时间很短，以塑流型为主

注[39]：① 相对变形量为变形量与隧道当量半径之比。② 大变形分级判别采用岩石天然抗压强度。③ Ⅲ级围岩不考虑大变形。④ 当地应力在 8~10 MPa 之间，按强度应力比判定存在大变形时，将大变形等级降低一级进行判定。⑤ 当Ⅳ级围岩预判为强烈、极强大变形时，降级按中等大变形处理。

以往变形等级均划分为 3 级，在处理过程中，一、二级措施大家都较为统一，但是严重变形等级从调研情况看，差异极大。本分级方案将大变形等级划分为 4 级，主要是基于当前处理措施的成熟程度。在调研大变形处理措施过程中，特别是成兰铁路、兰渝铁路的大变形处理中，除个别段落变形极其严重，处理过程难度极大外，大部分段落可以通过预设的工程措施较好地得到处理，较少出现拆换初支的问题。因此，我们认为除个别围岩条件极差，强度应力比极低的段落外，其余大变形已能得到较好的处置，相应措施已较为成熟。通过整理将这些较为成熟的措施按强弱大概划分为 3 个等级，而对部分极端条件下（经统计其强度应力比约在 0.05 及以下）的段落单独划分为极强烈（Ⅳ级）大变形。根据隧道大变形工程案例绘制统计散点图，如图 3-61 所示。

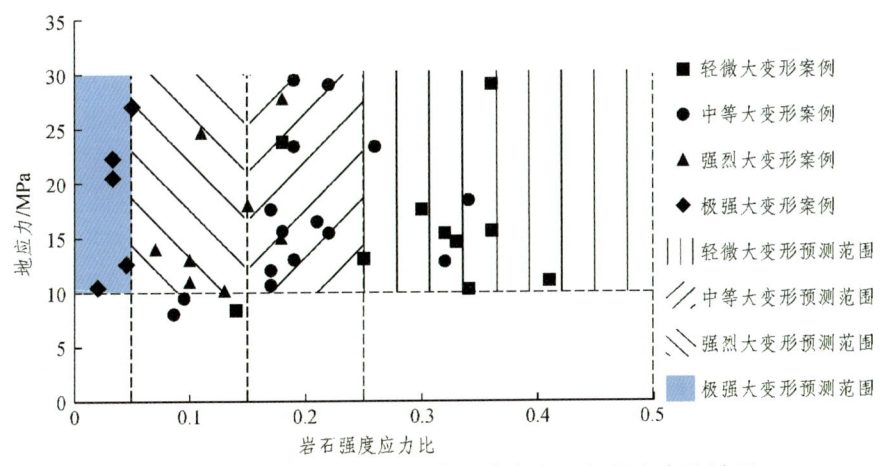

第 3 章　基础地质天空地井综合勘察技术及其应用

图 3-61　隧道大变形实例岩体强度应力比与地应力统计图

由图可以看出：大变形主要发生在 $\sigma_{max} \geq 10$ MPa 的范围内，其中极强（Ⅳ级）大变形主要发生在 $R_m/\sigma_{max} \leq 0.05$ 的范围，强烈（Ⅲ级）大变形主要发生在 $0.05 < R_m/\sigma_{max} \leq 0.15$ 的范围，中等（Ⅱ级）大变形主要发生在 $0.15 < R_m/\sigma_{max} \leq 0.25$ 的范围，轻微（Ⅰ级）大变形主要发生在 $0.25 < R_m/\sigma_{max} \leq 0.5$ 的范围。当前大变形案例初始最大地应力未出现 30 MPa 以上的情况，因此图中划定范围均小于 30 MPa，后续有更多案例时可对应修改完善。同时，遇到以下 3 种情况时，对判别出的大变形级别进行相应调整：① 根据工程经验，大变形一般发生在Ⅳ~Ⅵ级围岩中，Ⅲ级围岩不考虑大变形；② 根据已有大变形隧道案例可知，大变形一般发生在初始最大地应力 ≥ 10 MPa 的条件下，但根据大临铁路杏子山隧道、白石头隧道的施工揭示，初始地应力在 8~10 MPa 之间时开始有大变形发生，因此当地应力在 8~10 MPa 之间，按强度应力比判定存在大变形时，将大变形等级降低一级进行判定；③ 强烈及极强大变形一般发生在Ⅴ~Ⅵ级围岩中，当Ⅳ级围岩根据地应力和强度应力比预判为强烈至极强大变形时，按中等大变形处理。

对大变形级别进行判定时，需遵循以下流程：首先确定软岩初始最大地应力大于等于 10 MPa 且岩石强度应力比小于 2，然后确定岩体强度应力比小于等于 0.5，最后按照表 3-9 对大变形进行分级。该分级方案的强度应力比界定量值，与《隧规》一致。

表 3-9 分级方案与《挤压性围岩规范》和《CZ 铁路暂行规范》区别较大。后两者一脉相承，分级方案相同，《CZ 铁路暂行规范》在《挤压性围岩规范》的三级大变形中，分出强度应力比小于等于 0.1 范围增设了四级大变形。

3. 岩爆机理及判释标准

岩爆是一种地质灾害，强烈、极强岩爆往往会产生严重、很严重的损失。岩爆具有突发性、部位集中、弹射性等特点。岩爆的发生都有一个能量孕育、聚集、释放的过程，其孕育时间少则几小时、多则数十个小时甚至 1 个月以上。在一定范围内，隧道内发生岩爆的时间、工程部位具有一定的规律性。

根据铁路隧道工程岩爆案例统计分析，并按照岩石强度应力比 R/σ_{max} 和最大地应力

σ_{max} 的对应关系划分岩爆等级区域（图 3-62）。轻微岩爆发生在 20 MPa≤σ_{max}≤60 MPa、3<R/σ_{max}≤4 的范围，中等岩爆发生在 20 MPa≤σ_{max}≤60 MPa、2<R/σ_{max}≤3 的范围，强烈岩爆发生在 30 MPa≤σ_{max}≤80 MPa、1<R/σ_{max}≤2 的范围，极强岩爆发生在σ_{max}≥60 MPa、R/σ_{max}≤1 的范围。

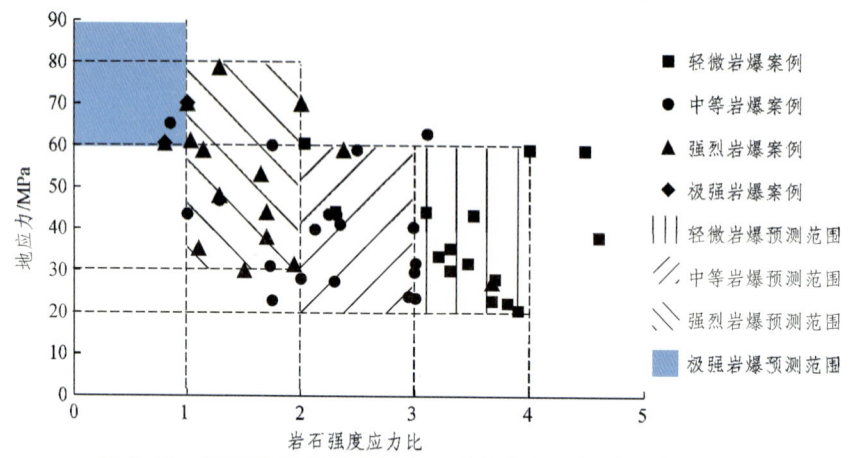

图 3-62 铁路隧道岩爆实例岩石强度应力比与地应力统计图

其中：部分判定为强烈岩爆的案例实际发生的为中等岩爆，主要由于此部分岩石强度为室内试验获得，受卸荷影响，计算强度应力比所用岩石强度偏低；轻微岩爆区域则由于应力水平低，卸荷问题不突出，基本不存在此问题。所以，为了提高强烈岩爆的预测准确率，岩石天然强度应尽量通过现场测试获取。实践表明，现场测试的岩石强度明显要比室内偏高，即卸荷影响较为显著的现象，也是识别硬岩高地应力的标志。结合既有规范和案例分析结果，本节提出高地应力区隧道岩爆分级可按表 3-11 进行，分为轻微、中等、强烈和极强共 4 个等级[39]。

表 3-11 高地应力岩爆分级标准

岩爆分级	σ_{max}/MPa	R/σ_{max}	分级描述
轻微	20≤σ_{max}≤60	3<R/σ_{max}≤4	围岩表层有爆裂、剥离现象，内部有噼啪、撕裂声，人耳偶然可听到，无弹射现象；主要表现为洞顶的劈裂～松脱破坏和侧壁的劈裂～松脱、隆起等；岩爆零星间隔发生，影响深度小于 0.5 m；对施工影响小
中等		2<R/σ_{max}≤3	围岩爆裂、剥离现象较严重，有少量弹射，破坏范围明显；有似雷管爆破的清脆爆裂声，人耳常可听到围岩内的岩石撕裂声；有一定持续时间，影响深度为 0.5～1 m；对施工影响较大
强烈	30≤σ_{max}≤80	1<R/σ_{max}≤2	围岩大片爆裂脱落，出现强烈弹射，发生岩块的抛射及岩粉喷射现象；有似爆破的爆裂声，声响强烈；持续时间长，并向围岩深部发展，破坏范围和块度大，影响深度为 1～3 m；对施工影响大
极强	σ_{max}≥60	R/σ_{max}≤1	围岩大片严重爆裂，大块岩片出现剧烈弹射，震动强烈，有似炮弹、闷雷声，声响剧烈；迅速向围岩深部发展，破坏范围和块度大，影响深度大于 3 m；对施工影响极大

注：① 岩爆判别适用于完整～较完整的硬、极硬岩体，且无地下水活动的地段，采用岩石天然抗压强度。
② 当单独采用初始最大地应力和岩石强度应力比判定级别不同且仅差一级时，选用较高级别的判定。

在对岩爆级别进行判定时，需遵循以下流程：首先确定硬岩初始最大地应力大于等于 20 MPa，然后确定岩石强度应力比小于 4，最后按照表 3-11 对岩爆进行分级。该判据采用地应力绝对值与强度应力比双指标进行岩爆预测，这是与现行《隧规》的第一个不同点；轻微岩爆满足 $3 \leqslant R/\sigma_{max} \leqslant 4$，《隧规》满足 $R_c/\sigma_{max} = 4 \sim 7$ MPa，这是第二个不同点；中等岩爆满足 $2 \leqslant R/\sigma_{max} \leqslant 3$，《隧规》满足 $R_c/\sigma_{max} = 4 \sim 7$ MPa，这是第三个不同点。强烈、极强按强度应力比分级与《隧规》一致。

3.5.2 高地应力测试方法

1. 水压致裂法

水压致裂法地应力测试，是 20 世纪 70 年代发展起来的能够测量地壳深部应力可靠而有效的方法。该方法是 2003 年国际岩石力学学会试验方法委员会颁布的确定岩体应力建议方法中所推荐的方法之一，是目前国际上能较好地直接进行深孔地应力测量的先进方法[42]。

在铁路隧道勘察阶段，往往通过深孔揭示隧道埋深处地层情况，探明其工程性质，此时水压致裂法具有独特优势。该方法可配合钻机进行数千米内深孔的地应力测试（铁路隧道目前利用水压致裂法最深地应力测试深度已达 2 032 m），且该方法无须知道岩体的力学参数就可获得地层中现今地应力的多种参量，并具有操作简便、可在任意深度进行连续或重复测试、测量速度快、测值稳定可靠等特点[43]。

2. 空芯包体应力解除法

水压致裂法没有测试深度限制，特别适合于工程的初期勘探阶段，但其所测结果并非真正意义上的三维地应力值。应力解除法的测试深度相对较浅，需要足够的地下空间容纳设备，但该法能够在钻孔中一次测得 6 个应力分量，属于三维应力测量方法[44]，特别适用于施工阶段铁路隧道工程地应力测试。

3. 滞弹性应变恢复法（ASR 法）

传统的水压致裂和应力解除法在深埋隧道地应力测量技术与操作层面上，仍存在一些不足，如耐高温高压、抗干扰能力不强，测量效率及不良条件钻孔适应性不足，测试成本高等。相比于水压致裂法、应力解除法等传统地应力测量方法，ASR 法具有成本低，效率高，不受深度、温度和钻孔条件限制等特点，且相较于水压致裂等地应力测量方法只能获得二维（水平面）地应力状态，ASR 法测量得到的是三维地应力状态，只要获取定向岩芯，就可以进行 ASR 法地应力测量，确定主应力的方向。而当测试深度较深、温度较高，岩芯软弱破碎，测试条件较差（如钻孔泥浆浓度过高、孔斜较大、孔径出现扩孔等现象）导致传统地应力测量方法不能使用或测量效果较差时，ASR 法的优势便充分体现出来，可得到比较可靠的资料，具有更广泛的适用性。

3.5.3 高地应力跨尺度反演分析方法

在典型复杂艰险山区铁路隧道某高原铁路勘察过程中，我们采用高地应力跨尺度反演分析方法研究了铁路廊道及隧址区地应力场分布特征规律。

研究团队利用高地应力跨尺度反演分析方法揭示了高原铁路廊道区域地应力场宏观特征，分析了高原铁路廊道区域现今运动位移场，梳理了现今区域构造格架、区域大地构造、新构造运动、区域活动断裂、断层与褶皱等区域地质构造特征，并基于高原铁路沿线实测地应力数据分析了区域地应力场的宏观特征。

（1）高原铁路廊道区域 GNSS 点速度场方向整体呈巨型的右旋特征，并且沿班加乐尔—拉萨—玉树—玛多—西宁—武威一线方向主要以南北方向的短缩为特征，在该线以东地区，存在着以喜马拉雅东构造结为中心的顺时针旋转构造。涡旋的总趋势是从西向东和自北向南运动速度减小，速度矢量方位角变大。

（2）青藏高原被印度、扬子、华北、塔里木等四大陆块围限。自东向西依次通过 4 个一级构造和 12 个二级构造及 3 个一级构造边界，受控于印度板块与欧亚板块在喜马拉雅地区的陆-陆碰撞以及碰撞后持续的向北推移和楔入作用，沿线新构造活动具有继承性和新生性，时间上具有阶段性，空间上具有差异性；受区域构造及地震影响，沿线断裂及褶曲发育，新都桥至昌都段发育理塘断裂、巴塘断裂、金沙江断裂等 3 条全新世活动断裂带以及香堆-洛尼断裂 1 条晚更新世活动断裂带，共穿越主要断层 161 条、主要褶皱 105 条，受构造影响，岩体完整性较差，地应力较集中，岩性以软质岩为主、硬质岩为辅，易发生软岩大变形和硬岩岩爆。构造带附近易发生大变形和涌突水风险。

（3）青藏高原的周缘区域特别是喜马拉雅前沿地带的构造运动和造山运动主要由 NNE—SSW 或 NE—SW 方向的挤压应力场所支配；控制青藏高原构造应力场的主要应力为两板块碰撞引起的南北向压缩力及在以自重应力为主的作用下具有的东西向扩张力；青藏高原交通廊道中、浅源地震均受着深部共同因素的控制，而且整个岩石层受统一构造应力场的制约，即受印度板块总体向 NNE 方向推挤运动的控制。

（4）为准确掌握高原铁路廊道沿线隧道地应力分布特征，服务隧道选线与设计，相关单位采用水力压裂法进行了大量的地应力实测与分析工作，全线完成地应力实测钻孔 151 孔。实测最大地应力为 44.3 MPa（高尔寺隧道，785.0 m）。结果表明，区域地应力主应力量值关系为 $S_H>S_h>S_V$，主要以水平应力为主。各测点地应力随埋深变化较为一致，地应力随深度的增加而增大，但侧压力系数随深度的增加而减小；地应力方向总体上为近 EW 向，但邻近昌都为近 NE 向。断裂附近钻孔实测地应力方向复杂，出现局部偏转；优势方向与 GNSS 观测的地应力方向基本一致。青藏高原东部地应力方向分布如图 3-63 所示，青藏高原西部地应力场宏观特征如图 3-64 所示。

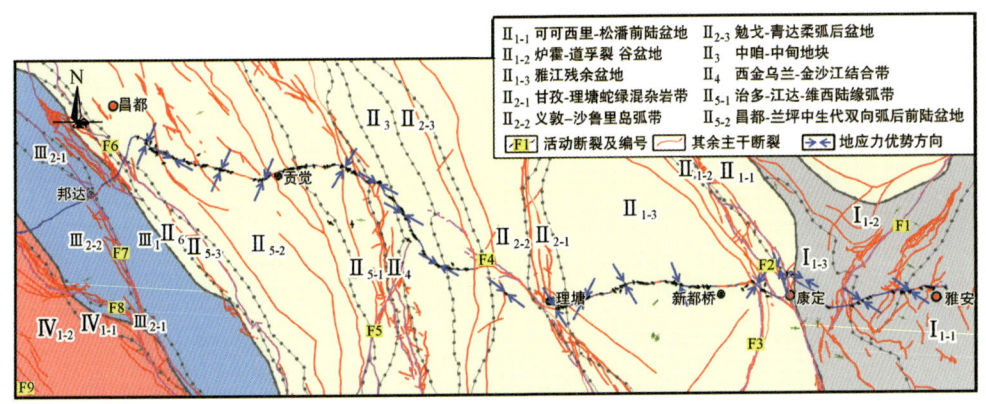

第 3 章　基础地质天空地井综合勘察技术及其应用

F1—龙门山断裂；F2—鲜水河断裂；F3—玉龙希断裂；F4—理塘断裂；F5—巴塘断裂；
F6—澜沧江断裂；F7—怒江断裂；F8—边坝—洛隆断裂；F9—嘉黎断裂。

图 3-63　CZ 铁路东（新都桥至昌都）地应力方向分布

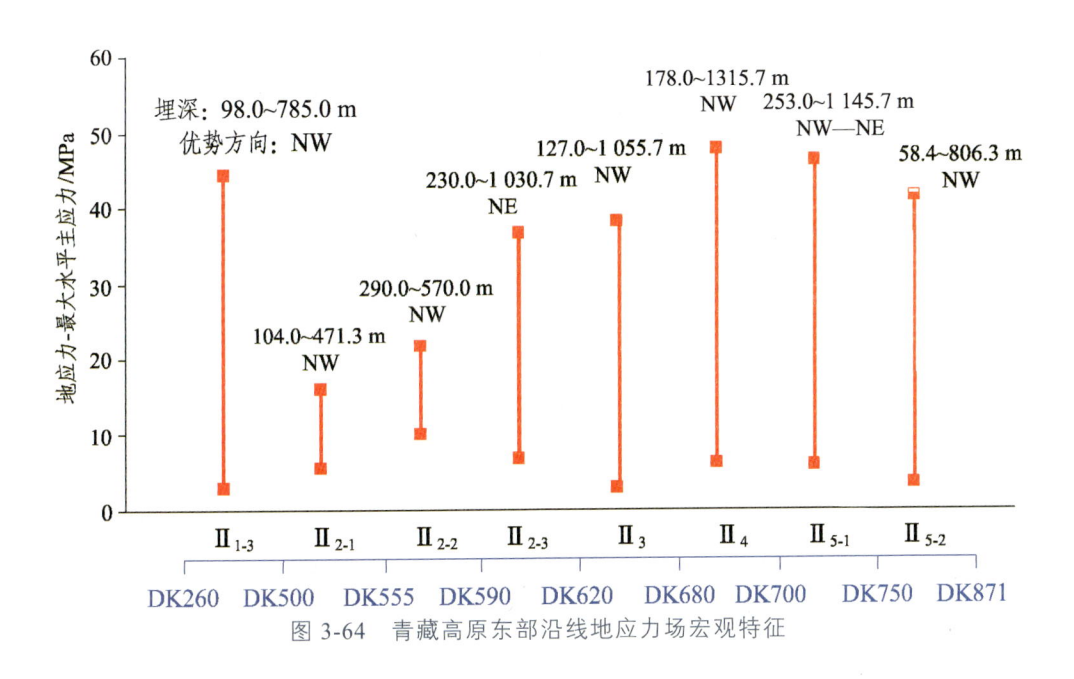

图 3-64　青藏高原东部沿线地应力场宏观特征

3.5.4　隧道岩爆、大变形综合分级评价方法

结合隧址区工程地质环境与岩石力学特性，在区域构造应力环境、实测地应力资料及三维地应力场反演的基础上，笔者团队重点考虑地质构造影响因素，采用地质综合分析等多方法综合评价，确定了隧道沿线岩爆、大变形的位置及危险性等级。

1. 大变形评价方法

综合采用现场勘察、室内试验、数值模拟分析等多种手段，笔者团队深入分析现场地质勘察资料,在区域构造应力环境、实测地应力资料及三维地应力场反演的基础上,重点考虑地层时代、优势结构面产状、岩石强度、岩层厚度、岩体完整性等影响因素,分别采用《隧规》《挤压性围岩规范》《CZ铁路暂行规范》和地质综合分析法等,并依据大变形地质设计原则,对隧道各段落大变形灾害危险性进行评估,划分大变形等级。其评价方法流程如图3-65所示。

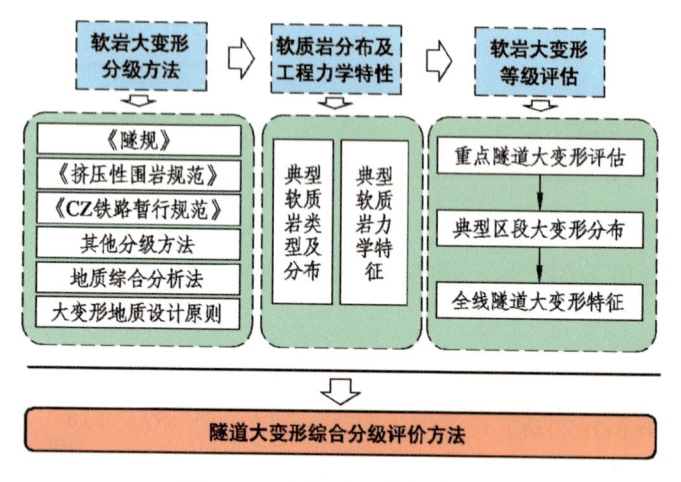

图3-65 大变形评价方法流程

2. 岩爆评价方法

综合采用现场勘察、室内试验、数值模拟分析等多种手段,笔者团队深入分析现场地质勘察资料,在区域构造应力环境、实测地应力资料及三维地应力场反演的基础上,重点考虑结构面特征、断层、岩性交界面等工程地质因素,分别采用《隧规》、综合地质查表法、岩爆综合评价法对隧道各段落岩爆灾害危险性进行评估,划分岩爆等级。其评价方法流程如图3-66所示。

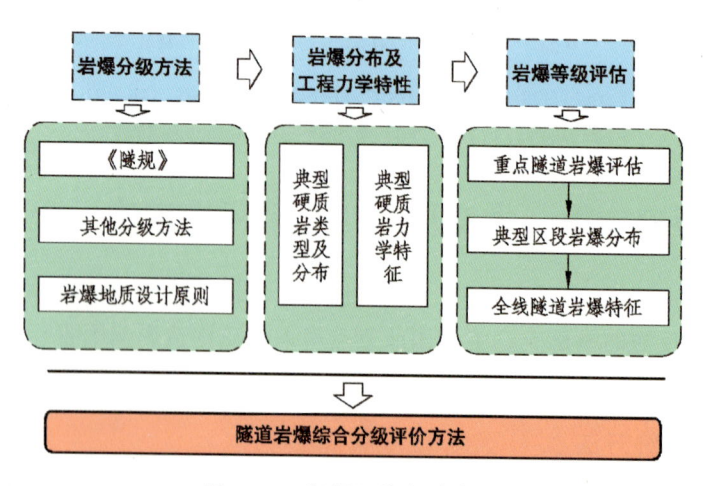

图3-66 岩爆评价方法流程

3.6 本章小结

本章从基础地质的角度出发，对天空地井综合勘察技术及其应用进行阐述，列举了5种基础地质的勘察技术，对地形地貌、地层岩性、地质构造、水文地质、高地应力等基础地质的勘察技术进行了总结和梳理，进一步提出每种勘察技术所应用的识别方法并对其进行对比分析，最后结合相关案例进行勘查技术的应用分析。

本章参考文献

[1] 卢双珍，曹顺伟，邓喜庆，等. 三维林相图制作研究[J]. 安徽农业科学，2009，37（14）：6719-6720；6724.

[2] 贾亚红，白洁，贾亚敬，等. 数字高程模型的制作及应用[J]. 西部资源，2011（1）：58-61.

[3] 邹馨，刘健，张杰，等. 基于高分7号卫星立体像对的DEM提取及其精度评定[J]. 江西科学，2022，40（3）：502-507.

[4] 汪思妤，艾明，吴传勇，等. 高分辨率卫星影像提取DEM技术在活动构造定量研究中的应用——以库米什盆地南缘断裂陡坎为例[J]. 地震地质，2018，40(5)：999-1017.

[5] 王志勇，张继贤，张永红. 从InSAR干涉测量提取DEM[J]. 测绘通报，2007（7）：27-29；34.

[6] 陈天博，胡卓玮，魏铼，等. 无人机遥感数据处理与滑坡信息提取[J]. 地球信息科学学报，2017，19（5）：692-701.

[7] 刘小莎，董秀军，钱济人，等. 高植被山区泥石流物源LiDAR遥感精细识别方法研究[J]. 武汉大学学报（信息科学版），2024（3）：1-16.

[8] 郭晨，许强，董秀军，等. 复杂山区地质灾害机载激光雷达识别研究[J]. 武汉大学学报：信息科学版，2021，46（10）：1538-1547.

[9] 刘圣伟，郭大海，陈伟涛，等. 机载激光雷达技术在长江三峡工程库区滑坡灾害调查和监测中的应用研究[J]. 中国地质，2012，39（2）：507-517.

[10] 马洪超. 激光雷达测量技术在地学中的若干应用[J]. 地球科学：中国地质大学学报，2011，36（2）：347-354.

[11] 谭骏祥. 车载LiDAR点云数据质量改善方法研究[D]. 武汉大学，2018.

[12] 邵芸，朱亮璞，崔承禹. 航空多光谱遥感识别沉积岩地层岩性的应用研究[J]. 环境遥感，1989，4（2）：144-156.

[13] 刘超群，马祖陆，莫源富. 遥感岩性识别研究进展与展望[J]. 广西科学院学报，2007，23（2）：120-124，128.

[14] 范世杰. 高海拔地区多元遥感数据岩性解译应用与研究[D]. 成都：西南交通大学，2020.

[15] 张翠芬，杨晓霞，郝利娜，等. 高光谱 Hyperion 与高分辨率 WorldView-2 卫星数据协同下的岩性分类[J]. 成都理工大学学报（自然科学版），2017，44（5）：613-622.

[16] 余绍淮，陈楚江，张霄. 基于遥感技术的中吉乌铁路地质构造分析[J]. 铁道工程学报，2015，32（5）：12-17.

[17] 邓辉. 高精度卫星遥感技术在地质灾害调查与评价中的应用[D]. 成都理工大学，2007.

[18] 王永梅. 黔西六枝—龙场地区遥感图像处理及构造变形信息提取[D]. 成都理工大学，2017.

[19] 姚佛军，焦鹏程，赵艳军，等. 干盐湖区隐伏控卤构造遥感识别研究：以马海盐湖为例[J]. 地质学报，2021，95（7）：2225-2237.

[20] 姚佛军. 中国典型斑岩铜矿遥感蚀变分带模型研究[D]. 北京：中国地质大学，2012.

[21] 董秀军，王栋，冯涛. 无人机数字摄影测量技术在滑坡灾害调查中的应用研究[J]. 地质灾害与环境保护，2019，30（03）：77-84.

[22] 喻邦江，董秀军. 三维空间影像技术在公路岩质高边坡地质调绘中的应用[J]. 地质灾害与环境保护，2017，28（2）：78-83.

[23] 叶震，许强，刘谦，等. 无人机倾斜摄影测量在边坡岩体结构面调查中的应用[J]. 武汉大学学报（信息科学版），2020，45（11）：1739-1746.

[24] 高帅坡. 基于无人机摄影测量技术的活动构造定量参数提取研究[D]. 北京：中国地震局地质研究所，2017.

[25] 黄剑宇，李文龙. 基于机载 LiDAR 和倾斜摄影技术探究山地地质灾害发育特征[J]. 广东土木与建筑，2023，30（4）：7-11；31. DOI：10.19731/j.gdtmyjz.2023.04.003.

[26] 董秀军，许强，佘金星，等. 九寨沟核心景区多源遥感数据地质灾害解译初探[J]. 武汉大学学报（信息科学版），2020，45（3）：432-441. DOI：10.13203/j.whugis20190076.

[27] 盛志鹏，吴迪，楼燕敏，等. 机载 LiDAR 技术在浙江省滩涂测高实验中的应用研究[C]//山东测绘学会，上海市测绘学会，江苏省测绘学会，等. 第十四届华东六省一市测绘学会学术交流会论文集. 浙江省第二测绘院，2012：8.

[28] 吴端松.LIDAR 点云的获取及分类方法浅析[J]. 地球，2019（4）：102-103.

[29] 曲辉，蒋汪洋. 机载激光点云的精度分析及优化[J]. 测绘与空间地理信息，2022，45（S1）：193-196；199；203.

[30] 董秀军. 三维激光扫描技术及其工程应用研究[D]. 成都理工大学，2007.

[31] 陈娜. 基于三维激光扫描的边坡岩体结构信息提取和变形监测研究[D]. 武汉大学，2018.

[32] 宁浩. 基于三维激光扫描的岩体结构面识别与信息提取[D]. 成都理工大学，2020.

[33] 贾娜娜，魏建新. 地面 LIDAR 在地籍测量中的应用[J]. 湖北农业科学，2017，56（14）：2605-2609.

[34] 钟航顺. 水文地质调查科技发展与应用[J]. 世界有色金属，2020（9）：157-158.

[35] 黄序锋. 水文地质勘察中遥感技术的运用探究[J]. 世界有色金属，2018（3）：177；179.

[36] 李金燕，孙艾林. 卫星遥感技术在矿区水文地质勘察中的应用研究[J]. 世界有色金属，2020（13）：127-128.

[37] 李林阳. 遥感技术在水文地质勘察中的应用[J]. 住宅与房地产，2019（5）：191-191.

[38] 提云生. 地球物理勘查方法在水文地质工程地质中的应用[J]. 中小企业管理与科技，2019，3（14）：174-175.

[39] 张广泽，贾哲强，冯君，等. 铁路隧道双指标高地应力界定及岩爆大变形分级标准[J]. 铁道工程学报，2022，39（8）：53-58；65.

[40] 韩康，付开隆，周树齐. 铁路岩体初始应力场评估的探讨[J]. 铁道工程学报，2014，31（9）：17-20.

[41] 陈锡武，苏开潍，贾杰. 某艰险山区铁路隧道大变形设计[J]. 科技与创新，2022（12）：118-122.

[42] 骆俊晖，米德才，叶琼瑶，等. 基于 Midas 模型下考虑构造应力场深埋隧道围岩稳定性研究[J]. 灾害学，2018，33（A01）：81-86.

[43] 艾凯，李永松，尹健民. 西藏扎墨公路嘎隆拉隧道地应力测试分析[J]. 现代隧道技术，2009，46（5）：28-32.

[44] 田四明，赵勇，石少帅，等. 川藏铁路拉林段隧道典型岩爆灾害防控方法及应用[J]. 中国铁道科学，2020，41（6）：71-80.

第4章　表生不良地质天空地井综合勘察技术及其应用

4.1 滑坡勘察技术及其应用

滑坡是斜坡岩土体在重力及外界因素（如降雨、水位、地震、人类工程活动等）共同作用下表现出的一种变形破坏过程和现象。斜坡体在重力或重力与外力的共同驱动下，岩土体产生破裂，伴随内部潜在滑动面的孕育与贯通，产生外部宏观变形，最终失稳破坏形成滑坡[1]。对于滑坡灾害的传统勘察，主要是通过地面实际调查与测绘、借助肉眼可见的滑坡变形迹象确定滑坡目标，进而查明滑坡要素、规模及空间分布特征；然后通过滑坡体全面的实地勘察确定滑坡结构特征、成因及性质等，最后通过试验及探井技术确定滑坡内部特征及参数。然而目前我国的滑坡具有点多面广、分布散乱的特点，并且很多滑坡源区地处大山的中上部，且被植被覆盖，具有高位隐蔽性特点，特别是在铁路工程经过的高陡复杂山区，不清晰的滑坡灾害认识对铁路工程安全是重大的隐患。传统的勘察手段由于精度低、工作量大、勘察难度高的限制，已经远远不能满足铁路工程滑坡勘察的实际需求。近年来，随着现代卫星遥感、无人机遥感、无线传感网络等先进技术的涌现，滑坡勘察技术得到了长足发展。基于此，本章研究提出通过构建基于星载平台［高分辨率光学＋合成孔径雷达干涉测量技术（Interferometric Synthetic Aperture Radar，InSAR）］、航空平台［机载光雷达测量技术（Light Laser Detection and Ranging，LiDAR）＋无人机摄影测量（Unmanned Aerial Vehicles，UAV）］、地面平台（斜坡地表和内部观测）、钻井探测（滑坡内部参数）的天-空-地-井一体化的多源立体勘察体系，进行铁路工程区滑坡综合勘察工作（图4-1）。[2]

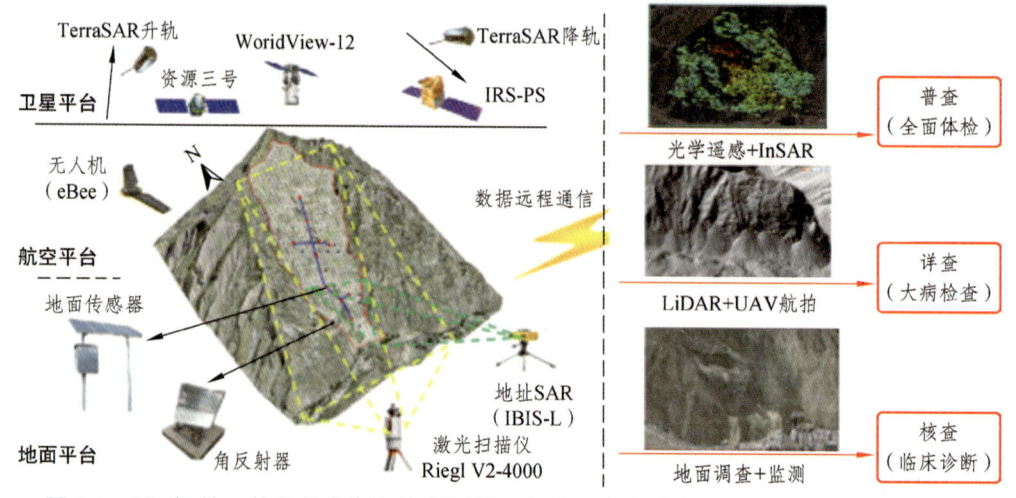

图4-1　天-空-地一体化的多源立体观测体系与地质灾害隐患早期识别的"三查"体系

第 4 章 表生不良地质天空地井综合勘察技术及其应用

具体地讲,首先借助高分辨率的光学影像对由 InSAR 识别的历史上曾经发生过明显变形破坏和正在变形的区域,依据地形地貌特征圈定滑坡边界及其形态;其次是借助机载 LiDAR 和无人机航拍,对滑坡灾害区的地形地貌、地表变形破坏迹象乃至滑坡结构特征等进行详细勘察;[2]再次,进一步开展基于 InSAR 技术与多时相光学遥感的滑坡形变特征研究;最后,结合上述工作结果,通过滑坡实地钻井取样等手段有针对性地进行滑坡勘察,确定滑坡体的力学强度参数。这一综合勘察体系,可为高陡复杂山区的铁路滑坡灾害研究提供指导。

4.1.1 滑坡形态特征

滑坡勘察的首要任务是滑坡识别及滑坡范围的确定。研究通过高精度的卫星光学遥感(辅以 SAR 卫星数据)确定了铁路工程区滑坡形态特征的调查方法。遥感解译滑坡时主要是以形态、色调、阴影、纹理等方面为依据,除针对滑坡本身之外,结合滑坡两侧的地形地貌、地质构造、植被分布特征及水系出露现象等进行解译,相较于传统的方法具有全局性、时效性、准确性等优势,在滑坡识别方面潜力很大。结合前人研究成果,本节利用光学遥感影像通过以下特征(表 4-1)来识别滑坡。[3]

表 4-1 遥感图像滑坡识别标志

滑坡识别标志	滑坡基本特征	备注
分布特征	滑坡多分布在峡谷两岸、分水岭地段,植被覆盖较低的区域	
坡体特征	滑坡体表现为舌形、簸箕形、圈椅形、不规则形态等特定形态特征	
	滑坡后壁呈现圈椅状,向上弯曲的弧形	
	滑坡体上的植被与周围植被差异较大	
	滑坡体内部发育滑坡阶地,表现为深色调	
	滑坡裂隙分布于坡体前缘及中部,表现为色调和纹理异常	
地貌特征	滑坡两侧发育冲沟,双沟同源状	
	滑坡体与周围山体相比坡度较缓,甚至发育为凹地	
	滑坡松散堆积物造成河流的转折	
	滑坡边界与坡体相交的部位常常发生坡向转折	

在确定滑坡对象之后,需要进一步对滑坡平面范围进行圈定。滑坡体的平面形状多样,受物质构成、地形地貌、河流沟谷、人类工程活动等的影响在形态上有较大的差异。滑坡按长度与宽度之间的关系可以分为 4 类:纵长形、横长形、纵横约等形和复合形。纵长形滑坡通常顺滑动方向的长度大于滑坡的宽度,滑坡后缘小前缘大;横长形滑坡通常顺滑动方向的长度小于滑坡的宽度,滑坡后缘与前缘宽度相差不大;纵横约等形滑坡通常顺滑动方向的长度与滑坡的宽度大致接近,滑坡后缘可能呈角状或直线状;复合型滑坡并列发育,比如一个滑坡中存在多层滑面滑动或者一个大滑坡内部存在小滑坡滑动

等，形成多层、多级、多条滑坡的组合形式复合体。一般土质滑坡多为横长形，岩石滑坡多为纵长形或纵横约等形[4]。

结合典型光学影像识别滑坡如图 4-2 和图 4-3 所示。

图 4-2　丹巴滑坡遥感影像

图 4-3　茂县新磨村滑坡边界

4.1.2　滑坡结构特征

1. 基于无人机摄影的滑坡结构特征勘察

在中低分辨率遥感影像上，滑坡表现为光谱特征相对同质的区域，光谱特征是最主要的特征；在高分辨率遥感影像上，滑坡是一个由残破建筑物、植被、裸土、块石等多种物质构成的复合目标，整体上区域光谱特征极其异质，但是在高分辨率遥感影像上，

第 4 章　表生不良地质天空地井综合勘察技术及其应用

更小的如滑坡后壁、裂缝等信息会得到较精细的表达，使得滑坡的纹理信息更加精细、几何结构更加明显、空间布局更加清晰，有效地描述这种空间信息和利用其建模对实现滑坡识别与提取具有重要的作用。[4]

在前期光学及 InSAR 勘察确定滑坡基本形态及边界特征的基础上，需要进一步了解滑坡发育特征，而常规的光学卫星受限于空间分辨率与成像几何，难以实现滑坡边界的高精度测绘与滑坡体结构特征的调查。而航空平台自由设定飞行几何与高精度多维度测量几何就可以在滑坡的进一步勘察中发挥重要作用，研究通过机载 LiDAR 与无人机等开展了复杂山区的滑坡结构特征勘察。

利用无人机摄影测量技术对岩体或土质滑坡进行调查，对于那些临滑危险、植被覆盖较少的滑坡而言也具有明显优势。近年来，随着无人机技术的发展，无人机摄影测量技术获得了飞速发展，在地质灾害调查中，无人机摄影测量以其结构简单、成本低、精度高、灵活机动、实时性强、高效、数据精度高等独特的优点逐渐成为地质灾害调查评价和应急处置的重要手段。通过无人机三维摄影测量已可快速获取高分辨率的三维立体影像，既直观形象，可看清相关区域各种地物特征和坡体变形迹象，又可快速形成地形图、量测各种参数；此外，通过不同期次影像数据的差分分析，可圈定变形区，量化各区的动态。[5]

利用无人机摄影测量技术还可对滑坡裂缝发育分布特征进行调查。滑坡在整体失稳破坏之前，一般要经历一个漫长的变形发展演化过程。大量的滑坡实例表明，尽管不同物质组成、不同的成因模式和类型[6-7]、不同的变形破坏行为的滑坡，在不同变形阶段都会在滑坡体不同部位产生应力集中，并在相应部位产生与其力学性质对应的裂缝，这些地表裂缝的空间展布、出现顺序会有所差别，但裂缝的发展演化遵循一定的规律，也就是裂缝发育具有分期配套特性[7]。滑坡裂缝发育特征调查对于判断边坡稳定性意义重大。传统的调查方法是地质人员进入现场实地对裂缝逐条进行调查，但裂缝发育位置除非进行测量，否则难以准确定位，也很难全面了解。另外，对于裂缝发育的动态特征难以掌握，而且由于地形限制，很多区域人员难以到达；对于进入加速变形阶段的滑坡而言，裂缝持续发展，滑坡随时可能失稳解体。采用无人机摄影测量技术开展滑坡体裂缝特征调查具有明显优势，如图 4-4、图 4-5 所示。

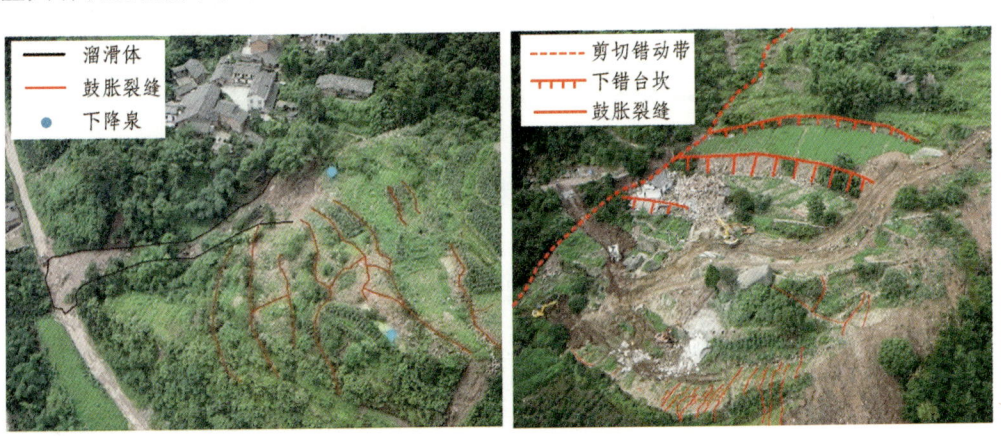

图 4-4　川黔铁路裁缝岩滑坡无人机航拍裂缝调查

(a)裂缝解译图　　　　　　　　　　　(b)裂缝解译图

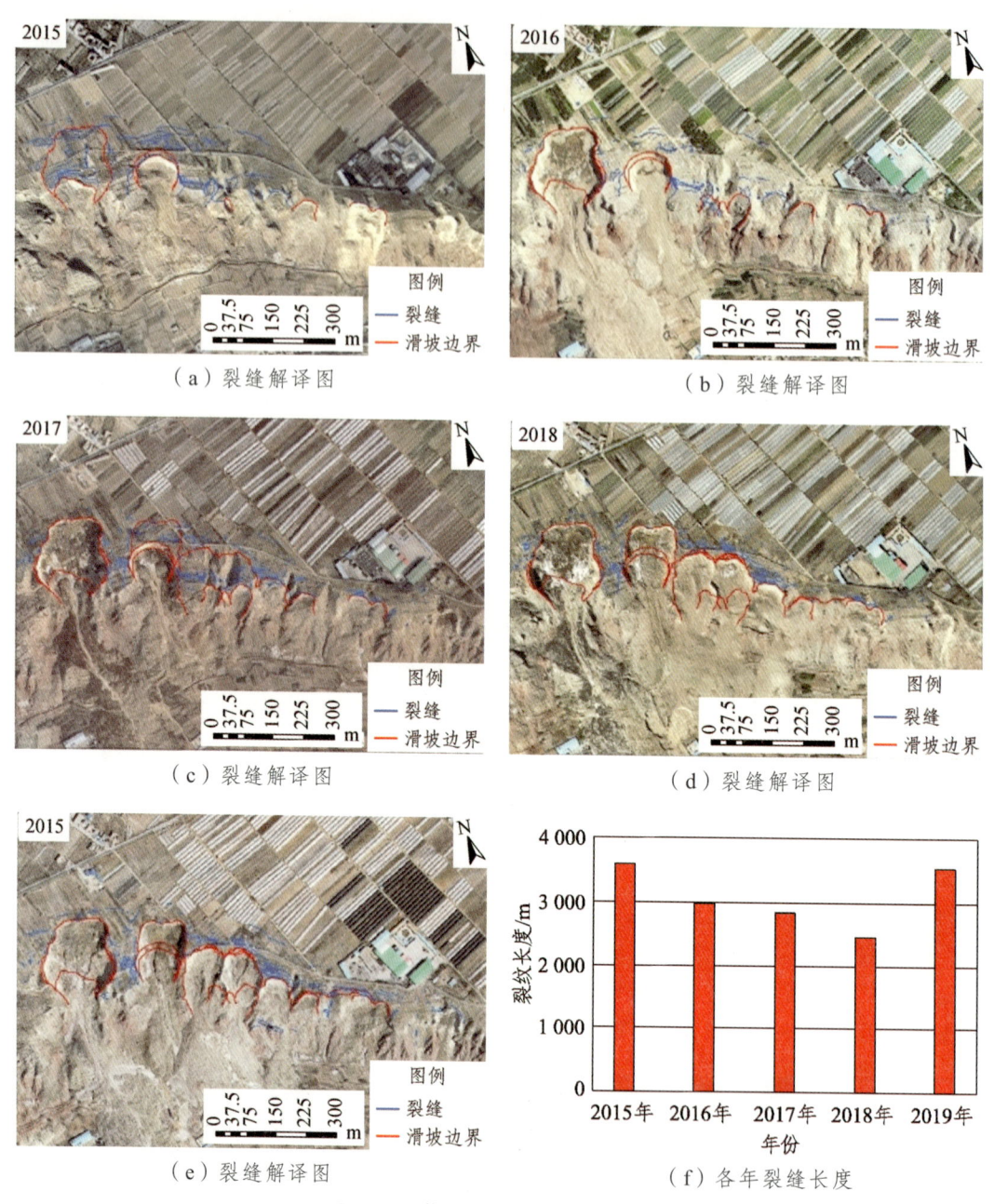

(c)裂缝解译图　　　　　　　　　　　(d)裂缝解译图

(e)裂缝解译图　　　　　　　　　　　(f)各年裂缝长度

图 4-5　黄土滑坡裂缝发育解译

　　传统地质调查方法对滑坡边界的确定，主要是通过大量现场调查结合收集的地形图件资料，基于地形等值线特征结合实际地貌情况进行划定，其精度主要取决于地形图件的准确性和比例尺，还和地质人员的专业素质相关。很多情况下，缺乏准确大比例尺地形图或者人为判断误差，将导致滑坡边界圈定不准确；另外，还可以通过手持 GPS 进行路线定位，但这需要地质人员绕着滑坡边界实地跑点，缺点是存在人员无法到达的情况，

第 4 章　表生不良地质天空地井综合勘察技术及其应用

还受手持 GPS 定位精度的限制；精度最高的办法是实施工程测量，但这项工作往往只有进入勘察、治理设计阶段才能开展，并不能普及众多边坡。由此，利用三维空间影像技术结合地质调查工作，对滑坡边界、堆积范围等进行确定更为方便、快捷和准确，如图 4-6 所示。

图 4-6　川黔铁路裁缝岩滑坡无人机航拍的边界确定

滑坡各区域层次除要清楚描述滑坡各发育要素物质构成和排列特征之外，还应分析各要素之间的空间关系特征。不同类型不同地质条件下的滑坡组成要素各异，不同分析方法下的同一滑坡分区也不尽相同，更一般地，本节将一个发育完全的滑坡划分为滑源区、滑移区和堆积区三部分，滑源区要素包括滑坡冠部、冠部裂缝、主滑后壁、后缘平台、次滑后壁及侧翼，堆积区要素包括压缩裂缝区、滑坡鼓丘和扇形裂缝区即滑坡足部分，次滑后壁前部压缩裂缝区后部的拉张裂缝区和剪切裂缝区为滑移区。在建立滑坡表达过程中应尽可能详细地分析滑坡各组成要素的特征及组成要素之间的结构特征[4]，具体表达内容见表 4-2。

滑坡现状坡面向东南倾斜，总体呈上部陡、中部平缓、下部陡的 S 形坡面。滑坡后壁明显，西侧边界处为冲沟，东侧边界处为沟坡。冠部有沿滑动方向延伸的拉张裂缝，东侧堆积体以块石为主，有局部崩塌现象，中部堆积以植被为主，西侧是人为治理形成的阶梯状黄土堆积[4]。

结合滑坡运动方式和坡体表面物质分布，偏桥沟滑坡总体上可分为滑源区和堆积区两大部分：滑源区包括主滑后壁和冠部拉张裂缝区，堆积区根据物质分布可分为碎块石区、植被覆盖区、黄土覆盖区和滑坡西侧不稳定变形体。图 4-7 以 0.03 m 的无人机影像对偏巧沟滑坡进行了子区域特征分析[4]。

表 4-2 滑坡结构特征

区域	要素	特征
滑源区	滑坡冠部	物质构成
	冠部拉张裂缝	分布、形态、走向、长度、宽度
	主滑后壁	后壁长度、宽度、高度
		后壁形态
		物质构成
	次滑后壁	后壁长度、宽度、高度
	后缘平台	面积、物质构成
滑移区	拉张裂缝 剪切裂缝	物质构成
		分布、形态、走向、长度、宽度
		分布、形态、走向、长度、宽度
堆积区	滑坡鼓丘 鼓胀裂缝 扇形裂缝 滑坡趾	物质构成
		分布、排列
		分布、形态、走向、长度、宽度
		分布、形态、走向、长度、宽度
		边缘形态

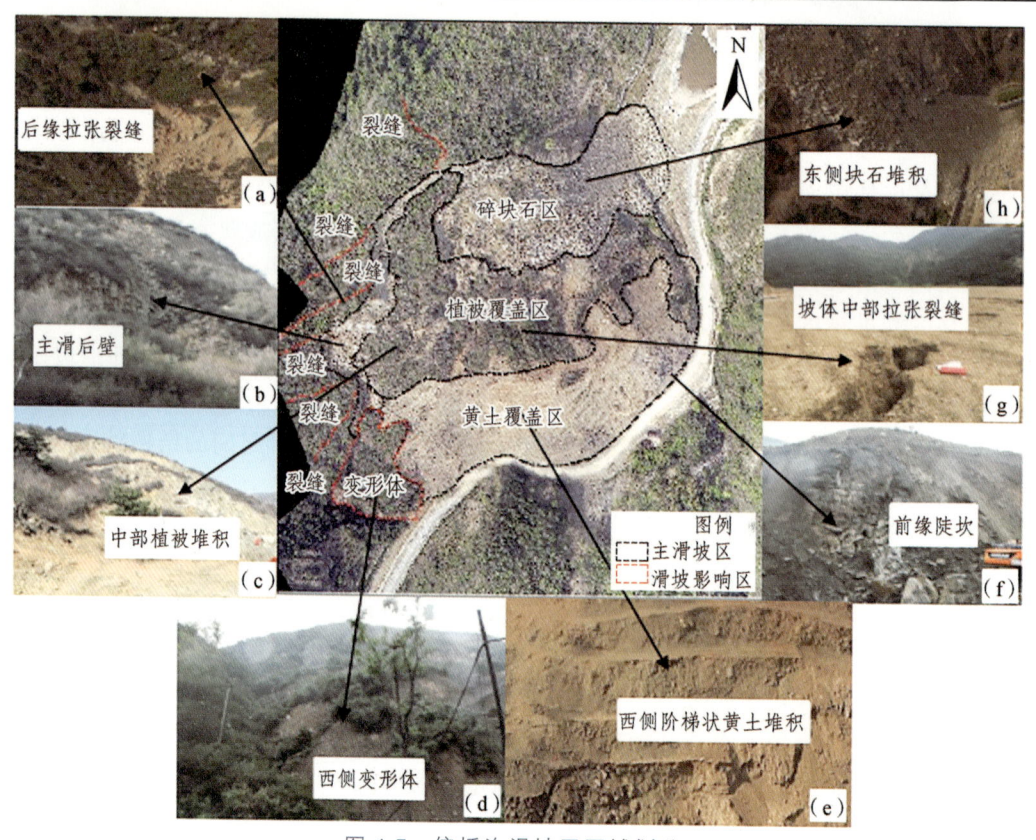

图 4-7 偏桥沟滑坡子区域划分

(1) 滑源区。

① 主滑后壁。主滑后壁位于斜坡顶部与梁顶接壤部位，滑动错台明显，后壁高约 25~30 m，坡度介于 35°~45°之间，如图 4-7（b）所示。在 0.03 m 分辨率的无人机影像上可看到此滑坡源区的主滑后壁大部分为基岩裸露的陡壁。在几何特征上，后壁呈明显的条带形面状区域，后壁两侧边界粗糙不平整，整体上呈典型的圈椅状，内部块石大小各异，分布不规则；在光谱特征上，后壁物质多以块石为主，辐射光谱特征值相似，且相对于后壁附近的植被，具有更高的亮度值，但由于后壁上物质构成不均匀，有大小各异的块石且杂部分黄土，后壁光谱特征值分布不均匀，此外，部分陡峭后壁处存在阴影，使得光谱特征值有较大差异；在颜色特征上，后壁呈明亮的白色，与后缘植被呈显著的颜色差异；在纹理特征上，后壁上有多条方向一致近似乎平行排列的滚石滑动痕迹，但陡壁下方块石大小不一、分布凌乱、无明显规则，纹理粗糙；在上下文特征上，滑坡后壁前后发育有以灌木林地为主的植被，并在后壁后缘发育有多条近似平行分布的拉张裂缝，这些裂缝都与后壁后缘边界贯通呈 T 字形，但裂缝与裂缝之间互不相交，如图 4-8 所示。[4]

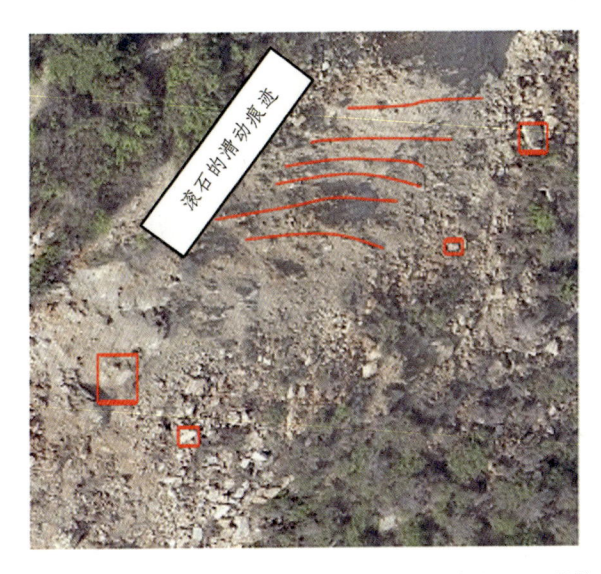

图 4-8 主滑后壁上的滚石滑动痕迹及部分大小不一的块石

② 冠部拉张裂缝。在后壁上方有 4 条沿滑动方向近似平行展布的拉张裂缝，如图 4-7（a）和图 4-9 中的 1#、2#、3#和 4#裂缝所示，6#裂缝和 5#裂缝分别对应本次滑坡的右侧和左侧边界（左右是指立于滑坡冠部，面向滑坡而言），其中：5#裂缝较为明显地沿山脊线延伸，在向滑坡体延伸的方向上产生大规模崩塌体；6#裂缝下方产生小规模不稳定变形体。在 0.03 m 的无人机影像上，滑坡冠部裂缝具有如下特征：在几何特征上，冠部拉张裂缝呈长条状的延伸区域，裂痕粗糙，整体走向变化不大；在光谱特征上，1#、2#和 3#裂缝较为明显，呈高亮状，4#、5#和 6#裂缝呈较暗的阴影状；在空间分布上，裂缝位于滑坡后缘边界的上方，并近似呈平行状排列；在拓扑关系上，每条裂缝与滑坡后缘边界相交，各裂缝之间不相交。[4]

图 4-9　冠部拉张裂缝

(2) 堆积区。

① 碎块石区。碎块石堆积是由于崩塌运动而形成的，位于滑坡的东侧，根据其在遥感影像上的特征，可分为崩塌源区和崩塌堆积两部分，如图 4-7（h）所示。崩塌源区物质构成复杂，有大小各异的块石、残破植被和细粒黄土。块石含量约为 90%~95%，块石粒径大小不一，最大的约 2.5 m，较小的约 0.3~0.5 m，棱角分明，形态各异，结构松散，稳定性较差，分选性较差，无明显排列规律。崩塌源区在无人机影像上具有如下特征：在几何特征上，崩塌源区块石大小形态各异，排列杂乱，夹杂有残破植被等，无明显特征；在光谱特征上，其光谱辐射值较高，且亮度明亮，区域物质构成复杂，光谱特征值分布不均匀；在颜色特征上，崩塌源区呈明亮的白色，与稳定坡体颜色差异明显，又因为区域内有少量黄土及残破植被等物质存在，会局部出现绿色，其颜色构成多样，但白色占主要地位；纹理特征杂乱，无明显纹理；在上下文特征上，崩塌源区位于滑坡东侧，与稳定坡体相邻，下方有倒锥形堆积体，这是影像上崩塌源区识别的主要标志，如图 4-10 所示。[4]

由于崩塌物质在运动过程中受地形影响及重力分选作用，所以崩塌堆积物颗粒粒径分布是不均匀的。堆积物粒径分布的总体典型规律是：平均粒径由上部至下部逐渐增大，大块石主要集中在坡角及堆积前缘，细颗粒块石主要集中在堆积坡体表层，且从上到下逐渐减少，但在堆积坡体表层也有零星较大碎块石散落，如图 4-11 所示。这种粒径块度分布不均匀、从上到下平均粒径逐渐增大的特征，是滑坡不同于稳定斜坡和人工填土边坡的重要特征，因此对滑坡内部物质粒径分布规律的分析是至关重要的。崩塌堆积区在坡脚处呈倒锥状条带状分布。厚度一般为 0.5~3.5 m，主要为砂岩碎块，块径一般为 0.5~2 m，最大的可达到 4 m，碎块石颗粒棱角分明，含量在 95% 以上。崩塌堆积区在无

第4章 表生不良地质天空地井综合勘察技术及其应用

人机影像上具有如下特征：在几何特征上，崩塌堆积区呈扇形，两侧边界明显，前缘呈半圆形堆积在坡脚，区域内块石大小形态各异，但排列有序，堆积区后部Ⅰ区主要是粒径最小的块石，前中部Ⅱ区是中等粒径块石，堆积前缘Ⅲ区是粒径较大的块石，从堆积后部至堆积前缘，各区域块石的平均粒径不断增大，体现出崩塌区的快速运动特征，这是影像上堆积区的主要识别标志；在光谱特征上，小粒径区域光谱辐射值较低，大粒径区域光谱辐射值高，光谱特征值分布不均匀；在颜色特征上，区域颜色构成单一，主要呈明亮的白色；在纹理特征上，块石的运动痕迹显示出堆积物质的运动方向；在上下文特征上，崩塌堆积区总是位于坡脚，堆积在地形平坦区域且位于崩塌源区下方。[4]

图 4-10 崩塌源区块石堆积

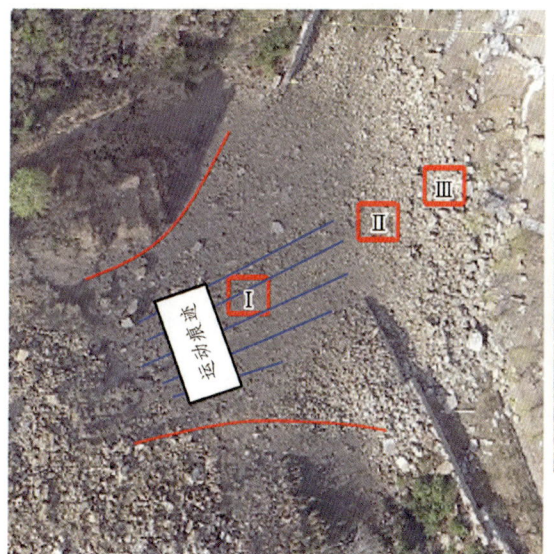

图 4-11 崩塌堆积物分布

② 植被主要覆盖在滑体的后缘平台上，呈缓坡状，发育有拉张裂缝，长度为 10～20 m，宽度一般为 5～10 cm，最宽处为 20 cm，裂缝可见深度 1～2 m，如图 4-7（c）和图 4-12 所示。植被覆盖区在无人机影像上具有如下特征：在几何特征上，与其他子区域的边界划分不明显，边界物质构成杂乱，边界粗糙，整体呈"L"形面状区域，区域内部有近似平行排列的拉张裂缝，造成植被覆盖的不连续；在光谱特征上，植被覆盖区相对于主滑后壁和碎块石区光谱辐射值较低，且亮度较暗，区域物质构成复杂，光谱特征值分布不均匀；在颜色特征上，植被覆盖区呈暗绿色，与稳定坡体具有相同的颜色，又因为区域内有少量黄土块石等物质存在，其颜色构成多样但深绿色占主要地位；在上下文特征上，植被覆盖在后缘平台上，因此它总是与后壁相邻且处于后壁之下、块石堆积区的西侧、黄土覆盖区的东侧，呈孤立状，这是它与稳定坡体的主要区别。[4]

图 4-12　植被覆盖区

③ 黄土覆盖区。黄土覆盖区位于滑坡西侧，呈陡坡状，坡度介于 40°～65°之间，坡体上有阶梯状陡坎，人工滑坡治理痕迹明显，前缘经修路切成为陡坎状，陡坎高 10～16 m，形成了新的临空面；前缘下方为西山旅游公路，公路沿沟谷而行，如图 4-7（e）（f）和图 4-13 所示。黄土覆盖区在无人机影像上具有如下特征：在几何特征上，与滑坡体其他区域的边界模糊粗糙，不易区分，沿公路堆积，与前缘公路的边界明显，整体上呈"一"字形面状区域，区域内有平行排列的条带形；在光谱特征上，区域物质构成均匀单一，辐射光谱特征值相似且分布均匀；在颜色特征上，呈土黄色，颜色构成单一；在纹理特征上，纹理相对细腻，内部有规则边界，具有方向性；在上下文特征上，黄土堆积区处于滑坡前缘，因此与道路相邻。[4]

第4章 表生不良地质天空地井综合勘察技术及其应用

图 4-13 黄土覆盖区

④ 西侧不稳定岩体。滑坡西侧不稳定岩体下部存在一大规模拉裂变形体。变形体表面有植被覆盖，西南侧沿沟谷发育，西北侧后缘与稳定坡体发生了分离，三面临空，但还未形成大规模的垮塌，如图 4-7（d）和图 4-14 所示。不稳定岩体在影像上具有如下特征：在几何特征上，边界物质构成杂乱，边缘粗糙，整体呈树叶形面状区域；在光谱和颜色特征上，变形体上有植被覆盖，与植被覆盖区具有相似的特征，变形体西南侧边界位于冲沟中，冲沟呈阴影状；在上下文特征上，变形体与稳定坡体相邻，且上方有裂缝存在，这是它与滑坡体上植被覆盖区的主要区别。[4]

图 4-14 不稳定岩体

2. 基于 LiDAR 的滑坡结构调查

受到山区复杂环境及地质条件限制，滑坡区域往往植被覆盖极其茂密，并且地形较为复杂，利用传统光学遥感影像难以判别高植被覆盖率下的滑坡结构情况。因此，需要考虑利用高新技术进一步强化此类滑坡灾害的勘察。

机载激光雷达（LiDAR）作为一种利用激光对地表三维坐标信息进行采集的新型遥感技术，将激光测距、卫星定位（GPS）和惯性测量技术集成，不仅提高了测绘的空间分辨率，同时通过多次回波技术穿透地面植被，利用滤波算法有效去除地表植被，获取真实地面的高程数据信息。目前该技术已在地形测绘、三维城市建模、环境监测、地球科学等诸多领域得到广泛应用，在活动断裂、地震及地质灾害等地学领域的应用也取得了显著成效[8]。

本研究以四川省北部缓倾地层滑坡多发的通江县春在镇南部为案例，基于机载 LiDAR 获取的高分辨数字高程模型（High-resolution Digital Elevation Model，HRDEM），选取典型示例开展应用分析，论述机载 LiDAR 在滑坡综合勘察中的应用[8]。

（1）研究区概况。

研究区位于四川省北部通江县境内，地处大通江以东春在镇南部周边。该区为典型侵蚀剥蚀低山地貌，属亚热带秦巴区湿润季风气候区，大陆性季风气候显著，雨量充沛，水系发达。研究区大地构造位置处于大巴山歹字型构造中段南侧，区内构造线展布以北西—南东向为主，断裂不发育，新构造运动不活跃。研究区地表除第四系松散堆积层外，主要出露白垩系紫红色砂质泥岩夹薄层泥质粉砂岩、白垩系下统灰黄色钙质细砂岩与棕红色砂质泥岩层等[8]。

研究区地质灾害多发，以降雨诱发的中小型土质滑坡最为常见，具蠕变慢滑特征，斜坡变形特征明显。以往调查显示，区内滑坡以牵引式为主，其中较为典型的水井巷、小罗坪、毓贵山、雷家河等滑坡均表现为地层产状缓倾、砂泥岩互层、分块式解体明显、阶梯状陡坎及张性裂隙带发育等，具有缓倾地层滑坡的显著特征[8]。

（2）数据获取及处理。

① 数据获取。

本研究机载数据采集于 2021 年 6 月 5 日至 6 月 8 日，其中以飞马 D20 无人机作为飞行平台，激光雷达采用 Riegl 公司生产的 DV-LiDAR20 激光雷达模块。该套系统具备双差分天线，配置毫米波雷达 200 m 测距，可良好适应复杂地形区飞行作业需求。激光雷达传感器测距达 1 350 m，高程精度为 1.5 cm，内置飞马自研 GNSS/IMU 惯导系统，配合同轴挂载的 4 200 万像素光学相机，结合无人机轨迹组合导航数据解算算法、数据融合及平差算法，可提供高精度激光点云及航空影像数据。为确保数据精度，在春在镇飞行区南部架设 1 处地面基站，以随时干预和控制无人机的飞行平台和任务载荷[8]。

② 数据处理。

获取的数据需进行必要的处理才可获得高分辨率数字高程模型、数字正射影像图（DOM）等信息。一般而言，应包含数据解算与系统误差检校、航带拼接、激光点云数据分类以及 HRDEM、DEM 产品生成等步骤。

第4章 表生不良地质天空地井综合勘察技术及其应用

就本研究而言，对识别滑坡及其拉裂槽最为有效的是去除植被高度影响的地面点云数据，因而激光点云数据分类结果的质量将直接影响最终识别效果。本节采用 MicroStation 平台 Terrasolid 软件系列中的 Terrascan 模块，基于宏命令实现地面点和非地面点的自动分离，并对未分离的低植被点及混淆丢失的地面点进行人工修正。处理后点云密度约为 15 点/m²，水平及垂直分辨率分别约为 0.24 m 和 0.20 m，最大高差为 179.99 m[8]（表4-3）。

表 4-3 点云参数对比

点云类型	点密度/（pts·m⁻²）	水平分辨率/m	垂直分辨率/m	最大高差/m
原始点	45	0.16	0.18	221.26
非地面点	42	0.16	0.18	191.29
地面点	15	0.24	0.20	179.99

在此基础上，利用 Arcgis 10.8 软件创建 las 数据集，将点云数据转化为 HRDEM，分辨率为 0.5 m，用于拉裂槽的识别。并基于 Pix4D mapper 软件生成对应 DOM，分辨率为 0.1 m，以辅助识别缓倾地层滑坡[8]（图4-16）。

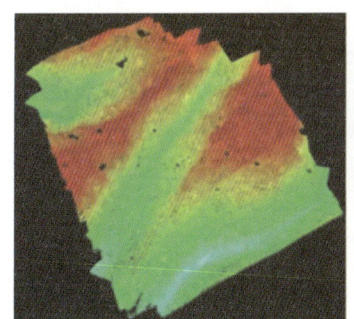

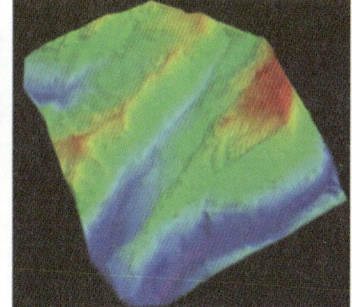

图 4-16 机载 LiDAR 激光点云及产品

（3）滑坡及其拉裂槽识别。

研究选取研究区内糯鼓寨村南部一处新识别缓倾地层滑坡隐患（中心坐标：107°17.112′E，31°51.843′N）作为典型应用研究示例。基于机载 LiDAR 技术获取的精细地形信息，综合 HRDEM 和 DOM 两类数据构建遥感判识标志，结合天空视域因子（Sky-view factor，SVF）、山体阴影等 HRDEM 数据可视化方法实现滑坡边界及拉裂槽位置的准确识别，在此基础上借助三维可视化数据分析手段，完成拉裂槽信息的有效提取[8]。

① 缓倾地层滑坡边界判识方法。

为克服地质灾害综合遥感识别过程中的边界判定多解性问题，前人基于 DEM 系列派生产品，就滑坡边界判识应用方面开展了诸多研究，包括山体阴影图、坡度图、地表粗糙度图、地形正开度图等在内的多种 DEM 可视化分析方法均可在一定程度上提升识别准确率，其中又以山体阴影图的应用最为普遍。近年来，随着 DEM 数据应用技术的长足发展,天空视域因子(SVF)这一用于描述三维空间形态的新型 DEM 可视化分析手段,已被引入并应用于高植被覆盖山区地质灾害识别领域。经研究,这种方法能更为清晰地反映滑坡整体边界特征,可显著提高地质灾害判识的准确率,在对复杂地形植被覆盖区的滑坡识别方面具备明显优势[8]。

SVF 数据作为一种对地表形态开阔度的定量描述,主要通过漫反射的方法有效解决单一光源照射下的阴影问题,可实现复杂地表形态及微地貌特征的增强显示。研究利用 SAGA GIS 软件平台下 Terrain Analysis 工具集内的 SVF 工具,计算得到目标滑坡范围区的 SVF 数据[8],如图 4-17(a)所示。

在 SVF 数据中,缓倾地层滑坡的后壁轮廓极为清晰,受流水侵蚀作用影响形成的右侧壁冲沟线形地貌特征显著,左侧壁局部线形特征及地形凹凸细小差异明显,滑坡前缘边界清楚,较山体阴影图[图 4-17(b)]优势显著。此外,SVF 数据对滑坡体内局部微地貌特征的展示效果较好,通过对后缘至前缘不同部位微小地形变化信息的增强显示,可将该滑坡进一步划分为后缘隆起区、中部阶梯状缓倾区及前缘陡坎区[8]。滑坡边界识别结果及各亚区位置如图 4-17 所示。

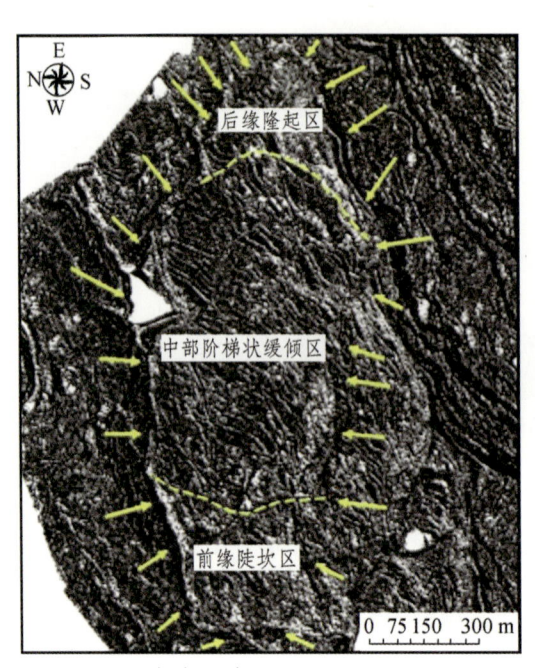

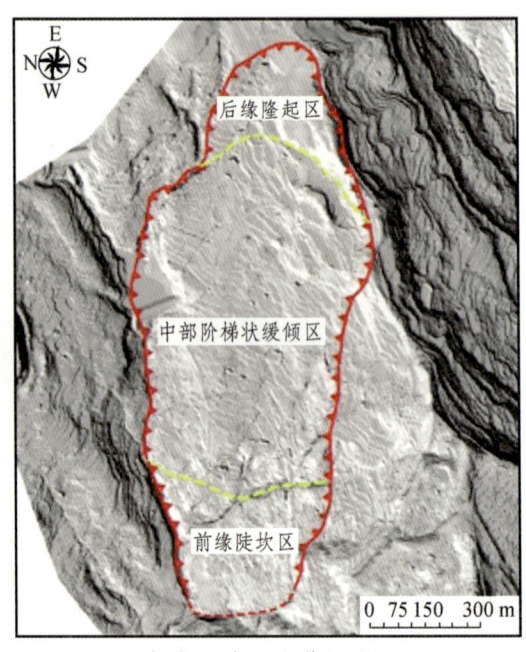

(a)研究区 SVF 图 (b)研究区山体阴影图

图 4-17 SVF 可视化方法对滑坡边界的识别及结果

② 滑坡拉裂槽识别方法。

缓倾地层滑坡拉裂槽常见于灾害形成初期及中期的短距离拉槽启动阶段,主要由构造作用或卸荷作用下造成的基岩节理裂隙结构面破坏,经后期充水拉张、拉槽扩张后形成,属于缓倾地层滑坡主要识别标志之一[8]。

第 4 章 表生不良地质天空地井综合勘察技术及其应用

一般而言，受地表发育植被所限，利用常规遥感影像色调、纹理的差异，较难有效识别拉裂槽的地形突变特征。机载 LiDAR 数据则可较好地规避上述问题，特别是 HRDEM 派生的系列山体阴影图在拉裂槽识别方面效果尤为显著。山体阴影图通过模拟不同光照角度，以突出渲染和增强拉裂槽的微地貌特征。因此，它具备反映拉裂槽地形突变位置立体形态的能力。但需要指出的是，受滑坡体倾向与光照方位角间关系的影响，入射方位角参数的选取设置，将直接影响所构建山体阴影图的最终识别效果[8]。

基于 ArcGIS 10.8 平台 3D Analyst 模块下的 hillshade 工具构建系列山体阴影图（图 4-18），光源方位角以 0° 为起始角度，以 45° 为间隔，依次形成不同光源下的地貌渲染栅格图像（图 4-18）。由图 4-19 可知，拉裂槽总体走向为 261°，与其走向一致或相反的光源较难反映出滑坡左侧后缘拉裂槽特征，在图 4-18a 及图 4-18b 中几乎无法识别；与走向垂直的两类光源（图 4-18e，图 4-19d）对拉裂槽线形特征的表现能力则明显较强，而其中又以左侧壁外侧光源（图 4-19e）对拉裂槽边界显示效果最为理想；与滑坡体倾向斜交光源（图 4-19f、图 4-19g、图 4-19h、图 4-19i）则在一定程度上可反映出拉裂槽的局部地貌特征[8]。

因此，在识别缓倾地层滑坡拉裂槽时，应优先选取拉裂槽走向外侧垂向光源构建山体阴影图进行识别，并结合与走向斜交光源下的系列渲染结果辅以判识，进而实现对拉裂槽位置的准确判断[8]。

（a）光源方位角为 0°　　（b）光源方位角为 45°　　（c）光源方位角为 90°

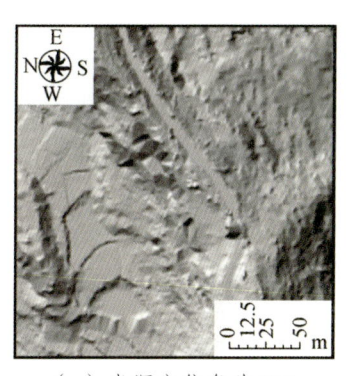

图 4-18　滑坡拉裂槽系列山体阴影图及识别结果

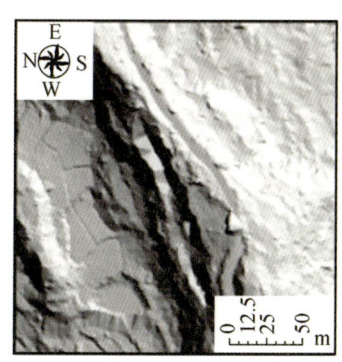

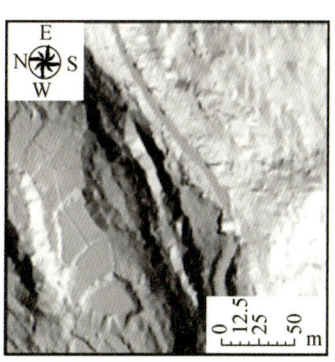

（a）光源方位角为 135°　　（b）光源方位角为 180°　　（c）光源方位角为 225°

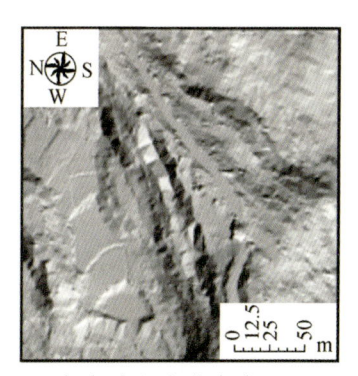

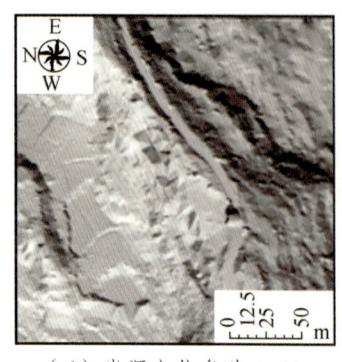

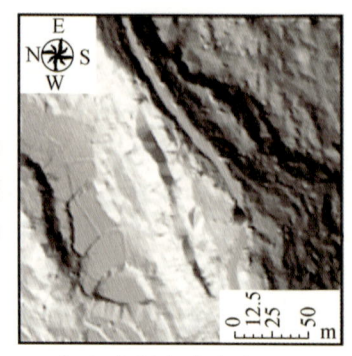

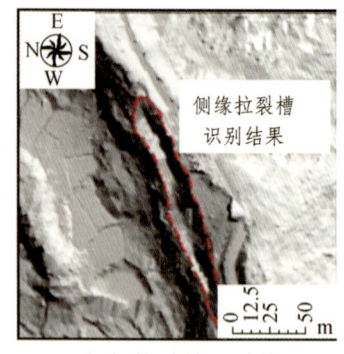

(d)光源方位角为270°　　　(e)光源方位角为315°　　　(f)拉裂槽识别结果

图 4-19　滑坡拉裂槽系列山体阴影图及识别结果

③ 基于三维形态的拉裂槽信息提取。

利用 ArcScence 等可视化软件，可对获取的 HRDEM 及山体阴影图做进一步处理，实现滑体拉裂槽发育形态特征的精细刻画。通过三维可视化数据分析，构建缓倾地层滑坡侧缘拉裂槽的三维曲面（图 4-20）。其中，HRDEM 三维形态较为直观地展示了侧缘拉裂槽发育的整体形态与起伏特征，而山体阴影三维形态则更为清晰地揭示被植被掩盖的拉裂槽发育规模及边界微地貌特征[8]。

(a)HRDEM 三维形态　　　(b)山体阴影三维形态

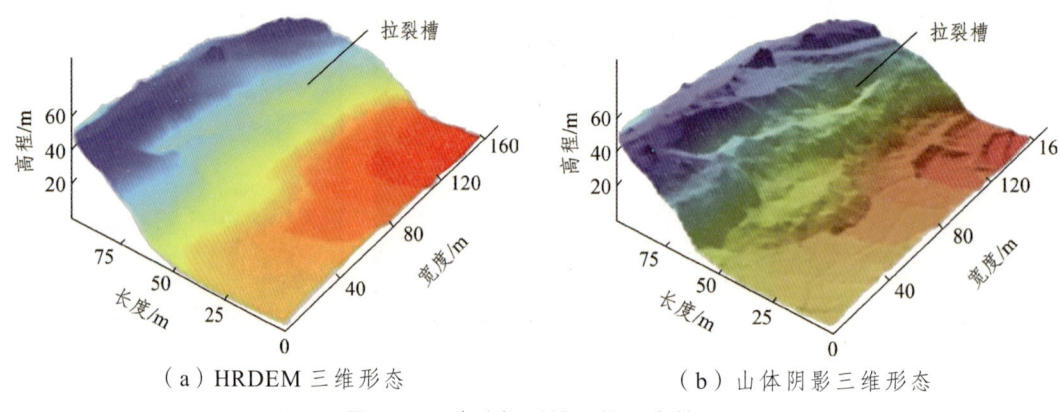

图 4-20　琥珀拉裂槽三维形态特征

通过三维形态图，可知拉裂槽发育于图 4-20 中的 86 m 长度处。其主体延伸长度约 150 m，平均宽度约 5 m，边缘距底部最大高差近 20 m；拉裂槽外侧为滑坡后侧缘边界，地形较为平坦，内侧地形则陡缓不一，坡度为 10°~35°，陡坎临空面较发育，局部见次级垮塌后形成的缓坡台地，并向滑体内侧凸出。结合滑坡体整体特征来看，该拉裂槽走向与主滑方向基本一致，说明其发育与斜坡岩体中节理裂隙充水扩张、拉槽启动及扩张等演化过程密切相关，据此初步推测此缓倾地层滑坡目前处于中期缓慢形变阶段，若后期遇持续强降水，极可能发生剧滑，严重威胁滑坡体上部聚居农户、道路及小型水库安全，属高风险隐患[8]。

4.1.3 滑坡形变特征

1. 基于卫星光学遥感的滑坡变形动态监测

基于卫星光学遥感技术的地质灾害调查最早可以追溯到 20 世纪 70 年代。早期由于影像分辨率和数据源有限，主要利用 Landsat-1～5 等低分辨率卫星影像（分辨率低于 30 m）进行地质灾害孕灾环境调查。20 世纪 80 年代之后，法国 SPOT-1～5 等中等分辨率光学卫星影像（分辨率优于 5 m）陆续出现，并逐渐用于大型地质灾害的调查和动态监测。进入 21 世纪后，随着在轨高分辨率光学卫星数量的快速增多、影像空间分辨率（如美国 DigitalGlobe 公司的 World View-3 卫星影像空间分辨率达 0.31 m）和重复观测周期不断缩短（如美国 Planet 公司的卫星星座可实现全球范围的每天重访），多时相光学卫星影像被广泛应用于区域和单体地质灾害的精细调查与中长期监测[1]。

利用多时相高分辨率光学卫星影像进行滑坡监测一般可分为地表特征要素变化定性监测和地表形变定量监测。地表特征要素变化定性监测主要通过多时相光学卫星遥感影像的人工目视解译或计算机自动变化检测，对滑坡所在区域的土地类型、植被覆盖等的变化进行检测，从而实现对滑坡演化过程的动态监测与评价。图 4-21 所示为 2008 年汶川地震区绵竹市绵远河干流左岸小岗剑震裂山体-滑坡-泥石流灾害链地震前后的多时相光学遥感影像，通过目视解译可较好地了解该地质灾害链震后 10 年的动态演化过程[1]。

（a）2007 年 2 月 18 日 QuickBird 卫星影像　　（b）2008 年 5 月 18 日航空影像

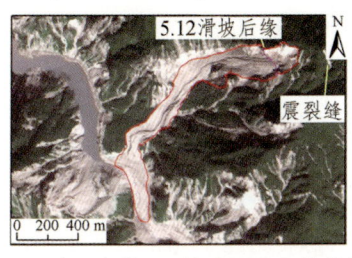

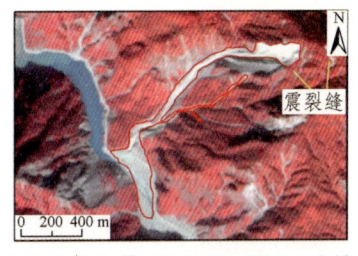

（c）2008 年 10 月 13 日 SPOT-5 卫星影像　　（d）2010 年 1 月 15 日 Rapideye 卫星影像

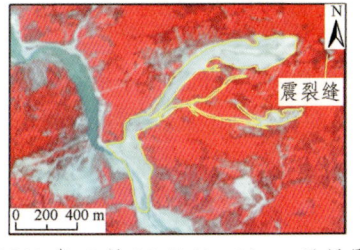

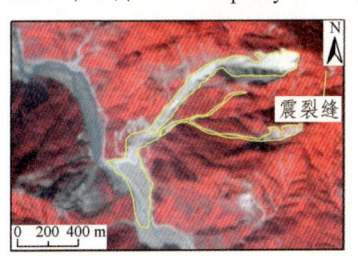

（e）2011 年 6 月 23 日 Rapideye 卫星影像　　（f）2012 年 10 月 26 日 Rapideye 卫星影像

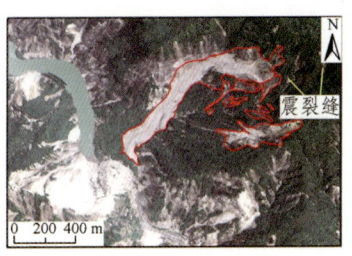

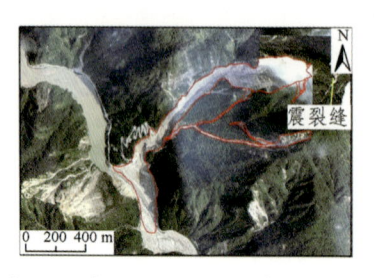

（g）2013 年 1 月 5 日无人机航拍影像 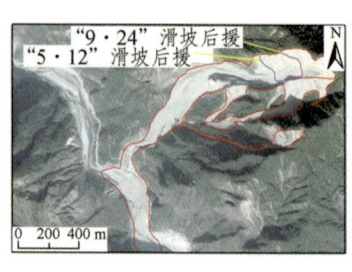　　（h）2014 年 12 月 23 日 Geoeye-1 卫星影像

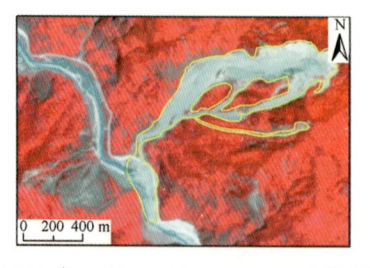

（i）2015 年 7 月 25 日 Rapideye 卫星影像 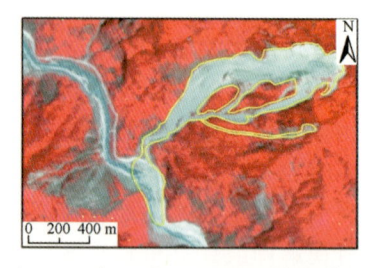　　（j）2016 年 5 月 4 日无人机航拍影像

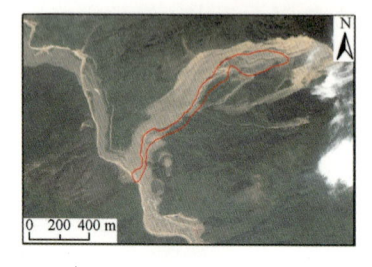

（k）2017 年 4 月 14 日 Quick Bird 卫星影像 　　（l）2018 年 2 月 19 日 Geoeye-1 卫星影像

图 4-21　四川省绵竹市小岗剑滑坡泥石流 2008—2018 年演化过程光学遥感监测[1]

地表形变定量监测主要通过多时相高分辨率光学卫星遥感影像，利用人工目视解译方法对滑坡体上人工建构筑物（道路、水渠、房屋等）或宏观裂缝等变形迹象进行定量解译（图 4-22），或利用像素偏移追踪技术（POT）对整个坡体水平方向上显著位移（一般指米级以上的位移）进行定量监测（图 4-23），或利用高分辨率卫星立体像对获得滑坡区的多期次数字地表模型（Digital Surface Model，DSM）再进行差分计算，对滑坡区垂直方向的位移量进行动态监测。图 4-22 为通过对 2018 年 6 月 22 日—7 月 17 日 4 期次 Planet 卫星影像（分辨率 3.0 m）上道路拐点（P_1 和 P_2）的目视解译，实现甘肃省舟曲县江顶崖古滑坡复活后形变的定量监测。解译结果表明：该滑坡 7 月 12 日 P_1 号点滑动 25 m，P_2 号点滑动 30 m；7 月 12—14 日 P_1 号点滑动 60 m，P_2 号点滑动 64 m；7 月 14 日之后滑坡变形逐渐趋于稳定[1]。图 4-23 所示为利用 2020 年 6 月 14 日和 6 月 19 日两期高分 2 号卫星影像（分辨率 0.8 m）POT 技术的形变分析四川省丹巴县阿娘寨古滑坡复活后的形变监测结果，表明该滑坡自 2020 年 6 月 14 日至 6 月 19 日最大形变量约 10 m，滑坡最大形变区主要位于滑坡后缘[1]。

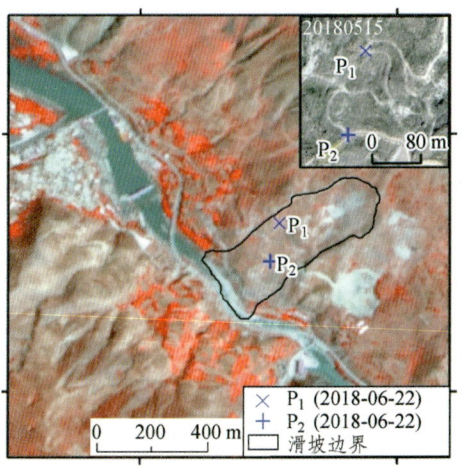

第 4 章　表生不良地质天空地井综合勘察技术及其应用

（a）2018 年 6 月 22 日 Planet 卫星影像 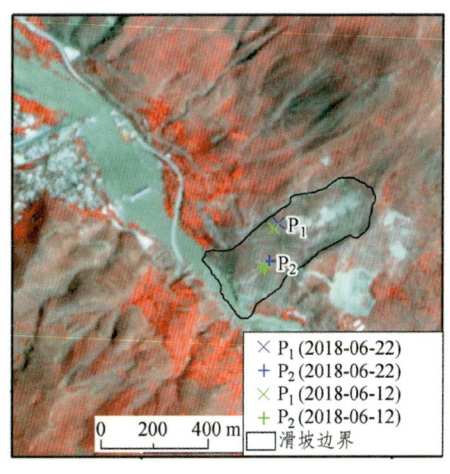　　　（b）2018 年 7 月 12 日 Planet 卫星影像

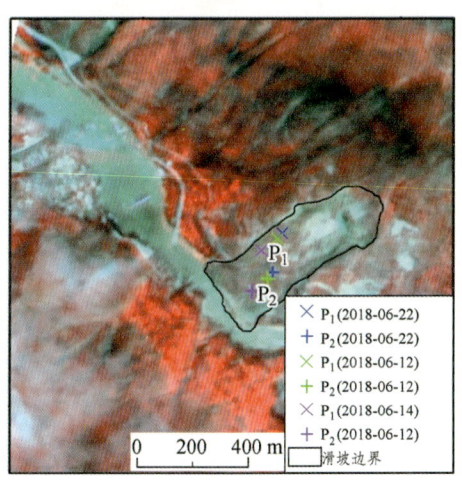

（c）2018 年 7 月 14 日 Planet 卫星影像 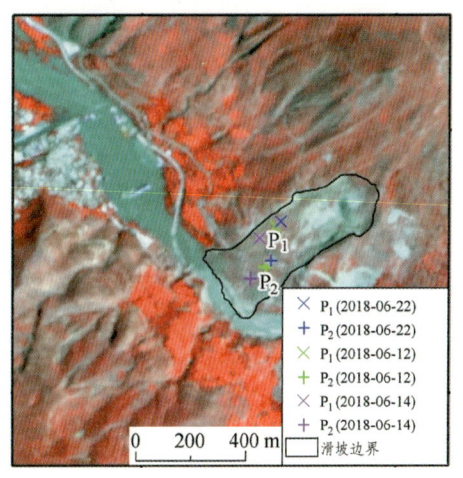　　　（d）2018 年 7 月 17 日 Planet 卫星影像

图 4-22　甘肃省舟曲县江顶崖滑坡失稳过程中形变监测

（a）2020 年 6 月 14 日高分 2 号卫星影像 　　　（b）2020 年 6 月 19 日高分 2 号卫星影像

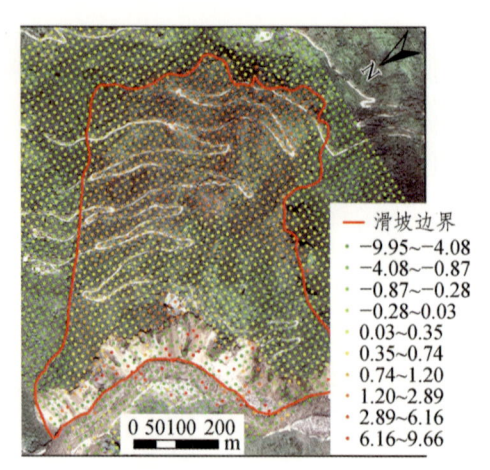

（c）基于 POT 技术获得的滑坡南北向水平位移量

图 4-23　四川省丹巴县阿娘寨古滑坡复活后 2020 年 6 月 14 日至 6 月 19 日形变监测

近年来，光学遥感技术在滑坡研究中的应用逐渐从单一数据向多时相、多源数据融合分析方向发展，从静态的滑坡灾害识别、形态分析向变形过程动态观测方向发展。利用多时序高分辨率卫星光学遥感影像可实现对滑坡变形动态演化过程和特征的历史追踪，有助于判断滑坡隐患的规模、变形阶段和危险性程度。然而，实现高精度多时相光学卫星影像地表形变监测也是有前提条件的，即各期影像空间位置要达到像素级甚至亚像素级精确匹配，而因地形起伏导致的卫星影像几何畸变和影像空间分辨率等制约影像的匹配精度，影响地表形变监测精度。目前，绝大部分高分辨率光学卫星影像的重访周期都在数天至十余天，虽然 Planet 卫星星座可以实现单天重访或者单天多次重访，但受气象条件的限制，尚达不到临滑阶段的监测频次要求，仅适用于滑坡中长期趋势监测和危险性评估[1]。

2. 基于 InSAR 的滑坡变形勘察

利用星载雷达干涉测量技术（InSAR）可识别和发现地表较大范围正在缓慢变形的区域和部位，并进行持续监测。其覆盖范围广、时空分辨率高、不受云雾干扰、非接触式测量等优势为斜坡变形监测提供了一种有效的手段[1]。InSAR 技术利用两幅和多幅合成孔径雷达（SAR）微波影像，根据接收到的电磁波回波相位信号来获取数字高程模型或地表形变信息，在地震前后形变测量、城市沉降监测等领域已得到广泛应用[1]。InSAR 监测所获取的表面形变信息可协助确定滑坡或不稳定斜坡体形变范围、形变量级及其动态变化，特别是针对人迹罕至的大型高陡坡体，基于 InSAR 的滑坡监测具备明显的优势，正逐渐成为一种重要的滑坡常规监测手段。

长期获取影像数据的 SAR 卫星（如欧空局哨兵 1 号卫星）具备可以提供研究区域历史存档影像的能力，为滑坡体长达数年的历史变形追溯提供了可能，对分析滑坡演化过程与触发因素具有重要作用（图 4-22）。2017 年 6 月 24 日四川省新磨村滑坡追溯研究是我国滑坡 InSAR 形变追溯研究的一个里程碑事件。该滑坡滑源区位于 3 000 m 海拔以上

第 4 章　表生不良地质天空地井综合勘察技术及其应用

的高位，瞬间滑下导致整个村舍被埋，83 人死亡或失踪，引起全球极大关注。利用欧空局哨兵数据对滑坡进行 InSAR 历史形变追溯监测[图 4-24（a）]，不仅发现滑源区在滑坡发生的 3 年前就开始有持续变形，还捕捉到了滑坡发生前 5~17 d 出现明显的加速变形[图 4-24（b）]，为基于 InSAR 的滑坡变形阶段评判、危险性评价与监测预警提供了重要依据。2018 年发生金沙江白格滑坡堵江事件，不少学者通过日本宇航局 ALOS2 SAR 影像[图 4-24（c）]，采用像素偏移量（POT）对白格滑坡发生前的近 3 年形变情况进行追溯，发现滑坡发生前 3 年存在数十米的累计位移量[图 4-24（d）]。另外，通过 InSAR 监测到的时序变形与气候条件联合分析发现，持续强降雨会以相对较高的概率诱发滑坡。InSAR 所监测到的滑坡形变信息还可与水文驱动因素相结合分析，探讨水文因素与形变的耦合响应与季节性变化，如水库水位循环会显著引起斜坡变形与失稳[1]。

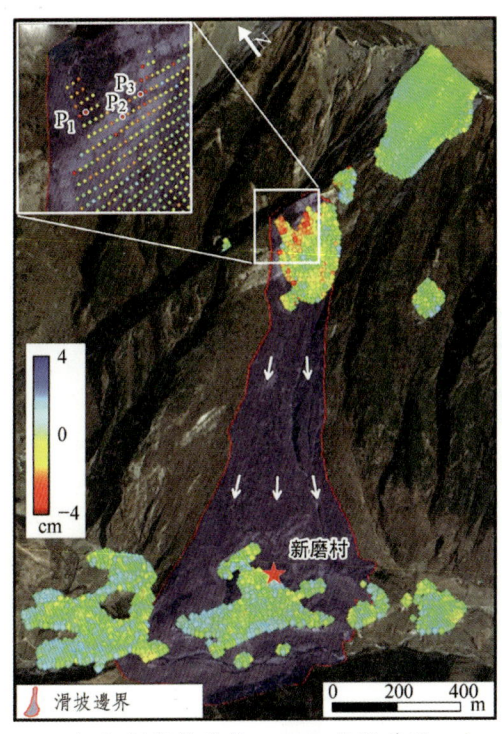

（a）新磨村滑坡 InSAR 监测结果

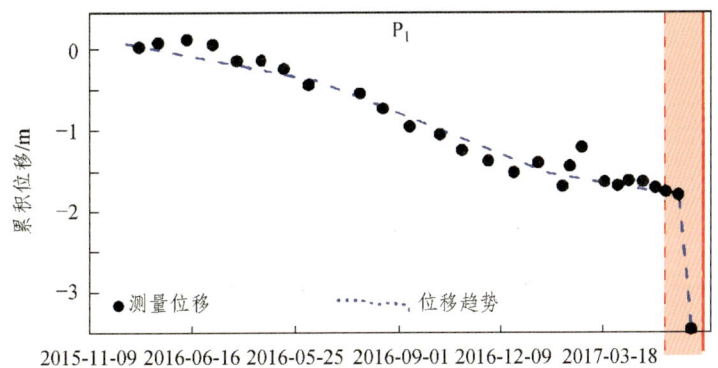

(b) 新磨村滑坡历史形变追溯

(c) 白格滑坡 InSAR 监测结果

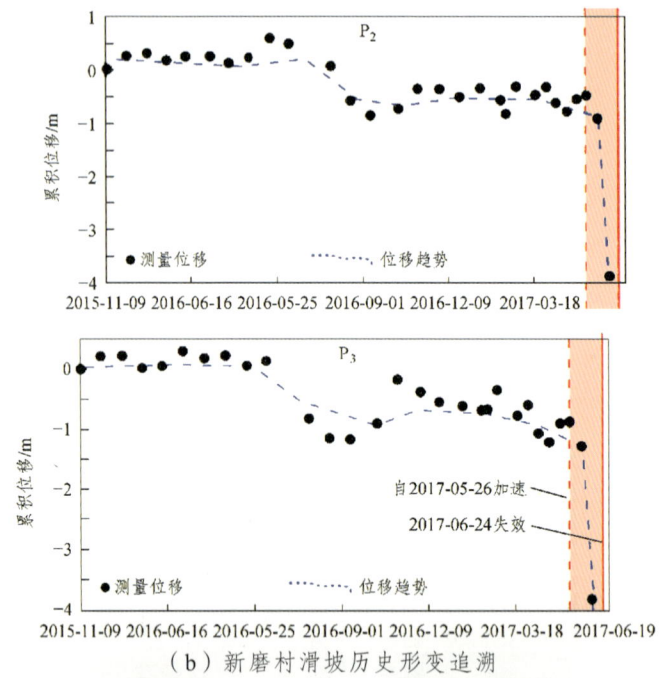

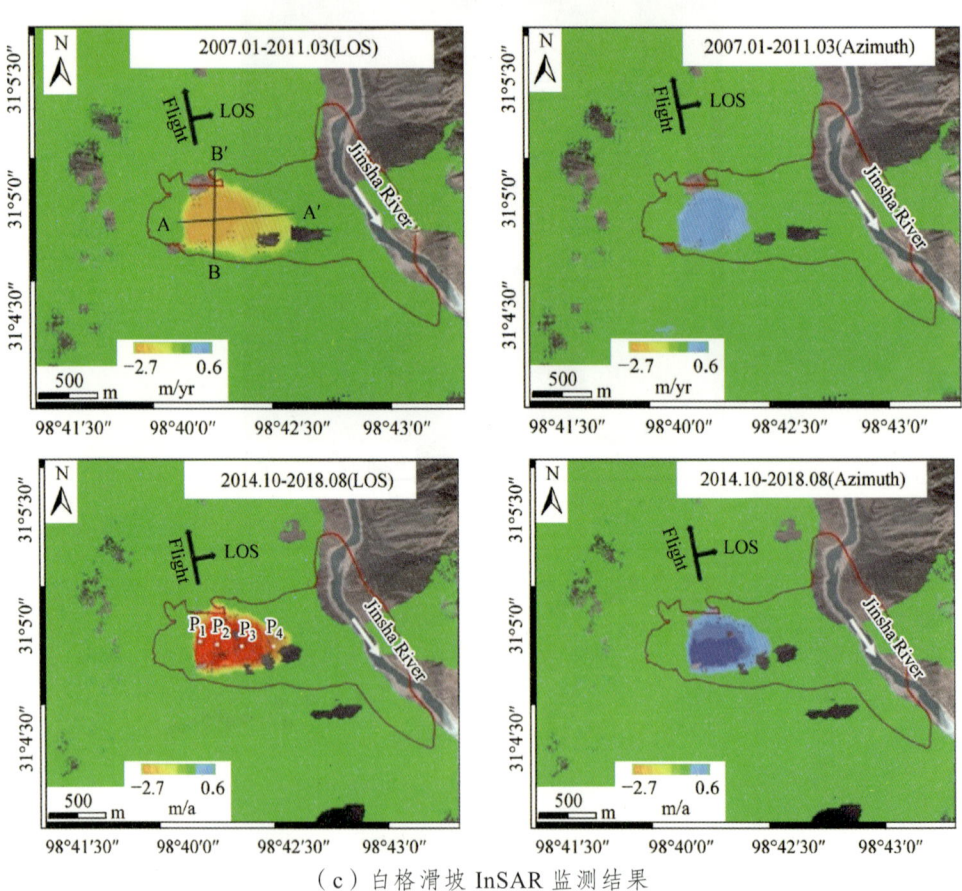

（d）白格滑坡历史形变追溯

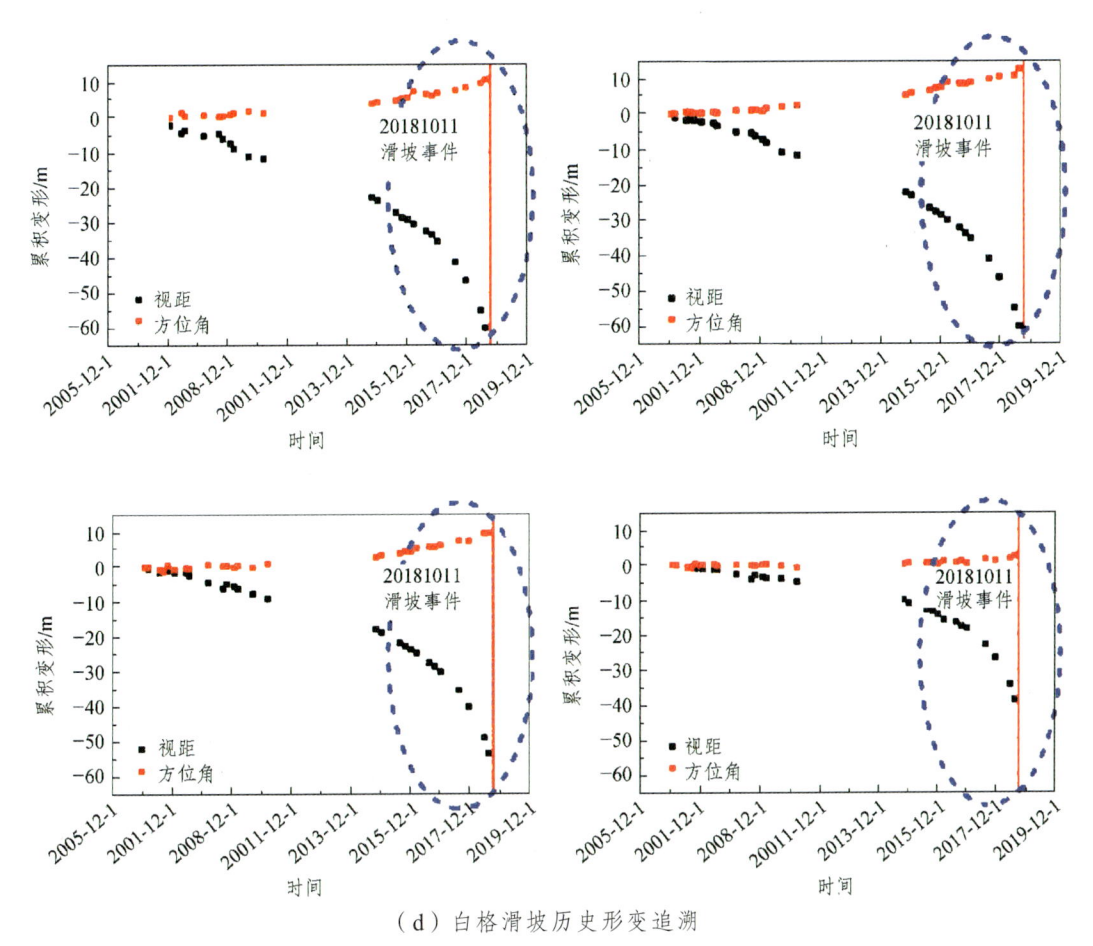

图 4-24 基于星载 InSAR 的滑坡时空变形监测结果

综上所述，InSAR 在滑坡监测中的主要作用为：

（1）通过 InSAR 监测可以揭示运动坡体长时间序列的形变位置、范围、量级，掌握滑坡隐患的运动状态和形变动态发展趋势（是否加速等），从而提前判断滑坡的危险性，为进一步精细化监测预警提供依据。

（2）利用 InSAR 在广域范围识别正在发生变形的坡体，排查和发现滑坡隐患点，了解滑坡可能在哪里发生。

（3）通过追溯滑坡长时间历史形变，可查明灾害发生的前兆运动、发生前的形变位移与速率特征，与其他气象水文因素一起综合分析滑坡的关键致灾因子。

4.1.4 滑坡力学参数测试

滑坡活动与否取决于滑带的应力状态、强度变化以及土力学参数，故研究滑带土力学特性对滑坡稳定性分析和滑坡防治具有重要意义。一般情况下，滑带土的力学参数归结为两个值——黏聚力和内摩擦角。目前，确定滑带土力学参数的方法主要有原位测试法、室内试验法、反演分析法以及工程类比法。

原位测试的优点是简捷、快速，可在原位应力和边界条件下进行；其缺点是边界条件难以精确控制，试验结果解释存在一定困难。室内试验的优点是边界条件比较精确，容易控制；其缺点是试验结果可靠性取决于取样的质量，试验数据较离散。工程类比法是指类似于工程地质条件下的经验性评价和取值，其优点是方法简单；其缺点是该方法仍属于定性分析的范畴，不仅受到地域的限制，还包含较多的主观因素。反演分析法是确定滑带土抗剪强度参数的一种有效方法，根据滑坡的宏观变形和稳定现状假定滑坡的稳定性系数后反算滑带土抗剪强度参数，其优点是作为滑坡稳定性计算的逆过程，所得参数更接近实际情况；其缺点是对滑坡稳定性现状的确定依赖于勘察精度和技术人员工程经验，存在较大主观性[9]。

无论是通过室内试验或现场原位试验测出的强度指标，与实际情况均存在一定的偏差。在此基础上，借鉴工程类比法和反演分析法，可兼顾滑坡的区域性和个体现状特性。如何运用各类方法综合选取准确、可靠的力学强度指标具有重要指导意义。本节以丽水市青田县腊口镇祯埠乡锦水村下个寮滑坡体为例，详细叙述滑坡内部强度参数综合测试方法[9]。

1. 滑坡概况

下个寮滑坡距北西侧丽水市区约 15 km，距东南侧青田县城约 37 km。滑坡区属剥蚀低山地貌，地形上总体呈西北低、东南高，地势起伏较大，山坡自然坡度为 35°~60°，地面高程为 35~540 m，相对高差为 130~400 m。受地质构造影响明显，在流水侵蚀和强烈风化剥蚀作用下，地表岩石十分破碎。该滑坡平面呈扇形三级平台状，两侧边界发育有同源冲沟，后缘呈封闭圈椅形态，前缘没入大溪河水库中，滑坡整体主滑方向约 299°，如图 4-25 所示。滑坡纵长 510 m，滑坡沿垂直于主轴方向呈现后窄前宽形状，后部宽约 320 m，前部较宽（水位以上宽约 540 m，水下宽约 580 m），高程为 20~275 m，总面积约 20 万平方米，滑体厚度为 20~105 m，滑坡体总方量约 1 100 万立方米[9]。

综合分析滑坡区的地质背景、岩层特征可知，坡体是在火山作用、风化剥蚀作用下而形成的一套独特的强风化~中风化、完整~破碎的互层岩体，在降雨以及一系列极端天气作用下，其潜在滑动面软化，从而导致滑坡失稳。滑坡两侧边界大致以冲沟分界，冲沟分界处有小陡坎，与岩土地层分界线基本重合，冲沟基岩出露较好，局部孤石较多。滑坡边界处滑坡体内的地层一般为堆积体，滑坡体外

图 4-25 下个寮滑坡形态示意

为基岩裸露，节理较发育。边坡东北侧、南西侧边界为同源冲沟，冲沟方向发育2组近直节理密集带；边坡后缘边界可见1条长约500 m的贯通裂缝，裂缝最大宽度约40 cm，可见最大深度约1.5 m，出现明显错台，错台最大达46 cm[9]。

2. 滑带土力学参数综合选取

为研究滑坡的稳定性，滑带土力学参数的合理选取极为重要。针对下个寮滑坡这样地质条件复杂的大型顺层滑坡，为尽可能减小对滑带土的扰动，采用勘探平硐进行勘察工作，采用"1主硐+3支硐"的布置方式。主硐轴线为南东走向，洞口位于滑坡右侧沟谷中，全长270 m；1号支硐轴线起点位于主硐轴线K0+068.5处，与主硐右侧轴线方向夹角为230°，全长75 m；2号支硐轴线起点位于主硐轴线K0+139处，与主硐右侧轴线方向夹角为228.7°，全长80 m；3号支硐轴线起点位于主硐轴线K0+254.5处，与主硐右侧轴线方向夹角为220.4°，全长80 m[9]。勘探平硐布置见图4-26。

（1）室内试验。

在勘探平硐1号支硐、2号支硐滑带界面影响带内，取原状样进行室内土工试验，每个支硐各取6组原状样，其物理力学指标统计见表4-4[9]。

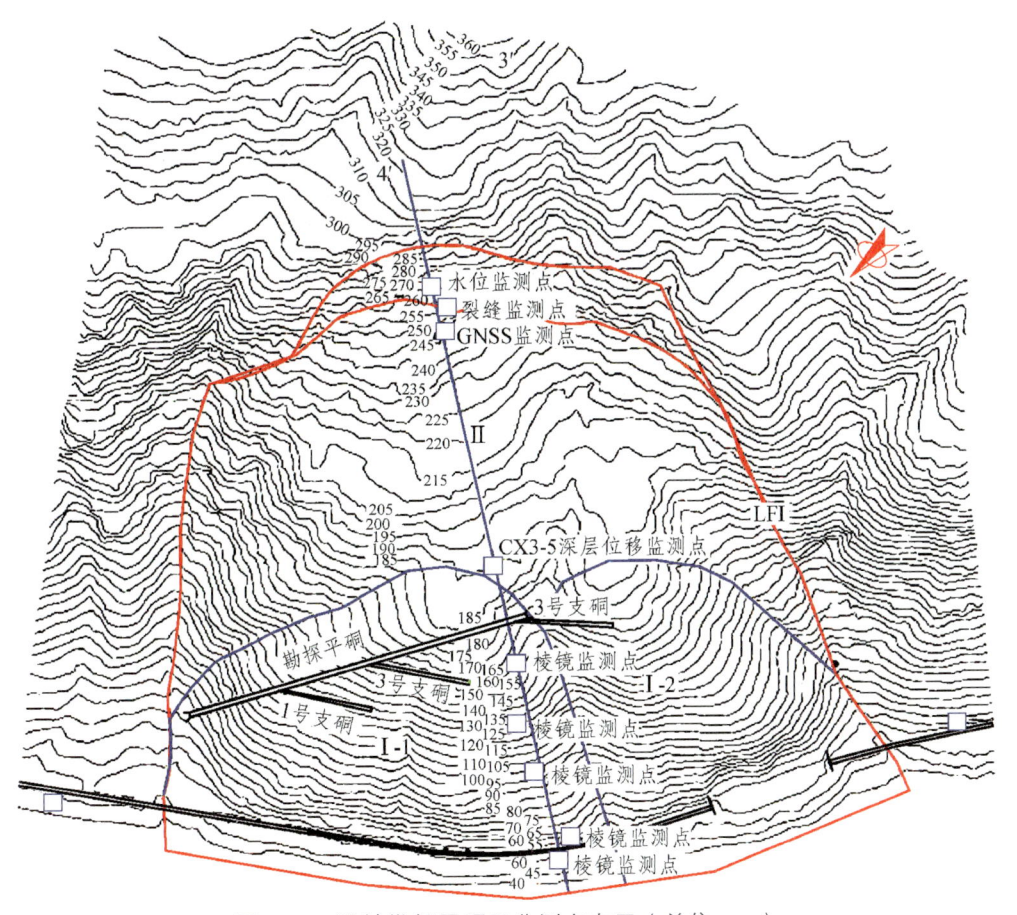

图4-26 滑坡勘探平硐及监测点布置（单位：m）

表4-4 下个寮滑坡勘探平硐土样土工试验统计

取样位置	快剪（天然） c/kPa	快剪（天然） φ/(°)	快剪（饱和） c/kPa	快剪（饱和） φ/(°)	压缩系数（天然）/MPa^{-1}	压缩模量（天然）/MPa	压缩系数（饱和）/MPa^{-1}	压缩模量（饱和）/MPa
1号支硐上部	9.11	27.02	8.60	26.44	0.31	5.62	0.27	6.59
1号支硐下部	10.67	28.51	8.15	27.60	0.27	6.55	0.29	5.97
2号支硐上部	12.45	25.65	10.10	23.22	0.32	4.99	0.34	4.69
2号支硐下部	25.96	19.34	23.18	18.65	0.46	3.41	0.48	3.27

（2）大型原位剪切试验。

对滑带土及滑带土附近碎裂岩在天然饱和状态下的抗剪强度进行测定，现场试验情况如图4-27所示[9]。

图4-27 大型直剪试验现场

在1号支硐的试样中，由于滑带土（含砂黏性土）较薄（仅1~3 cm），滑带土附近为碎裂岩，故其剪切面主体为滑带附近的碎裂岩，所测得的数据主要为碎裂岩的强度参数。在3号支硐中，试样滑带土厚5~12 cm，是3个支硐中滑带土最厚的（为含砂软塑黏性土）。为真实反映滑带土的抗剪强度，选择滑带土强度参数时，主要参考3号支硐的试验数据，其物理力学指标统计见表4-5[9]。

表4-5 下个寮滑坡大型原位剪切试验结果

定名	试样状态	黏聚力 c/kPa	内摩擦角 φ/(°)
滑带土	天然	32.15	21.86
	饱和	23.59	13.83

将室内试验与大型原位试验所获得的力学参数进行比对,在天然状态下,室内试验的黏聚力为 9.105~25.96 kPa,原位试验的黏聚力为 32.15 kPa;在饱和状态下,室内试验的黏聚力为 8.60~23.18 kPa,原位试验的黏聚力为 23.59 kPa。结果表明,无论是在天然状态下还是在饱和状态下,室内试验所获得的黏聚力均明显偏小。这主要是因为在室内试验试样的制备过程中,土样的原始应力释放,土样原有胶结结构遭到破坏[9]。

(3)工程类比法。

浙江省丽水市里东村滑坡与下个寮滑坡地理位置邻近,水文气候条件比较接近,里东村滑坡区属低山丘陵地貌,下伏基岩为侏罗系上统西山头组晶屑凝灰岩,完整性一般,裂隙发育,风化严重。受多日连续强降雨的影响,里东村西侧山体发生滑坡,滑坡所赋存的地质环境和滑带特征与下个寮滑坡类似,其滑带岩土抗剪强度参数具有一定的参考价值。里东滑坡各岩土层取值见表 4-6[9]。

表 4-6 里东滑坡物理力学参数取值

岩土类型	饱和重度 /(kN·m⁻³)	天然重度 /(kN·m⁻³)	天然 c/kPa	天然 φ/(°)	饱和 c/kPa	饱和 φ/(°)
含碎块石粉质黏土	22	21	25	16.5	25	17
强风化凝灰岩	23	22	—	—	40	23
中风化凝灰岩	25	24	—	—	60	37
滑带土	22	21	50	23	60	25

(4)参数反演分析法。

根据《滑坡防治工程勘查规范》(DZ/T 0218—2006)第 12.3 节,在滑坡稳定性分析计算时,给定黏聚力 c 或内摩擦角 φ,可采用如下公式进行反演,有:

$$c = \frac{F\sum W_i \sin\alpha_i - \tan\varphi \sum W_i \cos\alpha_i}{L} \quad (4\text{-}1)$$

$$\varphi = \arctan\frac{F\sum W_i \sin\alpha_i - cL}{\sum W_i \cos\alpha_i} \quad (4\text{-}2)$$

场区滑坡为岩质滑坡,采用地质调绘、物探解译、钻探成果、孔内摄像、勘探平硐相结合的综合勘探手段查明滑移带在强风化带与完整中风化带接触面附近,为一陡一缓两组主控结构面联合贯通形成。以最不利的潜在滑动为滑坡变形破坏模型,将滑面视为折线形,运用折线法对可能的潜在滑动面进行稳定分析及推力计算与评价。滑坡体总体依风化界面构成三级分块段滑块,地面上呈陡坡-平台-陡坡地貌[9]。

选取滑坡主剖面 4—4′内滑面①、②进行分析(图 4-28),结合勘察及现场监测数据,综合分析下个寮滑坡坡体的稳定性现状及其特性,对整体滑面取 $K = 1.03$,局部滑面取 $K = 1.01$,为"地下水+暴雨"工况下的稳定系数。天然与饱和重度结合室内试验及工程类比法确定[9]。

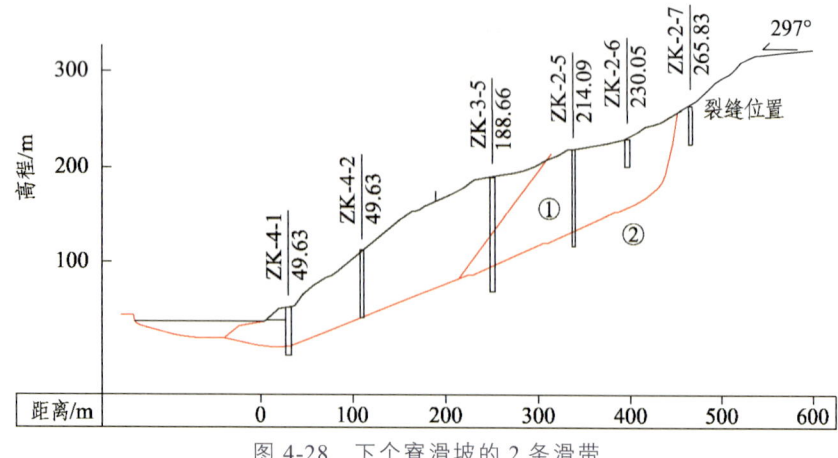

图 4-28 下个寮滑坡的 2 条滑带

采用单参数反演法时,因内摩擦角对滑坡稳定性影响较敏感,故给定黏聚力 c 反算内摩擦角 φ。室内试验因土样的制备会破坏原有胶结结构,其所获得的 c 值的试验结果与实际测试相差较大,主要表现为 c 值明显偏小。反算时,参考大型原位剪切试验所测得的 c 值(天然状态下为 32.15 kPa,饱和状态下为 23.59 kPa)。确定滑坡体参数后,根据黏聚力 c 和稳定系数 K 对 2 个滑面内摩擦角 φ 进行反演。最终,滑带土物理参数选用室内试验值,力学参数采用大型原位试验法的 c 值与反算法的 φ 值,并与里东村滑坡的经验值进行比对,综合确定滑带土的抗剪强度建议值,见表 4-7[9]。

表 4-7 下个寮滑坡滑带土抗剪强度建议值

滑面	天然状态		饱和状态	
	c/kPa	φ/(°)	c/kPa	φ/(°)
滑面①	32.15	25.45	23.59	24.03
滑面②	32.15	24.25	23.59	23.15

4.2 危岩、落石和崩塌勘察技术及其应用

4.2.1 危岩落石形态特征

基于无人机摄影测量技术的危岩体调查技术主要包括危岩体的识别与提取、几何尺寸量测、裂缝调查、不利结构面产状测量、勘察图件生成等内容。

(1)危岩体的空间分布位置及边界范围确定,测量其准确的大地坐标或与其他重要构筑物的相对位置关系。根据确定的危岩范围可在点云数据中可轻易获取中心点坐标,以及危岩体边界点坐标,圈定的边界范围线可直接导入灾害区的地形图中,这样可准确地定位危岩分布位置,如图 4-29 所示。同时,也可以通过点云数据准确定位危岩体与威胁对象间的空间位置关系,为危险性评价等提供基础数据。

第 4 章　表生不良地质天空地井综合勘察技术及其应用

图 4-29　危岩体定位

（2）危岩体长、宽、高等几何尺寸的测量。在后处理软件中对危岩体进行高程、高差、厚度、宽度等量取操作，简单易行且数据非常准确。危岩体几何尺寸量测不仅可以为调查工作提供准确的几何信息，而且对于危岩体方量的估算、稳定性的初步判断、治理方案的设计施工都有重要意义[10]。在三维点云数据中，每个点都具有真实可靠的三维坐标，对于这些点可以进行多种量测，这些量测包含距离（水平、垂向、两点间、任意方向）、角度（水平、垂向、任意）、半径及方位角等等，可以开展各种可以想象到的量测任务[11]。对于危岩体，有时为了研究需要，甚至可以进行垂向剖面和水平平切断面的操作，利用获取的这些二维断面信息再进行相关的测量工作。对于危岩体而言，利用几何尺寸可以计算体积，也可以采用三维空间形态，结合结构面组合关系，指定危岩体边界，获取更为准确的体积信息，如图 4-30 所示[10]。可以通过结构面组合关系判断危岩体边界信息，通过量测工具调查结构面发育间距，确定或者预判危岩块体大小。通过边坡点云数据可以获取危岩运动路径的断面形态，调查崩塌岩块空间分布位置，为其空间运动特征判断提供几何信息的基础数据[10]。

图 4-30　危岩体几何尺寸的量测

（3）危岩体裂缝调查。危岩拉裂缝分布空间位置、发育长度、宽度等信息对于判断其稳定性十分重要。一般而言，危岩体后缘拉裂缝为其一控制性边界，对确定危岩边界及规模有重要意义；另外，拉裂缝宽度、发育长度等对于判断危岩体稳定性至关重要。利用无人机摄影测量技术既可以快速获取危岩体立面陡崖处的三维点云数据，也可以获取危岩体整个区域的分布情况，尤其对于陡崖上部或者危岩体后缘裂缝发育情况都可以全面掌握，如图4-31所示。

图4-31 某高原铁路新民隧道上部危岩体裂缝

（4）危岩体不利结构面产状量测。在危岩体调查中，岩体结构特征是调查内容之一。岩体结构的空间组合情况、分布特征是判断危岩稳定性的一个重要依据。基于三维空间影像数据获取结构面信息，对其成因模式、失稳方式和其稳定性判断都有重要意义。利用点云数据解译危岩体结构面产状，克服了罗盘测量的"以点带面"缺陷。通过多点拟合生成平面，用拟合平面解译结构面，点云数据解译产状更能代表结构面的宏观分布特征，更具代表性与准确性，如图4-32所示。

（5）危岩体勘察图件的生成。危岩体立面分布图获取可以为研究分布规律提供依据，任意剖面、断面线的获取方便了块体二维稳定性验算，二维剖面是危岩体计算不可或缺的计算手段。在传统调查方法中，获取危岩块体剖面、立面图件常用的方法有两种：一种是人工现场剖面测量，即采用皮尺配合罗盘进行剖面地形测量，不但精度低而且效率较差，对于高陡边坡根本无法实施作业；或者采用免棱镜全站仪测量，这是较为常用的方法，但受测距范围限制，而且在植被较多的情况下不能采用此方法。另外一种方法是利用地形等高线数据切取，但前提条件是要有合适的地形数据，而且等高线切取二维剖面精度受到图件比例尺的影响，危岩局部地形难以反映，特别是对于陡崖地形。利用航拍获取的三维点云数据获取危岩块体剖面、立面图，不但方便快捷而且精度高，可以如实准确地反映危岩体的剖面形态、立面分布位置，同时可获取不利结构面的分布特征。三维点云数据真实反映危岩体地貌形态，不存在负地形难以表达的问题，能准确表达危岩体的微地形或地貌形态。[12]

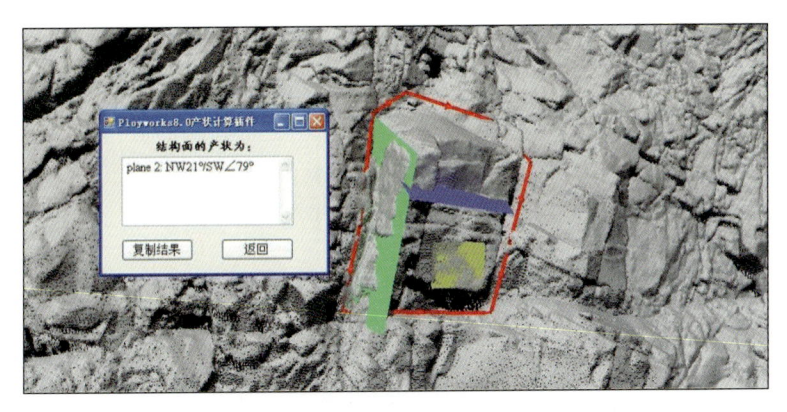

图 4-32 点云数据解译危岩不利结构面产状

对于复杂施工场地、高陡边坡等条件下结构面调查往往易出现测量精度低、工作效率差、调查人员安全难以保障等难题[12]。有学者采用全站仪来测量岩体结构的几何信息，特别是具有免棱镜的测量功能全站仪的出现为非接触测量岩体的结构特征提供了可能，但该方法获取现场数据的速度较慢。相比之下，利用摄影测量技术来研究岩体结构具有独特的优势，Ross-Brown、Moore 等人率先将近景摄影测量技术应用于节理的走向和迹线长度解译，无人机摄影测量技术用于岩体结构调查在最近几年也逐渐兴起。

4.2.2 危岩落石形变特征

崩塌在遥感影像上的一般表现为：上部地形陡立、坡表岩体破碎、粗糙不平、基岩多裸露、堆积呈现三角锥形、处于地形低处、有颗粒分选性[13]。尚在发展的崩塌在岩块脱落山体的槽状凹陷部分色调较浅，且无植被生长，其上部较陡峻，有时呈突出的参差状，有时崩塌壁呈深色调，这是崩塌壁岩石色调本身较深所致。趋向于稳定的崩塌，其崩塌壁色调呈灰暗灰色调，或在浅色调中具浅色斑点，生长少量植物，其上方陡坡仍明显存在，崩塌体以粗颗粒碎石土为主；稳定的崩塌，其崩塌壁色调较深，植被生长较密，其上方陡坡已明显变缓，崩塌体岩层主要由细颗粒土组成，植被生长较密，有时开辟为耕地[14]。崩塌纵坡大都是直线形或回形，坡表生长较稀植物，且坡体色调较浅而均一，具粗糙感及深色点状感，物质组成以碎石和大块石为主。崩塌堆积单个出现时，其平面形态多呈舌形、梨形等，稳定岩堆多呈崩塌裙；其表面色调较深，呈不均匀色调及斑点；纵断面呈直线形和凹形，横断面突起不明显，崩塌边界受植被覆盖而不清楚，是渐过渡状态。典型崩塌堆积的三维影像和数字高程模型如图 4-43 和图 4-34 所示。

危岩体一般发生在节理裂隙发育的坚硬岩石组成的陡峻山坡与峡谷陡岸上，它在航片上显示得较清楚。危岩体一般位于陡峻的山坡地段，在 55°～75°的陡坡前易发生，上陡下缓，表面坎坷不平，具粗糙感，有时可出现巨大块石影像；危岩体上部外围有时可见到张节理形成的裂缝影像[15]。总体来说，危岩体特征为：上部地形陡立、坡表岩体破碎、影像上粗糙不平、基岩多裸露、下部多发育三角锥形的堆积体。典型危岩体的三维实景模型和数字高程模型如图 4-35 和图 4-36 所示。

图 4-33　典型崩塌堆积三维影像

图 4-34　典型崩塌堆积体数字高程模型

图 4-35　典型危岩体三维实景模型

第 4 章　表生不良地质天空地井综合勘察技术及其应用

图 4-36　典型危岩体数字高程模型

4.3　泥石流勘察技术及其应用

　　成昆铁路为国家Ⅰ级铁路，线路途经素有"地质博物馆"之称的大凉山地区，沿线地形高差大、构造复杂、地震活跃，为坡面山洪泥石流的发育提供了地质背景。2019 年 7 月 28 日至 29 日，四川省凉山彝族自治州甘洛县持续遭受极端强降雨，引发山洪泥石流灾害。此次山洪灾害诱发了新建成昆铁路特克隧道出口、新埃岱隧道进出口等 33 处坡面山洪泥石流灾害（图 4-37），对拟建铁路隧道、桥梁的建设和运营安全构成了严重威胁。因此，需用无人机高清三维倾斜摄影查明物源区、流通区、堆积区的形态特征，解译获取了坡面泥石流的沟长、流域面积、纵坡降、坡度、植被覆盖率、堆积情况等特征要素。

图 4-37　成昆铁路典型坡面山洪泥石流灾害

　　特克隧道出口穿越尼日河中高山峡谷区，相对高差达 998 m，隧道出口仰坡分布有甘洛大断裂及特克向斜。由于隧道出口仰坡高差极大、岩层破碎、构造十分发育，受 2019 年 7 月 28 日至 29 日极端暴雨影响，隧道出口发生 19 处坡面泥石流（图 4-38），其中 10 条泥石流停留在了斜坡上部，9 条坡面泥石流冲入国道 G245 和尼日河。

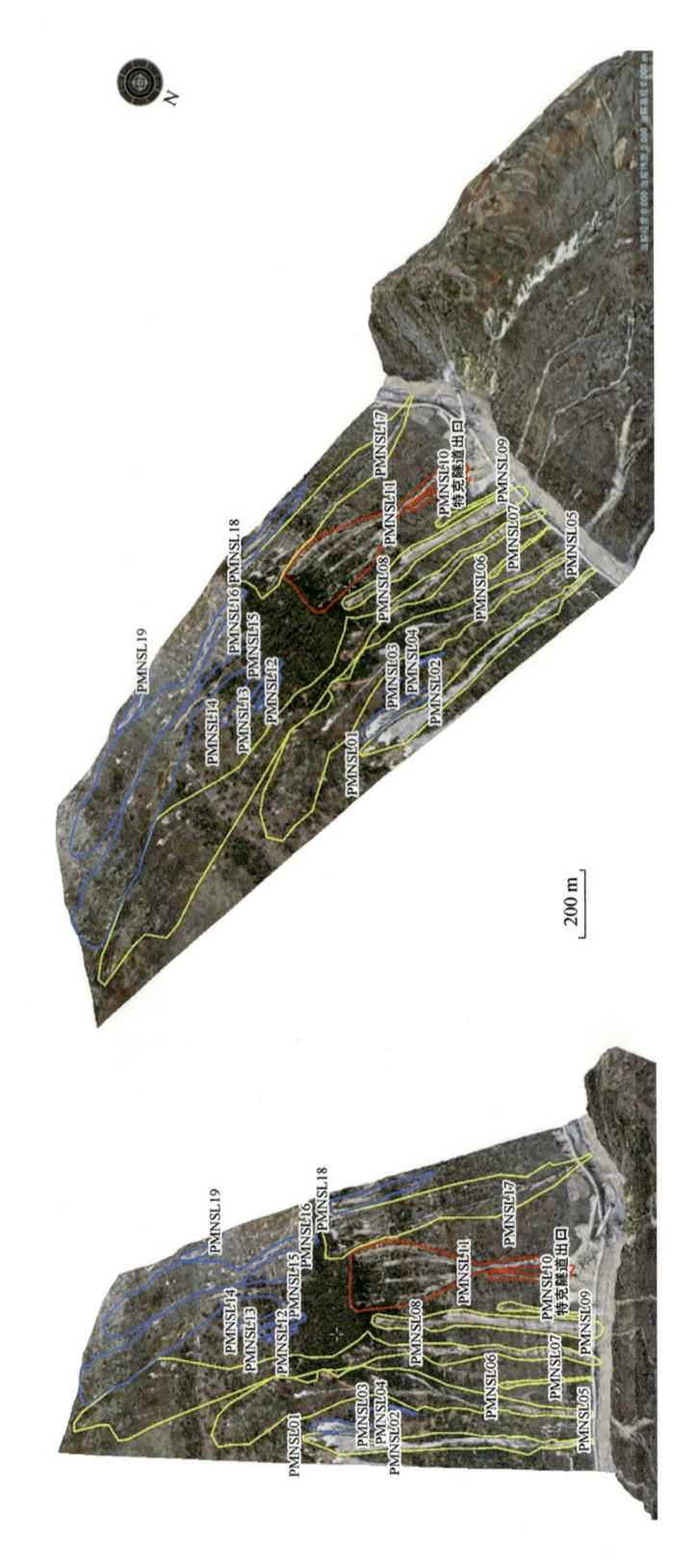

复杂艰险山区铁路天空地井综合勘察技术及应用

图 4-38 特克隧道出口识别的坡面泥石流

178

第 4 章 表生不良地质天空地井综合勘察技术及其应用

基于三维倾斜摄影模型和 Earth Survey 软件,我们精准识别和解译了 19 条泥石流沟的植被覆盖情况、物源特征(图 4-39)、相对高差和坡度(图 4-40)、主沟长度(图 4-41)、流域面积(图 4-42)、堆积区情况等要素(表 4-8)。尤其是 PMNSL10 和 PMNSL11 两条坡面泥石流冲击了正在修建的特克隧道出口及埃岱尼日河 1 号大桥小里程桥墩,对特克隧道出口施工和运营安全造成严重威胁。其特征精准识别和解译成果如下:

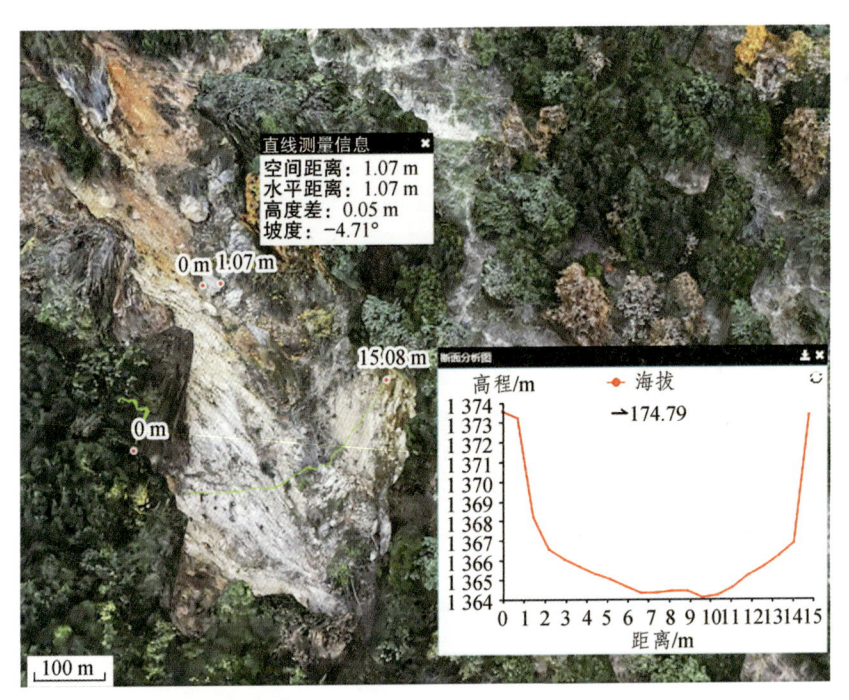

图 4-39 泥石流物源特征与主沟断面

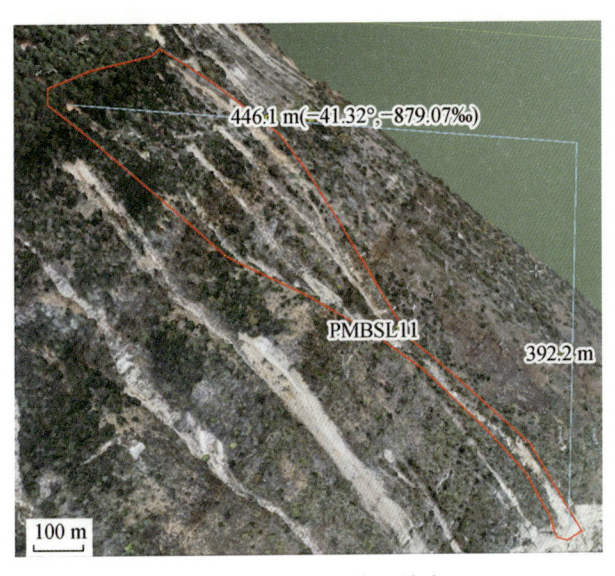

图 4-40 相对高差和坡度

图 4-41　主沟长度

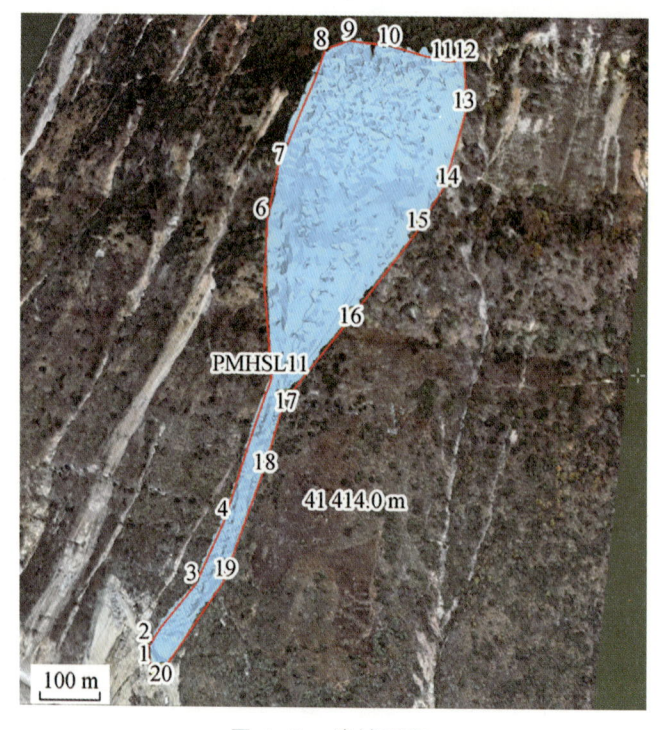

图 4-42　流域面积

第 4 章 表生不良地质天空地井综合勘察技术及其应用

表 4-8 特克隧道出口的坡面泥石流特征

泥石流编号	植被覆盖率 /%	物源特征	物源高程 /m	相对高差 /m	坡度 /(°)	沟道深度 /m	主沟纵剖面形态	主沟长度 /m	纵坡降 /‰	流域面积 /m²	沟内发育情况	是否冲击到沟底	沟口堆积情况
PMNSL01	42	上部坡面溜塌体,主要为碎石土	1 439~1 508	554	43	1.8~5	上缓下陡	815	680	21 712	基岩局部出露,岩体结构破碎,节理裂隙发育,沟内物源主要为上部溜塌体,可见大量碎石土	是	堆积物已被清理
PMNSL02	40	上部坡面溜塌体,坡积粉质黏土	1 452~1 487	170	43	0.3	上缓下陡	263	646	4 657	基岩出露,岩体结构破碎,岩内物源较丰富,主要为坡积碎石土,沟道平直	否	坡面零散堆积
PMNSL03	41	上部坡面溜塌体,坡积粉质黏土	1 407~1 410	35.3	42	0.6	上缓下陡	52	679	301	沟内基岩出露,节理裂隙发育,沟内物源较少,未见大量坡积碎石土,主要为坡积土	否	坡面零散堆积
PMNSL04	9	上部坡面溜塌体,坡积粉质黏土夹少量碎石,下部为残积碎石土	1 351~1 354	62.7	44	0.6	平直	99	633	566	沟内物源发育,岩石结构破碎,岩内物源较少,主要为坡残积质黏土夹少量碎石	否	坡面零散堆积
PMNSL05	53	中上部坡面溜塌体,上部为坡残积粉质黏土夹少量碎石,下部为残积碎石土	1 506~1 510、1 439~1 469、1 366~1 380、1 265~1 312	681	40	2.2	上缓下陡	1 100	619	67 788	基岩局部出露,岩体结构破碎,节理裂隙发育,沟内主要为中上部溜塌体,可见大量碎石土,沟道较平直	是	堆积物已被清理
PMNSL06	0	上部坡面溜塌体,物源主要为残积碎石土	1 140~1 145	187.5	48	0.2	平直	258	727	1 516	基岩出露,节理裂隙发育,沟内物源主要为干坡顶,主要为碎石土	是	堆积物已被清理

续表

泥石流编号	植被覆盖率 /%	物源特征	物源高程 /m	相对高差 /m	坡度 /(°)	沟道深度 /m	主沟纵剖面形态	主沟长度 /m	纵坡降 /‰	流域面积 /m²	沟内发育情况	是否冲击到沟底	沟口堆积情况
PMNSL07	26	中上部坡面溜塌体，物源主要为坡积残积碎石土	1759~1772, 1718~1751, 1538~1546, 1522~1531, 1489~1501, 1411~1435	950	37	2.8~8.2	上缓下陡	1700	559	96944	基岩出露，节理裂隙发育，岩体结构破碎，沟内物源主要位于坡体中上部，主要为碎块石土	是	堆积物已被清理
PMNSL08	9	上部坡面溜塌体，物源主要为坡积残积碎石土	1360~1383	433	44	0.3~3.5	上缓下陡	632	686	17606	基岩出露，节理裂隙发育，岩体结构破碎，沟内物源主要位于坡体中上部，主要为碎块石土	是	堆积物已被清理
PMNSL09	9	上部坡面溜塌体，物源主要为坡积残积碎石土	1140	182	46	0.2	平直	258	705	2254	基岩出露，节理裂隙发育，岩体结构破碎，沟内物源主要位于坡顶，主要为碎石土	是	堆积物已被清理
PMNSL10	28	上部坡面溜塌体，物源主要为坡积残积碎石土	1155	138	46	0.2	平直	196	704	2420	基岩出露，节理裂隙发育，岩体结构破碎，沟内物源主要位于坡顶，主要为碎石土	是	堆积物为碎石土
PMNSL11	31	上部坡面溜塌体，物源主要为坡积残积粉质黏土夹少量碎石	1357~1407	397	42	0.9~4.7	上缓下陡	628	632‰	41576	基岩局部出露，岩体结构破碎，节理裂隙发育，沟内物源主要为上部溜塌体，可见大量碎石土，沟道较平直	是	堆积物已被清理
PMNSL12	23	上部坡面溜塌体，坡积粉质黏土夹少量碎石	1537~1546	51.5	30	0.2	平直	107	481	1089	未见基岩出露，未见大量残积，较丰富，主要为坡积碎石土	否	坡面零散堆积
PMNSL13	21	上部坡面溜塌体，坡积粉质黏土夹少量碎石	1549~1566	84.2	31	0.2	平直	169	498	2388	未见基岩出露，未见大量残积，较丰富，主要为坡积碎石土	否	坡面零散堆积

第4章 表生不良地质天空地井综合勘察技术及其应用

续表

泥石流编号	植被覆盖率/%	物源特征	物源高程/m	相对高差/m	坡度/(°)	沟道深度/m	主沟纵割面形态	主沟长度/m	纵坡降/‰	流域面积/m²	沟内发育情况	是否冲击到沟底	沟口堆积情况
PMNSL14	37	上部坡面溜塌体，坡积粉质黏土夹少量碎石	1 570~1 595	115.8	35	0.2	平直	216	536	4 114	未见基岩出露，未见大量残积土	否	坡面零散堆积
PMNSL15	5	上部坡面溜塌体，物源主要为坡残积碎石土夹块石	1 692~1 737、1 625~1 736	365	32	1.3	上陡下缓	753	481	64 169	未见基岩出露，沟内物源较丰富，主要为碎石土夹块石	否	坡面零散堆积
PMNSL16	0	上部坡面溜塌体，物源主要为坡残积碎石土夹块石	1 577~1 690	341	28	0.2	上陡下缓	747	456	52 902	未见基岩出露，主要为碎石土夹块石	否	坡面零散堆积
PMNSL17	51	上部坡面溜塌体，物源主要为坡残积碎石土夹块石	1 361~1 450	500	41	2.3~11.9	上陡下缓	774	645	53 549	基岩出露，节理裂隙发育，岩体结构破碎，主要位于坡顶	是	堆积物为碎石土
PMNSL18	31	上部坡面溜塌体，物源主要为坡残积碎石土夹块石	1 368~1 410	207.5	42	0.2	上缓下陡	316	657	7 745	未见基岩出露，沟内物源较丰富，主要为碎石土	否	坡面零散堆积
PMNSL19	0	上部坡面溜塌体，物源主要为坡残积碎石土夹块石	1 641~1 661	78	29	0.2	上陡下缓	171	456	3 826	未见基岩出露，主要为碎石土夹块石	否	坡面零散堆积

PMNSL10 坡面泥石流沟深 0.2 m，最大高差为 138 m，沟长 196 m，流域面积为 2 420 m²，纵坡降为 704‰；灌木分布于沟道两侧，植被覆盖率为 28%；下伏基岩为砂岩夹灰岩、页岩，整体节理裂隙发育，岩体结构破碎；主沟上部及两侧浅表层溜塌为沟道内提供了丰富的物源，沟内可见大量碎块石土，碎石多呈棱角状，块径为 0.02~0.75 m，潜在物源体积为 129 m³；在极端暴雨天气下，沟内物源将沿沟道进一步发生泥石流灾害，对工程的影响大。

PMNSL11 坡面泥石流沟深 0.9~4.7 m，最大高差为 396.8 m，沟长 628 m，流域面积为 41 576 m²，纵坡降为 632‰；灌木分布于沟道上部和下部，植被覆盖率为 31%；下伏基岩为砂岩夹灰岩、页岩，整体节理裂隙发育，岩体结构破碎；主沟上部及两侧浅表层溜塌为沟道内提供了丰富的物源，沟内可见大量碎块石土，碎石多呈棱角状，块径为 0.02~1.94 m，潜在物源体积为 7.23×10^4 m³；在极端暴雨天气下，沟内物源将沿沟道进一步发生泥石流灾害，对工程的影响极大。

而通过分析特克隧道出口这 19 条坡面泥石流特征可以发现：

（1）特克隧道出口的物源来自泥石流沟中上部第四系坡残积碎石土、粉质黏土形成的坡面溜塌，受坡面泥石流冲刷，流通区沟道两侧的少量坍塌也为泥石流物源提供了补充，如 PMNSL11 和 PMNSL17 在流通区分别有 1 处和 6 处沟道坍塌提供物源补给。

（2）坡面泥石流的危害程度与物源体积、沟道形态、泥石流纵坡降（坡度）、汇水面积和植被发育情况密切相关。此外，物源补给越丰富、沟道形态越完整（有一定沟道深度）、泥石流纵坡降（坡度）越大、汇水面积越大、植被发育越稀疏的坡面泥石流运移的距离越远，其影响范围和危害程度也越大。

（3）根据 19 条坡面泥石流的统计结果显示：坡面泥石流发生区域泥石流纵坡降（坡度）皆大于 456‰（28°），远大于冲沟型泥石流和沟谷型泥石流；坡面泥石流汇水面积为 301~96 944 m²，远小于冲沟型泥石流和沟谷型泥石流；由于上部缓坡便于雨水汇集，且在相同物理力学参数情况下缓变陡处坡残积岩土体稳定性系数更低，在暴雨条件下泥石流物源启动区（即发生坡面溜塌的位置）通常位于斜坡由缓变陡处。

根据成昆铁路特克隧道出口坡面泥石流的形态特征，本节又选取依卜隧道出口、麻曲隧道出口、新埃岱隧道进口、月直山隧道出口坡面泥石流，通过三维倾斜摄影模型和 Earth Survey 软件，共计获取了 14 条泥石流沟的植被覆盖率、物源特征、相对高差、纵坡降（坡度）、沟道特征、汇水面积、堆积区情况等要素（表 4-9）。对以上特征进行分析验证，发现各条坡面泥石流的特征与特克隧道出口坡面泥石流特征一致，主要体现为：

（1）物源来自泥石流沟上部第四系坡残积碎石土、粉质黏土形成的坡面溜塌。

（2）物源补给越丰富、沟道形态越完整（有一定沟道深度）、泥石流纵坡降（坡度）越大、汇水面积越大、植被发育越稀疏的坡面泥石流运移的距离越远，其影响范围和危害程度也越大。

（3）坡面泥石流发生区域泥石流纵坡降（坡度）皆大于 456‰（28°）。

第4章 表生不良地质天空地井综合勘察技术及其应用

表4-9 成昆铁路 DK254+000～DK269+300 段的坡面泥石流特征

工点名称	泥石流编号	植被覆盖率	物源特征	物源高程/m	相对高差/m	坡度/(°)	沟道深度/m	主沟纵剖面形态	主沟长度/m	纵坡降/‰	汇水面积/m²	沟内发育情况	是否冲击到沟底	沟口堆积情况
依下隧道	PMNSL1	植被茂密	物源主要为残坡积碎石土	1010～1054	152	37	2～10.6	平直	250	764	5 864	沟谷狭长，未见基岩出露，沟内物源丰富	是	堆积物为碎石土
陈旧隧道	PMNSL1	植被稀疏	物源主要为残坡积碎石土夹块石	1177～1427	346	35	1.8～21	上陡下缓	608	682	1 148	沟谷狭长，沟内物源丰富，主要为残坡积碎石土	是	坡面零散堆积
	PMNSL2	沟两侧灌木发育	物源主要为残坡积碎石土	1130～1177、1087～1100	137	46	0.6～3.8	平直	193	1 013	25 153	沟内物源丰富，主要为残坡积碎石土	否	堆积物为松散碎石
	PMNSL1	植被稀疏	物源主要为残坡积碎石土	1088～1153	66	40	0.6	平直	101	850	768	未见基岩出露，未见坡残积土，主要为坡内碎石土	否	坡面零散堆积
	PMNSL2	植被稀疏	物源主要为残坡积碎石土	1232～1360	276	39	0.2～1	平直	444	797	4 091	未见基岩出露，未见坡残积土，主要为坡内碎石土	否	坡面零散堆积
新埃岱隧道	PMNSL3	植被稀疏	物源主要为残坡积碎石土	1080～1137	99	43	0.1～4.3	平直	144	940	922	未见基岩出露，未见坡残积土，主要为坡内碎石土	是	堆积物已被清理
	PMNSL4	植被稀疏	物源主要为残坡积碎石土	1198～1236、1110～1168	191	38	0.2～1.3	平直	310	785	7 513	未见基岩出露，未见坡残积土，主要为坡内碎石土	是	堆积物已被清理
	PMNSL5	物源区植被茂密，流通区植被稀疏	上部为坡面溜塌体，物源主要为坡残积土	1176～1348	306	37	0.2～2.9	平直	511	746	37 098	未见基岩出露，未见坡残积土，主要为坡内碎石土	是	堆积物已被清理

185

续表

工点名称	泥石流编号	植被覆盖率	物源特征	物源高程/m	相对高差/m	坡度/(°)	沟道深度/m	主沟纵剖面形态	主沟长度/m	纵坡降/‰	汇水面积/m²	沟内发育情况	是否冲击到沟底	沟口堆积情况
月直山隧道	PMNSL1	泥石流周围植被覆盖茂密	物源主要为残坡积碎石土	966~1071	216	44.9	1.36~4.35	平直	307	996	4 231	未见基岩出露，主要为坡内物源较丰富，残积碎石土	是	坡面零散堆积
	PMNSL2	植被稀疏	物源主要为残坡积碎石土	910~938	78	49	0.7~2.6	平直	92	1 156	496	未见基岩出露，主要为坡内物源较丰富，残积碎石土	否	坡面零散堆积
	PMNSL3	植被茂密	物源主要为残坡积碎石土	971~1014	130	45	0.7~2.5	平直	184	989	788	未见基岩出露，沟内物源丰富，可见碎块石，主要为残坡积碎石土	否	坡面零散堆积
	PMNSL4	植被茂密	物源主要为残坡积碎石土	1 030~1 085	147	45	0.6~7.6	平直	206	1 007	1 613	未见基岩出露，沟内物源主要为坡残积碎石土	否	坡面零散堆积
	PMNSL5	植被茂密	物源主要为残坡积碎石土	989~1 021	123	41	0.2~4.4	平直	190	863	702	未见基岩出露，沟内物源主要为坡残积碎石土	是	坡面零散堆积
	PMNSL6	植被茂密	物源主要为残坡积碎石土	919~984	138	45	1.3~5.4	平直	197	994	899	未见基岩出露，沟内物源主要为坡残积碎石土	是	有少量碎石土堆积

通过采用无人机三维倾斜摄影技术查明了坡面泥石流的分布范围和发育特征，使用数字地质调绘手段精准识别和解译获取了坡面泥石流的沟长、流域面积、纵坡降、坡度、植被覆盖率、堆积情况等特征要素，计算了坡面泥石流的最大流速、流量，得到了以下结论：

（1）无人机三维倾斜摄影技术能够实现坡面山洪泥石流灾害特征的精准识别和数字地质调绘。

（2）成昆铁路坡面山洪泥石流灾害物源主要来自斜坡表层第四系坡残积碎石土、粉质黏土形成的坡面溜塌。

（3）坡面泥石流的危害程度与物源体积、沟道形态、泥石流纵坡降（坡度）、汇水面积和植被发育情况密切相关。物源补给越丰富、沟道形态越完整（有一定沟道深度）、泥石流纵坡降（坡度）越大、汇水面积越大、植被发育越稀疏的坡面泥石流运移的距离越远，其影响范围和危害程度也越大。

（4）泥石流纵坡降（坡度）皆大于456‰（28°）的成昆铁路 DK254+000～DK269+300 段易发生坡面山洪泥石流灾害，在铁路开通前应对铁路沿线坡体进行排查。

（5）特克隧道出口应接长明洞，并在洞顶增设排导槽。

4.4 岩屑坡勘察技术及其应用

4.4.1 岩屑坡特征

岩屑坡是在寒冻风化作用下形成的非地带性冻土地貌，其形成原因是受昼夜温差的影响（通常温差大于 20 °C 且跨越冻结温度），岩石中的孔隙水与裂隙水冻结成冰，产生巨大的冻胀力，在冰融化后冻胀力又会消失。在如此反复作用下，岩石不断地崩解与破碎，这一作用也被称为寒冻风化。而由寒冻风化作用所产生的岩屑堆积体不断堆积在边坡表面后，便形成了岩屑坡，其主要特征可概括为表 4-10。

表 4-10 岩屑坡主要特征

特征	岩屑坡主要特征
分布特征	通过寒冻风化，形成松散岩体堆积在坡体表面
形态特征	多呈扫帚状连续分布，厚度大、稳定性差、分布连续
变形特征	会发生一定的蠕动运动

随着川藏公路、青藏铁路的建成以及进藏铁路的修建，国内学者对岩屑坡有了更加深入的研究以及获得了许多具有说服力的研究成果。而针对岩屑坡工程地质特征勘察，已系统采用天空地综合勘察手段，并取得了良好效果。

4.4.2 岩屑坡综合勘察

铁路选线时，线路应绕避补给来源丰富、密集发育且工程处理困难的岩屑坡；当岩屑坡补给来源少且具备整治条件时，可选择有利于线路安全的部位通过。

岩屑坡的工程地质勘察工作主要包括地质调绘、勘探与测试、综合分析与评价等内容。针对上述勘察内容，合理地采用天空地综合勘察技术，查明其工程地质特征。

（1）岩屑坡的工程地质调绘工作应在地面调查的基础上，积极采用航天平台及航空平台等技术，其中，针对廊道选择，首先采用多光谱遥感技术快速、宏观查明廊道内密集发育的岩屑坡规模及分布范围，同时可结合干涉合成孔径雷达遥感技术获取历史形变信息，评价区域稳定性。针对方案比选，采用多光谱遥感技术，结合无人机摄影勘察技术，查明影响线路方案的岩屑坡的分布范围、规模及补给来源。各技术手段具体的应用可参照以下原则：

① 可以利用多光谱遥感技术获取岩屑坡的地形地貌、植被特征及分布范围。

② 可以利用无人机摄影勘察技术精细查明岩屑坡范围、形态、岩层层序、岩性、岩体结构、软弱结构面、软弱夹层特征及岩石风化破碎程度。

③ 可采用无人机摄影勘察技术查明堆积岩块的孔隙性、粒径及分布特征，岩块间填充物质成分及胶结情况。

（2）岩屑坡勘探与测试工作应采取物探、钻探原位测试等手段，查明岩屑坡的成因、分布范围、厚度、成分及内部结构特征；勘探深度应穿过堆积体至稳定地层不小于 5 m，且不小于场地调查可见最大块石粒径的 1.5 倍；在钻进中应注意潮湿程度、地下水情况，遇软弱夹层时应取样做物理力学试验。受地形地质条件限制，常规勘探与测试手段实施困难时，应积极采用定向钻探、原位岩（土）体剪切试验、自钻式旁压试验的技术开展勘探工作，具体可参照以下原则：

① 岩屑坡坡体松散、稳定性差，可利用定向钻探技术查明岩屑坡岩屑厚度、基覆界面产状等特征。

② 可利用原位岩（土）体剪切试验（图 4-43），结合室内试验确定粒径均匀的岩屑坡堆积体力学特征（图 4-44）。

③ 可利用自钻式旁压试验获取母岩为软质岩的岩屑坡堆积体力学特征。

图 4-43　高原岩屑坡原位土体剪切试验　　图 4-44　原位剪切试验获得的摩尔库伦曲线

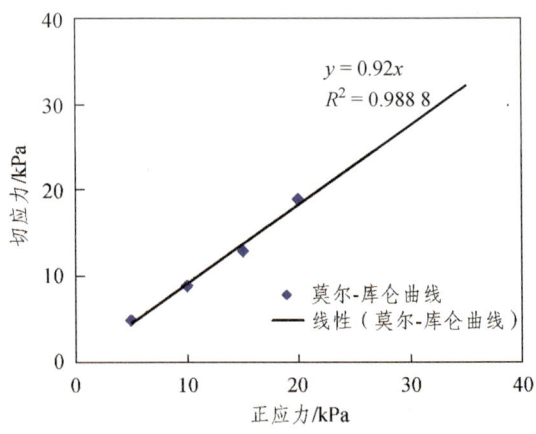

（3）岩屑坡的综合分析与评级应在地质调绘及勘探与测试成果基础上，结合地震、工程开挖、施工扰动及地表水和地下水活动分析对岩屑坡稳定性的影响。评价内容主要包括其发展阶段、自身的稳定性，及其作为建筑物地基、路堑边坡和隧道围岩等周边环境的稳定性，采用极限平衡、数值模拟等方法进行岩堆自身稳定性评价分析。

4.5 岩溶塌陷综合勘察

新建济南至枣庄铁路（旅游高铁通道）新建正线长度为 268.564 km，利用既有线长度为 5.25 km。正线贯通方案可溶岩长度为 132.4 km，占比 49.5%，其中济南至泰安段、曲阜东段、滕州东段、枣庄市中区南段覆盖型岩溶极为发育，岩溶塌陷时有发生。在收集沿线气象水文、地形地貌、地层岩性、地质构造、水文地质条件的基础上，相关单位通过 InSAR 变形分析、无人机正射影像、遥感解译、LiDAR 微地貌识别的方法调查、分析了新建济南至枣庄铁路泰安段岩溶塌陷的历史、现状和时空分布规律，总结了沿线岩溶塌陷的发育特征和成因机理，开展了沿线岩溶塌陷工点的风险评价，提出了岩溶塌陷的防治措施。

4.5.1 岩溶塌陷的历史

泰安市岩溶塌陷主要包括城区水源地塌陷和旧县水源地塌陷，其中对线路影响较大的为旧县水源地塌陷。

泰安市岩溶塌陷始于 1964 年，并于 20 世纪七八十年代开始大面积发生，主要发生于城区水源地周边。20 世纪 70 年代中期在城区东南的化肥厂一带出现建筑物的开裂、倾斜破坏现象。自 1976 年开始，在泰安城南的津浦铁路与泰安辛店铁路交会地带的旧镇铁路三角区、誉灌庄等地先后出现地面塌陷，并造成房屋倒塌。进入 80 年代后，除上述地区灾害依然发生并加剧之外，塌陷区不断向外围扩展，在泰安城区火车站、拖拉机厂等地也连续出现地面塌陷、铁路路基塌陷，造成巨大的经济损失，曾长期迫使列车行驶减缓，严重影响铁路交通及人民生命财产安全。泰安火车站岩溶塌陷治理费用之大，居全国岩溶塌陷治理之首。1991 年以后，对区内岩溶地下水采取了限量开采措施，城区塌陷已处于逐步稳定状态，但仍时有发生，如图 4-45 所示。

为缓解泰安城区的供水矛盾，供水部门于 1982 年开辟了位于泰安郊区大汶河畔的旧县水源地。1987 年以前开采量在 3×10^4 m³/d 以下，岩溶水降落漏斗面积较小，地面塌陷和地面裂缝也仅局限于开采井集中的旧县新村附近。但 1988 年水源地开采量猛增到 4.5×10^4 m³/d 以后，岩溶水降落漏斗迅速扩大，地面塌陷和地面裂缝范围急剧扩大。到 1993 年 15 km² 范围的 9 个村 3 000 间房屋受到不同程度的斑裂、墙体倾斜等破坏，并陆续出现较为严重的地面塌陷。到目前止，共调查统计产生塌陷 40 余处，14 间民房因斑裂严重而在雨季降水过程中倒塌。

图 4-45　2016 年泰安城区地面塌陷

随着泰安城区水源地的关闭和旧县水源地开采量的减小，同时新增黄前水库地表水源地和东武地下水源地，目前研究区内岩溶地下水多用于当地农村居民生活用水、季节性农业灌溉用水水源，岩溶塌陷处于衰减状态。但不排除遇到干旱或农灌季节大量抽取地下水诱发新的岩溶塌陷，如图 4-46 所示。

图 4-46　2003 年 5 月泰安东东羊楼村岩溶塌陷坑

4.5.2　基于 INSAR 变形监测的岩溶塌陷识别

1. 数据技术与方法

获取覆盖研究区域的 72 景 Sentinel-1A 卫星 IW 模式下的 level-1A 级升轨影像，其

第 4 章　表生不良地质天空地井综合勘察技术及其应用

分辨率为 5 m×20 m，时间跨度为 2015 年 7 月 30 日至 2020 年 6 月 21 日，具体获取时间如表 4-11 所示，极化方式为 VV 极化。同时在该卫星轨道信息网站下载与 SAR 影像相对应的精密轨道数据来去除干涉测量中由于轨道误差所带来的系统误差。同时为了消除由于差分干涉所引入的地形干涉相位分量，使用 ALOS PALSAR 卫星差分干涉生成 30 m 分辨率的 DEM 数据，从而减小地形相位误差。

表 4-11　Sentinel-1 升轨影像获取时间

升轨影像时间									
20150730	20150823	20150916	20151010	20151103	20151127	20151221	20160114	20160302	20160326
20160419	20160513	20160606	20160630	20160805	20160829	20161004	20161028	20161121	20161215
20170108	20170201	20170225	20170321	20170414	20170508	20170601	20170625	20170731	20170824
20170917	20171011	20171104	20171128	20171222	20180115	20180208	20180304	20180409	20180503
20180527	20180620	20180714	20180807	20180831	20180924	20181023	20181123	20181217	20190110
20190203	20190311	20190404	20190428	20190522	20190615	20190709	20190802	20190826	20190919
20191001	20191025	20191118	20191212	20200105	20200129	20200222	20200317	20200410	20200504
20200528	20200621								

此外，还获取了覆盖研究区域的 5 景 ALOS PALSAR-1 卫星影像数据，分辨率为 10 m，时间跨度为 2007 年 6 月 21 日至 2009 年 6 月 26 日，具体获取时间如表 4-12 所示，极化方式为 HH 极化，轨道方向为升轨方向。由于该卫星数据没有精密轨道参数，后续处理时有较大的轨道误差，给数据处理带来了一定的困难。该卫星配备的是 L 波段合成孔径雷达成像系统，波长为 22 cm，相较于 C 波段而言，具有一定的穿透植被的能力。

表 4-12　ALOS 影像获取时间

ALOS 影像时间				
20070621	20070921	20071222	20080206	20090626

本研究采用 ENVI SARscape 软件中的 SBAS 模块针对 SAR 数据进行处理，具体处理流程如图 4-47 所示。

利用 ENVI 中的 SARscape5.2.1 模块针对 Sentinel-1 卫星影像数据进行预处理，首先将 SAR 数据导入 SARscape 中，之后查看这些 SAR 影像的公共区域，并对其进行裁剪，使之适合研究区范围并最大可能地提高软件处理速度，同时降低数据量。

SBAS 技术主要包括连接图的生成、干涉图的生成、对干涉图进行去平地效应、对干涉图完成自适应滤波、相位解缠、轨道精炼和重去平、相位转形变和地理编码等操作。

（1）连接图的生成。

结合传感器类型和经验，针对 Sentinel-1 卫星影像数据，设置空间基线阈值 2%，时间基线阈值 70 d。

图 4-47　数据处理流程

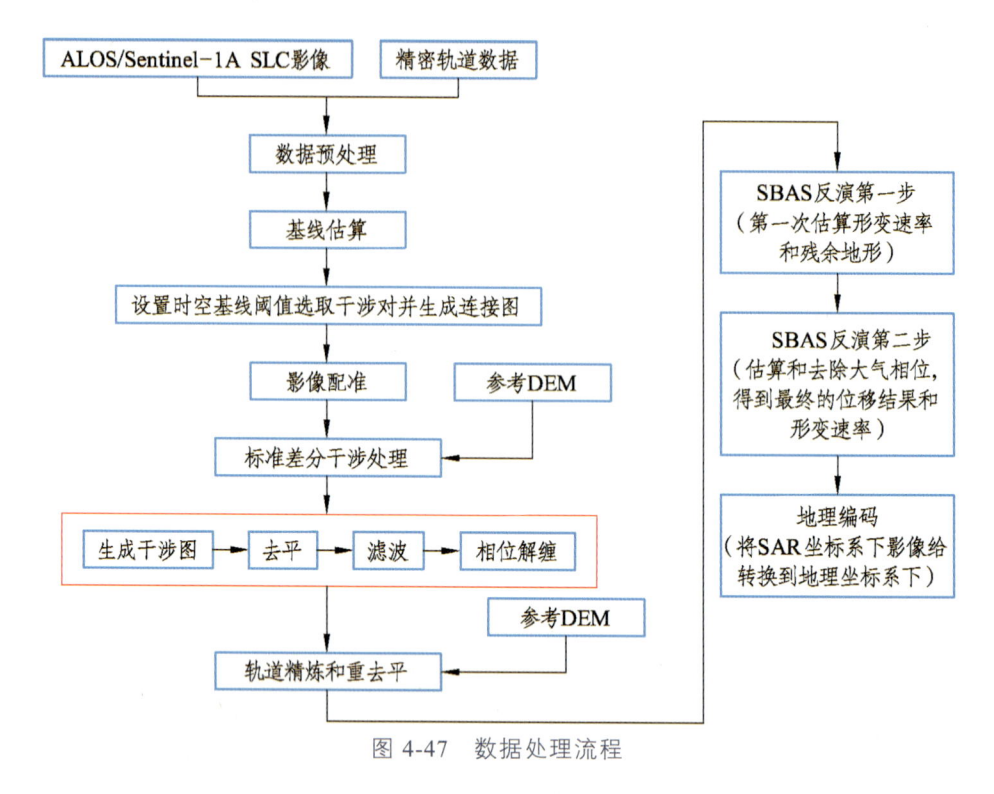

（2）干涉工作流程。

ENVI SARscape 为便于用户操作，将干涉图的生成、对干涉图进行去平地效应、对干涉图完成自适应滤波、相位解缠这几步结合在一起形成干涉工作流，干涉工作流完成之后，每一对干涉对均生成了干涉结果，包括相干性图_cc、差分干涉图_dint、滤波之后的差分干涉图_fint，浏览所有的结果，对研究区的形变区域有初步的了解，同时将差分干涉图_fint 结果由 SAR 坐标系转换至地理坐标系，从而确认可疑形变点的位置，同时要对不好的干涉像对进行删减。

（3）相位转形变以及地理编码。

在去除由噪声、大气误差、平地效应等因素引起的相位变化后，仅得到形变相位，之后利用几何关系对其进行转换即可得到形变量，从而得到整个区域的年平均形变速率图，之后在软件中将年平均形变速率栅格文件转换为矢量点文件，从而可得到每个矢量点的形变速率和历史形变量。

2. 结果分析

（1）数据形变点探测结果分析。

利用 2015 年 7 月 30 日—2020 年 6 月 21 日时间段内 Sentinel-1 数据进行 InSAR 时序形变分析，形变速率结果如图 4-48 所示，红色的点（负值）表示目标沿着雷达视线方向（LOS 方向）向卫星反方向移动，绿色的点则相对稳定，蓝色的点（正值）表示目标沿着 LOS 方向向卫星方向移动。其结果显示 Sentinel-1 覆盖范围内及泰安市研究区域内基本保持稳定。图 4-48 所示为 Sentinel-1 数据覆盖范围内的形变速率结果，通过多幅干涉图的对比，在该范围中发现 4 个可疑形变点，分别为 1~4 号可疑变形点。该图中部分的形变是由植被以及耕地所导致的误差，根据干涉图并未发现明显形变条纹信息，图中黑色方框位置为可疑形变区。

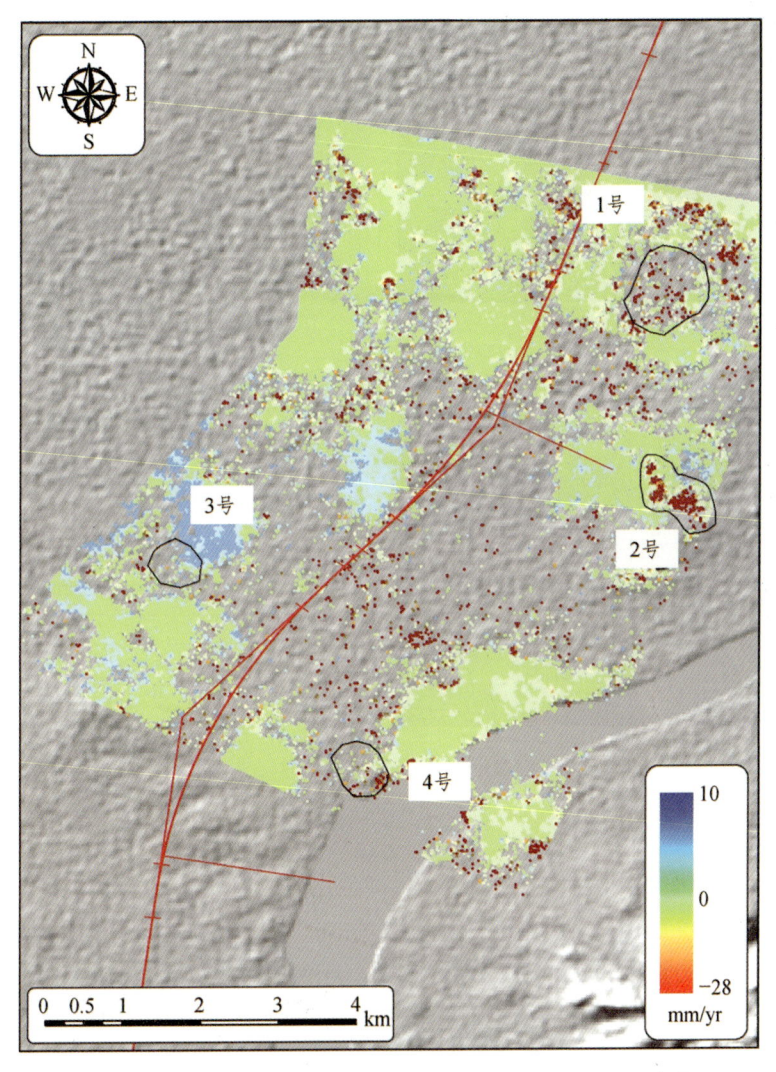

图 4-48　Sentinel-1 数据覆盖范围内的泰安东线位形变速率图

① 1 号可疑形变点。

如图 4-48 所示，其位置为 36°09′06.24″N、117°13′14.70″E。图 4-49（a）所示为 1 号可疑形变点的 Google Earth 光学影像遥感图。图 4-49（b）所示为 1 号可疑形变点的 20170108-20161121 D-InSAR 结果，呈现出很明显的干涉条纹信息。图 4-49（c）为 1 号可疑形变点的 SBAS-InSAR 形变结果图，结果显示形变区最大形变速率达到了 17 mm/a，因附近存在大面积的耕地覆盖，不排除植被误差带来的影响，部分区域形变量过大，超过了 InSAR 所探测的阈值，显示为空值。在形变区选取一个特征点并绘制时间序列曲线如图 4-49（d）显示，该区域在 2018 年 5 月及 2019 年 7 月时间段出现了加速变形现象，其他时间段均处于缓慢匀速变形阶段，累积形变量已达到了 50 mm。

（a）光学影像

（b）20170108-20161121 D-InSAR 结果

（c）形变速率图

（d）时间序列曲线

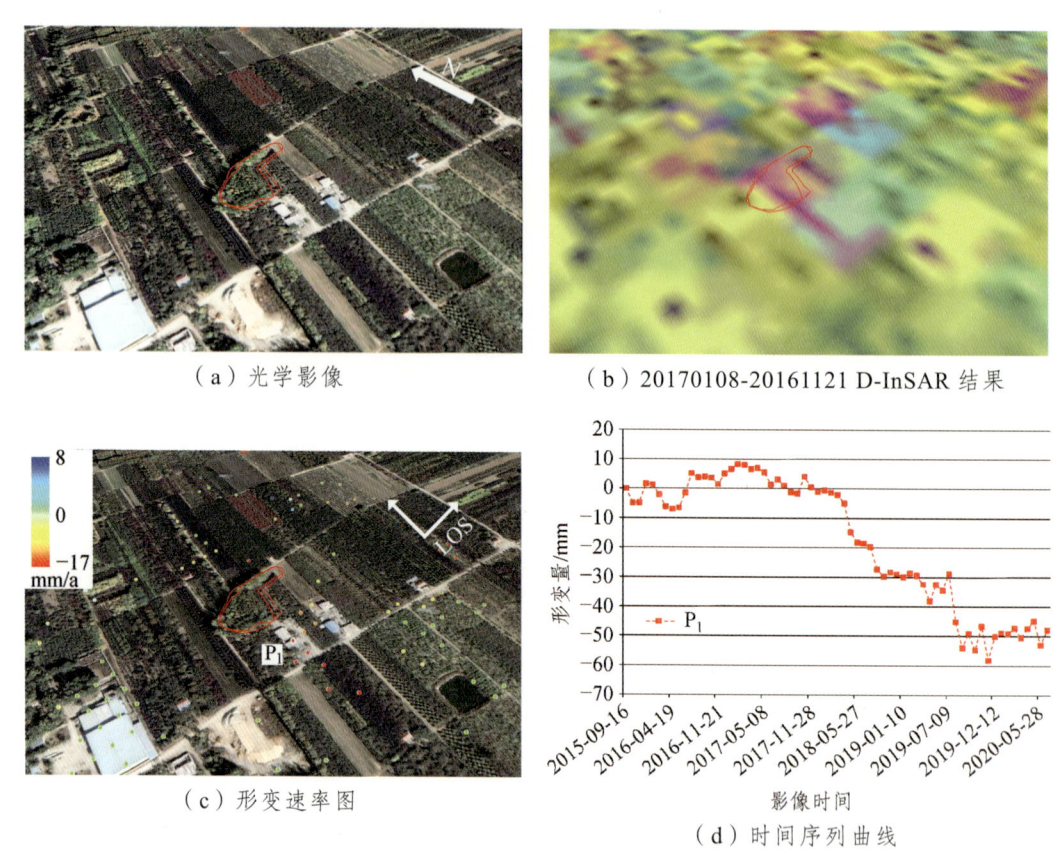

图 4-49　1 号可疑形变点

② 2 号可疑形变点。

2 号可疑形变点如图 4-48 所示，其位置为 36°7′47.77″N、117°13′31.30″E。图 4-50（a）所示为 2 号可疑形变点的 Google Earth 光学影像遥感图。图 4-50（b）所示为 2 号可疑形变点的 20161028-20161215 D-InSAR 结果，呈现出很明显的干涉条纹信息。图 4-50（c）所示为 2 号可疑形变点的 SBAS-InSAR 形变结果图，通过光学影像显示，该区域为建筑工地，不排除人类活动带来的误差，形变区最大形变速率达到了 30 mm/a。在形变区选取一个特征点并绘制时间序列曲线如图 4-50（d）显示，结果显示，该区域在 2016 年 6 月及 2018 年 9 月左右形变出现较大波动，整体形变较为稳定，累积形变量已达到了 73 mm。

③ 3 号可疑形变点。

3 号可疑形变点如图 4-48 所示，其位置为 36°07′25.06″N、117°09′58.12″E。图 4-51（a）所示为 3 号可疑形变点的 Google Earth 光学影像遥感图。图 4-51（b）所示为 3 号可疑形变点的 20161028-20161215 D-InSAR 结果，呈现出很明显的干涉条纹信息。图 4-51

（c）所示为 3 号可疑形变点的 SBAS-InSAR 形变结果图，形变量过大，已经超过 InSAR 所能探测的阈值，所以部分区域显示的为空值，通过光学影像显示，该区域也遍布耕地，不排除植被影响带来的误差，形变区最大形变速率达到了 20 mm/a。在形变区选取一个特征点并绘制时间序列曲线如图 4-51（d）显示，结果显示，该区域自 2016 年 4 月至 2017 年 4 月一直处于加速变形阶段，2017 年 4 月至 2019 年 7 月形变变缓，之后开始加速变形，累积形变量已达到了 100 mm。

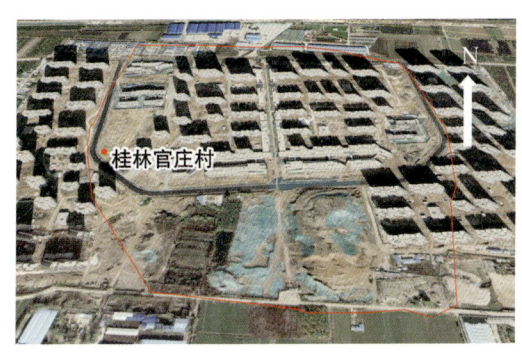

（a）光学影像 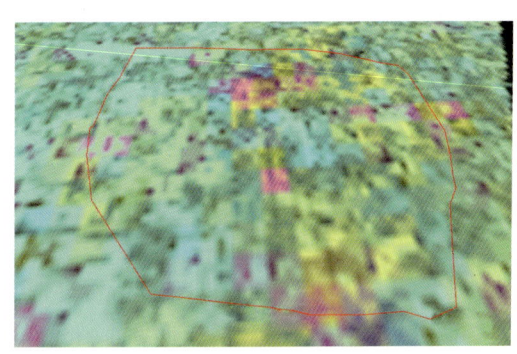　　　　　　　　　（b）20161028-20161215 D-InSAR 结果

（c）形变速率图 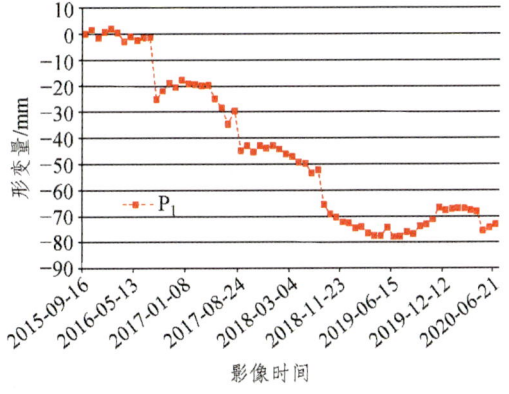　　　　　　　　（d）时间序列曲线

图 4-50　2 号可疑形变点

（a）光学影像 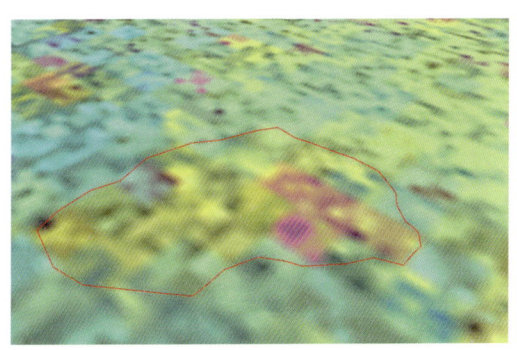　　　　　　　　　（b）20161028-20161215 D-InSAR 结果

（c）形变速率图 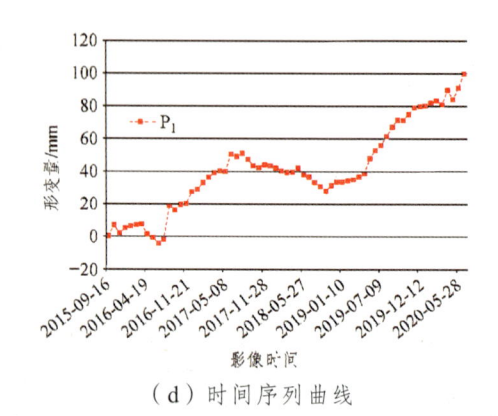　　　　　　　　　　（d）时间序列曲线

图 4-51　3 号可疑形变点

④ 4 号可疑形变点。

4 号可疑形变点如图 4-48 所示，其位置为 36°06′03.83″N、117°11′08.91″E。图 4-52（a）所示为 4 号可疑形变点的 Google Earth 光学影像遥感图，显示该地区为建筑工地，人类活动应该是引起该区域形变的主要因素。图 4-52（b）所示为 4 号可疑形变点的 20160114-20151221 D-InSAR 结果，呈现出很明显的干涉条纹信息。图 4-52（c）所示为 4 号可疑形变点的 SBAS-InSAR 形变结果图，结果显示形变区最大形变速率达到了 40 mm/a。在形变区选取一个特征点并绘制时间序列曲线如图 4-52（d）显示，结果显示，该区域自 2015 年 7 月以来，形变波动较大，累积形变量已达到了 80 mm。

（a）光学影像 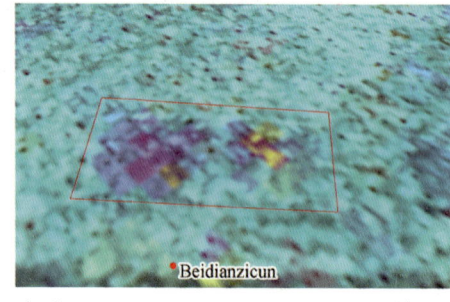　　　　　　　　　　（b）20160114-20151221 D-InSAR 结果

（c）形变速率图 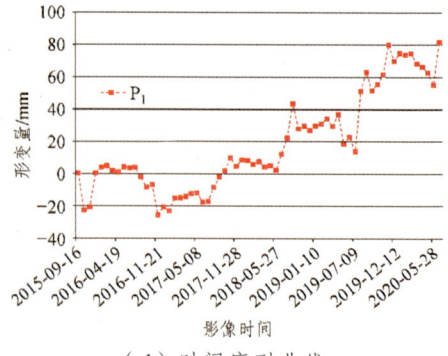　　　　　　　　　　（d）时间序列曲线

图 4-52　4 号可疑形变点

（2）ALOS PALSAR-1 数据形变点探测结果分析。

利用 2007 年 6 月 21 日—2009 年 6 月 26 日时间段内 ALOS PALSAR-1 数据进行 InSAR 时序形变分析，最终得到形变速率结果如图 4-53 所示，红色的点（负值）表示目标沿着 LOS 方向向卫星反方向移动，绿色的点则相对稳定，蓝色的点（正值）表示目标沿着 LOS 方向向卫星方向移动。其结果显示 ALOS PALSAR-1 覆盖范围内及泰安市研究区域内基本保持稳定，共探测出可疑形变点 1 处。该图的最左部分为耕地造成的误差，根据干涉图并未发现明显形变条纹信息。

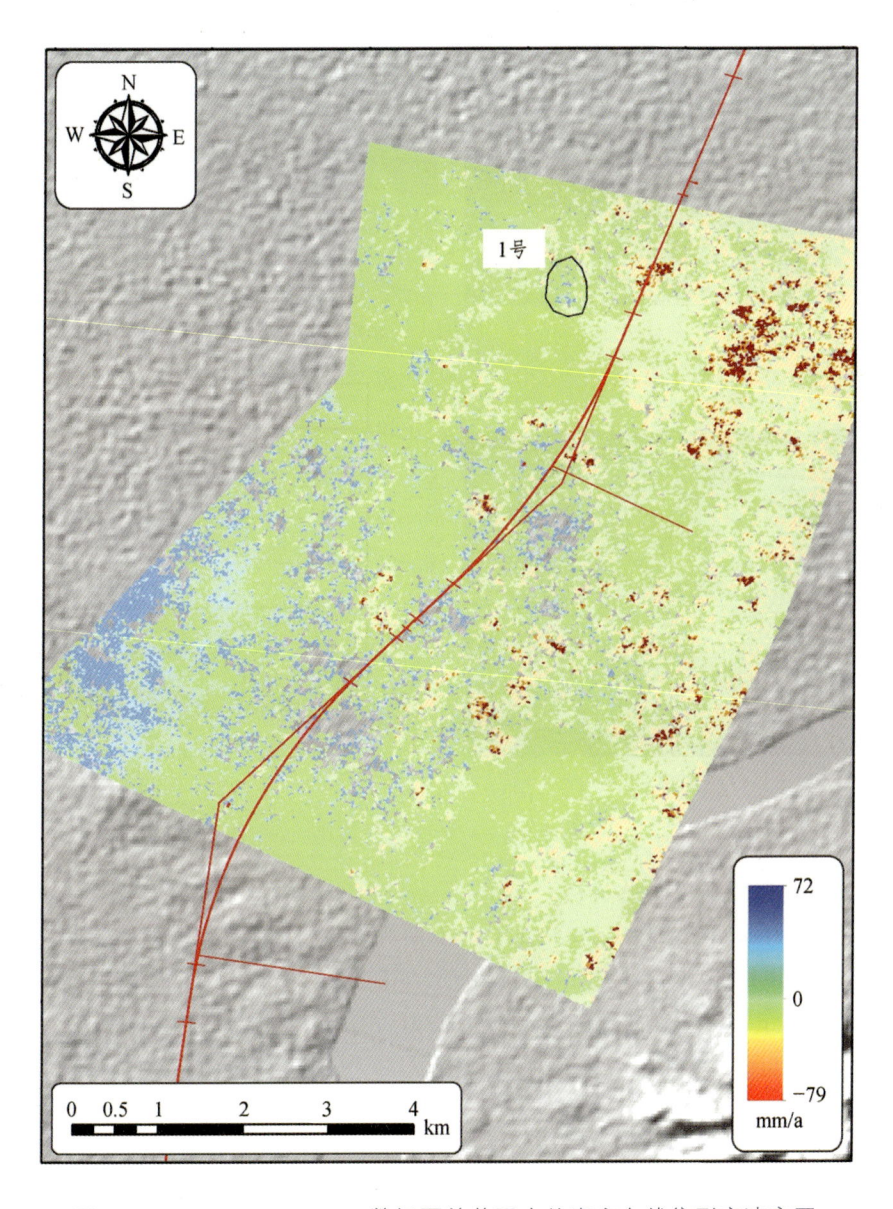

图 4-53　ALOS PALSAR-1 数据覆盖范围内的泰安东线位形变速率图

复杂艰险山区铁路天空地井综合勘察技术及应用

1号可疑形变点如图 4-53 所示，其位置为 117°12′11.49″E、36°9′36.95″N。图 4-54（a）为可疑形变点的 Google Earth 光学影像遥感图。图 4-54（b）为可疑形变点的 ALOS PALSAR-1 数据的干涉成果图，有很明显的干涉形变条纹。图 4-54（c）为 SBAS-InSAR 形变结果图，结果显示最大形变速率达到了 100 mm/a。选取一个特征点并绘制时间序列曲线如图 4-54（d）所示，累计形变量达到了 32 mm/a，通过光学影像显示该区域也有大量的耕地覆盖，不排除植被带来的影响。

（a）光学影像　　　　　　　　（b）20070621—20070921 D-InSAR 结果

（c）形变速率图　　　　　　　　（d）时间序列曲线

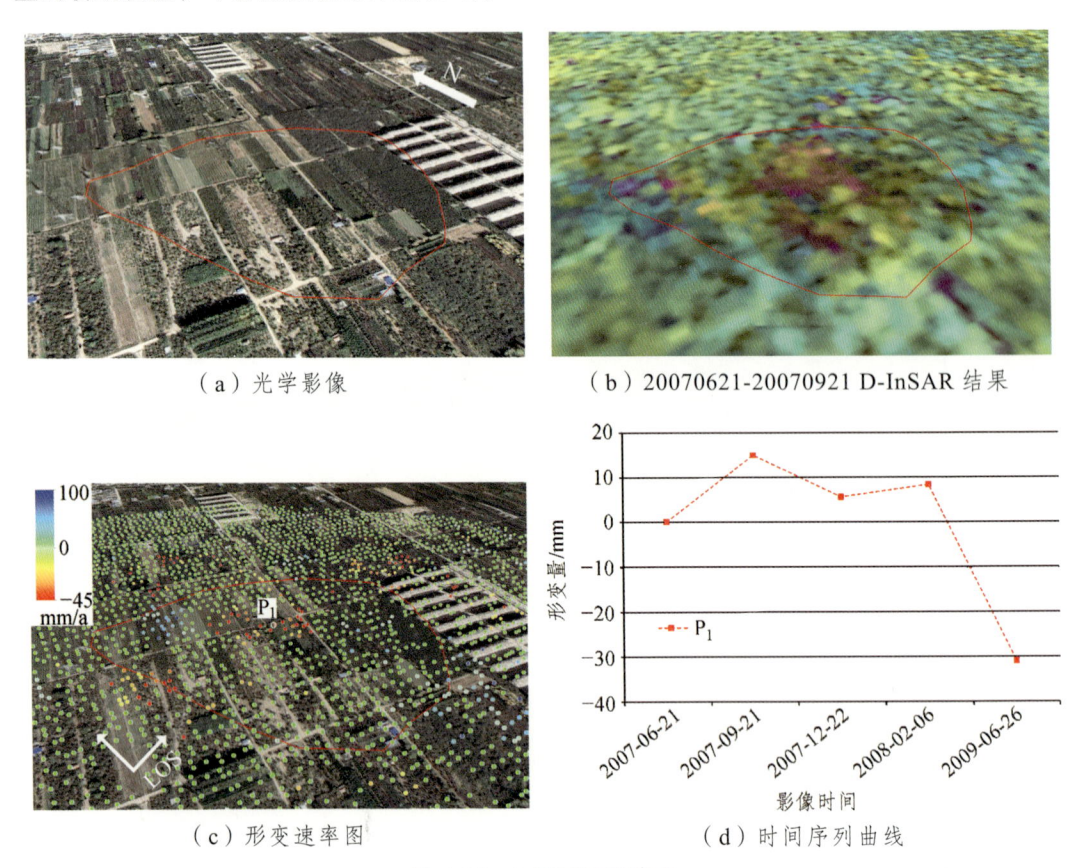

图 4-54　1号可疑形变点

（3）两种数据源结果对比分析。

对比基于 Sentinel-1 和 ALOS PALSAR-1 两种数据源进行 InSAR 形变监测得到形变点位置，Sentinel-1 数据共探测到 4 处形变点，ALOS PALSAR-1 数据共探测到 1 处形变点。整体图及每个隐患点的形变速率图中均存在空值的区域。

分析其原因，如下所述：

① 该地区耕地面积广阔，植被产生误差相位，对 InSAR 结果造成一定影响，为该区域的 InSAR 形变监测带来了一定挑战。

② 存在因植被、大气等误差形成的失相干或不稳定区域。可以选用成像时间间隔较短的 SAR 数据集，比如 Sentinel-1A 雷达卫星，12 d 的重访周期，具有数量大、范围广、

周期短、基线短的特点，该类型影像也很大程度上减少了时间空间去相干的问题。另外，也可使用较长波长的 SAR 系统影像（L 波段等），短波长的 InSAR 数据，如 Sentinel-1A 的 C 波段或 X 波段的影像，测量地表位移的灵敏度高于 L 波段等较长波长的灵敏度，但较长波长的 InSAR 数据通常表现出更好的保持高相干性的能力，可以更深地穿透植被，产生比波长更短、更稳定的后向散射信号。

本次山东省泰安部分东线位拟建设线路 InSAR 地质灾害隐患探测工作，选取东线位拟建设线路区域，对其进行基于 InSAR 技术的地质灾害隐患点的早期识别以及形变速率分析等工作，结果如下所示：

利用 72 景 Sentinel-1A 卫星影像数据及 5 景 ALOS PALSAR-1 卫星影像数据基于 InSAR 处理，泰安东线位拟建设线路研究区域内整体呈现较稳定的状态，Sentinel-1A 卫星探测到疑似沉降灾害隐患点共有 4 处，ALOS PALSAR-1 卫星探测到的疑似灾害隐患点共有 1 处，该处隐患点位于线路 DK64+154 左侧 785 m 处，5 处隐患点离线路皆较远，对拟建工程无影响。因该地区耕地面积广，人类活动频繁，对 InSAR 技术探测到的形变结果也会造成影响，具体原因可通过现场勘察了解。

4.5.3 基于卫星遥感及无人机正射影像的历史岩溶塌陷区识别

岩溶塌陷在形成过程中地貌往往发生显著改变，形成一些典型的地形地貌特征和影像特征。

岩溶塌陷在遥感平面图上多呈独立的圆形、椭圆形、槽形或菱形。多期次形成的塌陷常形成不同形状的坎或陡坎，呈碟状，较老的地面塌陷常形成洼地等负地形，部分甚至积水形成水塘。同时由于地形突变从而引起光谱差异，其色调与周围环境相比有一定的变化：由于塌陷坑是有一定深度的负地形，塌陷坑的阴影出现在环形图斑内侧的下半部分；而正地形（如土堆、独立树冠）形成的阴影出现在环形图斑内侧的上半部分，立体效果正好相反，这是塌陷坑判断正确与否的重要标志。此外地面塌陷还会造成生态景观发生明显改变，如居民点搬迁、田地变荒地、耕地变林地等，通过这些间接的标志也可以佐证一些塌陷等灾害信息。

当判定塌陷存在后，再根据塌陷区域的规模、地形地貌、植被、水系等特征以及塌陷区剖面形态来划分塌陷形成的时期，如塌陷规模越大、地形地貌越自然过渡、植被生长越茂密等的塌陷则形成的时期越久远。本次首先通过解译航天技术公司 Maxar Technologies（MAXR）2005 年至 2020 年间 21 期遥感影像资料，圈定历史岩溶塌陷点。再根据遥感解译的历史岩溶塌陷点，在 1∶1 000 比例尺无人机高精度（精度高于 0.2 m）正射影像圈定历史岩溶塌陷点范围并进行验证核对。

通过对线路两侧各 1 000 m 范围内的岩溶塌陷地貌近解译，共排查出疑似塌陷坑 40 处（表 4-13）。根据钻探揭示情况和现场调查情况，排除人为开挖土坑 10 处，分别为 1 号、2 号、3 号、4 号、5 号、6 号、8 号、10 号、12 号疑似塌陷坑，现场复核调查过程中新增 3 处岩溶塌陷（表 4-14），实际共发现岩溶塌陷坑 33 处。其中大型岩溶塌陷坑

表 4-13 遥感解译疑似塌陷坑解译统计

编号	形态	经度/(°)	纬度/(°)	长度/m	宽度/m	面积/m²	遥感影像	影像时间	正射影像解译	是否为岩溶塌陷坑
1	椭圆	117.213 037 4	36.162 118 15	47.50	45.40	1 718.2		2017 年 11 月		否，现场调查结果显示为砖厂人工开挖地表黏土
2	椭圆	117.212 855 1	36.159 921 42	58.87	23.18	1 230		2010 年 10 月		否，现场调查结果显示为自然形成，下雨时蓄水，不下雨没水
3	梯形	117.215 400 5	36.159 249 52	25.40	15.45	346		2017 年 1 月		否，现场调查结果显示为人工林地及荒地
4	椭圆	117.211 652 1	36.158 942 41	7.51	6.09	31.2		2017 年 9 月		否，现场调查结果显示为旱地，未发生塌陷

第4章 表生不良地质天空地井综合勘察技术及其应用

续表

编号	形态	经度/(°)	纬度/(°)	长度/m	宽度/m	面积/m²	遥感影像	影像时间	正射影像解译	是否为岩溶塌陷
5	圆形	117.215 489	36.158 105 56	6.92	6.87	31.9		2015年1月		否，现场调查结果显示为乡村道路和菜大棚，询问老乡表示未发生塌陷
6	椭圆	117.209 545 9	36.158 412 67	7.81	5.54	32		2015年1月		否，现场调查结果显示为人工林地
7	圆形	117.209 802	36.157 374 66	10.03	9.39	81.3		2013年11月		是，现场调查结果显示为抽水井，井边地表塌陷
8	椭圆	117.212 784 3	36.157 478 78	12.97	5.26	52.8		2010年9月		否，现场调查为抽水井
9	圆形	117.212 682 5	36.157 263 06	8.84	8.41	64		2010年9月		是，附近有地表塌陷迹象

201

续表

编号	形态	经度/(°)	纬度/(°)	长度/m	宽度/m	面积/m²	遥感影像	影像时间	正射影像解译	是否为岩溶塌陷坑
10	椭圆	117.211 471 4	36.156 104 49	4.98	3.58	16.6		2013年11月		否,现场调查为人工蓄水池
11	椭圆	117.222 522 4	36.154 561 99	64.46	47.79	2 405		2013年11月		是,现场调查,降雨后坑内地表水距岩溶塌陷坑地面 3 m
12	椭圆	117.223 225 1	36.154 578 08	10.23	8.26	63.3		2013年11月		否,现场调查为人工蓄水池
13	圆形	117.222 432 5	36.153 971 9	7.10	6.60	38.6		2013年11月		是,为旱地及林地,塌陷坑已填平
14	椭圆	117.211 369 3	36.154 942 98	15.86	10.01	99.3		2013年11月		是,地表房屋出现下沉开裂

第 4 章 表生不良地质天空地井综合勘察技术及其应用

续表

编号	形态	经度/(°)	纬度/(°)	长度/m	宽度/m	面积/m²	遥感影像	影像时间	正射影像解译	是否为岩溶塌陷坑
15	圆形	117.211 759 6	36.154 908 11	9.56	8.12	81.5		2010年9月		是，抽水井一处，反被桔树枝覆盖，覆盖的地表塌陷
16	不规则	117.220 148 2	36.151 769 93	97.34	53.34	2 890		2015年1月		是，塌陷坑一处，据村民反映为生产队开挖形成，作为洪涝时的排水沟、旱季时的蓄水池。但根据InSAR变形结果显示该处有位移沉降
17	椭圆	117.208 395 5	36.151 300 83	17.76	8.21	93.5		2016年2月		是，位于林地，塌陷坑已填埋
18	椭圆	117.210 754 5	36.150 490 8	8.17	4.66	36.6		2015年1月		是，塌陷坑已被草掩盖
19	椭圆	117.210 086 2	36.148 947 25	12.84	7.56	68.6		2015年1月		是，枯井井深2~3 m

203

续表

编号	形态	经度/(°)	纬度/(°)	长度/m	宽度/m	面积/m²	遥感影像	影像时间	正射影像解译	是否为岩溶塌陷坑
20	椭圆	117.214 414	36.147 965 56	49.58	35.83	1 248.6		2010 年 7 月		是,先已填埋,变为砂石料场
21	菱形	117.214 988	36.146 399 15	42.35	34.69	1 366.4		2010 年 7 月		是,塌陷坑暴雨时有地表水,不下雨时没有水
22	椭圆×2	117.209 270 8	36.147 068 36	13.69	8.94	222.6		2013 年 11 月		是,塌陷坑注地,周围房屋有开裂迹象。据村民反映为灰岩采石形成
23	椭圆	117.207 505 5	36.143 537 22	15.23	10.63	136.4		2010 年 7 月		是,塌陷坑现改造为人工水池
24	椭圆	117.205 108 8	36.140 819 34	6.38	4.72	26.3		2013 年 11 月		是,塌陷已填平为林地

第 4 章　表生不良地质天空地井综合勘察技术及其应用

续表

编号	形态	经度/(°)	纬度/(°)	长度/m	宽度/m	面积/m²	遥感影像	影像时间	正射影像解译	是否为岩溶塌陷坑
25	椭圆	117.206 310 5	36.140 343 24	6.27	4.55	37.4		2013年11月		是，小型岩溶塌陷坑，雨季有水
26	圆形	117.203 373 5	36.140 285 58	12.78	10.68	72.2		2010年7月		是，林地，塌陷已填平
27	椭圆	117.204 036	36.138 650 77	10.26	5.54	58.8		2017年4月		是，地表塌陷
28	圆形	117.208 932 3	36.136 598 88	5.48	5.32	21.4		2020年3月		是，现为方形水井
29	椭圆	117.196 542 2	36.129 313 02	7.37	6.14	38.4		2014年7月		是，已填平，附近有农田抽水井一处

205

续表

编号	形态	经度/(°)	纬度/(°)	长度/m	宽度/m	面积/m²	遥感影像	影像时间	正射影像解译	是否为岩溶塌陷坑
30	椭圆	117.196 858 7	36.129 251 33	6.83	5.23	30.6		2014年7月		是，已填埋，现为蔬菜大棚旁的荒地
31	椭圆	117.193 528 4	36.126 333 5	22.49	18.85	319.7		2017年11月		是，塌陷坑目前为垃圾坑，降雨后积水覆盖
32	圆形	117.183 577 6	36.123 132 13	7.65	7.34	50.1		2015年1月		是，塌陷坑临近水渠有变形
33	椭圆	117.179 357 2	36.117 417 69	8.22	6.62	50.5		2013年11月		是，塌陷坑周围发生变形垮塌
34	椭圆	117.181 761	36.114 535 08	9.30	6.30	41		2016年2月		是，轻微塌陷，并为蓄水池

第 4 章　表生不良地质天空地井综合勘察技术及其应用

续表

编号	形态	经度/(°)	纬度/(°)	长度/m	宽度/m	面积/m²	遥感影像	影像时间	正射影像解译	是否为岩溶塌陷坑
35	圆形	117.178 059 6	36.115 329 02	7.60	7.45	30.6		2016 年 2 月		是，灰岩块石围成的简易水井
36	椭圆	117.177 857	36.108 978 89	9.67	7.41	47.3		2013 年 11 月		是，灰岩块石围成的简易水井
37	椭圆	117.176 254 4	36.109 291 36	5.38	4.69	41.7		2013 年 11 月		是，灰岩块石围成的简易水井
38	圆形	117.177 231 6	36.111 896 04	3.20	3.08	18		2013 年 11 月		是，历史塌陷坑，已填埋，现为旱地
39	圆形	117.173 350 4	36.109 578 76	12.68	12.75	146		2010 年 10 月		是，现污水处理场，已填埋
40	椭圆形	117.181 887 4	6.104 298 433	6.28	6.02	24		2010 年 10 月		是，现场调查为塌陷坑，有地表开裂迹象

207

表 4-14 现场调查塌陷坑统计

编号	形态	经度/(°)	纬度/(°)	长度/m	宽度/m	面积/m²	遥感影像	影像时间	现场照片	是否为岩溶塌陷坑
41	长方形	117.206 869 8	36.147 178 88	120	60	5812		2017 年 11 月		是,现为一处水塘,水塘周边房屋墙体开裂,地面出现弧形塌陷裂缝
42	不规则	117.189 497 1	36.122 585 71	12	7	120		2010 年 10 月		曾经发生过塌陷,现已填平种植植被
43	圆形	117.179 773	36.108 333	1.2	1	1.2		2019 年 11 月		地表出现直径约 1.2 m,深度约 15 cm 的塌陷

（直径大于 20 m）6 处，中型岩溶塌陷坑（直径介于 5～20 m）25 处，小型岩溶塌陷坑（直径小于 5 m）2 处。现存塌陷坑 21 处，其余 12 处已经消失。铁路范围左右 200 m 范围内的塌陷坑一共有 24 处（9 号、14 号、15 号、17 号、18 号、19 号、22 号、23 号、24 号、25 号、26 号、27 号、29 号、30 号、31 号、34 号、35 号、36 号、37 号、38 号、39 号、41 号、42 号、43 号），左右 100 m 范围内有 17 处（9 号、14 号、15 号、18 号、19 号、22 号、23 号、24 号、26 号、27 号、29 号、31 号、37 号、38 号、41 号、42 号、43 号），左右 50 m 范围内有 5 处（9 号、14 号、15 号、24 号、38 号）。

9 号塌陷坑：上部为渐新-始新统大汶口组下段（E_2d^1）全风化～强风化泥岩、页岩，下部为奥陶系下统五阳山组（O_1w）泥晶灰岩、白云质灰岩、白云岩地层，位于线路 DK63+781 线路正下方。遥感影像显示该塌陷坑呈圆形，直径约 8 m，面积约 36 m^2，并显示陡坎和负地形，且塌陷坑的阴影出现在环形图斑内侧的下半部分，从历史遥感影像可以看出该塌陷坑 2005 年至今一直存在（图 4-55）。由于附近有居民抽水井，结合当前地层岩性，不排除该处为居民蓄水池。根据无人机正射影像当前塌陷坑被枯树枝覆盖，并有黑色阴影，也显示为塌陷坑（图 4-56、图 4-57）。

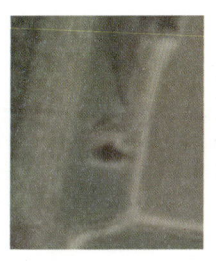

(a) 2005 年 4 月 27 日遥感影像　(b) 2010 年 10 月 9 日遥感影像　(c) 2013 年 11 月 28 日遥感影像　(d) 2017 年 11 月 23 日遥感影像　(e) 2020 年 3 月 15 日遥感影像

图 4-55　9 号塌陷坑历史演化情况

图 4-56　9 号塌陷坑无人机正射影像 　　图 4-57　9 号塌陷坑附近现场轻微地表塌陷

14号塌陷坑：上部为渐新-始新统大汶口组下段（E_2d^l）全风化～强风化泥岩、页岩，下部为奥陶系下统五阳山组（O_1w）泥晶灰岩、白云质灰岩、白云岩地层，位于线路 DK64+061 右侧 31 m 处。由于遥感影像 2005 年至今与周围农田林地形成显著反差，且有轻微负地形，故判断此处为岩溶塌陷地区（图 4-58）。通过无人机正射影像和现场调查发现：该处为房屋建筑及自留抽水井一处，建筑物及蓄水池有明显变形开裂，说明地表产生了一定的沉降（图 4-59、图 4-60）。故可根据附近桥梁钻探揭示地层情况，开展钻探验证工作。

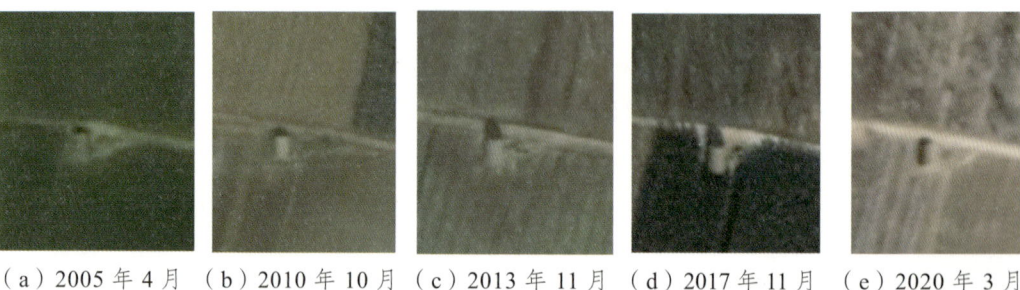

（a）2005 年 4 月 27 日遥感影像　（b）2010 年 10 月 9 日遥感影像　（c）2013 年 11 月 28 日遥感影像　（d）2017 年 11 月 23 日遥感影像　（e）2020 年 3 月 15 日遥感影像

图 4-58　14 号塌陷坑历史演化情况

图 4-59　14 号塌陷坑无人机正射影像　　图 4-60　14 号塌陷坑现场情况

15号塌陷坑：上部为渐新-始新统大汶口组下段（E_2d^l）全风化～强风化泥岩、页岩，下部为奥陶系下统五阳山组（O_1w）泥晶灰岩、白云质灰岩、白云岩地层，位于线路 DK64+061 正下方。遥感影像显示该塌陷坑呈圆形，直径约 10 m，面积约 80 m²，并显示陡坎和负地形，且塌陷坑的阴影出现在环形图斑内侧的下半部分。从历史遥感影像可以看出该塌陷坑 2005 年至今一直存在（图 4-61）。15 号塌陷坑现已被枯树枝覆盖，附近有人工抽水井 1 处（图 4-62、图 4-63）。故可根据附近桥梁钻探揭示地层情况，开展钻探验证工作。

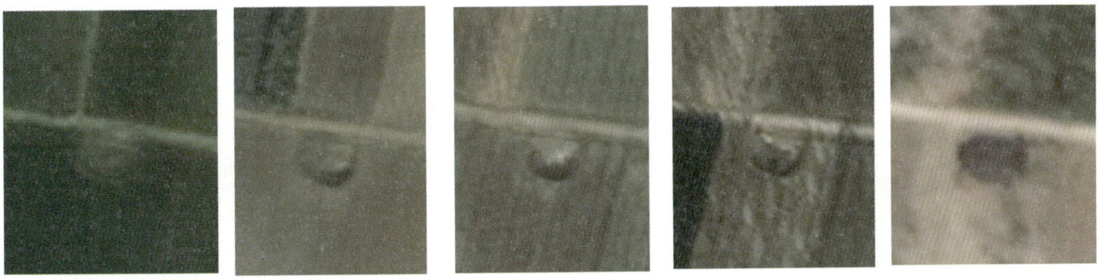

第4章 表生不良地质天空地井综合勘察技术及其应用

(a) 2005年4月27日遥感影像　(b) 2010年10月9日遥感影像　(c) 2013年11月28日遥感影像　(d) 2017年11月23日遥感影像　(e) 2020年3月15日遥感影像

图4-61　15号塌陷坑历史演化情况

图4-62　15号塌陷坑无人机正射影像

图4-63　15号塌陷坑实际情况

18号塌陷坑：为奥陶系下统五阳山组（O_1w）泥晶灰岩、白云质灰岩、白云岩地层，位于线路DK64+550左侧60 m处。该处塌陷坑呈椭圆形，直径约6 m，面积约26 m²。自2013年起出现明显负地形及陡坎，且塌陷坑的阴影出现在环形图斑内侧的下半部分（图4-64）。根据无人机正射影像初步判断该处塌陷坑已被枯树枝覆盖，建议在塌陷坑附近开展钻探验证工作（图4-65、图4-66）。

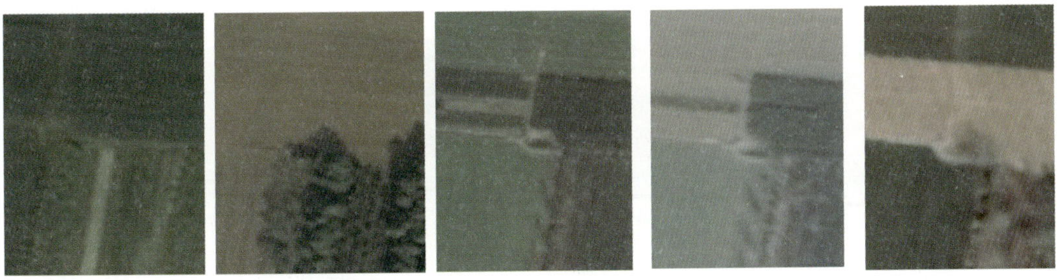

(a) 2005年4月27日遥感影像　(b) 2010年10月9日遥感影像　(c) 2013年11月28日遥感影像　(d) 2017年11月23日遥感影像　(e) 2020年3月15日遥感影像

图4-64　18号塌陷坑历史演化情况

211

复杂艰险山区铁路天空地井综合勘察技术及应用

图 4-65　18 号塌陷坑无人机正射影像

图 4-66　18 号塌陷坑现场情况

22 号塌陷坑：为奥陶系下统五阳山组（O_1w）泥晶灰岩、白云质灰岩、白云岩地层，位于线路 DK64+966 左侧 63 m 处。该处历史发育多个塌陷坑，塌陷坑呈圆形、椭圆形、哑铃形，有明显负地形特征，塌陷坑的阴影出现在环形图斑内侧的下半部分。2005 年影像显示道路北侧有 6 处小型塌陷坑和 1 处中型塌陷坑，道路南侧有 3 处中型的塌陷坑；2010 年至 2017 年影像显示道路北侧有 6 处小型塌陷坑消失，中型塌陷坑被树林遮挡，道路南侧 1 处中型塌陷坑变为水塘，两处塌陷坑逐步扩大并连通（图 4-67）。2017 年 4 月后道路北侧及南侧 3 处中型塌陷坑消失，仅剩 1 处水塘。通过现场调查发现，塌陷坑现为废弃水塘，塌陷坑西南侧房屋出现明显开裂变形迹象（图 4-68、图 4-69）。建议在塌陷坑附近开展钻探验证工作。

（a）2005 年 4 月 27 日遥感影像　（b）2010 年 10 月 9 日遥感影像　（c）2013 年 11 月 28 日遥感影像　（d）2016 年 3 月 31 日遥感影像　（e）2020 年 3 月 15 日遥感影像

图 4-67　22 号塌陷坑历史演化情况

图 4-68　22 号塌陷坑无人机正射影像

图 4-69　22 号塌陷坑现场情况

第4章 表生不良地质天空地井综合勘察技术及其应用

24号塌陷坑：为奥陶系下统北庵庄组（O_1b）泥晶灰岩、微晶白云岩，位于线路DK65+720左侧37 m处。2005年的卫星影像显示该处与周围农田林地形成显著反差，且有轻微负地形。2010年至2013年影像显示其塌陷坑地貌更为显著，分别形成两处小型塌陷坑。2014年10月后卫星影像显示两处小型塌陷坑消失（图4-70）。无人机正射影像显示该处目前为林地（图4-71）。建议在塌陷坑附近开展钻探验证工作。

(a) 2005年4月27日遥感影像　(b) 2010年10月9日遥感影像　(c) 2013年11月28日遥感影像　(d) 2014年10月22日遥感影像　(e) 2020年3月15日遥感影像

图4-70　24号塌陷坑历史演化情况

图4-71　24号塌陷坑无人机正射影像

27号塌陷坑：为奥陶系下统北庵庄组（O_1b）泥晶灰岩、微晶白云岩，位于线路DK65+986左侧65 m处。2013年至2016年卫星影像显示，该处与周围农田林地形成显著反差，且有轻微负地形（图4-72）。2020年后负地形微地貌不显著，现场调查发现为一块凸起的荒地（图4-73、图4-74）。建议在塌陷坑附近开展钻探验证工作。

(a) 2005年4月27日遥感影像　(b) 2010年10月9日遥感影像　(c) 2013年11月28日遥感影像　(d) 2016年2月18日遥感影像　(e) 2020年3月15日遥感影像

图4-72　27号塌陷坑历史演化情况

图 4-73 27 号塌陷坑无人机正射影像 　　　图 4-74 27 号塌陷坑现场情况

31 号塌陷坑：为寒武系上统三山子组 a 段（ϵ_3js^a）白云岩、泥质白云岩、膏溶角砾岩，位于线路 DK66+626 左侧 56 m 处。2005 年至 2010 年的遥感影像显示该处为农田，旁边有一条水沟通过。2013 年开始出现塌陷坑，2017 年进一步扩大（图 4-75）。通过现场调查发现，目前塌陷坑为居民倾倒垃圾的垃圾坑（图 4-76、图 4-77）。建议在塌陷坑内开展钻探验证工作。

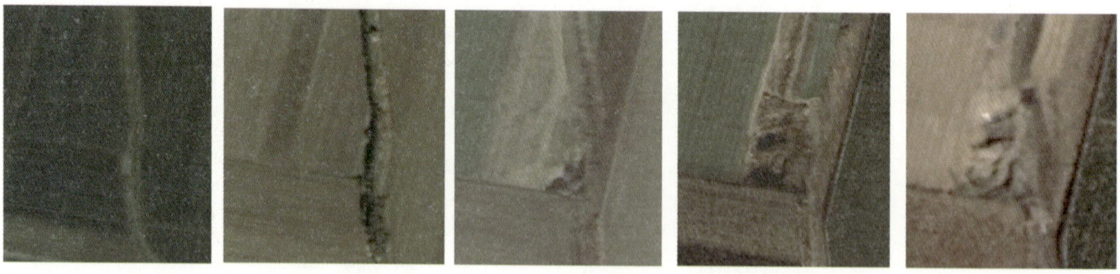

（a）2005 年 4 月 27 日遥感影像　（b）2010 年 10 月 9 日遥感影像　（c）2013 年 11 月 28 日遥感影像　（d）2017 年 11 月 23 日遥感影像　（e）2020 年 3 月 15 日遥感影像

图 4-75 31 号塌陷坑历史演化情况

图 4-76 31 号塌陷坑无人机正射影像 　　　图 4-77 31 号塌陷坑现场情况

第4章 表生不良地质天空地井综合勘察技术及其应用

37号塌陷坑：为寒武系上统炒米店组（ϵ_3jc）浅灰色厚层灰岩、竹叶状砾屑灰岩，位于线路DK70+099左侧50 m处。该塌陷坑的出现早于2005年，2005年至今影像都显示该处有塌陷坑，塌陷坑呈圆形，有明显负地形特征，塌陷坑的阴影出现在环形图斑内侧的下半部分（图4-78）。从无人机正射影像和现场调查表明现在为灰岩块石砌成的人工水井（图4-79、图4-80）。建议在详细调查该塌陷坑后，在塌陷坑附近开展钻探验证工作。

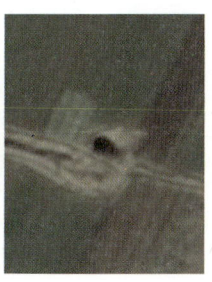

（a）2005年4月27日遥感影像　（b）2010年10月9日遥感影像　（c）2013年11月28日遥感影像　（d）2017年11月23日遥感影像　（e）2020年3月15日遥感影像

图4-78　37号塌陷坑历史演化情况

图4-79　37号塌陷坑无人机正射影像　　图4-80　37号塌陷坑现场情况

38号塌陷坑：为寒武系上统炒米店组（ϵ_3jc）浅灰色厚层灰岩、竹叶状砾屑灰岩，位于线路DK69+797左侧9.5 m处。遥感影像显示该塌陷坑的出现早于2005年，起初塌陷坑呈圆形，而后演变为正方形（图4-81），2017年4月18日塌陷坑小时，被填埋为耕地，目前塌陷坑为耕地（图4-82、图4-83）。建议在塌陷坑上开展钻探验证工作。

（a）2005年4月27日遥感影像　（b）2010年10月9日遥感影像　（c）2013年11月28日遥感影像　（d）2015年1月12日遥感影像　（e）2017年4月18日遥感影像

图4-81　38号塌陷坑历史演化情况

图 4-82　38 号塌陷坑无人机正射影像 　　　　图 4-83　38 号塌陷坑现场情况

4.5.4　基于无人机 LiDAR 的岩溶塌陷区微地貌识别

岩溶塌陷在形成过程中地貌往往发生显著改变，形成形状各异、大小不一的塌陷坑或者陡坎。但由于庞河特大桥岩溶塌陷段春夏季经济林地、旱地植被较为茂密、丰富，一些微小的塌陷地貌往往被枯树枝或者密林遮挡。在光学遥感解译的条件下，可能会由于植被阴影或遮挡，漏掉产生微小变形的塌陷坑，或因植被阴影的影响出现误判。因此，利用无人机机载 LiDAR 数据精度高、采集密度大、能穿越稀疏植被的特点，对济枣线庞河特大桥岩溶塌陷段（DK63 + 600 ~ DK71 + 200）开展无人机机载 LiDAR 岩溶微地貌测量，共测量岩溶塌陷区面积 18.61 km^2（图 4-84），获得特征点数据 9 584 万个，通过这些带三维坐标的特征点，形成 0.2 m 等高线微地貌地形图和 suffer 表面地形图，不仅能通过微地貌特征对 18 个遥感解译的现存岩溶塌陷坑进行进一步判识（注：由于 1 号塌陷坑处于非可溶岩区，被排除在 LiDAR 无人机航测的范围外，无无人机 LiDAR 数据），还能排除地表植被的干扰，获得塌陷坑真实准确的三维地表形态和深度数据。

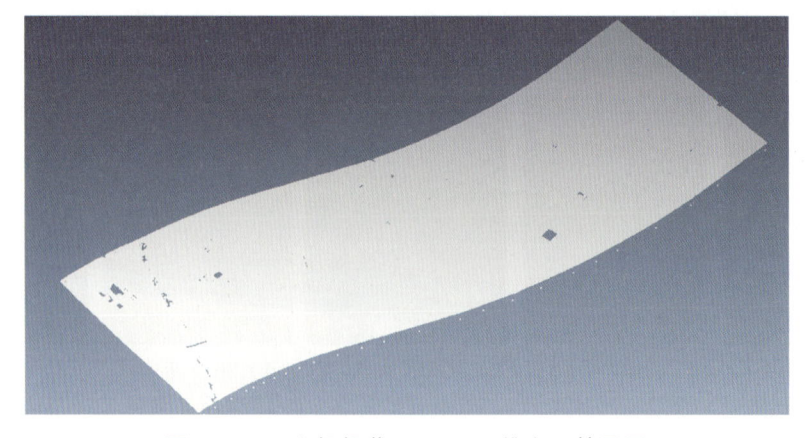

图 4-84　无人机机载 LiDAR 三维点云效果图

第 4 章 表生不良地质天空地井综合勘察技术及其应用

由于庞河特大桥岩溶塌陷段为冲洪积平原地貌，地势平坦，岩溶塌陷微地貌判别难度大。因此将利用无人机机载 LiDAR 生成的三维地形面在竖直方向上拉伸到 2 倍，以便于岩溶塌陷微地貌的识别。

8、9 号塌陷坑：图 4-85、图 4-86 显示 8、9 号塌陷坑周边被正地形围绕。其中：8 号塌陷坑负地形不显著，塌陷坑深度仅有 0.2 m；9 号塌陷坑塌陷深度为 0.9 m，形态呈倒圆锥形。8、9 号两个塌陷坑之间由土埂连接。

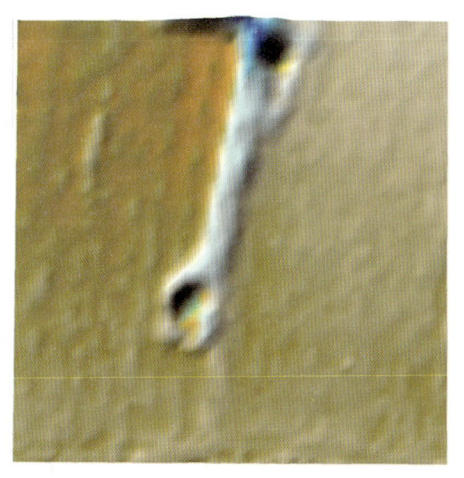

图 4-85　8、9 号塌陷坑俯视图 　　　　图 4-86　8、9 号塌陷坑侧视图

11 号塌陷坑：11 号塌陷坑呈椭圆形，剖面形态呈倒梯形，目前塌陷坑最大深度 10.3 m（图 4-87、图 4-88）。

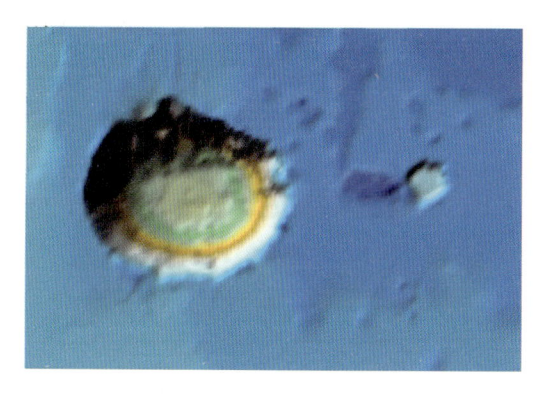

图 4-87　11 号塌陷坑俯视图 　　　　图 4-88　11 号塌陷坑侧视图

14、15 号塌陷坑：14、15 号塌陷坑皆以正地形为主，15 号塌陷坑被土体填埋，仅有局部地形为负地形，塌陷深度 0.2 m（图 4-89、图 4-90）。

图 4-89　14、15 号塌陷坑俯视图　　　　图 4-90　14、15 号塌陷坑侧视图

16 号塌陷坑：塌陷坑呈手指形，剖面形态呈弧形，为三级平台地貌，一级平台深度为 0.8 m，二级平台深度为 1.6 m，三级平台深度为 3.6 m，塌陷坑最大深度为 4.2 m（图 4-91、图 4-92）。

图 4-91　16 号塌陷坑俯视图　　　　图 4-92　16 号塌陷坑侧视图

18 号塌陷坑：塌陷坑呈菱形，剖面形态呈弧形，塌陷坑深度为 0.4 m，周围地势平坦（图 4-93、图 4-94）。

图 4-93　18 号塌陷坑俯视图　　　　图 4-94　18 号塌陷坑侧视图

第 4 章　表生不良地质天空地井综合勘察技术及其应用

20 号塌陷坑：卫星遥感图像显示该处塌陷坑已被填埋，现在为沙堆。无人机机载 LiDAR 影像也显示该处为正地形，原有塌陷坑已被填埋（图 4-95、图 4-96）。

图 4-95　20 号塌陷坑俯视图　　　　图 4-96　20 号塌陷坑侧视图

21 号塌陷坑：塌陷坑呈菱形，剖面形态呈台阶形，呈二级台阶地貌，一级台阶深度为 1 m，二级台阶深度为 1.6 m，最大深度为 1.8 m（图 4-97、图 4-98）。

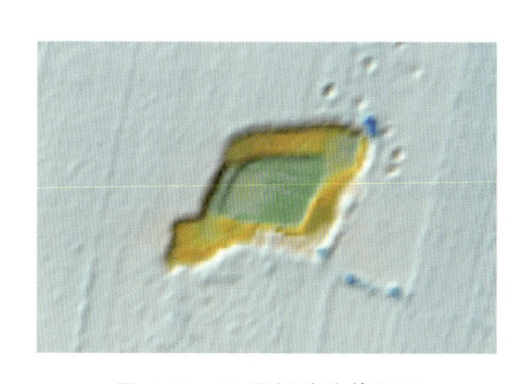

图 4-97　21 号塌陷坑俯视图　　　　图 4-98　21 号塌陷坑侧视图

22 号塌陷坑：无人机机载 LiDAR 影像显示北侧塌陷坑较浅，南侧塌陷坑深度较深，塌陷坑形态分别呈梯形和四边形，剖面形态呈不规整的曲面（图 4-99、图 4-100）。塌陷坑北侧呈二级台阶地貌，一级平台深 1.6 m，二级平台深 3 m，最深为 3.2 m。塌陷坑南侧呈二级台阶，一级平台深 3 m，二级平台深 4 m，最深为 5.1 m。

23 号塌陷坑：呈喇叭口形，塌陷坑最深处周围地貌出现了显著变化。塌陷坑最深为 10.2 m，喇叭口处塌陷深度为 3.5 m（图 4-101、图 4-102）。

219

图 4-99　22号塌陷坑俯视图　　　　　图 4-100　22号塌陷坑侧视图

图 4-101　23号塌陷坑俯视图 　　　　　图 4-102　23号塌陷坑侧视图

31号塌陷坑：塌陷坑形状不规则，整体呈四边形，主要由北侧和南侧两个塌陷坑组成，东侧有一处水沟通过（图 4-103、图 4-104）。塌陷坑最大深度 4.6 m。

图 4-103　31号塌陷坑俯视图　　　　　图 4-104　31号塌陷坑侧视图

第4章 表生不良地质天空地井综合勘察技术及其应用

35号塌陷坑：塌陷坑呈倒圆锥形，剖面形态呈倒梯形。塌陷坑周围地势平坦，塌陷坑最大深度5.5 m（图4-105、图4-106）。

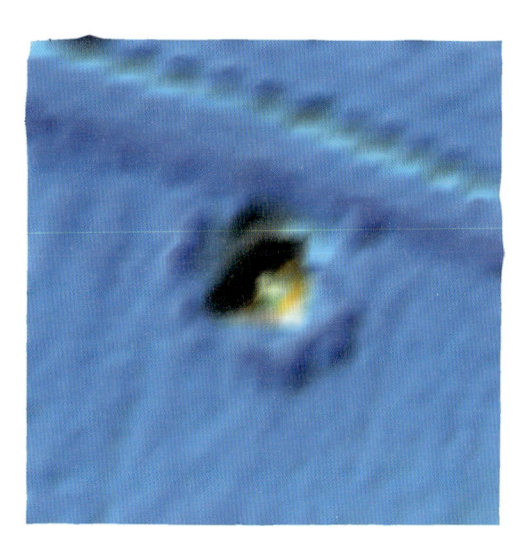

图4-105　35号塌陷坑俯视图　　　　图4-106　35号塌陷坑侧视图

36号塌陷坑：塌陷坑呈倒圆锥形，剖面形态呈倒梯形。塌陷坑周围地势平坦，塌陷坑最大深度7.3 m（图4-107、图4-108）。

图4-107　36号塌陷坑俯视图　　　　图4-08　36号塌陷坑侧视图

37号塌陷坑：塌陷坑呈倒圆锥形，剖面形态呈倒梯形。塌陷坑周围地势平坦，塌陷坑最大深度7.3 m（图4-109、图4-110）。

图 4-109　37 号塌陷坑俯视图　　　　图 4-110　37 号塌陷坑侧视图

通过无人机机载 LiDAR 微地貌影像分析，遥感解译的 9 号、15 号、18 号、22 号、31 号、37 号塌陷坑的负地形得到了验证，并获得了每个塌陷坑的塌陷深度。

4.5.5　岩溶塌陷时空分布规律分析

从表 4-15 可以看出泰安地区岩溶塌陷坑直径和深度一般都小于 6 m，但在水位极端变动的条件下，可能会产生大的岩溶塌陷坑。由于北方地区降雨偏少，旱季时间较长，导致岩溶发育程度较低。钻探结果也表明，溶洞直径大多小于 4 m，岩溶发育程度相比南方要弱。从表 4-15 中可以发现，泰安地区岩溶塌陷灾害大部分发生于 6—8 月间，这是由于 6 月份是枯水季节向丰水季节转变的月份，6 月中上旬为枯水季节。这一段时间，由于降雨量极小，天气开始变热，农业及生活需水量增大，地下水开采剧烈（注：东羊楼村东北发生大规模塌陷时，2003 年 5 月月底日开采量达 4.2×10^4 m^3/d），导致地下水急速下降至基覆界面以下。6 月下旬多为丰水季节，此时降雨量开始增大，需水量减小，开采强度降低，由于岩溶水具有易于补给的特点，地下水位迅速上升。因此，夏季地下水位的反复波动导致了岩溶塌陷主要发生在 6～8 月。

表 4-15　城区水源地和旧县水源地塌陷规模统计

	塌陷地点	塌陷时间	塌陷直径/m	塌陷深度/m	备注
城区水源地塌陷	城区水源地塌陷130 余处塌陷坑	20 世纪 70 年代至 2008 年	2～6	4～6	
	灌庄村	2003 年 3 月	5	3	
	中上高村村东 500 m	2003 年 6 月 9 日	3	3	

续表

塌陷地点		塌陷时间	塌陷直径/m	塌陷深度/m	备注
旧县水源地塌陷	旧县西南	1997年6月	0.5~1.2	0.5	5处小型塌陷坑
	旧县西南	1997年8月	1	0.6	
	旧县村西南树林	1998年汛期后	0.8~1.2	0.5	4处小型塌陷坑
	后旧县村西北陈家湾	2000年9月	0.2~0.5	0.5	小塌陷坑近百个
	羊西村	2002年7月	2	2	
	东羊楼村东北	2003年5月31日	27~35	26	
	东羊楼村东北	2003年6月4日	1.2	0.2	
	旧县村村西北1 000 m	2003年6月13日	0.5	1	6处小型塌陷坑
	东羊楼村岗羊娄西	2003年6月14日	11.4~12.5	0.2	椭圆形地裂缝
	羊西村北150 m	2003年6月15日	11	0.2	
	东羊楼村东	2003年7月中旬	4	2	圆形塌坑
	羊西村中	2003年7月20日	0.5	2	
	东羊楼村东玉米地里	2003年8月	2.5~3.5	2	
	省庄镇东苑庄东北	2003年8月	5~6	4.8~5	
	省庄镇东苑庄南部	2003年8月	3	3	
	省庄镇东羊楼村	2004年7月31日—8月29日	0.6~2	0.1~2	

在空间上，泰安东岩溶塌陷受城区水源地及旧县水源地开采影响，岩溶塌陷多集中分布于岩溶地下水降落漏斗及其影响范围内；同时，调查过程中发现庞河特大桥小里程段 DK63+781~DK69+360 抽水机井数量为 111 处，远远多于大里程端 DK69+360~DK70+740 抽水井数量的 2 处，也导致小里程端岩溶塌陷集中发育；此外，岩溶塌陷受岩溶发育程度和断裂构造控制明显，多分布于隐伏灰岩岩溶裂隙强发育地段，并且多集中沿岱道庵断裂带方向发育；塌陷坑主要分布于第四系厚度为 5~20 m 的地区，岩溶塌陷多发生在土层结构类型为双层结构、多层结构的第四系地层中。

4.6 冰崩雪崩勘察技术及其应用

冰崩雪崩是冰川、积雪高山区经常发生的自然现象，更是一种严重的自然灾害。此类灾害具有季节性、突发性、潜在性、区域性等特点[16]，往往伴随巨大的环境影响和安全风险。我国地域宽广，冰雪灾害分布南北跨越 25 个纬距，东西横贯 50 个经距，活跃于我国天山、喜马拉雅山、祁连山、横断山、念青唐古拉山等，对我国的铁路交通和能源输送干线、矿区、牧区、旅游区、边防军事区构成严重威胁[17]。为了防治雪崩灾害，我国曾多次开展对西藏、四川、甘肃、云南和新疆地区的雪灾害重点区域进行调查和研究，尤其在天山公路建设和青藏高原科学考察等国家重大需求项目的研究过程中[30]，积累了大量基础数据资料，在冰崩雪崩的影响因素和区域规律、形成与运动机理、监测预警、风险评估和工程防治等领域取得了显著的进展。[17]

传统的冰雪灾害调查主要依靠野外踏勘完成。但由于冰崩雪崩灾害高发的季节，其所在的高山地区积雪严重，地形地貌又相对复杂，气候条件、交通条件、工作条件、生存条件均极度恶劣，现场调查工作难以全面开展且安全风险极高，往往根据已有统计资料进行危险性评价，最终导致对冰崩雪崩灾害的调查不够全面。随着近年来天空地遥感技术的发展，采用遥感图像信息处理和目视经验判别相结合的人机交互解译并辅以实地验证的雪崩遥感解译方法[16]，已在很大程度上提升了灾害隐患排查与风险评估的准确性。然而，面向长大铁路线的建设和安全运营需求，仍需进一步提升灾情识别的精准度，并实现对冰崩雪崩灾害的孕灾环境、规模、危害程度等的评价指标的定量化。

当前，冰崩雪崩综合勘察的主要技术思路为：基于勘察区域的多时相高分辨率卫星立体像对或机载激光点云数据，可初步建立区域高密度、高精度数字地面模型（DEM），并生成高分辨率数字正射影像（DOM）数据产品，据此开展冰崩雪崩灾害因子的提取并实现量化动态分析，构建勘察区域冰雪灾害评估模型，进行冰崩雪崩灾害的稳定性、危险性评估[16]。

4.6.1 冰雪灾害影响因子提取

冰崩和雪崩灾害孕灾环境复杂，致灾因素众多。合理选择灾害影响因子至关重要。考虑到冰雪灾害的特性及其所处地质环境条件与外界诱发因素等，灾害因子可分为Ⅰ、Ⅱ两级，其中Ⅰ级因子是主要因子，Ⅱ级因子是Ⅰ级因子的子类和细分。Ⅰ级冰雪灾害因子主要包括积雪条件、地形地貌特征、植被垫层、气象条件、地质条件、人类活动、灾害发生频度等；Ⅱ级灾害因子主要包括积冰、雪厚度、表层纹理、崩塌类型、积雪量、冰雪覆盖面积、宽度、移动方向、坡度、地形粗糙度、坡形、绝对高程、相对高差、阴坡/阳坡、坡长、植被覆盖度、植被高度、日温差、日降雪量、断裂构造、地层岩性等。[16]

冰雪灾害因子的提取，主要借助天空地多源遥感生成的高密度、高精度 DEM 与高分辨率 DOM 数据。由于地形起伏、传感器方位角等影响，高分辨率卫星图像或 LiDAR 自身携带的 CCD 图像存在变形。为进行冰雪灾害量化分析及基于灾害的工程方案优化与比选，必须对图像进行纠正，形成正射投影的影像，即 DOM。通过高分辨率卫星立体图像或机载 LiDAR 的传感器参数或姿态参数构建传感器模型，采用数字微分纠正方法，可生成高分辨率 DOM。随后基本处理流程包括如下 3 项主要内容[16]：

1. 基于高分辨率 DOM 的冰雪灾害因子提取

经立体恢复后的高分辨率立体影像，通过冰崩雪崩灾害、地质构造、地层岩性等地质现象与地质体的遥感解译标志，可获取冰雪灾害区域地层岩性、断裂构造、植被垫层、表层纹理、人类活动等因子信息，以及各个地质体单元的边界范围，并可根据崩塌区的形态将冰崩雪崩划分为跳跃式、坡面式和沟槽式。

2. 基于高密度、高精度 DEM 的冰雪灾害因子提取

基于多时相高密度、高精度 DEM，并通过地形曲面几何分析和冰流物理模拟分析等计算，可全自动提取崩塌灾害的绝对高程、相对高差、地理位置、坡度、坡长、坡向、地形粗糙度、坡形（凸/凹）、阴坡/阳坡等地形地貌特征参数因子，以及积雪厚度、冰层/积雪面积、宽度、积雪量等条件因子。

3. 其他冰雪灾害因子提取

影响冰崩雪崩灾害发生与发展的环境因子众多，综合勘察过程中还可以通过天气预报、气象观察、历史地质灾害资料等获取气象条件（主要包括日温差、日降雪量等）、冰雪灾害发生频度等因子。

4.6.2 崩塌运动特征勘察

冰崩和雪崩的形成源于山坡冰雪覆盖层的断裂，冰层和积雪层在内外动力耦合作用下最终形成破坏。不同地形、天气、雪场条件下，易断裂冰雪层的内外动力耦合方式和易断裂冰雪层剪切压缩破坏过程表现不同，造成崩塌的形成机制和释放方式存在显著差异。根据不同的类型工程和目标的防灾需求，基于崩塌的诱发因素、体量规模、地形、崩塌形态等形成多种分类系统。目前，最常用的分类系统根据冰体和积雪形态特征及物理特征展开分类。根据发生时山坡冰体和积雪的断裂面，崩裂一般分为全层和表层两类；根据始发区冰体滑动面位置与积雪含水率，崩塌还可被划分为全层崩塌、表层崩塌[17]。

由于冰和干雪的密度、湿度、剪切强度等物理特征稳定，目前通过野外观测结合室内试验对表层覆盖干雪的冰雪崩塌形成机制揭示得较为系统。表层崩塌的形成可概括为如下 5 个阶段：剪切压缩断裂—冰雪层初始裂隙形成—裂隙横向扩展—裂隙贯穿和断裂块体形成—断裂块体下滑（图 4-111）。表层覆盖湿雪的崩塌则多发生在气温相对较高的时期，它的形成多由于气温升高造成雪表面融雪水渗流，导致易断冰雪层含水率增大引起底部块体的剪切强度减小，进而导致易断层抗剪强度变弱引起崩塌[17]。

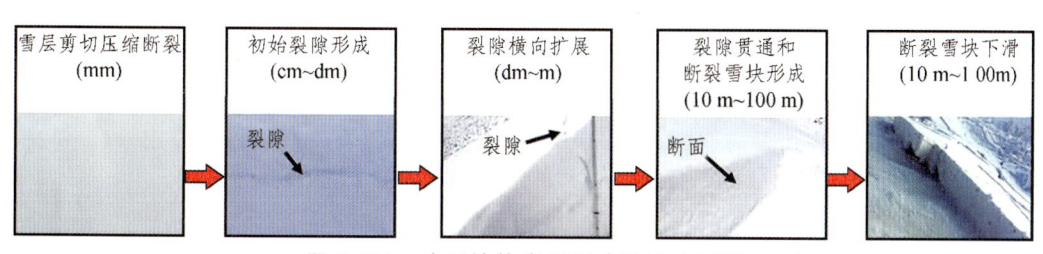

图 4-111　冰雪块体崩塌形成及演化过程

针对崩塌运动特征的勘察，多通过高时间分辨率的遥感技术途径获取多期次的影像数据，并在此基础上结合影像匹配与变化检测手段开展坡体的运动分析，提取变化范围、边界等空间分布信息以及块体流速、局部变形等量化信息。此外，结合无人机高分辨率航测影像、地面摄影数据等，还可进一步识别裂隙、裂缝、断面的细节纹理特征与发展情况。

4.6.3 灾害风险评估与预警

针对防灾减灾和基础设施建设目标的不同，一般通过点-线-面三个层次评估冰崩与雪崩风险。"点"层面的崩塌风险评估主要针对山区居民点、重点路段、矿山、营地和野外滑雪场等，一般通过计算冰雪块体的最大抛程、发生频率等来评估崩塌危险，并叠加受威胁目标的暴露度和敏感度来实现灾害风险评估。"线"层面的雪崩风险评估主要针对交通廊道、油气管线等，通过计算沿线冰崩和雪崩的规模和频率来评估灾害风险，结合对受威胁目标的影响实现风险评估。"面"层面即区域性冰雪风险评估主要针对农牧场区等，通过计算该区域冰崩和雪崩的分布和规模来评估灾害风险，并结合对受威胁目标的影响实现雪崩风险评估，从而辅助开展合理规划。在灾害风险评估中，造成的损失通常直接用货币单位来量化。损失价值等于将物体恢复到灾难发生前的状态所需的财务成本。冰崩和雪崩不但直接对基础道路、油气电管网等承灾体造成损害，而且长时间切断道路、电、油气管网等，将造成严重的间接损失，甚至比直接损失更加严重。间接损失往往在灾害风险评估损害时被忽略，所以在风险评估中如何量化间接损失，需要根据具体区域的实际情况着重分析[17]。

当前，存在5种冰雪灾害评估的方式方法[17]。

1. 历史资料分析法

针对冰崩和雪崩活动的历史资料分析法，主要基于灾害报告、目击者陈述和过去灾害事件的编年史开展统计分析。该方法能确定雪崩事件频率，还可以提供有关崩塌的诱发因素、活动范围、规模和损害情况。然而，历史资料通常不够完整，而且在表述上存在主观性。

2. 环境形态分析法

针对地形和林地环境形态的分析法，主要基于冰崩雪崩发生时形成的固定地形和地貌以及对树木造成的损伤来反演崩塌的频率和规模。目前，基于树木年轮的变化反演雪崩发生频率，从而构建雪崩时序来揭示雪崩对气候变化的响应已被广泛应用。

3. 野外观测数据统计法

中国科学院天山积雪与雪崩研究站曾对天山巩乃斯河谷开展了系统的崩塌特性调查，

并比较了不同类型的崩塌灾害风险。该方法虽相对比较严谨和可靠，但观测人员在野外观测时存在较高的人身安全风险。

4. 数值模拟法

该方法基于大量冰崩和雪崩模型，通过数值模拟提供关于特定情况下雪崩发生的概率和规模，多用于在特定区域和确定的致灾条件下开展灾害风险评估。

5. 专家打分法

该方法是基于专家经验和对冰雪灾害的知识进行冰崩和雪崩风险的评估，通常不单独实施，而是多用于验证、评价或统筹其他方法得到的灾害风险评估结果。

目前，认可度最高的冰雪灾害风险评估模式为基于经验模型的数值模拟分析。基于获取的各类雪崩灾害因子信息，兼顾区域地理、地形、地貌、地质条件，构建冰雪崩塌灾害加权评估模型。其核心数学模型为：

$$R=\sum_{i=1}^{n}\omega_i \cdot \sum_{j=1}^{m_i}\omega_j x_{ij}，其中 \sum_{i=1}^{n}\omega_i=1,\sum_{j=1}^{m_i}\omega_j=1:n \tag{4-3}$$

式中：R 为雪崩灾害危险性指数；ω_i、ω_j 分别为Ⅰ、Ⅱ级灾害因子权重系数。

鉴于冰雪崩塌灾害危险性的复杂性和灾害影响因素的多样性，及其所呈现的随机变化不稳定性特征，目前多采用层次分析法（AIIP）计算灾害因子的权重系数。层次分析法是一种将半定性、半定量问题转化为定量问题的有效途径，它将各种因素系统化、层次化，并逐步比较多种关联因素，为分析和预测冰雪崩塌灾害提供可比较的定量依据。

崩塌预警是指在特定的时间和空间内，在诱发情景和特定触发条件下，给出对山坡冰雪块体稳定性的预报。目前，冰崩和雪崩预警主要通过两种方式实现。第一种是依据经验统计模型确定诱发崩塌的降雨量、降雪量、气温变化等致灾因子，以实现量化评估和预警。另一种为通过观测或模拟计算获取冰体与积雪物理参数，并结合雪崩形成机理估计山坡积雪和冰体覆盖层的稳定性，从而实现定量化评价和预警。

4.7 冰碛物勘察技术及其应用

目前，我国的喜马拉雅山脉、念青唐古拉山脉、昆仑山脉、喀喇昆仑山脉、阿尔泰山、天山、祁连山脉及横断山脉等 14 座山系中，发育了冰川 48 000 余条。其中，大量冰川在运动过程中表面附着了岩石、沙、土的混合物，形成冰碛物覆盖层。近些年，随着冰川退化的加剧，冰川次生灾害频率明显增加。碎裂、崩塌的冰碛物易在重力作用下形成远程滑坡、泥石流等灾害，还会引发堵江堰塞湖、溃决型洪水等次生灾害。因此，在高原山区铁路、公路工程选线和建设运营过程中，对于冰碛物的勘察工作日益受到相关行业部门的重视。

目前，针对冰碛物的大区域勘察工作，主要依赖卫星遥感平台获取的多光谱影像和 SAR 影像数据集；局部辅以机载平台获取的航摄影像数据集；并结合重要工点的地面踏勘开展综合的调查与分析评价。

4.7.1 卫星多光谱遥感冰碛物勘察

随着星载对地观测系统愈发成熟，多光谱遥感技术已成为冰碛物勘察基础数据获取最重要的技术手段。近些年来，得益于美国地质调查局（United States Geological Survey，USGS）在 2008 年和 2009 年关于 Landsat 系列对地观测卫星数据开放政策的调整，特别是欧洲航天局（European Space Agency，ESA）、欧洲委员会（European Commission，EC）和欧洲环境署（European Environment Agency，EEA）联合发起的全球环境与安全监测（Global Monitoring for Environment and Security，GMES）计划中哨兵（Sentinel）系列卫星的发射，多光谱遥感技术在冰碛物调查及其动态演化监测方面发挥了日益重要的作用，为青藏高原区域的综合勘察提供了极其重要的数据支撑。

与传统的地面测量技术（如花杆测量、GNSS 测量等）相比，卫星多光谱遥感具有监测范围广、时空采样分辨率高等优势，在大范围冰碛物空间分布调查领域潜力巨大。特别地，随着定量遥感学的发展，多光谱遥感在冰碛物自动化分类及时空演化方面的应用优势日渐显著。2014 年我国发布的第二次冰川编目报告中，星载多光谱遥感影像（ASTER、Landsat 系列）成为冰川识别和边界提取的主要数据源。

多光谱遥感影像由于其清晰的纹理及多波段光谱的数据采集能力强，在冰碛物识别和边界提取方面具有较为显著的优势。冰碛物多由冰川两侧坡地坠落的石块和砂砾碎屑组成，当冰川被冰碛覆盖后，表面覆盖层与周围环境具有近似的光谱特征，基于光谱变换的简单分类方法不再适用。因此，国内外学者尝试其他方法或者辅助其他信息（如地形因子）开展了表碛覆盖型冰川自动分类，如人工神经网络方法、热红外遥感辅助分割方法等。然而，由于表碛覆盖型冰川其表面附着的冰碛物和毗邻地物具有相似的光谱特征，目前仍较为依赖人工视解译的判识。

鉴于被动遥感技术的缺陷，多光谱遥感数据的采集易受天气的制约。我国青藏高原及其周边地区具有高寒高海拔、地形起伏剧烈、气象条件极其复杂等特点，如何基于多光谱遥感开展冰川和冰湖高时间分辨率监测与分析存在极大挑战。特别地，在我国西藏东南地区，受西南季风暖湿气流北上的影响，加之山脉的地形遮挡使该区域成为青藏高原降水最多和最湿润的地区，局部地区年降雨量可达 3 000 mm。充沛的降雨和高海拔地形使该地区成为我国最大的海洋型冰川聚集地，也是全球中低纬度地区冰川退化与冰湖发育及其动态演变最强烈的区域。然而，频繁的降雨、潮湿的空气以及高山峡谷的地貌特征导致该区域常年被云雾遮挡，难以获取有效的多光谱遥感影像。因此，仅依靠单一的数据源在该区域开展常态化勘察与分析极具挑战性。

4.7.2 卫星 SAR 遥感冰碛物勘察

作为光学遥感的替代方案，合成孔径雷达（Synthetic Aperture Radar，SAR）因其全天候全天时的主动成像能力、自动化程度高的数据处理流程和不受云雾雨恶劣天气条件的制约等技术优势，特别是 SAR 影像因其穿透植被的特征在地表覆盖检测方面可为多光谱遥感提供关键的补充和时空分辨率的拓展。特别地，冰碛物与其他地质体相比最典型的特征在于其显著的运动和变化性。对此，基于卫星 SAR 影像的 InSAR 地表形变检测技术在冰碛物识别和边界提取方面展现出极大应用潜力，给多云雾环境下的冰碛物勘察提供了突破的契机。

近年来，国际上卫星 SAR 成像系统正向多平台、多波段、多极化、多模式、高空间分辨率和高重访频率方向发展。目前，国际上已有多个卫星 SAR 系统提供高分辨率影像，例如，欧洲空间局 Sentinel-1A 和 Sentinel-1B 姊妹卫星 C 波段 SAR 系统、加拿大 RADARSAT-2 卫星 C 波段 SAR 系统、德国 TerraSAR-X 和 TanDEM-X 姊妹卫星 X 波段 SAR 系统、意大利四星座 COSMO-SkyMed X 波段 SAR 系统、日本 ALOS-2 卫星 L 波段 PALSAR 系统等。值得注意的是，美国航天局（NASA）和印度空间研究组织（ISRO）合作研发的 NASA-ISRO Synthetic Aperture Radar（NISAR）双频系统 SAR 卫星及 Sentinel-1 C/D 双星也将陆续发射。在我国，尽管星载 SAR 系统的研发开展较晚，但随着《国家中长期科学和技术发展规划纲要（2006—2020 年）》高分辨率对地观测系统重大专项的推进，2016 年 8 月 10 日 C 波段 1 m 分辨率的高分三号卫星（GF-3）成功发射，极大地推动了我国 SAR 及相关技术研究的进程。特别地，《国家民用空间基础设施中长期发展规划（2015—2025 年）》首个启动的卫星任务——陆地探测 1 号（简称陆探 1 号）卫星星座将由两颗全极化 L 波段 SAR 卫星组成（LT-1A 和 LT-1B），其中，陆地探测 1 号 01 组 A 星（LT-1A）已于 2022 年 1 月 26 日成功发射升空，标志着我国在该领域已步入世界先进行列。

前已述及，卫星 SAR 相关遥感技术在地表位移监测方面具有突出的技术优势。DInSAR 技术（差分 InSAR 技术）可以获取地表厘米级精度的形变信息，曾被应用于南极和格陵兰等区域的冰体分布及演化监测。同时，为克服 DInSAR 在冰碛物勘察中的局限性，近年来还发展出了利用像素偏移追踪技术（Pixel offset tracking，POT）恢复冰碛物沿卫星飞行方向（方位向）和卫星扫描方向（距离向）的二维位移场。POT 技术与 DInSAR 相比尽管精度相对较差，但因其无须相位解缠，在克服时空失相关方面具有显著的优势，已成为雷达遥感监测冰流最广泛使用的技术方法。此外，针对冰碛物的雷达散射特性，现有研究中已陆续发展出基于振幅离差指数的冰碛物识别理论，以及基于干涉相关系数的冰碛物分类算法，进一步拓展了卫星 SAR 遥感技术在冰碛物勘察中的应用前景。

4.7.3 无人机航摄冰碛物勘察

受限于冰碛物所处的复杂地形和气候环境影响，以 Landsat 系列和 Sentinel-2A/B 为代表的光学卫星所获取到有效的影像数据仍相对匮乏；而以 PALSAR 系列和 RadarSAT 系列卫星为代表的 SAR 卫星所获取的遥感影像数据，也受到热噪声和地形叠掩效应的制约，使得精细化的冰碛物监测与分析受到一定限制[18]。相比前两者，无人机航摄技术具有高时空分辨率、机动灵活的采集周期、自动化程度高等优点，作为卫星遥感和地面观测的有效数据补充[19]，能够更为准确地进行冰碛物调查评估与监测分析，现已成为冰碛物研究的主要技术手段之一。

无人机以其经济成本较低，且能够最大限度地保障野外调查人员的人身安全等优势，适合执行冰碛物所处的高山峡谷等危险性高的场地执行飞行任务。随着以大疆无人机、3D Robotics 等厂商为代表的民用无人机行业近年来迅猛发展，无人机在数量和种类上也处于井喷时期，截至 2020 年，全球民用无人机出货量达到 1 131.5 万架，同比增长 97.0%。无人机机动性能不断增强，使得其能够适应高差大、信号弱等复杂灾区条件下的高空作业，主要表现在无人机续航时间延长、无人机载重能力提升、无人机智能化自主避障水平提高三个方面。

无人机平台能够根据需求搭载各种数据采集设备，主要包括视频摄像机、红外探测器、成像光谱仪、合成孔径雷达（SAR）、航空磁力仪等，但以光学相机、激光雷达（LiDAR）两种传感器的应用最为集中。随着电子技术的飞速发展以及新型传感器的不断出现，遥感载荷发展向着微型化、集成化、模块化、一体化趋势明显。在光学影像处理技术方面，无人机摄影测量是最常用的光学影像处理手段，其发展至今可以概括为三个阶段，即传统垂直航空摄影测量、倾斜摄影测量和贴近摄影测量。最早是采用单镜头相机垂直对地观测获得影像数据，经空三解算等立体像对成像技术可得到测区正射影像图（DOM）；随着多视立体航空摄影技术的兴起，航空摄影模式开始变为多镜头相机进行垂直、倾斜等不同角度的集成观测，可快速制作带有真实纹理信息的厘米级冰碛物所处地形的三维几何模型；随后，一种通过贴近被测物体表面而不断调整拍摄角度的贴近摄影测量技术兴起，这种摄影方式可以有效获取毫米级三维几何信息，适合于冰碛物等复杂地物的精细化三维建模[19]。

在无人机 LiDAR 冰碛物勘察过程中，重点涉及以下处理技术：数据 POS 解算、正射校正、噪点滤波、激光点分类等。目前，国际上已研制出一些较为成熟的激光点云后处理软件，例如 TerraSolid、Lastools 等，其提供了大量处理算法模块和人机交互式窗口供用户选择，用户可开展更贴合实际的数据修正。基于不同场景的点云分类宏指令集，可采用滤波分类算法有效去除地表植被的点云，从而获取冰碛物地表真实高程数据信息。

第 4 章　表生不良地质天空地井综合勘察技术及其应用

机载 SAR 系统目前多采用距离多普勒算法成像。相比于星载 SAR 系统，其更加灵活且成像分辨率更高，适合执行突发型、中小范围的高精度遥感测绘任务。但受大气湍流影响，机载 SAR 航线会偏离理想直线轨迹，导致成像散焦。为此，近年来的一系列运动补偿算法和自聚焦算法应运而生，最终将应用场景中的 SAR 成像分辨率提高到亚米级。SAR 采用主动相干微波传感技术成像，无须依赖太阳光源。同时，其低频微波谱段可以避免云雾遮盖及降雨影响，具备了全天候观测能力，为冰碛物动态变化的时间序列勘察提供了重要的数据保障。[19]

4.8　本章小结

本章从表生不良地质的角度出发，对天空地井综合勘察技术及其应用进行阐述，列举了 7 种表生不良地质，分别对滑坡、危岩落石、泥石流、岩屑坡、岩溶塌陷、冰崩雪崩、冰碛物等表生不良地质的特征、识别标志及勘察技术等进行了总结和梳理，最后结合相关案例进行勘察技术的应用分析。

本章参考文献

[1] 许强，朱星，李为乐，等."天-空-地"协同滑坡监测技术进展[J]. 测绘学报，2022，51（7）：1416-1436.

[2] 许强，董秀军，李为乐. 基于天-空-地一体化的重大地质灾害隐患早期识别与监测预警[J]. 武汉大学学报（信息科学版），2019，44（7）：957-966. DOI：10.13203/j.whugis20190088.

[3] 刘筱怡. 基于多元遥感技术的古滑坡识别与危险性评价研究[D]. 北京：中国地质科学院，2020. DOI：10.27744/d.cnki.gzgdk.2020.000029.

[4] 王庆雅. 典型滑坡区域场景解析与高分辨率遥感影像特征提取[D]. 太原理工大学，2020. DOI：10.27352/d.cnki.gylgu.2020.001147.

[5] 许强. 对地质灾害隐患早期识别相关问题的认识与思考[J]. 武汉大学学报（信息科学版），2020，45（11）：1651-1659. DOI：10.13203/j.whugis20200043.

[6] 王振强. 重大滑坡阶段演绎稳定性分析与综合安全度[D]. 重庆交通大学，2010.

[7] 陈巧，袁飞云，付霞，等. 无人机摄影测量技术在阿娘寨滑坡应急调查中的应用[J]. 测绘通报，2023，(01)：77-83；119. DOI：10.13474/j.cnki.11-2246.2023.0013.

[8] 贺鹏，颜瑜严，文艳，等. 机载 LiDAR 技术在缓倾地层滑坡及其拉裂槽识别中的应用[J]. 自然资源遥感，2022，34（4）：307-316.

[9] 杨期祥. 大型深层滑坡滑带土力学强度参数综合选取研究[J]. 铁道勘察, 2022, 48 （4）：61-66. DOI：10.19630/j.cnki.tdkc.202106290003.

[10] 王栋. 川藏铁路高海拔、大高差区隧道典型工程地质问题研究[D]. 成都理工大学, 2018. DOI：10.26986/d.cnki.gcdlc.2018.000127.

[11] 董秀军. 三维激光扫描技术及其工程应用研究[D]. 成都理工大学, 2007.

[12] 喻邦江, 董秀军. 三维空间影像技术在公路岩质高边坡地质调绘中的应用[J]. 地质灾害与环境保护, 2017, 28（2）：78-83.

[13] 陈思思, 佘金星, 廖露, 等. 地质灾害隐患识别关键技术研究与应用：以四川茂县为例[J]. 科学技术创新, 2021（27）：139-141.

[14] 席祖强, 翟新源. 基于 RS 和 GIS 的地质灾害调查与评价分析[J]. 中国资源综合利用, 2013, 31（4）：56-59.

[15] 欧阳群, 向航. 基于三维实景模型的某流域地质灾害调查方法研究[J]. 甘肃水利水电技术, 2023, 59（1）：42-45. DOI：10.19645/j.issn2095-0144.2023.01.009.

[16] 陈楚江, 余绍淮, 王丽园, 等. 雪崩灾害的遥感量化分析与工程选线[J]. 山地学报, 2009, 27（01）：63-69.

[17] 郝建盛, 李兰海. 雪崩灾害防治研究进展及展望[J]. 冰川冻土, 2022, 44（3）：762-770.

[18] 符茵, 刘巧, 刘国祥, 等. 基于无人机影像的冰面流速与高程变化提取方法[J]. 地理学报, 2021, 76（5）：1245-1256.

[19] 董秀军, 邓博, 袁飞云, 等. 航空遥感在地质灾害领域的应用：现状与展望[J]. 武汉大学学报（信息科学版）, 2023, 48（12）：1897-1913. DOI：10.13203/j.whugis20220151.

第 5 章 深部地质体天空地井综合勘察技术及其应用

5.1 大变形勘察技术及其应用

5.1.1 构造软岩大变形分类

大变形，狭义是指高地应力条件下软岩的挤压性大变形，支护结构所承受的荷载主要是围岩塑性变形所产生的持续形变压力。国际岩石力学学会于 1995 年提出软岩大变形的概念，认为其是一种与时间相关的变形行为，通常发生在地下空间开挖面周边，一般是极限剪切应力失稳而导致的蠕变造成的，这种变形可能会在开挖期间停止，也有可能持续非常长的时间。

软岩大变形是长期困扰隧道施工的难题。在软岩隧道施工中，由于围岩变形过大，往往导致初期支护侵限、塌方甚至衬砌开裂，给工程带来重大安全隐患和经济损失。在山区隧道施工中，导致围岩变形过大的因素较多，除了工程地质和水文地质条件外，还有施工工法和支护强度等。《铁路工程不良地质勘察规程》（TB 10027—2022）进一步明确构造软岩发生机理分为断层型、节理型和板裂型（图 5-1）。根据所处地质条件的差异，可根据这三种类型对既有大变形案例进行梳理分析，可为类似工程大变形分类提供参考。

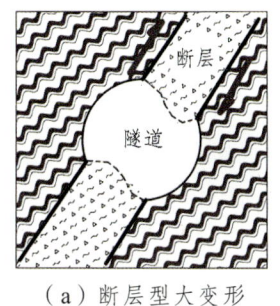

（a）断层型大变形　　（b）节理型大变形　　（c）板裂型大变形

图 5-1　构造软岩大变形发生机理示意图

1. 断层型

断层型大变形发生在区域断层带，围岩呈黏性土状、碎石类土状，次生构造发育，常见挠曲现象，结构性差，开挖后围岩应力重分布，发生剪切变形、体积膨胀、松弛、鼓胀，向隧道净空持续变形挤压，长时蠕变特征显著，并会产生新的损伤面，如图 5-1（a）所示。成兰铁路茂县隧道与茂汶断裂带大角度相交，相交部位岩体以构造岩之糜棱岩、断层角砾为主，极为破碎，在水平构造应力和重力的长时作用下，产生结构性流变，发

233

生断层型构造大变形（图 5-2）；玉磨铁路安定隧道则顺下龙塘 2 号逆冲断层构造线，构造挤压破碎特征明显，也发生了较为严重的大变形。

图 5-2　成兰铁路茂县隧道大变形段落施工揭示典型围岩

2. 节理型

节理型大变形发生在构造节理发育带，包括断层影响带、节理密集带、皱褶核部以及连续的强烈皱褶带，围岩呈碎裂至块裂状，优势结构面不突出，开挖后应力重分布，块体产生位移，持续扩容松弛，围岩强度大幅下降，有显著的岩体流变特征，以追踪既有各类结构面为特点，新的破裂面较少，如图 5-1（b）所示。成昆线峨米段大坪山隧道 1 号横洞与杨村断层及其支断裂相交，大变形发生在相交部位之间破碎岩体的段落内；成昆线米攀段垭口隧道隧址区共发育 6 条区域性断裂，断裂构造密集发育，在邻近昔格达 1 号、2 号断层处发生大变形；丽香线白岩子隧道与冲江河断裂并行、丽香线中义隧道 2 号横洞与玉龙雪山西麓断裂并行，大变形均发生在并行段受断层影响严重区域（图 5-3、图 5-4）。

图 5-3　白岩子隧道掌子面炭质页岩　　图 5-4　中义隧道掌子面片理化玄武岩
　　　　　（断层影响带内）　　　　　　　　　　　（构造影响严重）

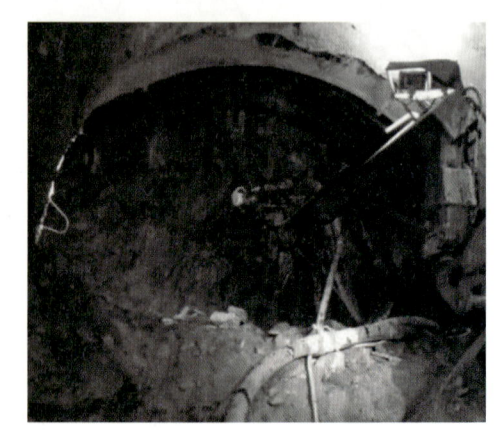

3. 板裂型

板裂型大变形是一种在褶皱翼部的顺层或缓倾岩层中发生的大变形现象。这种变形的特点是隧道轴线与岩层面形成一个较小的夹角,一般不超过 30°。当夹角小于 30°时,这种变形就会变得非常明显。在隧道轮廓与岩层面相切的部位,沿着岩层面法线方向会持续发生弯曲变形,同时会产生新的张裂隙,如图 5-1(c)所示。

如成昆线峨米段老鼻山隧道在通过米市向斜 SW 翼时与岩层走向小角度相交,新林隧道通过单斜构造时与岩层走向小角度相交;成兰铁路跃龙门隧道小角度顺层穿越大屋基倒转复背斜核部(图 5-5),玉磨铁路曼木树隧道与曼木树背斜南西盘小角度斜交,月牙田隧道线路平行于他克-相见堂向斜南东翼构造线而行,均发生了显著大变形。

图 5-5 跃龙门隧道大变形部位初支变形
(背斜核部侵入挤压薄层板状顺层岩层)

5.1.2 大变形分级方法

1. 断层型大变形等级判别

断层型大变形均发生在区域断层带,围岩极破碎,呈黏土、碎石状,围岩级别均为Ⅴ级,此时可能发生的大变形级别重点依据开挖掌子面揭露的岩体受构造作用强烈程度来进行确定。随着断层带内岩体受构造作用加剧,岩体强度和完整性逐渐降低,岩体结构由压碎特征逐渐劣化至角砾甚至泥化特征。因此,将开挖段揭示的掌子面岩性特征划分为 3 个层级:碎裂状、角砾状、黏土状。碎裂状指以压碎岩为主,少量角砾化岩石和细粒颗粒充填;角砾状指以断层角砾为主,少量碎裂岩体和泥质胶结;黏土状指以断层泥为主,夹杂少量碎裂状和角砾状的岩石块体。这种划分方法在围岩级别为Ⅴ级的基础上进一步强化了构造作用对岩体结构特征的影响。在最大初始地应力方面,根据既有大变形案例的统计分析,绝大多数大变形案例发生时最大初始地应力在 10 MPa 以上,极少数发生在 8~10 MPa。综合以上分析,给出深埋隧道围岩断层型大变形等级判定标准,见表 5-1。采用表 5-1 判定大变形等级的前提为该段落岩体位于区域断层带中,可能发生断层型大变形，且根据掌子面揭示岩体判定围岩等级为Ⅴ级。考虑最大初始地应力大于10 MPa时，根据掌子面揭示岩体的受构造影响程度判定大变形等级，碎裂状、角砾状、黏土状岩体分别判定等级为Ⅱ级、Ⅲ级和Ⅳ级；当最大初始地应力为8～10 MPa时，考虑大变形等级降一级处理。其他情况则判定不会发生大变形。

表 5-1　围岩断层型大变形等级判定

判定项目		掌子面岩体特征		
		碎裂状	角砾状	黏土状
最大初始地应力/MPa	8～10	Ⅰ	Ⅱ	Ⅲ
	≥10	Ⅱ	Ⅲ	Ⅳ

节理型/板裂型大变形等级判别：节理型大变形，发生在软质岩或软硬岩互层中岩体较破碎～破碎、褶皱核部及转折端、节理密集带、断层影响带等处，围岩级别Ⅳ级或Ⅴ级；板裂型大变形，发生在软质岩或软硬岩互层中岩体较破碎～破碎、顺层或缓倾岩层处，围岩级别也同样是Ⅳ级或Ⅴ级。根据案例统计分析结果，节理型大变形和板裂型大变形控制因素相近，为简化快速判识过程，对节理型和板裂型大变形等级采用统一的方法进行判识。

分别针对Ⅳ级和Ⅴ级围岩确定大变形等级。Ⅳ级围岩仍具有一定程度的完整结构，重点考虑最大初始地应力和岩层厚度这两个关键因素进行判别。既有Ⅳ级围岩大变形案例均发生在最大初始地应力在10 MPa以上时。因此，当最大初始地应力高于10 MPa但低于15 MPa时，仅考虑岩层厚度小于10 cm时围岩可能发生Ⅰ级大变形；当最大初始地应力高于15 MPa时，岩层厚度小于10 cm的判定为Ⅱ级，为10～30 cm的判定为Ⅰ级，其他情况判定为无大变形发生。Ⅴ级围岩结构完整性差，重点考虑最大初始地应力和岩性这两个关键因素进行判别，与断层型大变形类似，绝大多数大变形案例发生在最大初始地应力在10 MPa以上时，极少数发生在8～10 MPa。因此，如表5-2所示，考虑最大初始地应力大于10 MPa小于15 MPa时，根据掌子面揭示岩体岩性判定大变形等级，较软岩、软岩、极软岩分别判定大变形等级为Ⅰ级、Ⅱ级和Ⅲ级；当最大初始地应力为8～10 MPa时，考虑大变形等级降一级处理；当最大初始地应力大于15 MPa时，较软岩、软岩、极软岩分别判定大变形等级为Ⅱ级、Ⅲ级和Ⅳ级。其他情况则判定不会发生大变形。

表 5-2　围岩节理型/板裂型大变形等级判定

判定项目			最大初始地应力/MPa		
			8～10	10～15	>15
Ⅳ级围岩	岩层厚度/cm	>30	—	—	—
		10～30	—	—	Ⅰ
		≤10	—	Ⅰ	Ⅱ
Ⅴ级围岩	岩性	较软岩	—	Ⅰ	Ⅱ
		软岩	Ⅰ	Ⅱ	Ⅲ
		极软岩	Ⅱ	Ⅲ	Ⅳ

5.1.3 软岩大变形的边界条件

1. 最大主应力近于水平

传统的大变形预测，是以岩体强度与围岩内部最大地应力的比值（R_b/σ_{max}）来评判的，达到某一水平时才可能发生大变形。按此判据，地应力是产生大变形的基本条件之一，在其他工程地质条件相当时，地应力值越高，围岩变形越大，发生大变形的可能性越大，大变形潜势分级越高。这种认识实际上是有误区的。由弹性力学理论可知，岩体破坏，首先要在岩体中形成剪应力和拉应力。如果岩体四周围压相等，则不管应力多大，都不会在岩体内部产生剪应力或拉应力，岩体也就不会破坏。

这个判据，实际上是把大变形模型按应力-应变关系进行简化，只关心最大主应力的大小方向，而不关心最小主应力和中间主应力的大小方向。也就是说，看重的是最大应力与应变的关系，实际上就是最大应力与岩体密度的关系，由最大主应力导致的岩体密度变化，几乎可以忽略。因此，这个判据在逻辑上是有缺陷的。

要说清软岩大变形，还得从地壳运动说起。地壳运动是由内营力引起地壳结构改变、地壳内部物质变位的构造运动。地壳运动以水平运动为主，有些升降运动是水平运动派生出来的一种现象。在构造作用强烈的地震易发地区，大量地震震源机制解表明，最大主应力方向近于水平，这从地质力学的角度证明了地壳运动以水平运动为主。

一般来说，水平应力越大，构造应力占比就越大，地壳运动就越强烈。在构造运动强烈的地区，由于水平应力大于垂直应力，原岩中出现了剪应力甚至拉应力，始终有变形、破坏的趋势存在，甚至产生变形破坏，这其实就是地壳运动。软岩大变形，归根结底是地壳运动的结果。在地壳内某一个位置、某一个时段，岩体处于静力平衡状态，开挖洞室后则出现临空面，围岩切向应力集中、径向应力松弛，产生剪张破坏，初始的静力平衡被打破，并出现累进性变形趋势，松动圈不断扩大，很难稳定下来，需要采取特殊的加固支护措施和施工工法以控制变形的发展。

在构造运动微弱的地区，现有研究表明，地壳浅部垂直应力为最大主应力，随着深度增加，侧压力系数逐渐增大，当埋深大于 1 000 m 时，初始应力场逐渐趋向于静水压力分布，大于 1 500 m 以后，一般可按静水压力分布考虑[7]。这种情况可以认为几乎不存在地壳运动，原岩没有变形破坏的趋势，其体积、位置是固定不变的。在这样的构造环境下开挖洞室，围岩虽然出现切向应力集中、径向应力松弛，产生剪张破坏，但只在隧道周边形成一个很薄的松动圈，并很快形成自然拱稳定下来。

我国铁路工程现有的软岩大变形典型实例，如乌鞘岭隧道、家竹箐隧道、黄草隧道、木寨岭隧道等，都是发生在构造挤压强烈的地质环境中，最大主应力近于水平，这是发生软岩大变形的地应力场条件。

2. 薄层极软岩（$R < 5$ MPa）占比较大

按强度应力比（R_b/σ_{max}）的判据，岩体强度是大变形发生的基本条件之一，岩体强度越低，发生塑性流动的可能性增大，就越有可能发生大变形。而岩体强度一般是根据岩石的单轴强度，考虑构造影响得出的。实际岩体处于三维应力场中，其强度很难与岩石单轴强度建立关系。因此，用强度应力比将软岩大变形定量化，常常与实际不相符。有的学者根据经验提出，当强度应力比小于 0.3～0.5 时，即能产生比正常隧道大一倍以上的变形。这种实例是有的，但例外也不少，而这些例外恰恰是强度应力比无法解释的。再者，岩体是各向异性的结构体，简单地用单一的、均质概念的单轴强度表征其力学性能，失之偏颇。

兰武线乌鞘岭隧道，南昆线家竹箐隧道，兰渝、成兰铁路多座隧道，渝怀铁路黄草隧道，都出现过典型大变形。研究这些大变形隧道的地层岩性可知，其时代普遍较老，没有白垩纪以后的地层，侏罗纪地层也鲜有大变形发生的实例。而那些出现过大变形的较老地层，岩性以千枚岩-板岩类、砂质泥岩-泥页岩类为主，含炭质较重者变形尤大，以层薄质软为典型特征，以中薄层地层为主，极软岩（$R<5$ MPa）占比较大；而侏罗、白垩、早第三系红层之泥质岩类，晚第三系黏土岩类，其饱和抗压强度普遍较低，极软岩占比也较大，但以中厚层为主，薄层占比很少，工程界没有类似地层岩性的典型大变形实例。

以往研究表明，岩体强度除受控于岩石强度外，还受控于结构面，尤其是优势结构面。岩体结构面一般都有两组以上，其中层理面、片理面和劈理面贯通性较好，属优势结构面，对隧道围岩的稳定性起着至关重要的作用；岩层越薄，岩体工程性质就越差。以四川盆地下第三系泥岩为例，岩体抗剪强度达 45～50 kPa，而层间抗剪强度只有 12～15 kPa，只有前者的 1/4～1/5。由此推之，岩体的抗剪强度有各向异性，在平行于层理面方向，岩体抗剪强度趋近于层间抗剪强度，岩层越薄，岩体抗剪强度就越依赖于层间抗剪强度。对大量软岩大变形实例进行地质分析，可以发现薄层极软岩占比较大是大变形发生的基本地层岩性条件。

3. 适宜的构造条件

众所周知，隧道围岩的稳定性主要决定于地应力、地层岩性、地质构造和地下水。前面已经论述了发生软岩大变形的地应力场和地层岩性条件。地下水对软弱围岩的稳定性影响较大，但从已有的大变形实例看，有地下水发育的，也有不发育的，可见地下水不是导致软岩大变形的要因。大变形是构造运动的表现形式，而皱褶和断层则是基本的构造形迹，当然也是大变形的主控因素。褶皱是岩石中的各种面（如层面、片理等）受力发生弯曲而显示的变形。其中心部位称核部，两侧比较平直的部位称翼部，从一翼过渡到另一翼的弯曲部位称转折端。断层是地壳受力发生断裂，沿破裂面两侧岩块发生显著相对位移的构造。

5.1.4 大变形勘察技术应用

1. 成兰铁路茂县隧道——断层型大变形

成兰铁路茂县隧道穿越龙门山活动断裂，是成兰铁路的重难点工程。大变形发生段落地层岩性为志留系茂县群第五组（Smx^5）炭质千枚岩夹石英脉，穿越龙门山断裂带，受茂汶断裂影响，节理裂隙较发育，岩体破碎，围岩稳定性差，擦痕现象突出。岩体充斥条带状石英脉，判定可能发生断层型大变形。现场划定围岩等级为Ⅴ级，根据勘察设计资料和现场既有测试数据，围岩岩性为茂汶活动断裂构造岩之糜棱岩、断层角砾，最大初始地应力为 22.27 MPa，根据表 5-1 可以判定大变形等级为Ⅲ级，与该段落实际发生的大变形等级吻合。

2. 丽香铁路中义隧道——节理型大变形

丽香铁路中义隧道隧址区新构造运动强烈，构造应力显著，线路与玉龙雪山西麓断裂并行，岩体结构以片状为主，裂隙发育，局部有节理密集带，岩体松散破碎。大变形发生段落地层岩性为三叠系绿泥石化片理化玄武岩，与玉龙雪山西麓断裂并行，岩体节理裂隙发育，岩体破碎，判定可能发生节理型大变形。现场划定围岩等级为Ⅴ级。根据勘察设计资料和现场既有测试数据，该段落区域最大初始地应力为 15.44 MPa，岩石强度为 28.9 MPa，属较软岩，根据表 5-2 可以判定大变形等级为Ⅱ级，与该段落实际发生的大变形等级吻合。

3. 成兰铁路跃龙门隧道——板裂型大变形

成兰铁路跃龙门隧道岭脊段大变形区域地质特殊复杂，通过龙门山活动构造带之大屋基倒转背斜褶断带倾伏封闭区，岩体受多期构造及岩浆侵入挤压变质、变位、变形强烈。大变形发生段落岩性主要是炭质板岩页岩等，优势结构面与隧道轴线呈小角度相交，夹角小于 30°，小角度顺层穿越大屋基倒转复背斜核部，岩体极破碎，节理极发育，判定可能发生板裂型大变形。现场划定围岩等级为Ⅴ级。根据勘察设计资料和现场既有测试数据，区域最大初始地应力为 24.62 MPa，岩石强度为 12 MPa，属软岩，可以判定大变形等级为Ⅲ级，与该段落实际发生的大变形等级吻合。

5.2 岩爆勘察技术及其应用

5.2.1 岩爆分级标准

复杂艰险山区因其构造复杂往往伴随众多的高地应力地段，隧道工程通过高地应力地段时经常发生岩爆现象，给施工安全及工程投资带来巨大影响，因此需在勘察阶段采用综合手段尽可能准确预判岩爆发生段落及等级。

岩爆是一种地质灾害，强烈、极强岩爆往往会产生严重、很严重的损失。岩爆具有突发性、部位集中、弹射性等特点。岩爆的发生都有一个能量孕育、聚集、释放的过程，其孕育时间少则几小时，多则数十个小时甚至一个月以上。在一定范围内，隧道内发生岩爆的时间、工程部位具有一定的规律性。

根据铁路隧道工程岩爆案例统计分析，并按照岩石强度应力比 R/σ_{max} 和最大地应力

σ_{max} 的对应关系划分岩爆等级区域。轻微岩爆发生在 20 MPa<σ_{max}<60 MPa、3<R/σ_{max}<4 的范围,中等岩爆发生在 20 MPa<σ_{max}<60 MPa、2<R/σ_{max}<3 的范围,强烈岩爆发生在 30 MPa<σ_{max}<80 MPa、1<R/σ_{max}<2 的范围,极强岩爆发生在 σ_{max}≥60 MPa、R/σ_{max}≤1 的范围。

其中,部分判定为强烈岩爆的案例实际发生的为中等岩爆,主要由于此部分岩石强度为室内试验获得,受卸荷影响,计算强度应力比所用岩石强度偏低。轻微岩爆区域则由于应力水平低,卸荷问题不突出,基本不存在此问题。所以,为了提高强烈岩爆的预测准确率,岩石天然强度应尽量通过现场测试获取。实践表明,现场测试的岩石强度明显要比室内偏高,即卸荷影响较为显著的现象,也是识别硬岩高地应力的标志。结合既有规范和案例分析结果,提出高地应力区隧道岩爆分级可按表 5-3 进行,分为轻微、中等、强烈和极强共 4 个等级。

表 5-3 高地应力岩爆分级标准

岩爆分级	最大初始地应力 σ_{max}/MPa	岩石强度应力比 R/σ_{max}	分级描述
轻微	20≤σ_{max}≤60	3<R/σ_{max}≤4	围岩表层有爆裂、剥离现象,内部有噼啪、撕裂声,人耳偶尔可听到,无弹射现象;主要表现为洞顶的劈裂-松脱破坏和侧壁的劈裂-松脱、隆起等;岩爆零星间隔发生,影响深度小于 0.5 m;对施工影响小
中等		2<R/σ_{max}≤3	围岩爆裂、剥离现象较严重,有少量弹射,破坏范围明显;有似雷管爆破的清脆爆裂声,人耳常可听到围岩内的岩石撕裂声;有一定持续时间,影响深度为 0.5~1 m;对施工影响较大
强烈	30≤σ_{max}≤80	1<R/σ_{max}≤2	围岩大片爆裂脱落,出现强烈弹射,发生岩块的抛射及岩粉喷射现象;有似爆破的爆裂声,声响强烈;持续时间长,并向围岩深部发展,破坏范围和块度大,影响深度为 1~3 m;对施工影响大
极强	σ_{max}≥60	R/σ_{max}≤1	围岩大片严重爆裂,大块岩片出现剧烈弹射,震动强烈,有似炮弹、闷雷声,声响剧烈;迅速向围岩深部发展,破坏范围和块度大,影响深度大于 3 m;对施工影响极大

注:当最大初始地应力或岩石强度应力比判别岩爆等级不一致且仅差一级时,应选择较高的等级。

在对岩爆级别进行判定时,需遵循以下流程:首先确定硬岩初始最大地应力大于等于 20 MPa,然后确定岩石强度应力比小于 4,最后按照表 5-3 对岩爆进行分级。该判据采用地应力绝对值与强度应力比双指标进行岩爆预测,这是与现行《隧规》的第一个不同点;轻微岩爆满足 3<R/σ_{max}<4,《隧规》满足 R_c/σ_{max}=4~7,这是第二个不同点;中等岩爆满足 2≤R/σ_{max}<3,《隧规》满足 R_c/σ_{max}=4~7,这是第三个不同点。强烈、极强岩爆按强度应力比分级与《隧规》一致。

5.2.2 岩爆勘察技术应用

（1）以高原铁路某隧道为例，该隧道全长 26.4 km，最大埋深约 1 810 m，埋深大于 1 200 m 的段落长度约 5.8 km，设置 4 座横洞，1 座贯通平导。隧区位于著名的 Y 字形构造场区，构造应力场复杂多变，区域岩性复杂、岩质坚硬。整体上，极高地应力和坚硬岩石为岩爆的形成提供了有利的环境条件，勘察期间需结合险峻的地形条件，采用全覆盖的空天非接触式和重点区段的地面接触式方法进行综合勘察，在查明应力量值、岩体完整程度分段及岩石强度的基础上进行岩爆综合判识。

该隧道岩爆勘察遵循"完整岩体分段，应力强度量测，分段分级评估"三个步骤。首先通过高清遥感、航空电磁探明全域断层、节理密集带及富水段分布，划分岩体相对完整且岩爆可能性较大的段落；其次通过竖向和定向钻探，进一步获得钻孔地应力及岩体强度的量值；最后通过三维地应力演算获取洞轴最大主应力值，基于强度应力比、工程地质分析法进行岩爆分段分级评价。岩爆勘察及评估技术路线如图 5-6 所示。

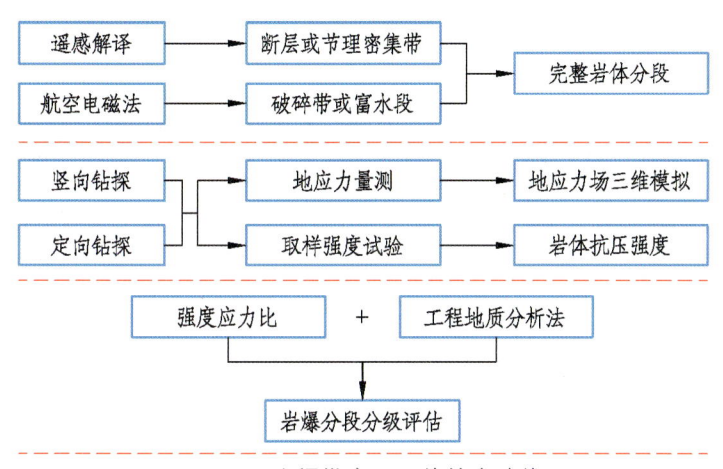

图 5-6　岩爆勘察及评估技术路线

大量岩样试验表明岩石的平均单轴抗压强度 R_b 约为 80 MPa，数值模拟埋深 1 800 m 处的最大主应力 σ_{max} 为 49 MPa，根据围岩强度应力比 R_c/σ_{max} 评估隧道存在以轻微、中等为主，少量强烈岩爆的环境。根据地形地貌、岩体完整程度、地下水富水性等因素，采用综合分析法进一步修正岩爆段落及强度，轻微岩爆长度为 6 140 m（23.20%），中等岩爆长度为 5 736 m（21.68%），强烈及以上岩爆长度为 1 645 m（6.22%）。

（2）孜拉山隧道位于贡觉县罗麦乡、则巴乡，中心里程为 D4K722+494，进口里程为 D4K707+503，高程为 3 055 m，出口里程为 D4K737+485，高程为 3 719.969 m，隧道全长 29 982 m。隧道采用进口合修、出口分修方式。隧道为单面上坡。隧道左线最大埋深位于 D4K726+380 附近，约 1 505 m；右线最大埋深位于 D4K726+380 附近，约 1 530 m。隧道进出口纵横坡较陡，植被茂密，多为森林灌木带。隧道进口位于古巴村，交通条件极差；隧道出口位于夏日村。孜拉山隧道洞身涉及地层主要为花岗岩和片麻岩，单轴抗压强度大于 60 MPa。全线Ⅲ类围岩 12 855 m，占比为 43%；Ⅳ类围岩 13 775 m，占比为 46%。Ⅳ类围岩基本无岩爆，不对Ⅳ类围岩洞段做岩爆风险评估。隧道地应力反演结果表明：地应力变化趋势总体与地形起伏一致，线位处最大主应力一般在 20~30 MPa 之间，受断层带影响局部可能达 43 MPa。根据所确定的不同洞段的地应力等级、岩石强度等级及岩爆修正等级，通过隧道设计规范法和查表法确定岩爆等级。

从《CZ 铁路暂行规范》建议方法来看，应力、岩石强度、地质条件等对岩爆的控制作用是得到公认的。不同之处在于，地质综合查表法分析了构造、岩性交界面、水、地应力与隧道夹角等因素对岩爆的影响。基于上述流程获得岩爆等级评估结果，当两种评估方法得到的结果不一致时，以两者较高等级作为最终评估结果。依据建立的岩爆风险评估表，确定的孜拉山隧道岩爆风险等级如图 5-7 所示。隧道全长 29 982 m，岩爆段落总长 10 685 m，占隧道总长比例为 35.6%：轻微岩爆段落总长 3 905 m，占比为 13.02%；中等岩爆段落总长 5 070 m，占比为 16.91%；强烈岩爆段落总长 1 610 m，占比为 5.36%；极强岩爆段落总长 100 m，占比为 0.3%。

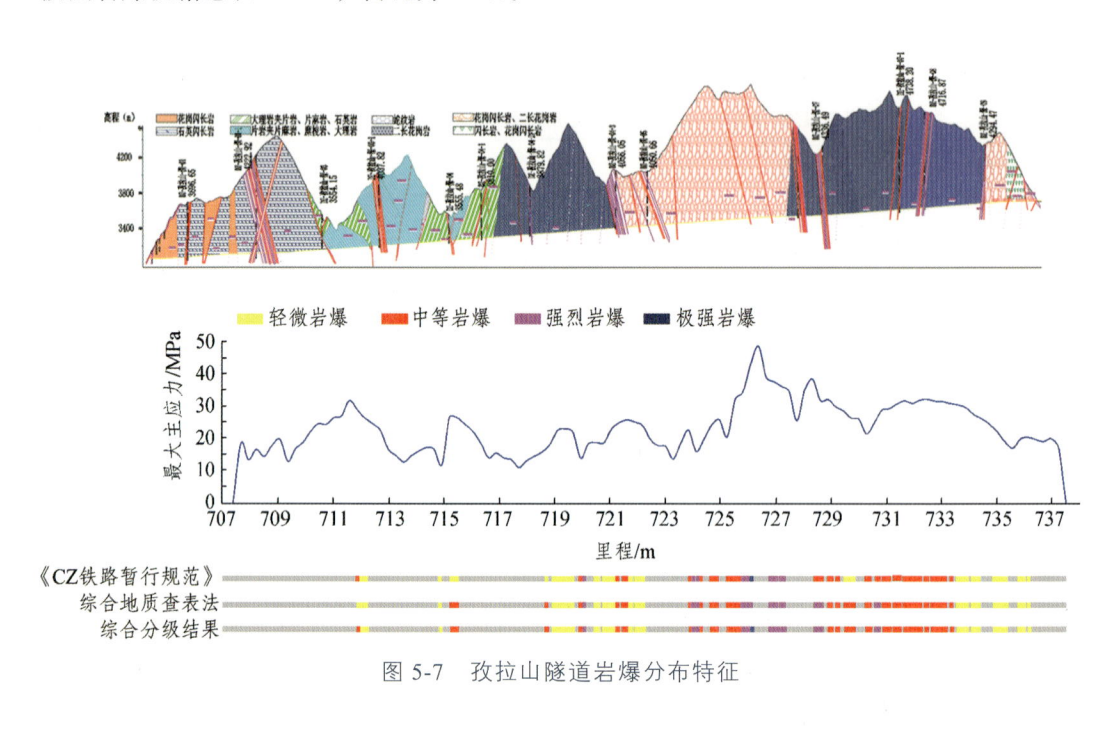

图 5-7　孜拉山隧道岩爆分布特征

5.3　隧道涌突水灾害综合勘察

5.3.1　复杂岩溶区突水突泥综合勘察

首先，在收集相关工程和水文地质资料的基础上，对比隧址区已建隧道案例，结合洞外地质调查、洞内地质素描、示踪试验等补充探测方法，分析其地质构造、地层岩性、岩层组合、地形地貌、地下水位和岩层产状等地质特征,获得地表流域分布、构造类型以及地下水赋存、运动、补给与排泄等信息,识别隧道施工过程中可能遇到的突水突泥致灾系统类型和发育规律。其次,在隧道施工过程中,采用全程地质素描分析开挖过程中地质变化情况,识别突水突泥灾害的前兆地质信息。地质识别为物探和钻探提供先验信息,指导物探方法选择和钻探方案的实施,同时降低物探识别的多解性[2]。

1. 断层类致灾系统地质特征

断层类致灾系统可通过以下地质特征进行识别:首先,断层的存在使得地表出现特殊的地貌形态,如断层崖、断层三角面、错断山脊、横切山岭走向的平原与山地的接触带,串珠状湖泊-洼地、带状分布的泉水、错断的水系、河流等,通过这些地貌特征可以在地表识别断层的存在。其次,可根据断层发育过程中产生的一些特殊地质现象进行识别,如构造线不连续,存在断层岩,相邻地层出现重复或缺失,存在岩浆活动与矿化作用,岩相和层厚发生突变,以及由断层活动引起的构造强化现象,如出现透镜体,岩层产状发生急变、多变和变陡现象,节理化、劈理化甚至片理化窄带突现,小褶皱剧增以及挤压破碎和各种擦痕、阶步、牵引褶曲或褶皱等出现[2]。

此外,隧道在断层附近施工,还会出现以下地质现象[2]:

(1) 围岩节理组数大幅增多,如 6~12 组。

(2) 围岩中出现反倾节理或小型帚状构造,后者由弧形节理构成。

(3) 围岩强度显著弱化,出现铁锈染、压碎岩和碎裂岩等现象。

(4) 在富水断层的下盘,起隔水作用的页岩和泥岩湿化、软化现象显著,发生滴水、散水和淋水。

2. 岩溶类致灾系统地质特征

在可溶岩地区修建隧道遇到岩溶类突水突泥灾害的概率较大,同一区域、同一地质单元修建的隧道,遭遇突水突泥灾害类型相似。因此,前期隧道突水突泥灾害特征对后期隧道修建具有重要的借鉴意义。此外,采用示踪试验分析岩溶水连通性,开展隧道涌水量预测,分析岩溶发育规律及灾害前兆信息,均有助于对突水突泥致灾系统的识别[2]。

(1) 示踪试验[2]。

在隧址区开展水文地质调查时,采用示踪试验可了解隧址区岩溶地下水连通情况。若在接收点接收到示踪剂信号,证明地下水在投放点与接收点之间是连通的。接收到示踪剂信号时对应的流速为地下水流动的最大速度,示踪曲线峰值对应的流速为地下水流动的平均速度;若示踪曲线呈现为对称性较好的单峰型,说明岩溶通道相对单一,无溶潭发育;若示踪曲线为非对称单峰值,且峰值下降缓慢,说明岩溶通道存在溶潭、地下湖等构造;若示踪曲线为多个独立峰值,说明地下水通道存在多个岩溶管道并联。

此外,还可以获得以下相关参数:示踪剂回收质量 M_0,示踪剂平均滞留时间 $\bar{t}$,地下过水通道系统的体积 V,地下过水通道横截面面积 A,地下水过水通道平均直径 $\bar{D}$,示踪剂平均运移速度 $\bar{v}$。相关方程如下所示(张志强等,2015):

$$M_0 = \int_0^\infty C(t)Q(t)\mathrm{d}t \tag{5-1}$$

$$\overline{t} = \frac{\int_0^\infty tC(t)Q(t)\mathrm{d}t}{\int_0^\infty C(t)Q(t)\mathrm{d}t} \tag{5-2}$$

$$V = \int_0^{\overline{t}} Q\mathrm{d}t \tag{5-3}$$

$$A = \frac{V}{x} \tag{5-4}$$

$$\overline{D} = 2\sqrt{\frac{A}{\pi}} \tag{5-5}$$

$$\overline{v} = \frac{\int_0^\infty \frac{x}{t}C(t)Q(t)\mathrm{d}t}{\int_0^\infty C(t)Q(t)\mathrm{d}t} \tag{5-6}$$

式中：$C(t)$ 为监测示踪剂浓度；$Q(t)$ 为监测点流量；t 为监测时间；x 为示踪剂投放点与接收点之间的距离。

（2）涌水量预测[2]。

预测涌水量越大的地段往往更易发生突水突泥。因此，开展隧道涌水量预测有助于突水突泥致灾系统位置和规模的宏观判识。

地下径流模数法、地下径流深度法、降水入渗法、洼地入渗量法、井泉补给法等适用于地下水形成条件较简单的施工地段，且只能宏观概略地预测，因而多用于隧道涌水量初测阶段，即修建隧道的前期勘察阶段。利用地下水动力学法进行涌水量预测需要有隧址区相关勘察和试验资料。同位素氚法适合短距离内地下水流量预测。数值分析方法以其计算快速、实用性强等特点，已经得到越来越多的应用，其预测涌水量的关键是给定正确的地质模型或渗流模型。

（3）岩溶发育特征识别[2]。

地层岩性、岩层产状、岩层组合、地质构造、地形地貌、地下水流动性等是岩溶发育的重要影响因素。

（4）灾害前兆地质信息[2]。

在隧道开挖过程中，当掌子面邻近致灾系统时，会出现一些明显地质信息预示着突水突泥灾害即将发生，将这些地质信息称之为灾害前兆地质信息。在岩溶隧道中，依据灾害前兆地质信息，可以对大型溶洞水体和地下河等岩溶致灾系统进行判识，发出灾害预警，优化探测方法，指导施工方案变更。

大型岩溶致灾系统的临灾前兆地质信息包括以下几个方面[2]：

（1）掌子面附近裂隙、溶隙间含有较多的铁染锈、黏土或泥质，甚至有泥质充填物从中被挤出。

（2）岩层湿化、软化现象明显，有水滴附着或出现渗水、淋水现象。

（3）掌子面有水渗出或沿裂隙流出，水流含有细砂、粉细砂、黏粒类物质，主要是岩屑；渗水或涌水由清澈逐渐变浑浊，或时清时浊。

（4）小型溶洞出现次数增多，并常伴有水流、河沙或卵石，或出现水流冲刷痕迹。

（5）钻孔或炮孔中涌水量大幅增加，持续时间较长，且含泥沙或小砾石，水质有清浊变化。

（6）钻孔中冒出凉风，或能听到水流的声音。

（7）当隧道接近岩溶管道时，非断层破碎带出现岩层内倾牵引现象或内倾小断层，导水岩溶陷落柱可使周围岩层潮湿或泥化，周围岩层常常发生疏松、变暗等氧化现象。

（8）地下河附近的岩溶裂隙与溶洞中，常含有河沙、磨圆度好的砾石等充填物，结合地下河在地表出露的岩溶形态，如条形洼地、串珠状洼地、溶蚀漏斗、落水洞等，可判识地下河的存在，同时采用示踪试验等方法可分析地下河的连通性以及与隧道的空间位置关系。

（9）此外，接近溶洞等大型岩溶含水体时，还会出现挂红、挂汗、水叫、温度降低、雾气等现象。

5.3.2 构造影响带突水突泥综合勘察

1. 探测原理[2]

利用不接地回线向工作面前方发射一次脉冲磁场，发射回线中电流突然断开后，介质中将激起二次涡流场以维持在断开电流前产生的磁场（即一次场）。二次涡流场的大小及衰减特性与周围介质的电性分布有关，在一次场间歇观测二次场随时间的变化特征，经过处理后可以了解地下介质的电性、规模、产状等，从而达到探测目标体的目的。

2. 识别特征[2]

瞬变电磁法对低阻体反应敏感。隧道中能够诱发重大突水突泥灾害的含水体相对四周围岩是低电阻率的，因此，可通过视电阻率断面等值线图识别低阻体大致范围及相对位置，进而确定含水构造的分布情况。

5.3.3 隧道超前地震（TSP）勘察

1. 测量原理[2]

在隧道掌子面后方边墙内引爆少量炸药，产生地震波信号。地震波以球面波的形式传播。当遇到结构面或各种不良地质体界面时，部分信号发生反射，并通过接收传感器进行接收和信号转换。从起爆到反射信号被传感器接收的时间与反射面的距离成比例，据此可以确定相关界面的性质、与隧道轴线的交角和与接收点的距离。

掌子面前方围岩的地质力学参数可以通过相关方程求出，如纵波速度 v_p、剪切波速度 v_s、泊松比 μ、杨氏模量 E 等。首先应根据直达波到达传感器的距离计算出地震波的纵波速度 v_p：

$$v_\mathrm{p} = \frac{L_1}{T_1} \tag{5-7}$$

式中：L_1 为震源与传感器之间的距离（m）；T_1 是直达波到达传感器的时间（s）。

依据求得的地震波纵波速度和测得的反射波传播时间，可求出反射界面与接收传感器之间的距离，即致灾系统的空间位置，可由式（5-7）推导求出：

$$T_2 = \frac{L_2 + L_3}{v_\mathrm{p}} = \frac{2L_2 + L_1}{v_\mathrm{p}} \tag{5-8}$$

式中：T_2 是反射波到达传感器的时间（s）；L_2 为爆破孔与反射面之间的距离（m）；L_3 为传感器与反射面之间的距离（m）。

隧道围岩的泊松比、杨氏模量等参数可以通过式（5-9）和式（5-10）获得：

$$\mu = \frac{v_\mathrm{p}^2 - 2v_\mathrm{s}^2}{2(v_\mathrm{p}^2 - v_\mathrm{s}^2)} \tag{5-9}$$

$$E = \rho v_\mathrm{s}^2 \left(\frac{3v_\mathrm{p}^2 - 4v_\mathrm{s}^2}{v_\mathrm{p}^2 - v_\mathrm{s}^2} \right) \tag{5-10}$$

式中：v_s 为剪切波传播速度（m/s）；ρ 为岩石的密度（kg/m³）。

2. 识别特征[2]

根据地震波反射特性不同，可以对突水突泥致灾系统类型、充填特性等进行判识，见表 5-4。

表 5-4　突水突泥致灾系统类别和识别特征[11]

类别	识别特征
断层破碎带	纵波反射较强，若岩层富水，则横波反射也较强；深度偏移多以强烈负反射开始，以强烈正反射结束，反射带内正负反射层多而杂乱，以负反射为主，单个反射条带窄、延伸性差。纵横波速总体下降，但高低变化频繁
溶蚀裂隙水	横波反射比纵波反射强；横波负反射能量比正反射能量强；横波含有明显的负反射面；纵波速度位于高速区，横波速度位于低速区，纵波与横波的波速比值增大或泊松比突然增大
泥夹石充填型溶洞	纵波反射较强；充填块石粒径和含量大时，深度偏移图正负反射层较多而杂乱，以负反射为主，单个反射条带窄、延伸性差，反之则正负反射层少，以负反射为主，单个反射条带宽、延伸性好。纵横波速总体下降，高低变化频率随充填物内块石粒径变大而降低，随充填物内块石含量变大而升高
软弱夹泥充填型溶洞	纵波反射很强；深度偏移以强烈负反射开始，以强烈正反射结束；反射带内正负反射层少、正负相间，以负反射为主，单个反射条带宽、延伸性好；纵波和横波波速均下降，充填物内部波速变化小
充水溶洞	纵波和横波反射较为强烈，但横波反射明显较纵波强；深度偏移均以强烈负反射开始，以正反射结束，但横波开始的负反射条带较结束的正反射条带宽、能量值大。反射带内正负反射层较少，以负反射为主，单个反射条带宽、延伸性好。纵波和横波波速都大幅下降，且内部波速变化较小

5.3.4 地质雷达

1. 探测原理[2]

地质雷达通过发射天线向掌子面前方发射高频短脉冲电磁波，当遇到不同介质界面时由于电性差异而发生反射，由接收天线接收并进行信号转换和储存。信号经处理后，可依据电磁波的传播时间、能量振幅幅度、波形等判断目标地质体的类型、位置、规模及其分布。不同介质的电性差异越大，反射信号越强烈。

不同介质的反射特性不同。电磁波在岩体介质中传播时，会在两种不同相对介电常数介质的接触面发生反射，反射波能量的大小取决于反射系数 R：

$$R = \frac{\sqrt{\varepsilon_1} - \sqrt{\varepsilon_2}}{\sqrt{\varepsilon_1} + \sqrt{\varepsilon_2}} \qquad (5\text{-}11)$$

式中：ε_1、ε_2 为介质的相对介电常数。

由式（5-11）可知，若两种介质的相对介电常数差别越大，则反射系数越大，反射越明显。空气的相对介电常数为1，水的相对介电常数为81，其他介质介于两者之间，且远比水的相对介电常数小。因此，雷达波遇到水体与围岩的界面时会产生强烈的反射，同样其瞬时振幅比其他位置强。由此可见，地质雷达可以较好地识别围岩中的含水构造。

可根据相对介电常数计算出电磁波在该介质中的传播速度 v：

$$v = \frac{C}{\sqrt{\varepsilon}} \qquad (5\text{-}12)$$

式中：c 为电磁波在真空中的传播速度；ε 为介质的相对介电常数。

依据求得的电磁波速度和测得的反射波旅行时间可判断出反射体的位置。反射波旅行时间可由下式求出：

$$t = \sqrt{\frac{4h^2 + x^2}{v}} \qquad (5\text{-}13)$$

式中：t 为反射回波走时（ns）；h 为反射体深度（m）；x 为发射天线与接收天线之间的距离（m）；v 为雷达脉冲速度（m/ns）。

2. 识别特征[2]

依据电磁波的反射频率、强度、相位等特征，可以实现对不同致灾系统的判识，见表 5-5。

表 5-5　不同致灾系统的类别和判识方法

类别	判识方法
断层及破碎带	若相位不连续，反射强度大、主频低，可认为破碎含水体。若相位错乱，反射强度增大，但相位和主频不变，可认为破碎带不含水
含水体或含水溶洞[12]	界面低频强反射、反射波相位与入射波相位相反，后续信号能量衰减较快，高频成分被吸收，优势频率降低，反射强度低

续表

类别	判识方法
无水溶洞[12]	主频不变，反射强度增大，若溶洞界限在测线范围内，则起始和终止部分均有双曲线反射，起始边界后续信号中，反射波相位异常
过水裂隙	相位错断，低频强反射，沿裂隙轴向方向为直线或斜线分布，与裂隙呈一定夹角为双曲分布

5.3.5 超前水平钻

钻探是获取掌子面前方及洞周围岩地质信息的一种最直接有效的方法。按照深度不同，钻探可以分为长距离超前钻探（80~120 m）、中距离超前钻探（30~60 m）和短距离超前钻探（3~8 m）。其中，长、中距离超前钻探需要使用大型钻机。根据钻机钻进速度不同，钻机可分为快速钻机、中速钻机和慢速钻机。钻机钻探速度越快，施工时间越短，对施工影响也越小。短距离超前钻探多采用风钻进行，如加深炮孔，可以在爆破孔施展的同时开展，施工时间短，操作方便；也可以在物探显示含水构造区域进行针对性的钻探，揭露含水构造，验证物探结果[2]。

按照钻探是否取芯，可以分为冲击钻探和取芯钻探。取芯钻探可根据岩芯直接识别掌子面前方的围岩性质、风化程度、裂隙发育和充填夹泥情况，以及是否有冲刷痕迹。但由于取芯钻探耗费时间长、技术要求高，故而仅在特殊复杂地质条件下和有重大突水突泥风险的情况下使用。隧道施工中多采用冲击钻探，通过超前钻探过程中的钻速、破坏能、岩屑、出水特征及异常情况判断掌子面前方的不良地质情况。

一般而言，钻速快但破坏能低，说明岩体质软、破碎；若钻速急剧加快，破坏能大幅降低，则可能遭遇岩溶充填物或软弱夹层。钻速与破坏能高低变化频繁，说明岩体软硬交替；钻速慢，破坏能高，说明岩体强度变高；钻速慢，破坏能低，且两者变化平缓，则说明岩体质软，岩性单一。在断层带附近，若出现钻进时间缩短、钻进速度快且冲洗液浑浊、含有泥土的现象，可认为断层夹有泥土层。

通过钻探异常情况可判断致灾系统的存在及围岩情况（张庆欣，2008）。当出现卡钻时，说明围岩破碎，含有大裂隙或为石质充填的破碎带；当出现跳钻时，说明围岩含软弱夹层，一般为泥质、黏土质或砂质充填的破碎带或溶洞；当出现坍孔时，说明围岩破碎，强度低，节理裂隙发育，成孔困难，一般为泥土、泥岩、碎屑岩等软弱岩层，或充填型溶洞，或处于断层破碎带内。

根据钻进过程中冲洗液的颜色、返渣颗粒的大小、形状和成分来判断围岩的岩性和强度（张庆欣，2008；赵鹏宇，2014）。一般情况下，灰色砂岩、灰岩冲洗液为乳白色；紫红色泥岩、泥砂岩冲洗液为黄褐色，较浑浊；充填性溶洞、破碎带冲洗液为黄灰色较浑浊。返渣颗粒较大且呈片状，说明岩石强度较低较脆，多为泥质胶结；反之，若返渣颗粒较小且为砾状，说明岩石强度高，多为钙质胶结。

根据钻孔出水量、水压、水质清浊来判断掌子面前方含水体压力大小和连通情况。超前钻探有突进现象，且钻孔开始向外喷水，钻孔水压较高、水量较大且持续时间较长，说明致灾系统中含有较高水压，地下水静储量较大。若钻孔涌水浑浊或时喷时停，且水中夹带泥沙或小砾石，说明该致灾系统可能为大型充水充泥沙溶洞或地下河等大型岩溶致灾系统，揭露后极易发生大规模突水突泥灾害。

5.3.6　具体应用

利万高速齐岳山隧道，提出并使用了集地质综合勘察、物探识别（瞬变电磁、TSP、地质雷达）、钻探识别（超前水平钻）为一体的隧道突水突泥勘察方法，依据突水突泥致灾系统的地质特征和临灾前兆地质信息、地球物理响应特征及钻探揭露特征，判识致灾系统的类型、位置、规模和含水特性，为致灾系统的识别提供重要的参考和借鉴。该方法有机结合地质分析、物探解译和钻探揭露，使它们相互印证，识别过程动态反馈，确保勘察的准确性[2]。

5.4　有害气体勘察技术及其应用

5.4.1　有害气体分类

有害气体是指对人体或工程会造成危害的天然气体[13]。天然有害气体的种类很多，常见的有煤层瓦斯与浅层天然气，常见的有害气体类型是甲烷（CH_4）、二氧化碳（CO_2）、一氧化碳（CO）、二氧化硫（SO_2）、硫化氢（H_2S）。有害气体类型不同，其对人体或工程的危害也不同。

根据调研总结国内外隧道修建的情况，隧道在穿越煤层时会受到煤层瓦斯的危害；在穿越厚层湖沼、工业垃圾和生活垃圾等地层中会受到近代生物气的危害；在穿越石油、天然气、页岩气储层和烃源岩，或有气苗、油苗、含油气圈闭构造区域会受到浅层天然气的危害；在穿越水热活动强烈地区可能会受到地热流体携带气的危害；在穿越深大断裂、活动断层可能会受到深（幔）源气的危害；穿越地幔脱气作用形成的幔源 CO_2，同时还有地壳岩石化学反应、碳酸盐岩受热分解等生成的 CO_2 等的危害[14]；在穿越变质作用强烈的地区可能会受到变质作用伴生气的危害。有害气体特征一览见表 5-6。

表 5-6　有害气体特征一览[13]

序号	气体名称	一般性质	毒性、爆炸性、可燃性
1	硫化氢（H_2S）	无色、酸性、臭鸡蛋味的气体，易溶于水，有剧毒；可燃烧，与空气或氧气以适当的比例（4.3%~46%）混合，遇明火、高热能引起燃烧爆炸	剧毒,可燃烧,与空气或氧气以比例（4.3%~46%）混合,能引起燃爆

续表

序号	气体名称	一般性质	毒性、爆炸性、可燃性
2	甲烷（CH_4）	俗称瓦斯，无色、无味、无臭气体，本身无毒，是天然气、沼气、油田气、页岩气及煤矿坑道气的主要成分	本身无毒；可燃，浓度小于5%，遇明火不会爆炸；浓度为5%～16%时，遇高温火源会发生爆炸，浓度为9.5%时爆炸最猛烈；浓度大于16%时，遇火源既不会爆炸也不会燃烧；当浓度达到19%时，氧含量降至17%，使人呼吸困难；当浓度达到43%时，氧含量降至12%，使人窒息死亡
3	一氧化碳（CO）	无色、无臭、无味的气体。剧毒，含量达0.4%时，人在短时间内会中毒死亡；可燃烧，含量在13%～75%时，遇火能引起爆炸	剧毒，可燃烧，含量在13%～75%时，遇火能引起爆炸
4	二氧化硫（SO_2）	无色、透明，有刺激性臭味及酸味，溶于水，有强烈毒性的气体。不燃烧，与空气不组成爆炸性混合物	强烈毒性，不燃烧，与空气不组成爆炸性混合物
5	二氧化碳（CO_2）	无色、略带酸臭味，无毒性；不自燃、不助燃惰性气体，对空气相对密度为1.52，易溶于水。超过一定量时影响人的呼吸，原因是血液中的碳酸浓度增大，酸性增强	本身无毒性，不自燃、不助燃，超量时影响呼吸，产生酸中毒
6	氮氧化物（主要代表为NO_2）	主要包括一氧化氮、二氧化氮和硝酸雾，以二氧化氮为主。一氧化氮是无色、无刺激气味的不活泼气体，可被氧化成二氧化氮。二氧化氮是棕红色有刺激性臭味的气体。氮氧化物为非可燃性气体，但均能助燃，遇高温或可燃性气体能引起爆炸	有一定毒性，主要表现为损害深部呼吸道；不可燃，但均能助燃；遇高温或可燃性气体能引起爆炸
7	氨（NH_3）	无色、强烈刺激性气味。极易溶于水，易液化，在高温时会分解成氮气和氢气，有还原作用。能灼伤皮肤、眼睛、呼吸器官的黏膜，人吸入过多，能引起肺肿胀，以至死亡	有较强的刺激毒性；纯氨气不易燃，但空气中比例为16%～25%时，遇明火会燃烧和爆炸
8	氢气（H_2）	极易燃烧，无色透明、无臭无味的气体。难溶于水，常温下，氢气的性质很稳定，当空气中所含氢气的体积占混合体积的4%～74.2%时，点燃都会产生爆炸	无毒；极易燃烧；易爆炸，体积比在4%～74.2%时，点燃会产生爆炸
9	氮气（N_2）	无色无味的气体，化学性质不活泼，常温下很难跟其他物质发生反应，占空气体积分数约78%，1体积水中大约只溶解0.02体积的氮气。空气中氮气含量过高，使吸入气氧分压下降，引起缺氧窒息。不燃	无毒；不可燃；不易爆。氮气含量过高，可引起缺氧窒息

5.4.2 有害气体综合勘察

有害气体的工程地质勘察主要包括地质调绘、勘探与测试、分析评价等内容。

（1）有害气体地质调绘工作，应根据有害气体类型，结合地形地质条件，在常规地面调查的基础上积极采用多光谱遥感技术、无人机摄影勘察技术辅助查明含瓦斯地层岩性、地质构造特征。

（2）勘探与测试。

① 煤层瓦斯。

煤层勘探主要以钻探为主，当岩层产状舒缓时，煤层瓦斯的测试主要方法有直接法和间接法。直接法是在钻孔中利用密闭式或集气式岩芯采取器,采取煤样送试验室测定；间接测定方法有钻孔煤心解吸法、高压吸附法等。瓦斯压力可在钻孔中用瓦斯压力仪或在石门上打孔用专门方法测定。

② 非煤有害气体。

非煤有害气体赋存条件复杂多样，其逸出、涌出方式具有相当的不确定性，在勘察、设计期间甚至施工阶段，难以通过预测、测量的方式量化。对于除煤层瓦斯外的有害气体，主要测试方法是在钻孔（井）内直接进行测试，侧重于涌出量与压力。

目前，行业内主要使用便携式气体浓度检测仪对隧道勘探孔孔口进行气体成分与浓度检测，这种检测方法存在两个弊端：一是 H_2S、SO_2 等气体相对空气较重，通常聚集于孔底，无法在孔口进行有效检测；二是无法得到孔内各种气体浓度随钻孔深度之间的关系。因此，研究隧道勘探孔孔内有毒有害气体检测技术是十分必要的。

深孔测试技术所要解决的技术问题是现有隧道勘探孔孔内气体检测不准确，同时无法得到孔内各种气体浓度随钻孔深度之间的关系，其目的在于提供一种隧道有毒有害气体深孔测试设备及其测试方法。该设备及其测试方法不仅能有效检测出钻孔内各种气体的成分和浓度，还能记录不同深度下各气体的浓度值，总结各气体浓度与钻孔深度的关系。

5.4.3 有害气体的综合评价

有害气体的综合评价主要包括以下内容：

（1）线路通过煤层时应按瓦斯隧道进行分析评价，并根据煤体结构及有关参数，进行煤层突出危险性评估和瓦斯隧道的瓦斯工区、含瓦斯地段的等级划分。

（2）煤与瓦斯突出的地质条件应根据煤层的构造类型、所处的构造部位、地应力、煤层厚度、煤体结构、煤层瓦斯含量和压力等进行综合评价。

（3）煤与瓦斯突出危险性预测应根据煤的破坏类型、瓦斯放散初速度、煤的坚固系数、煤层的瓦斯压力等指标综合判定。4 项指标全部满足临界值要求时，应确定为突出煤层，否则为非突出煤层。

（4）非煤层有害气体应评价深大断裂、活动断裂、岩浆活动、变质作用和地热流体与有害气体生成、分布、运移、聚集的关系以及施工危险性。

（5）施工阶段非煤层有害气体，应根据监测和超前地质预报结果进行危险度评价。

5.4.4　有害气体的勘察案例

1. 工程概况

以西渝线旗杆山隧道有害气体勘察为例，隧道进口位于重庆市城口县高燕镇河岸村学堂堡附近，进口通过短路基接秦家河大桥，进口里程为 DK106+581，出口位于重庆市城口县蓼子乡黄泥嘴附近的城黔路上方，直接接半边街前河大桥，出口里程为 DK116+475，中心里程为 DK111+528，隧道长度为 9 894 m。采用人字坡从小里程方向至大里程方向按 $i=6.000‰$、$i=25.000‰$ 的坡度通过，隧道最大埋深约 1 200 m。

隧址区覆盖层为第四系全新统人工填土（Q_4^{ml}）、坡残积（Q_4^{el+dl}）粉质黏土、细角砾土、坡崩积（Q_4^{dl+col}）碎石土、泥石流堆积（Q_4^{sef}）粉质黏土、碎石土。下伏基岩为三叠系下统嘉陵江组、大冶组（T_1j、T_1d）灰岩、白云岩、岩溶角砾岩、泥质灰岩；二叠系上统大隆组（P_3d）钙质页岩夹硅质灰岩、吴家坪组（P_3w）灰岩，底部煤层（线），中统茅口组（P_2m）灰岩、栖霞组（P_2q）灰岩、梁山组（P_2l）炭质页岩夹煤层（线）；志留系中统纱帽组（S_2s）砂岩、粉砂岩夹页岩，下统罗惹坪组（S_1lr）粉砂岩、页岩夹砂岩，新滩组（S_1x）粉砂质页岩夹粉砂岩、细砂岩、龙马溪组（S_1l）炭硅质页岩、硅质岩；奥陶系上统五峰组（O_3w）炭硅质页岩、硅质岩，宝塔组（O_3b）泥质灰岩、钙质泥岩，中统牯牛潭组（O_2g）灰岩夹页岩、灰岩与页岩互层，大湾组（O_2d）灰岩夹页岩、灰岩与页岩互层，下统红花园组（O_1h）页岩、灰岩与页岩互层，分乡组（O_1f）页岩、灰岩、白云岩，南津关组（O_1n）白云岩；寒武系上统三游洞群（$\in_3 sn$）灰岩夹白云岩。区内大隆组、吴家坪组、梁山组、纱帽组、罗惹坪组、新滩组、龙马溪组、五峰组、牯牛潭组、大湾组、红花园组等多套地层有一定的炭质含量，具有一定的生烃能力。

2. 有害气体检测结果

本次共检测 10 个钻孔，共计 20 次有害气体测试和 2 次煤层瓦斯压力测试，钻孔气体显示率为 100%。检测结果显示 CH_4 最大浓度为 45 221 mL/m³，低于燃爆下限 50 000 mL/m³。检测现场数据见表 5-7。

表 5-7　旗杆山隧道有害气体现场检测数据

钻孔编号	设计孔深/m	测试深度/m	现场测试浓度/（mL/m³）					
			CH_4	H_2S	CO_2	SO_2	CO	NO_2
DZ-旗杆山-A01	185	185.35	22/21/20	0	0	0	0	0
		封孔复测	804/803/800	0	0	0	13	0
DZ-旗杆山-A16	200	201.25	6 584/6 147/6 354	0	0	0	0	0
		封孔复测	25 124/24 164/21 450	0	31 301/31 021/30 215	0	5.4	0
DZ-旗杆山-A9	760	70	20/21/22	0	0	0	0	0
		345	818/712/661	0	0	0	0	0

续表

钻孔编号	设计孔深/m	测试深度/m	现场测试浓度/(mL/m³)					
			CH₄	H₂S	CO₂	SO₂	CO	NO₂
DZ-旗杆山-A10	375	375	1 254/1 451/1 102	0	0	0	0	0
		封孔复测	18 647/18 465/18 447	0	10 118/10 311/10 211	0	0	0
DZ-旗杆山-A11	230	230	112/121/104	0	0	0	0	0
		封孔复测	2 870/2 458/2 657	0.02	9	0.04	0	0.04
DZ-旗杆山-A定13	440	441.15	1 201/1 102/1 031	0	0	0	5.4	0
		封孔复测	9 170/9 154/9 065	0	8	0.22	0	0
DZ-旗杆山-A17	205	206.3	1 101/1 021/1 011	0	0	0	0	0
		封孔复测	45 221/45 102/45 011	3	0	0	31.8	0
DZ-旗杆山-A07	1 140	1 140	0	0	0	0	0	0
		封孔复测	0	0	0	0	0	0
DZ-旗杆山-A定02	560.5	560.5	0	0	0	0	0	0
		封孔复测	0	0	0	0	0	0

3. 煤层瓦斯情况

旗杆山隧道邻近的煤矿为低瓦斯煤矿。

现场对旗杆山隧道钻孔 DZ-旗杆山-A9 的 74.8~75 m 与 341.48~341.8 m 的两层煤层进行了瓦斯参数测试，测试结果见表5-8。

表 5-8 旗杆山隧道煤层瓦斯参数

钻孔编号	煤层深度/m	瓦斯压力/MPa	水分 Mad/%	灰分 Aad/%	挥发分 Vad/%	固定碳 FCad/%	真密度/(g/cm³)	视密度/(g/cm³)	吨煤瓦斯含量/(m³/t)
DZ-旗杆山-A9	74.8~75	0.11	1.03	64.59	18.88	15.5	2.21	2.12	0.521
DZ-旗杆山-A9	341.48~341.8	0.15	1.05	62.12	19.18	17.65	2.14	1.97	0.641

根据勘察的煤层情况与试验测试的煤层参数，对隧道穿越 DZ-旗杆山-A9 煤层段瓦斯绝对涌出量进行了计算。其中 74.8~75 m 煤层的绝对瓦斯涌出量为 0.192 m³/min；341.48~341.8 m 煤层的绝对瓦斯涌出量为 0.097 m³/min。由于检测钻孔内煤层灰分含量高，煤质较差，吨煤瓦斯含量较低，因此计算的煤层瓦斯绝对涌出量均小于 0.5 m³/min，应为微瓦斯区段。但是考虑到大巴山地区构造复杂，隧道揭示段煤层可能存在"鸡窝煤"的情况，隧道揭示后可能会存在瓦斯绝对涌出量大于 0.5 m³/min 的情况，因此，综合考虑穿越该煤层段的孤峰组至沙帽湾组的地层为低瓦斯区段。

4. 有害气体分段评价

以有害气体的检测结果及煤层取样测试计算结果为基础，结合区域构造背景、地层岩性及有害气体运储移特征等综合分析，确定隧道范围内瓦斯工区的段落及等级如图 5-8 及表 5-9 所示。

图 5-8 旗杆山隧道有害气体分区图

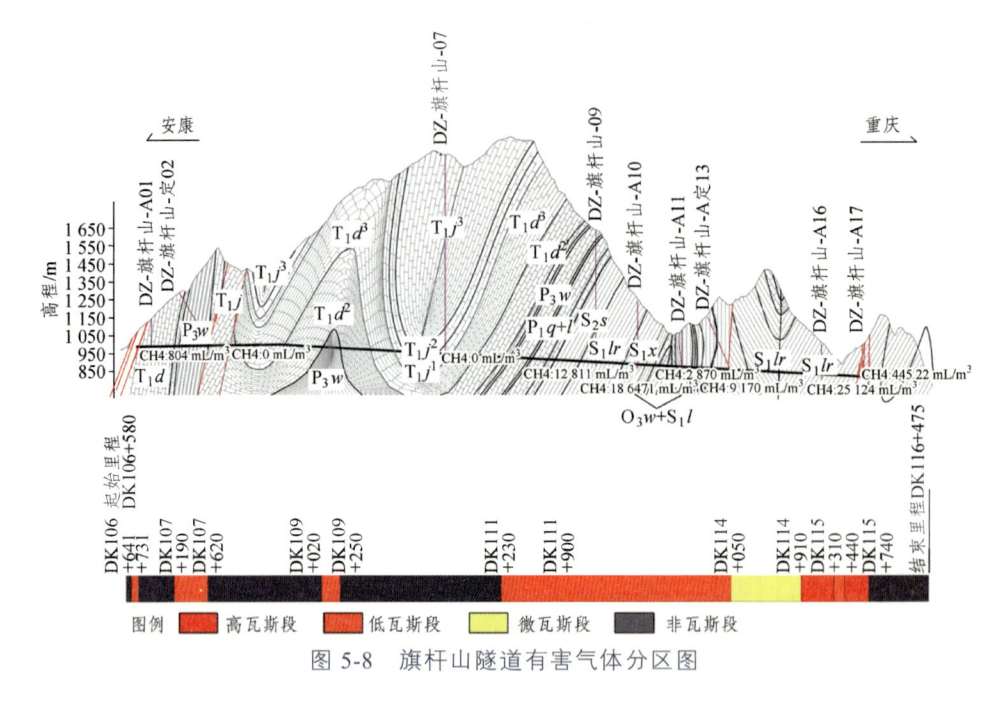

表 5-9 旗杆山隧道有害气体划分结果

起始里程	结束里程	长度/m	有害气体类型	瓦斯等级
DK106+581	DK106+641	60	—	非瓦斯
DK106+641	DK106+731	90	煤层瓦斯	低瓦斯
DK106+731	DK107+190	459	—	非瓦斯
DK107+190	DK107+620	430	煤层瓦斯	低瓦斯
DK107+620	DK109+020	1 400	—	非瓦斯
DK109+020	DK109+250	230	煤层瓦斯	低瓦斯
DK109+250	DK111+230	1 980	—	非瓦斯
DK111+230	DK111+900	670	煤层瓦斯	低瓦斯
DK111+900	DK114+050	2 150	页岩气与浅层天然气	低瓦斯
DK114+050	DK114+910	860	页岩气与浅层天然气	微瓦斯
DK114+910	DK115+310	400	页岩气与浅层天然气	高瓦斯
DK115+310	DK115+440	130	页岩气与浅层天然气	低瓦斯
DK115+440	DK115+740	300	页岩气与浅层天然气	高瓦斯
DK115+740	DK116+475	735	—	非瓦斯

5.5 高地温勘察技术及其应用

5.5.1 地热宏观分布及大地热流勘察

卫星热红外遥感可（准）实时地获取地球表面的热红外辐射的空间分布信息。大地热流也是参与地表热作用的重要因素之一，厘清非地热因素（如太阳辐射、地形、气候等）对卫星热红外遥感的影响，有助于使卫星热红外遥感为分析大地热流数据提供一个新的平台。

地表温度的影响因素较多，地表温度主要受太阳辐射和气象等非地热因素控制，大地热流只是其中很微弱的一部分，尤其气象因素极为复杂，分析起来极为困难。然而，一个有利因素是大地热流属于稳定的因素，可以利用长期的卫星资料，采用多年叠加的方法，获得地表温度的稳定成分，即地表温度基本场。野外地表温度的同步验证步骤包括以下几步：

（1）获取卫星过境时间，布置野外同步观测实验场。

（2）进行野外地面同步验证，获得测区的实测地表温度。

（3）获取夜间YG10m遥感数据，对其进行辐射校正和大气校正等预处理，反演地表温度。

（4）剔除同步实测地表温度数据中的粗差测点，对多组测点进行平均处理。

（5）将野外同步验证测区与热红外影像进行地理配准，提取相对应地理位置的反演温度值。

（6）验证实测地表温度与反演温度，进行回归分析。

（7）利用（6）的回归结果对整幅影像的反演温度进行校正，得到整幅影像的实际地表温度图。

高地温热害评价技术路线如图5-9所示。

2019年5月23日至6月14日，由中国科学院空天信息研究院董庆研究员带队，航天五院有关人员等有关方面科研人员密切配合，中国中铁二院大力支持，笔者团队首次对高原铁路典型区段进行了地表温度的星-地热红外同步观测实验。经过详细踏勘，选择折多山测区进行了地表温度的星-地热红外同步观测实验，获取了卫星过境时折多山测区白天和夜间的真实地表温度数据。

浅层钻孔或浅层探测法主要用于测量热梯度，根据热梯度和热导率信息测量热流。地热法涉及温度和热量的直接测量，因此，地热法与地热系统特性的相关性强于其他方法。但作为一种近地表方法，地热法仅限于浅层层面[1]。

在热红外遥感识别的基础上，采用优选的钻探和浅层探测方法确定热害分布位置和物理特性，制定钻探方案，确定钻探位置和深度参数。物探作为钻探的指导，钻探作为物探的补充，两者相互协作和印证准确识别热害致灾系统[2]。

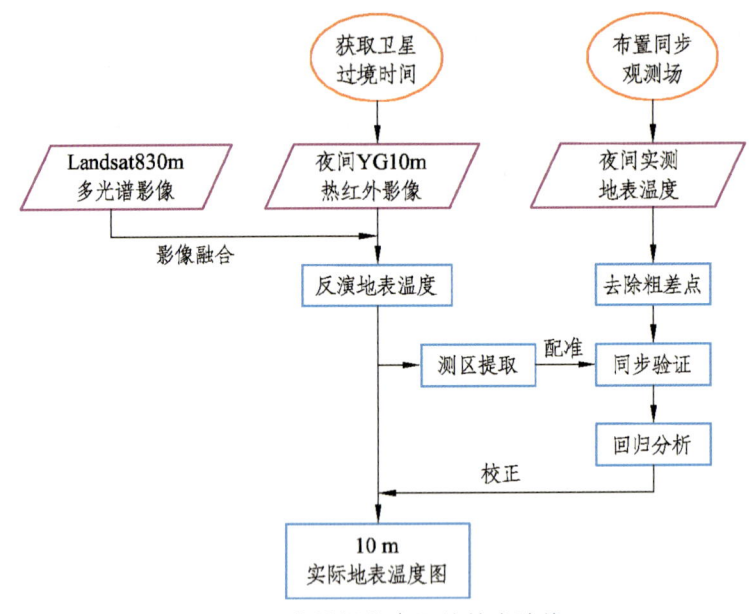

图 5-9　高地温热害评价技术路线

5.5.2　深部地温勘探测试

综合测井可准确查明地热异常区的地层岩性、地质构造、深部地热空间分布特征，结合孔内超声成像测井、综合测井等技术查明地下热源情况。

目前常用的地球物理测井方法主要有电阻率测井、自然电位测井、自然伽马测井、孔隙度测井等。电阻率测井可分为普通电阻率测井、侧向测井以及微电阻率测井技术。普通电阻率电极包括一对供电电极 A、B 和一对测量电极 M、N。可以用于划分高阻层；微电阻率测井也包括微电位和微梯度两种，可用于划分渗透性层位与非渗透率性层位[3]。

自然电位曲线基本上可以算是"渗透性曲线"，可以将渗透层同非渗透性泥岩层区分开来，但不是渗透性强度曲线，用于区分比较厚的砂泥岩层系中的渗透性砂岩层与泥岩层比较理想；自然伽马曲线可以划分泥质和非泥质地层，估计地层中的泥质含量；密度测井可以估算孔隙度，而且在砂泥岩中特别有效；声速测井通过测量声波穿过岩层的走时来估算孔隙度[3]。

综合测井评价技术路线如图 5-10 所示。

采用综合测井技术可获得[4]：

（1）不同的地质构造，岩石层的特征曲线不同，我们可以利用综合测井数据曲线来观察比较各种岩层，通过比较可以得到不同的特征，针对不同地理特征实施钻孔方案和具体的工作面方案。如图 5-10 所示，综合测井数据曲线分析了电阻率、声波速度曲线和电位情况，根据具体的数据曲线解释原则，与实测曲线进行对比，可以确定工作面的岩层属性，对后续的开采工作非常有利。

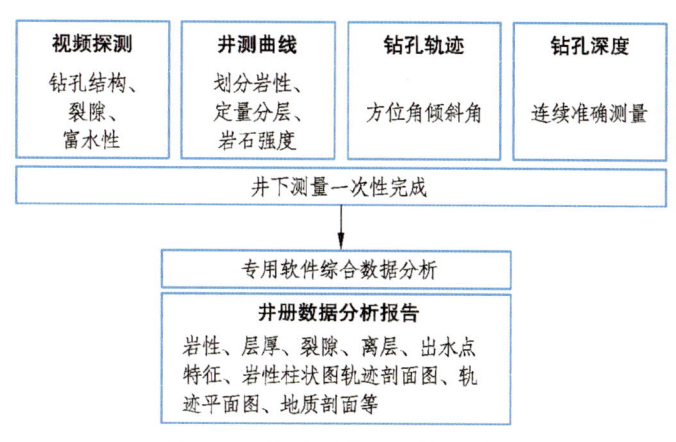

第 5 章 深部地质体天空地井综合勘察技术及其应用

```
┌──────────┬──────────┬──────────┬──────────┐
│ 视频探测  │ 井测曲线  │ 钻孔轨迹  │ 钻孔深度  │
│ 钻孔结构、│ 划分岩性、│ 方位角倾斜角│连续准确测量│
│ 裂隙、    │ 定量分层、│          │          │
│ 富水性    │ 岩石强度  │          │          │
└────┬─────┴────┬─────┴─────┬────┴─────┬────┘
     └──────────┴───────────┴──────────┘
                    │
           ┌────────▼─────────┐
           │ 井下测量一次性完成 │
           └────────┬─────────┘
                    │
           ┌────────▼─────────┐
           │ 专用软件综合数据分析│
           ├──────────────────┤
           │ 井册数据分析报告  │
           │岩性、层厚、裂隙、离层、出水点│
           │特征、岩性柱状图轨迹剖面图、轨│
           │迹平面图、地质剖面等│
           └──────────────────┘
```

图 5-10 综合测井评价技术路线

（2）声波速度测井曲线的解释。声波在不同岩层结构中其波速会有不同的变化，通过不同层面其物理指标将有明显差异，我们根据声波速度可以确定岩孔破碎程度，进而分析岩石的破碎情况和裂缝的发展趋势。

（3）电阻率、自然电位以及温度曲线的变化和异常解释。一般情况下，岩石周围含水层的电阻率都会呈现较明显的异常状况，自然电位会明显偏离基准线，有明显的上升变化趋势，温度呈现不规律的变化，一般情况下温度的梯度变化比完整的井孔温度梯度小，随着深度的变化并不明显，因此我们结合电阻率和温度曲线，再结合自然电位变化的解释分析确定其分类定位含水丰富区域。

（4）井液电阻率测井（盐扩散法）。在含水层（段），盐化后井液电阻率随时间有明显增加和位移，根据盐化后井液电阻率随时间的变化和盐水柱的运动方向，划分含水层（段）并确定其补给关系。根据井径测井实测数圈定井径扩大段。

（5）智能钻孔三维可视化成像。三维地质建模是运用计算机技术，利用测井资料、录井资料和钻井资料，形成地质参数的三维数据体，定量分析钻孔的破碎情况，裂隙的发育及长度、宽度，裂隙的产状，计算钻孔中破碎带的面积，绘制相应的三维井眼轨迹，逐渐成为随钻地质导向钻井技术的一个热点。利用 VC++ 与 OpenCL 混合编程实现井眼轨迹和地层三维可视化。

5.5.3 高温热水补径排及热储特征勘察

重点针对所涉及的工程区及其周边热水，并分析其水文地球化学、同位素地球化学特征，从而深入研究热水的水文地质结构，探讨热水成因机制。

该方法主要流程如下：

1. 研究区及周边热水水文地球化学特征

（1）研究区及周边热水常量组分特征。

根据当地地质资料和水样测试结果等相关数据，展开研究区及周边热水水文地球化学常量组分特征分析，同时根据分析结果绘制 Piper 三线图。

(2)研究区及周边热水微量组分及特殊离子组分特征。

地下水的微量元素是地下水在储存、运移过程中与围岩发生水岩作用的结果,一定程度上可反映出地下水的形成环境和循环交替条件[5]。对所采集的研究区及周边热水水样开展微量组分及特殊离子组分测试,同时对未取样的热水进行相关文献资料数据收集和整理。地热水中微量元素的主要来源为运移过程中与围岩的水岩作用或深部幔源岩浆水的加入,深部高温的地热水往往较浅部中~低温的地热水具有更高的微量元素含量[6]。主要受到此规律影响的元素为 Si、F、B、Li、Rb、Cs 和 Sr。

2. 研究区及周边热水热储温度计算

热储温度是指地热系统底部的渗透层或加热层中地热流体的最高温度,其计算方式有若干种,并且不同的方法有不同的适宜范围。结合研究区地质及水文地质条件,针对区内热水热储温度的计算,采用地球化学温标法进行估算。

(1)利用 SiO_2 温标计算热储温度。[7]

自然界中 SiO_2 矿物种类众多,其中石英、玉髓和非晶质硅常应用于地球化学。通常石英地热温标应用于高温热储温度计算,而玉髓地热温标则通常应用于低温热储温度计算[8]。其计算公式如下:

$$T = \frac{1\,309}{5.19 - \lg SiO_2} - 273.5$$

其中:T——热储温度(°C)。

(2)利用 Fournier(1979)提出的 Na-K 地热温标计算热储温度。

其计算公式如下:

$$T = \frac{1\,219}{\lg Na/K + 1.488} - 273.5$$

其中:T——热储温度(°C)。

(3)利用 Na-K-Ca 地热温标计算热储温度。

其计算公式如下:

$$T = \frac{1\,647}{\lg Na/K + (\beta \lg(Ca^{1/2}/Na^{1/2}) + 2.06) + 2.47} - 273$$

其中:T——热储温度(°C)。$T<100°C$ 时,$\beta = 4/3$;$T>100\,°C$ 时,$\beta = 1/3$。

3. 研究区及周边热水同位素特征及补给高程计算

在研究热水水化学组分的同时,可利用氢氧同位素推断热水的补给来源、补给区、补给高程,从而对热水的成因模式及演化机制等相关问题作进一步验证和分析。地下水主要起源于大气降水和各种地表水的入渗补给,其氢氧同位素特征主要受入渗雨水和地表水的同位素组成特征以及后期变化特征因素控制[8]。

大气降水主要来源于海水蒸发形成的蒸气团，故大气降水的同位素组成特征取决于海水的同位素组成及海水蒸发冷凝中同位素的分馏作用，它决定了大气降水形成初期氢氧同位素组成特征，即大气降水的 δ_D 和 δ_{18O} 呈线性关系。因此，根据一个地区地下水的同位素组成在 δ_D-δ_{18O} 关系图上是否落在当地降水线上，可判定地下水的起源是否为大气降水。大气水的同位素组成变化很大，其氢氧同位素组成特征在其空中运移中还会随温度和空间变化产生新的效应，即温度效应、纬度效应、高程效应和降水量效应[9]。例如纬度越高或海拔越高，水的 δ_D 及 δ_{18O} 值越低。而各地区氢氧同位素随高程变化的规律即高程效应不尽相同，但总的来说，海拔每升高 100 m，δ_{18O} 减小 0.3‰左右。根据资料显示，藏东地区的 δ_{18O} 值随海拔的变化显示出线性相关[10]：δ_{18O} = 0.002 6H(m) + 7.75，相关系数 r = 0.844。

5.6　本章小结

本章从深部地质的角度出发，对天空地井综合勘察技术及其应用进行阐述，分别介绍了大变形、岩爆、隧道涌突水灾害、有害气体、高地温等 5 种深部地质工程问题的勘察技术及其应用，重点介绍了每种勘察技术的原理和识别特征等，并结合相关案例进行勘察技术的应用分析。

本章参考文献

[1] 陈艳，葛秀珍. 地热资源勘察方法论述[J]. 中国人口·资源与环境，2016，26（S2）：400-402.

[2] 黄鑫，许振浩，林鹏，等. 隧道突水突泥致灾构造识别方法及其工程应用[J]. 应用基础与工程科学学报，2020，28（1）：103-122. DOI：10.16058/j.issn.1005-0930.2020.01.010.

[3] 刘二虎. 测井解释方法及应用[J]. 石化技术，2017，24（9）：72.

[4] 高鹏飞. 综合地球物理测井技术和应用研究[J]. 科技创新与应用，2015（20）：147-148.

[5] 张强，许模，蒋良文. 毛坝向斜水动力环境的水化学：同位素信息分析[J]. 地质灾害与环境保护，2001（2）：52-56；61.

[6] 张云辉. 鲜水河断裂康定—磨西段地热系统成因及开发利用研究[D]. 成都理工大学，2018. DOI：10.26986/d.cnki.gcdlc.2018.000005.

[7] 刘继东，漆继红，王昆. 澜沧江某水电站热水系统循环演化机制研究[J]. 地质灾害与环境保护，2019，30（1）：48-53.

[8] 张强，许模，蒋良文. 毛坝向斜水动力环境的水化学——同位素信息分析[J]. 地质灾害与环境保护，2001（2）：52-56；61.

[9] 禚传源. 怒江跃进桥地区温泉成因机制分析与跃进桥温泉恢复替代方案研究[D]. 昆明理工大学，2009.

[10] 李潇. 藏东盐井地区小定西组岩温异常机制及对曲孜卡水电站影响研究[D]. 成都理工大学，2018.

第 6 章　天空地井综合勘察信息平台

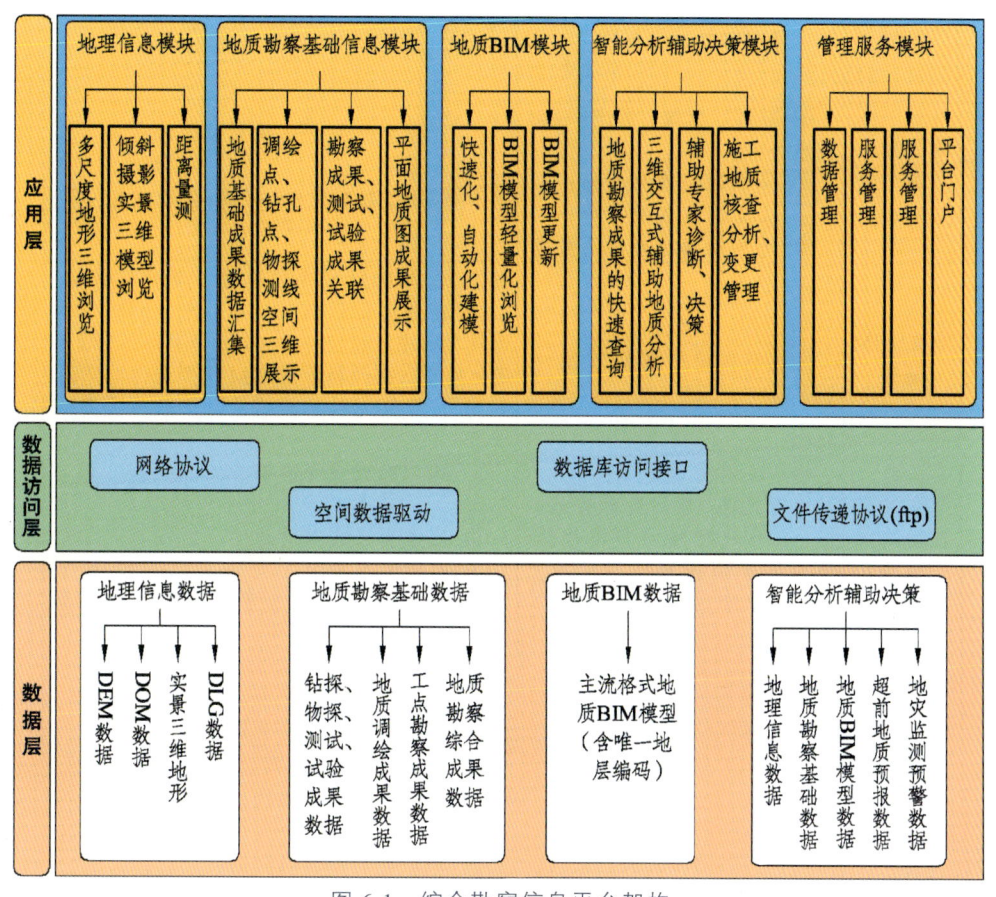

6.1　综合勘察信息平台架构

综合勘察信息平台根据每条铁路建设目标和已经完成的地质勘察工作，结合现代计算机技术的发展，搭建起整个勘察阶段系统的平台架构如图 6-1 所示。

图 6-1　综合勘察信息平台架构

拟建的综合勘察架构围绕基础平台、数据层、数据访问层、展示层和应用层设计而成。依据地质空间信息与服务标准，严格遵守铁路地质空间信息安全保密机制，在空间数据库、云服务平台、高性能计算机集群和分布式管理系统软硬件环境，以及高分影像、高精度地形、勘察数据、模型数据、超前地质预报数据和灾害监测数据等支撑下，以服务的形式为国铁集团、设计院、建设单位及其他用户提供数据、测量、展示、分析等功能服务。

6.2 综合勘察信息平台功能

6.2.1 功能模块设计

综合勘察信息平台各模块功能特点见表6-1。

表6-1 各模块功能一览

序号	模块	模块数据描述	模块功能描述	备注
1	地理信息应用模块	① DLG数据； ② DEM数据（单独委托）； ③ DOM数据（单独委托）； ④ 实景三维地形（单独委托）	① 完成测绘专业地理信息资料的汇集； ② 利用GIS（地理信息系统）技术和DEM（数字高程模型）、DOM数据搭建GIS三维应用场景； ③ 测绘基础信息资料的汇编	
2	地质勘察基础信息模块	① 钻探、物探、测试、试验成果数据； ② 地质调绘成果数据； ③ 工点勘察成果数据； ④ 地质勘察综合成果数据	① 地质勘察基础成果数据汇编； ② 地面调绘点、钻孔点、物探测线空间布置三维展示，勘察成果、测试、实验成果关联； ③ 平面地质图成果展示	
3	地质BIM模块	主流格式地质BIM模型	① 地质BIM模型快速化、自动化建模； ② 在地理信息模块搭建起来的GIS三维场景界面中设计控件对BIM模型进行轻量化优化处理，打开轻量化BIM模型进行浏览； ③ 按照规定时间间隔及时更新地质BIM模型	
4	智能分析辅助决策模块	前述数据提供支撑：地理数据、地质勘察基础数据、三维地质BIM模型数据、超前地质预报数据及地质灾害监测预警数据等	① 地质勘察成果自动化工点关联、快速查询； ② 三维交互式辅助地质分析； ③ 辅助专家诊断、决策； ④ 施工地质核查分析审签、地质变更管理	
5	管理服务模块	成果数据	（1）数据管理子模块。 ① 元数据管理； ② 地理信息数据库管理； ③ 地质信息数据库管理 （2）服务管理子模块。 ① Web服务、基础功能分析服务； ② 服务发布、服务注册； ③ 服务启动、停止、删除； ④ 服务权限、查询统计 （3）平台运维管理子模块。 ① 系统管理； ② 系统监控 （4）平台门户子模块。 ① 用户登录与身份认证； ② 服务概览； ③ 服务资源、功能模块列表； ④ 开发接口示例及说明； ⑤ 信息一体化展示	

6.2.2 具体功能模块说明

1. 地理信息应用模块

地理信息模块作为综合勘察信息平台的基础模块，为综合勘察信息平台提供必需的地形成果数据。地理信息模块通过对勘测数据进行解算、成图、数字化等工作完成地理信息成果资料的汇集工作，通过 GIS（地理信息系统）技术搭建起三维应用场景，同时在搭建起的三维应用场景中去实现多分辨率、多尺度的地形浏览功能，使用户可以通过移动、旋转、缩放、漫游等操作实现全方位地理环境展示，满足用户在不同尺度下的流畅地查看，直观了解区域地形地貌特征，还实现对地理要素矢量对象查询、距离量测等工作。

具体功能：

（1）地理信息资料汇集：

① 全线 1∶2 000、1∶10 000 比例尺数字地形图 DLG 数据，*.dwg 格式。
② 全线 1∶2 000、1∶10 000 比例尺数字高程模型 DEM 数据，*.tif 格式。
③ 全线 1∶2 000、1∶10 000 比例尺数字正射影像 DOM 数据，*.jpg 格式。
④ 重点工点实景三维地形，*.osgb 格式。

（2）DEM 和 DOM 数据搭建 GIS 三维应用场景。

（3）实现多分辨率、多尺度的地形浏览功能，使用户可以通过移动、旋转、缩放、漫游等操作实现全方位地理环境展示，满足用户在不同尺度下的流畅查看，直观了解区域地形地貌特征。

2. 地质勘察基础信息模块

地质勘察基础信息模块作为综合勘察信息平台的基础模块，为综合勘察信息平台提供必需的地质勘察成果数据。地质勘察模块通过对地质勘察数据进行清洗、成图、综合分析等工作完成铁路气象、钻探、物探、测试、试验成果数据，以及地质调绘成果、工点勘察成果和地质综合勘察成果的集中汇编和数字化工作，同时基于地理信息模块搭建起的三维应用场景，实现气象成果、地面调绘点、钻孔点、物探测线空间布置三维展示，依托勘察点（线）等几何要素，实现勘察成果、测试、试验成果关联，方便工程建设各参与方的快速浏览、查询，辅助地质分析、专家决策等工作。

具体功能：

（1）地质勘察成果汇编。

该功能可实现高原铁路气象、钻探、物探、测试、试验成果数据，以及地质调绘成果、工点勘察成果和地质综合勘察成果的集中汇编。

① 钻探：隧道进出口浅孔、深孔、水平钻探的钻孔柱状图，包含勘察阶段、段落、钻孔编号、冠号、里程、坐标、孔口高程、孔深、钻孔分层、岩性描述、层位标高、层厚等钻探信息；隧道进出口浅孔及深孔岩芯照片，包含钻孔标识牌照片（含工程名称、钻孔编号、里程、勘探单位、开孔日期、终孔日期等）、岩芯照片，格式为.jpg。

② 物探：包括地面及航空物探成果。地面物探解译成果图，包括物探成果等值线与物探解译成果图；航空物探解译成果图，包括物探成果等值线与物探解译成果图。

③ 测试：包括标贯、动探等成果。标贯包含深度、锤击数等信息；动探包含动探类型、深度、击数。

④ 试验。常规试验包括土工试验、岩石试验、水样分析等。试验成果按此类别分别存储。室内试验成果包含试验单位、试验方法、钻孔编号、样品编号、取样深度、试验成果等信息。

⑤ 工点勘察成果：包括工点勘察报告、工点工程地质平面图、工点工程地质纵断面图、横断面图、剖面图。导入工点表后，各类工点勘察成果数据按照工点类别、工点名称进行分类管理。

工点勘察报告，包含工点工程信息、地层岩性、地质构造、不良地质、特殊岩土、工程地质条件评价、施工措施建议、围岩分级（隧道工点）、涌水量预测（隧道工点）等地质分析成果。

工点工程地质纵断面图、横断面图、剖面图包括工点工程信息、地层岩性、地质构造、不良地质、特殊岩土、工程地质条件评价、围岩分级（隧道工点）、涌水量分区（隧道工点）等成果。

⑥ 地质综合勘察成果：工程地质纵断面图（横 1:10 000，竖 1:200~1:1 000）（施工图阶段），包括地层界线、地层岩性、地质构造、钻孔信息等，格式为.dwf。

（2）地质勘察工作三维标注及成果关联。

基于三维地理环境，实现气象成果、地面调绘点、钻孔点、物探测线空间布置三维展示，依托勘察点（线）等几何要素，实现勘察成果、测试、试验成果关联，方便工程建设各参与方的快速浏览、查询，辅助地质分析、专家决策等工作。

① 钻孔点。

建立钻孔基本信息一览表，信息表中应包含勘察阶段、段落、钻孔编号、冠号、里程、坐标、高程、孔深等基本信息，格式为 Excel，程序可解析该表。在地理环境下以点符号标注钻孔位置，按照单孔提供的钻孔柱状图、岩芯照片、测试成果、试验成果，将文件链接到对应的钻孔符号上，以实现钻探成果、测试成果、试验成果与钻孔的匹配关联。

② 物探测线。

在地理环境下以空间线条标注物探测线位置，二维反演物探成果关联到对应的物探测线上，通过交互查看物探的反演成果。

（3）主要地质成果展示。

在平台地理环境中对地质平面图主要地质勘察成果进行展示，为后续工作提供基础。

将 1:20 万、1:5 万、1:1 万、1:2 000 这 4 种比例尺的平面地质图以 dwf 格式在本平台上存储。

地质平面图主要包括以下内容：地层符号及界线、产状、地质构造界线及符号、不良地质符号及界线、地震分区及地震动峰值加速度等。

地层符号及界线包括各类地层的界线、地层时代及岩性符号，反映岩性的空间分布。

不良地质符号及界线包括各类不良地质的界线、不良地质符号，反映滑坡、泥石流等不良地质的空间分布。

地质构造界线及符号包括地质构造的界线、名称、符号，主要反映构造的空间分布、特征类型、特征参数等信息。

3. 地质 BIM 模块

随着 BIM 技术的不断发展，工程领域正从二维化设计到三维化 BIM 协同设计转变。地质 BIM 模型是集合了钻孔资料、区域地质平面资料、地质调绘资料、物探资料后，结合地质工程师经验判识建立起的三维地质体模型，其包含唯一的地层编码和其他参数，对地下地层空间位置、构造等地质内容进行了空间三维化的表达，同时结合施工开挖后揭示的数据能对 BIM 模型进行更新，以反向指导施工，对施工、运维具有较大意义。

地质 BIM 模块的核心在于三维模型，地质专业无法通过参数化、模板和文档模板实现自动化建立三维模型，必须通过人工干预技术建立三维地质模型才能满足设计、施工需求。

具体功能：

（1）地质 BIM 模型快速化、自动化建模。

通过通用地质 BIM 建模软件，综合利用既有地质勘察成果资料，建立建模流程图及流程编码，实现快速化、自动化地建立地质 BIM 模型，再由地质工程师进行人工干预，达到设计、施工需求。

（2）在地理信息模块搭建起来的 GIS 系统中设计控件打开轻量化 BIM 模型进行浏览。

通过编程实现对导入的地质 BIM 模型三角网格进行按性能优先或质量优先的模式简化，形成地质 BIM 轻量化模型，然后再在地理信息模块搭建起来的 GIS 系统中通过空间打开轻量化后的 BIM 模型。

4. 智能分析辅助决策模块

智能分析辅助决策模块包括地质勘察成果自动工点关联、快速查询功能、三维交互式辅助地质分析标注功能、辅助专家诊断和决策功能、施工地质核查分析审签、地质变更管理功能。

其中：地质勘察成果自动工点关联功能实现平台对地质成果按照工点的自动分类管理，便于参建各方的查看、使用；快速查询功能有助于参建各方快速地从海量地质数据中获取所需数据；三维交互式辅助地质分析标注有助于便捷地展示、共享地质分析成果；辅助专家诊断、决策功能可充分借助专家的知识与经验，及时解决施工中遇到的地质疑难问题，最大限度地发挥地质勘察成果信息化的价值；地质勘察成果的集成管理，有助于施工地质核查分析审签、地质变更管理功能的实现，以提高参建各方协作解决地质问题的效率。

具体功能：

（1）地质勘察成果自动工点关联、快速查询。

平台根据工点里程范围，实现地质勘察成果自动关联对应工点，可快速查询某个工点的全部地质勘察成果，为工点地质分析提供服务；通过设置勘察筛选、检索条件，实现勘察成果快速查询。通过在地图上绘制一定范围亦可查询范围内的地质勘察成果。

（2）三维交互式辅助地质分析标注。

提供地质勘察成果的三维环境交互式操作，辅助用户进行工程地质问题分析，通过绘制点、线、面等元素实现圈绘功能，通过添加文字说明实现标注功能，具备专业技术人员地质分析意见汇总功能。

（3）辅助专家诊断、决策。

通过选择工点或者在三维环境中绘制研究范围，实现其勘察成果的多视口展示，综合勘察设计、施工补勘、超前预报等成果，并调用超前地质预报、地质灾害监测预警智能分析判别结果，实现多维度地质信息查询、对比，辅助专家对工程地质问题进行诊断，汇总专家意见，辅助工程决策。

5. 管理服务模块

（1）数据管理子模块。

数据管理模块是统一管理高原铁路地理地质信息数据，为全线提供标准地图及 GIS 功能服务基础，主要功能包括原始数据管理、元数据管理和地理信息数据库管理。

① 元数据管理。原始数据必须经过格式转换、编辑、规范属性及编码等制作处理，使数据内容、格式达到铁路地理信息数据内容、格式标准，才能供后续的使用发布。为了准确描述空间地理信息数据，系统提供元数据管理功能，按铁路地理信息数据标准对元数据的要求，完善元数据信息。

② 地理、地质信息数据库管理。原始数据经过集成处理标准化后，分别存入地理、地质信息数据库。该数据库具备以下功能：

- 数据同步。空间数据加工制作完成后由专用工具先导入中间库，并发布给空间服务进行验证。数据验证确认无误后，实现同步至生产库供外部系统调取使用。
- 数据库备份与恢复。提供备份机制，定期进行铁路地理信息数据备份。因意外造成数据丢失、数据库遭破坏时，进行恢复，保证平台快速恢复正常运行。
- 数据版本管理。对不同历史时期的铁路地理信息数据的形状和属性进行存储管理，支持对历史数据的回溯，方便用户按照不同时期状态进行对比分析；管理维护各个版本的状态信息，使不同用户在各版本中进行独立的事务处理而互不影响。

（2）服务管理子模块。

服务管理子系统提供对各种类型服务的管理功能，提供地理地质 Web 服务、基础功能分析服务，同时实现各类信息服务的集中控制，包括服务发布、注册、启动、停止、删除、查询、统计等功能。

① 地理地质 Web 服务，以网络服务的方式，发布地理地质 Web 服务，提供对高原

铁路地理信息数据的可视化调用接口，业务系统可将自己的业务信息，在可视化 GIS 服务上进行展示。它主要包括平面地图服务、影像地图服务、高原铁路三维地图服务、高原铁路纵断面图形服务等，支撑地理信息应用等模块的可视化调用。

② 基础功能分析服务，包括查询服务、分析服务及专题服务等。查询服务包括地图查询服务、地图查找服务；分析服务包括线性参考服务、网络分析服务、几何服务、三维空间分析服务、缓冲区分析服务、空间统计分析服务等；专题服务为根据某个（些）业务系统的特殊需求，为其专门提供的定制化个性服务。

③ 服务发布。系统提供基于向导形式的地图发布，用户可以设置服务的各种参数，如对象池化、进程占用、缓存模式等。

④ 服务注册。系统提供服务的注册功能，注册时需要提供服务元数据信息（数据范围、服务类型、服务名称等）、服务统一资源定位符（URL）地址、服务发布者等信息。

⑤ 服务启动、停止、删除。系统提供服务的启动、停止、删除等功能。

⑥ 服务权限。提供对服务的权限控制功能，包括根据用户、角色、时间范围、空间范围等设置服务权限，只有拥有权限的用户才可对服务进行调用访问。

⑦ 服务查询统计。系统提供按照服务使用频率、服务名称、服务类型、服务发布者等多种信息进行查询，并提供按照服务类型、服务发布者等信息进行统计的功能。

（3）平台运维管理子模块。

系统管理主要完成用户、角色、权限等的统一身份认证及授权分布管理，确保 $7\times24\text{ h}$ 安全、稳定及可靠运行。其具体功能如下：

① 系统管理。实现用户、角色、权限管理，提供用户的注册、服务权限赋予等功能。

• 用户管理：对使用者进行分类，并进行信息整理。提供用户对个人信息的增加、修改、删除等操作，为用户提供相应的权限管理，可对系统进行不同的操作；可根据用户账号、用户名快速检索。

• 角色管理。完成角色定义，各类角色的创建、删除、修改、查询，同时还可根据用户级别进行角色的自动分配、删除。

• 权限管理。主要根据角色信息，完成对各子系统所提供的功能服务、数据服务进行访问权限的设置管理，建立服务与角色之间的访问映射关系。

• 部门管理。对不同的部门进行分类管理，可对部门信息进行增加、修改、删除等操作，不同部门具有不同的权限，部门与部门之间存在相应的联系。用户可通过部门查询到人员信息。

• 字典管理。通过界面进行可视化的操作和维护，能快速录入和修改系统上统一的字典数据，可有效提高数据重复利用率高的功能。整个数据字典为框架平台所共享，用户可以更好地对系统进行自定义管理。

② 系统监控。实现实时查看在线用户访问情况、热点服务监控以及统计服务使用情况等功能，实时监控系统状态，保障系统的正常运行。

• 实时查看在线用户访问情况。监控各类用户的服务调用、并发访问、热点服务发现等内容。统计、分析服务调用状态（调用时间、调用次数），跟踪服务使用流程，以便对服务内容和服务性能等方面进行优化调整。

- 热点服务监控。通过定义一些规则实现对热点服务的监控，从而为系统优化提供科学决策。例如，一天内对同一个服务 URL 调用次数超过 1 000 次或者一天内同一个服务总体运行时间超过 1 h 定义为热点服务。
- 统计服务使用情况。系统提供对各种类型服务按调用次数、服务运行时间、服务出错次数对各种服务进行统计，及时发现服务负载状态和健壮性。

（4）平台门户子模块。

高原铁路地理地质信息平台门户主要用于展示高原铁路的各类空间信息资源，是用户登录系统的入口，也是高原铁路地理、地质信息功能服务的集中展示中心。

① 用户登录与身份认证。对登录系统用户的身份进行验证和核实，并根据用户的登录身份，确认用户应当具有的权限。

系统用户登录后可浏览和修改用户信息，可浏览电子地图和业务数据展示分析；开发用户可以进行 GIS 服务资源的申请，完成审核后可在业务系统中调用相应资源和进行二次开发。

② 服务概览。提供服务概览统计、热门服务、新增服务和服务分类内容等功能。

提供用户及时掌握已发布的服务总数、服务类别、支持应用和访问调用数量等信息；提供用户根据服务使用频率设置热门服务；提供用户根据服务类别，新增服务信息；提供用户根据服务分类，快速预览服务信息。

③ 服务资源、功能列表。提供查询高原铁路所有服务、功能的内容（空间信息、属性信息等），以及服务类型等相关内容。

④ 典型应用展示。提供统一的入口访问这些专业的应用系统，供待开发 GIS 应用的铁路专业系统参考。

⑤ 开发接口示例及说明。描述接口可以实现的功能，以及参数的设置，并列举出相应的接口开发用例，提供应用程序接口（API）示范应用方法、流程以及相关示例，方便业务系统开发人员进一步开发和利用平台提供的服务。

⑥ 信息一体化展示。实现以国家基础地理信息数据（平面矢量地图、遥感影像地图和地形地图）为基础底图，叠加高原铁路勘察设计、建造、运营期空间地理、地质信息数据，形成高原铁路地理地质时空信息一体化展示，为用户提供浏览查看界面。

6.3 综合勘察信息平台应用

综合地质信息管理平台具有卫星影像、无人机 DMC 航片、无人机 osgb 三维模型、岩芯照片、不良地质界线、地质构造界线、物探剖面、线路方案、泉点资料、工程地质纵断面等的管理及展示工作。

6.3.1 卫星、无人机影像数据管理叠加

综合勘察信息服务平台采用高分二号卫星影像、无人机 DMC 高精度航片、资源三号卫星影像等多平台、多期次的卫星影像作为地质勘察工作的参考底图，集成到综合勘察信息平台中，在三维大空间场景中辅助开展各项工作。

综合勘察信息平台叠加高分二号（分辨率 0.8 m）卫星影像、资源三号卫星影像、DMC 大飞机（分辨率 0.2 m）航片等多片源、多期次的高分辨率影像作为地形数据，在不良地质解译、地质构造解译、地层岩性解译中发挥了作用，如图 6-2 ~ 图 6-4 所示。

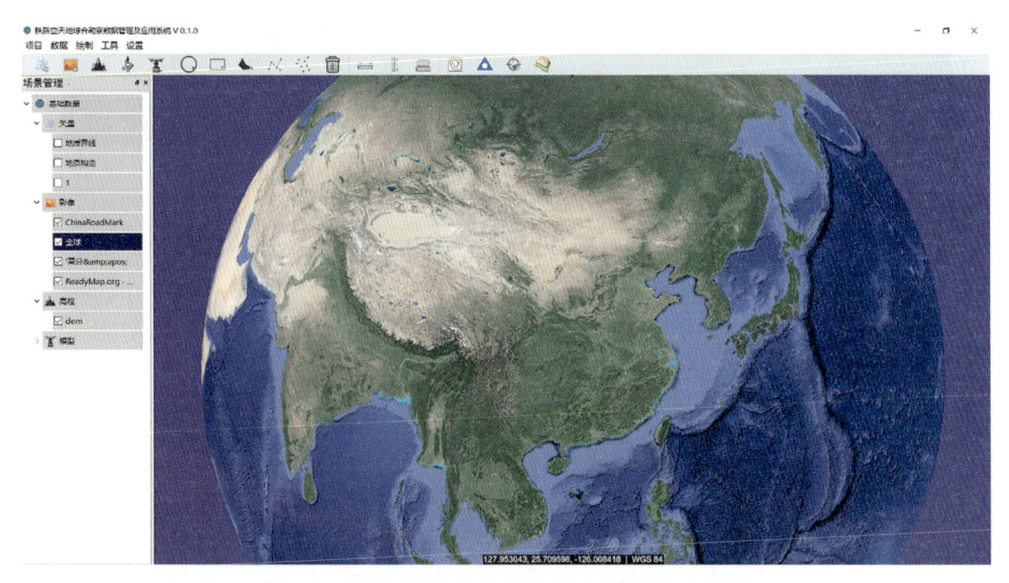

图 6-2 综合勘察信息平台客户端系统主界面

图 6-3 "高分二号"影像及矢量数据叠加

图 6-4　无人机 osgb 三维模型数据叠加

6.3.2　钻孔数据存储与可视化展示

综合勘察信息平台可对全线钻孔岩芯照片、钻孔空间位置利用 GIS 技术进行统一格式的录入、管理及展示、调用。地质技术人员可随时调用对应编号的钻孔岩芯照片进行综合分析及填图工作，并可随时对钻孔数据进行更新，如图 6-5 所示。

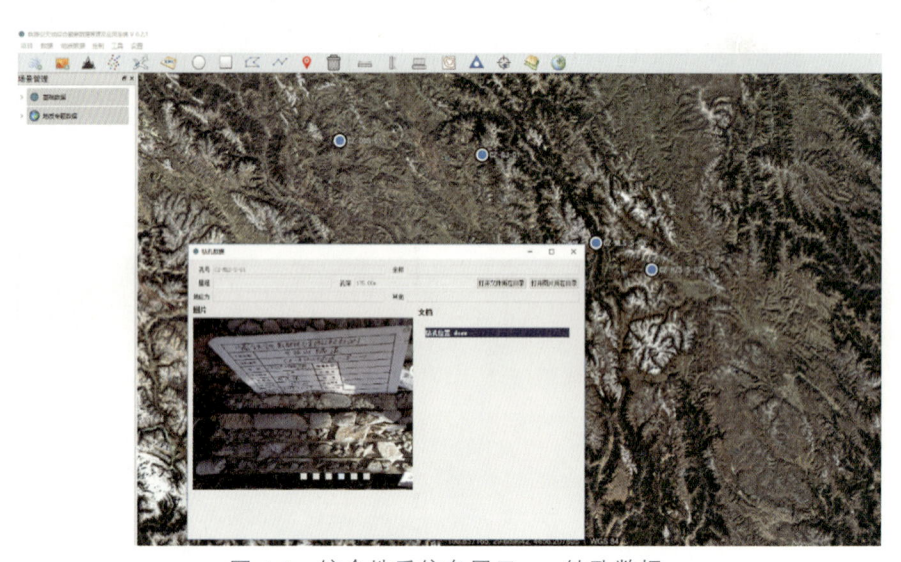

图 6-5　综合地质信息展示——钻孔数据

6.3.3　不良地质界线判译及可视化展示

综合勘察信息平台可以对不良地质灾害点的空间位置、界线及属性进行统一的管理，如图 6-6、图 6-7 所示。

图 6-6 不良地质灾害点

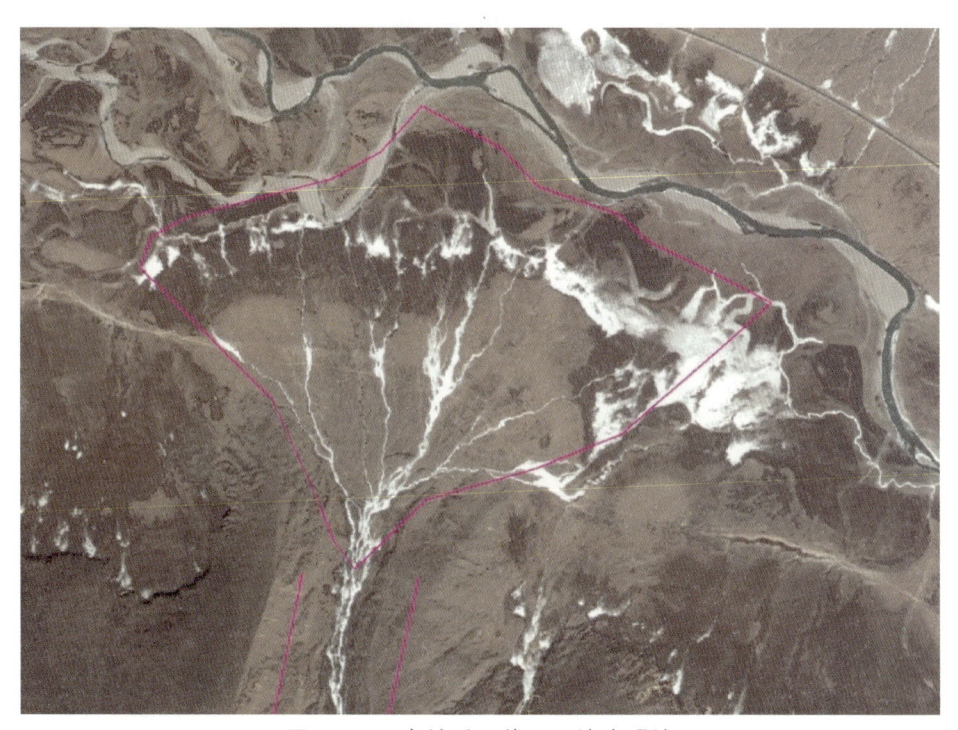

图 6-7 不良地质界线泥石流扇漫流

6.3.4 构造界线判识及可视化展示

综合勘察信息平台也可以加载全线 1:20 万、1:5 万地质区测资料及现场调绘资料、遥感解译资料，根据构造的空间位置信息完成了数字化管理及坐标转换，对地质现场调绘工作具有指导意义，如图 6-8 所示。

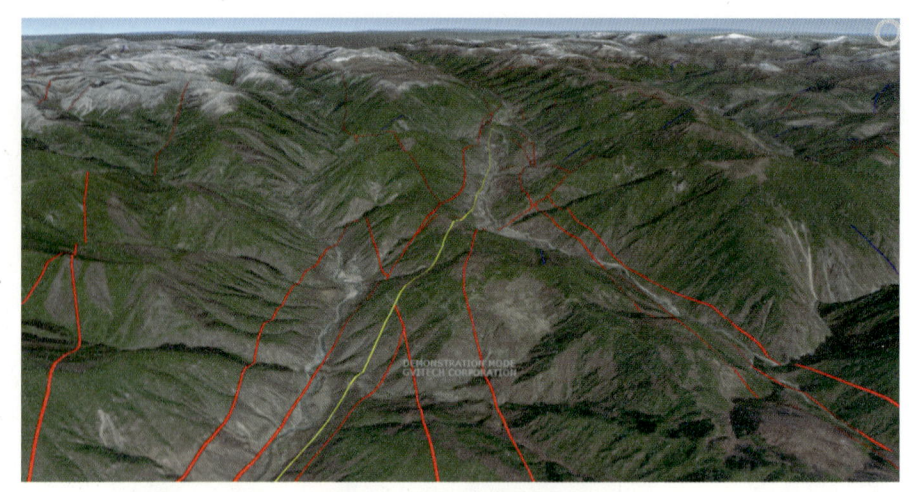

图 6-8 构造界线管理图

6.3.5 BIM+GIS 及三维可视化展示

在 BIM 方面，目前采用 EVS 软件，可利用钻孔数据库或纵断面生成虚拟钻孔进行地层分层，再构建地质体的三维 BIM 模型，利用钻孔生成 BIM 模型，在动态设计、数据更新方面具有较大优势。

同时，综合地质信息管理平台可叠加 BIM 模型数据，实现地表地形卫星遥感影像数据和地下钻孔及 BIM 三维地质体的一体化展示及管理，如图 6-9 所示。

图 6-9 BIM 模型管理图

6.3.6 工程地质剖面+GIS 的三维展示

综合地质信息管理系统可对重点隧道工程地质纵断面及物探剖面利用 GIS 技术进行统一管理及空间三维展示，方便地质技术人员对工程地质纵断面和物探剖面进行对比、分析，如图 6-10、图 6-11 所示。

第 6 章　天空地井综合勘察信息平台

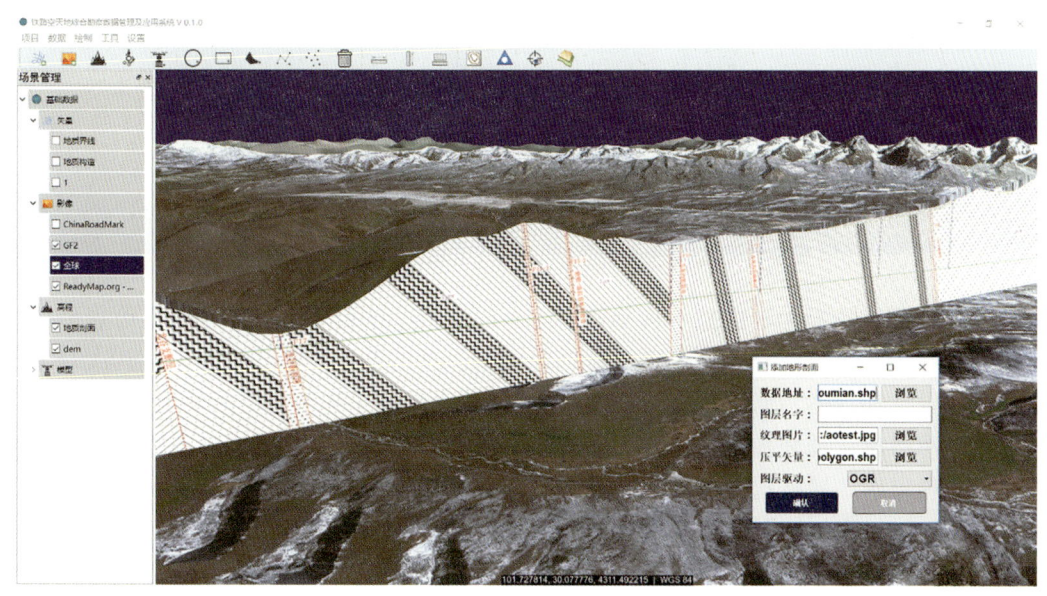

图 6-10　工程地质纵断面三维展示图

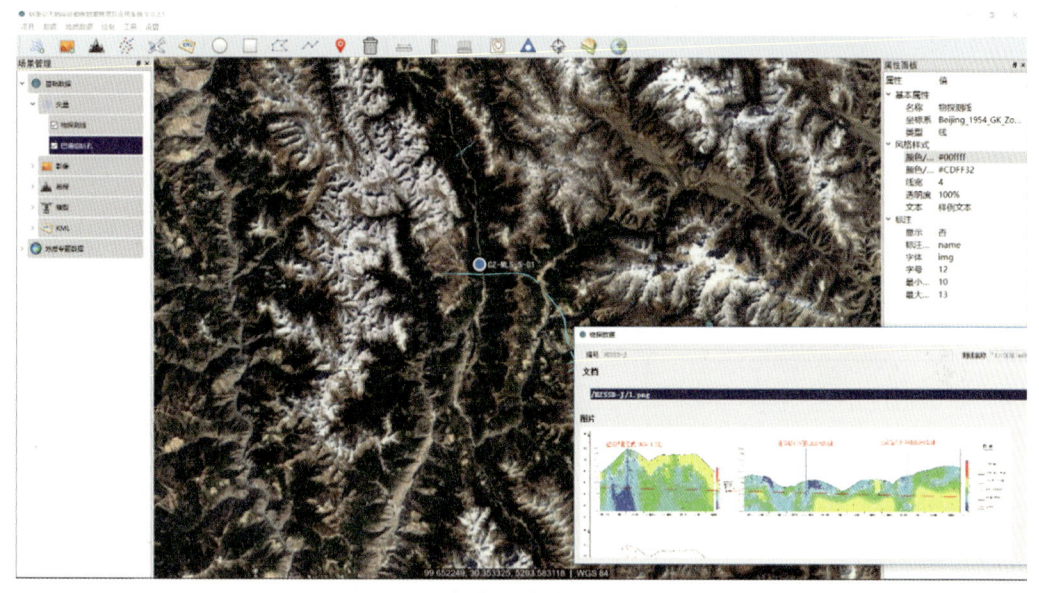

图 6-11　物探纵断面管理展示图

目前，综合勘察信息平台已在高原铁路初测阶段发挥了极大作用，技术人员将线路方案、钻孔位置、辅助坑道、热泉、地质构造、地层界线、不良地质界线等数据搜集整理之后，在综合地质信息平台上利用高分二号卫星影像叠加 1∶1 万比例高精度的 DEM （地形）数据构建 2.5 维的空间中叠加所有地质空间数据，对线路方案讨论、不良地质体会审解译、辅助坑道设置等发挥了极大作用，典型工点有金沙江桥位选址、理塘乱石包

273

高速远程滑坡解译、折多山站位方案等等。由于综合地质信息管理平台具有可任意旋转、卫星影像分辨率高等特点，铁路地质人员可多角度、利用不同时期的影像进行综合判译。同时，综合地质信息平台能对钻孔、工程地质纵断面、物探测线、剖面等地质数据进行统一的管理，方便地质人员随时更新、调用。

6.4　本章小结

本章主要从综合勘察信息平台架构、综合勘察信息平台功能、综合勘察信息平台应用三方面对天空地井综合勘察信息平台进行介绍，首先介绍了平台的架构，其次对平台功能模块设计和具体功能模块进行详细的说明，最后阐述了平台的应用情况，包括卫星、无人机影像数据管理叠加、钻孔岩芯照片数据统一管理及展示、不良地质界线判译及数据统一管理展示、地质构造界线判译及数据统一管理展示、BIM地质模型统一管理及三维展示、二维工程地质纵断面关联展示。

第 7 章 结 语

西南山区铁路建设工作极具挑战性，面临高海拔、大高差无人区等难题，资料匮乏，勘察精度受到极大的制约；同时，特殊的气候条件导致了一系列典型的特殊地质问题，如强卸荷高陡危岩体、高寒高原岩屑坡、高速远程滑坡、冰川（冰湖）-冰水泥石流、季节性冻土等；这些问题给铁路的建设及安全带来了极大的困难。本书从天空地井勘察理论方法、技术应用、成套核心设备研制方面出发，形成了结合地质体时空演化过程的复杂艰险山区天空地井四维综合勘察体系，有力支撑了成兰铁路、丽香铁路等高寒高原铁路工程地质选线。取得了以下创新成果：

本书创新了复杂艰险山区地质勘察理论和方法，创新了岩性-构造遥感融合精细勘察方法、地质灾害体特征时序演化精准识别方法、深部地质体多源数据融合精细勘察方法，结合地质体时空演化过程构建了复杂艰险山区天空地井四维综合勘察体系，实现了铁路工程地质勘察的立体化、动态化、数字化和信息化，形成了复杂艰险山区铁路工程地表-地下地质信息精准判识理论与方法。

科技进步日新月异，未来的铁路地质勘察技术必将继续向更高效、更精准、更智能的方向发展，特别是在应对西南地区高海拔、大高差无人区等极端地质环境的挑战中，将涌现出更多突破性的技术和方法。

1. 天空地井综合勘察技术的深化与拓展

随着遥感技术、无人机技术和卫星测绘的不断进步，天空地井综合勘察技术将在更大范围内得到深化和应用。未来技术将更加强调不同数据源的融合与优化，特别是将进一步提升对复杂地质环境的识别能力。例如，通过增强遥感技术的分辨率，结合人工智能算法，能够对高海拔地区的细微地质变化进行精细分析。同时，利用无人机及其他高空探测技术，补充当前传统地面勘察手段难以到达的高危岩体和无人区的详细数据，从而大幅提升勘察效率和精度。

2. 智能化数据处理与分析

未来的铁路地质勘察将更加依赖智能化的数据处理平台。大数据、人工智能（AI）、机器学习等技术的引入，可以实现对复杂地质条件下大量、多源数据的自动处理与分析。AI 将能够快速识别地质异常、预测地质灾害的发生及发展趋势，并在短时间内提出应对方案。同时，地质体时空演化过程的模拟也将变得更加精确，基于这些演化模型，工程师可以对铁路选线、灾害防治等环节进行前瞻性调整，极大提高铁路设计与施工的安全性和科学性。

3. 基于时空信息的动态监测与预警

随着传感器技术、物联网（IoT）和大数据分析能力的提升，未来铁路工程中的地质灾害监测将更加实时化和智能化。在高寒高原地区的铁路工程中，特殊地质条件如季节性冻土、高寒岩屑坡等的动态监测将是未来的重要发展方向。通过部署物联网传感器网络，实时收集地质环境的变化数据，并结合AI算法分析，可以建立起精细的地质灾害预警系统。这将有效帮助铁路工程应对如滑坡、泥石流、冰川灾害等潜在风险，实现灾害的实时预测与自动化响应。

4. 虚拟现实（VR）与增强现实（AR）技术的应用

未来，虚拟现实（VR）和增强现实（AR）技术将在铁路勘察和设计中发挥重要作用。工程师可以利用这些技术在虚拟空间中模拟地质环境，进行铁路选线的可视化设计与评估。在施工阶段，AR技术将帮助工程人员实时叠加地质勘察信息与施工现场环境，确保勘察结果与施工进展的无缝对接。这些技术还能够通过现场数据与三维模型的结合，使施工人员更直观地了解地下复杂地质结构，从而提高施工的安全性和效率。

5. 机器人与自动化设备的应用

随着机器人技术的不断进步，未来铁路勘察工作中的自动化水平将进一步提高。高精度的机器人设备可以深入复杂、危险的地质环境进行勘探作业，取代部分人工勘探工作。特别是在无人区或危险地带，机器人和无人车的使用将显著降低人员风险。同时，自动化设备的普及也将大幅提升勘察作业的精度和效率，使数据采集更加全面、可靠。

6. 量子计算与高性能计算的引入

未来，量子计算和高性能计算技术（HPC）可能会成为地质勘察领域的重要工具。量子计算有望显著提高复杂地质模型的计算速度和精度，特别是在模拟地质体时空演化、预测地质灾害发展路径等方面，量子计算的强大计算能力将发挥重要作用。结合HPC技术，能够对海量地质数据进行快速分析和模拟，提升复杂地质环境的勘察效率与预测准确性。

7. 绿色勘察与可持续发展技术

在面对高寒高原、无人区等脆弱生态环境时，未来的地质勘察技术将更加注重环境保护和可持续发展。绿色勘察技术的发展将减少对自然环境的破坏，未来的勘察技术将通过更精细的设备、更高效的勘察手段，减少对环境的干扰，特别是在生态敏感区的铁路建设中，绿色勘察技术将发挥越来越重要的作用。此外，低能耗、高效能的设备也将在未来的勘察项目中逐渐普及。

西南山区铁路建设的挑战性不断推动地质勘察技术的进步。未来，随着智能化、自动化和数字化技术的不断发展，铁路工程将能够更好地应对复杂的地质环境挑战。天空地井四维综合勘察体系将在更高层次上得到应用与优化，助力高海拔、大高差等复杂区域的铁路工程安全高效建设。在未来的技术支持下，铁路工程地质勘察将逐步实现从静态、离散的数据收集与分析，向动态、实时、精确的智能化勘察迈进，为铁路工程的安全、可持续发展提供坚实保障。